Schmidt
Verteidigung von Ausländern

Praxis der Strafverteidigung Band 27

Herausgegeben von
Rechtsanwalt Dr. Josef Augstein (†), Hannover
Prof. Dr. Werner Beulke, Passau
Prof. Dr. Hans-Ludwig Schreiber, Göttingen

Verteidigung von Ausländern

von

Dr. Jens Schmidt

Rechtsanwalt und Fachanwalt für Strafrecht
in Saarbrücken

2., neu bearbeitete Auflage

CFM

C. F. Müller Verlag
Heidelberg

Bibliografische Information Der Deutschen Bibliothek

Die Deutsche Bibliothek verzeichnet diese Publikation
in der Deutschen Nationalbibliografie; detaillierte bibliografische Daten
sind im Internet über ‹http://dnb.ddb.de› abrufbar.

Printed in Germany
Satz: Gottemeyer, Rot
Druck: Gulde-Druck, Tübingen
ISBN 3-8114-3054-8

Vorwort der Herausgeber

Die Strafverteidigung von Angehörigen ethnischer Minderheiten und von nichtdeutschen Beschuldigten, die im Folgenden – ohne dass damit eine Wertung verbunden wäre – vereinfachend unter dem Arbeitstitel „Verteidigung von Ausländern" zusammengefasst wird, hat eigene Gesichtspunkte. Um hier erfolgreich zu sein, bedarf es nicht nur spezieller Kenntnisse im Strafrecht, Strafprozessrecht, sondern zusätzlich vor allem im Ausländerrecht sowie eines besonderen Fingerspitzengefühls im Umgang mit dem Mandanten. Der Erwerb all dieser Fähigkeiten sollte nicht dem Zufall überlassen bleiben, denn das reine learning by doing muss der Mandant u.U. teuer bezahlen. Gerade in dem für viele Anwälte als eher fremd anmutenden Bereich der Ausländerverteidigung bedarf es also einer guten systematischen Darstellung, die mit dem vorliegenden Buch geboten wird. Die zweite Auflage ist umfassend aktualisiert worden. Sie berücksichtigt insbesondere die am 1.1.2005 in Kraft getretene vollständige Neufassung des Ausländerrechts sowie die immer bedeutsamer werdenden Regelungen des Europäischen Haftbefehls. Mit der vom Verfasser angestrebten Kombination von textmäßiger Analyse der einschlägigen rechtlichen Besonderheiten, den vielen wichtigen Praktikertipps und der Internetseite www.verteidigung-von-auslaendern.de, auf der die relevanten zwischenstaatlichen Vereinbarungen im Volltext bereitgestellt werden, ist ein wichtiges Hilfsmittel sowohl für den jungen als auch den erfahrenen Sachverteidiger entstanden.

Der Autor, Dr. Jens Schmidt – in der Saarbrücker Anwaltskanzlei von Professor Dr. Egon Müller als Fachanwalt für Strafrecht tätig –, ist in den vergangenen Jahren besonders intensiv im Bereich ausländischer Mandate tätig geworden und kann deshalb hier vielfältige eigene forensische Erfahrungen weitergeben. Das Engagement des Autors findet ferner seinen Niederschlag in der Lehrtätigkeit an der Universität des Saarlandes sowie der Fachhochschule für Verwaltung – Fachbereich Polizeivollzugsdienst – und in der Verteidigerfortbildung durch das Deutsche Anwaltsinstitut. Die Art der Darstellung und die Einbeziehung der Computertechnik weisen ihn nach wie vor als einen Autor der jüngeren Generation aus. Ganz im herkömmlichen Sinne der Gesamtkonzeption unserer Reihe „Praxis der Strafverteidigung" wird auch der hiesige Beitrag abgerundet durch anschauliche Musterschriftsätze und -formulare. Die Herausgeber sind davon überzeugt, dass durch die Verwertung des vorliegenden Werkes die Verteidigung von Ausländern nachhaltig verbessert werden kann.

Im März 2005

Passau — *Werner Beulke*
Göttingen — *Hans-Ludwig Schreiber*

Inhaltsübersicht

Inhaltsverzeichnis

Teil 2
Materielles Ausländerstrafrecht

Teil 3
Strafzumessung

Teil 4
Verfahrensrechtliche Besonderheiten

I. Die Kommunikation mit dem Mandanten

Teil 6
Auslieferung

I. Das „klassische“ Auslieferungsrecht

II. Der Europäische Haftbefehl

Teil 7
Abschiebungshaft

Teil 8
Musterschriftsätze

Abkürzungsverzeichnis

a.A.	andere Ansicht
aaO.	am angegebenen Ort
ABl.	Amtsblatt
Abs.	Absatz
a.F.	alte Fassung
AG	Amtsgericht
Alt.	Alternative
Anm.	Anmerkung
AnwBl.	Anwaltsblatt
Anwendungshinweise zum AufenthG	Vorläufige Anwendungshinweise des Bundesministeriums des Innern zum Aufenthaltsgesetz und zum Freizügigkeitsgesetz/EU
Anwendungshinweise zum FreizügG/EU	Vorläufige Anwendungshinweise des Bundesministeriums des Innern zum Aufenthaltsgesetz und zum Freizügigkeitsgesetz/EU
AO	Abgabenordnung
ArGV	Arbeitsgenehmigungsverordnung
Art.	Artikel
AsylVfG	Asylverfahrensgesetz
AufenthG	Gesetz über den Aufenthalt, die Erwerbstätigkeit und die Integration von Ausländern im Bundesgebiet
AufenthG/EWG	Gesetz über die Einreise und Aufenthalt von Staatsangehörigen der Mitgliedstaaten der Europäischen Wirtschaftsgemeinschaft
AufenthV	Aufenthaltsverordnung
AuslG	Ausländergesetz
AuslG-VwV	Allgemeine Verwaltungsvorschrift zum Ausländergesetz
AV	Allgemeine Verfügung
Az.	Aktenzeichen
AZR	Ausländerzentralregister
BayObLG	Bayerisches Oberstes Landesgericht
BayVBl.	Bayerische Verwaltungsblätter
BayVGH	Bayerischer Verfassungsgerichtshof
BDÜ	Bundesverband der Dolmetscher und Übersetzer e.V.
BerlVerfGH	Berliner Verfassungsgerichtshof
Beschl.	Beschluss
BGB	Bürgerliches Gesetzbuch
BGBl.	Bundesgesetzblatt
BGH	Bundesgerichtshof
BGHR	BGH-Rechtsprechung in Strafsachen
BGHSt	Entscheidungen des Bundesgerichtshofes in Strafsachen
Bl.	Blatt
BR	Bundesrepublik
BRAGO	Bundesgebührenordnung für Rechtsanwälte
BT-Drucks.	Drucksache des Bundestages
BtMG	Betäubungsmittelgesetz
BVerfG	Bundesverfassungsgericht
BVerfGE	Entscheidungen des Bundesverfassungsgerichts

BVerwG	Bundesverwaltungsgericht
BVwerGE	Entscheidungen des Bundesverwaltungsgerichts
bzgl.	bezüglich
BZRG	Bundeszentralregistergesetz
bzw.	beziehungsweise
ca.	circa
d.	des
d.A.	der Akte
DAR	Deutsches Autorecht (Zeitschrift)
ders.	derselbe
d.h.	das heißt
dies.	dieselben
DM	Deutsche Mark
DÖV	Die öffentliche Verwaltung (Zeitschrift)
DRiZ	Deutsche Richterzeitung
DVAuslG	Verordnung zur Durchführung des Ausländergesetzes
DVBl.	Deutsches Verwaltungsblatt
EG Fax-ÜbK	Abkommen vom 26. Mai 1989 zwischen den Mitgliedstaaten der Europäischen Gemeinschaft über die Vereinfachung und Modernisierung der Verfahren zur Übermittlung von Auslieferungsersuchen
EFTA	European Free Trade Association
EG	Europäische Gemeinschaften
EGGVG	Einführungsgesetz zum Gerichtsverfassungsgesetz
EGMR	Europäischer Gerichtshof für Menschenrechte
EG ne bis in idem ÜbK	Übereinkommen vom 25. Mai 1987 zwischen den Mitgliedstaaten der Europäischen Gemeinschaft über das Verbot der doppelten Strafverfolgung
EGVollstrÜbK	Übereinkommen vom 13. November 1991 zwischen den Mitgliedstaaten der Europäischen Gemeinschaft über die Vollstreckung ausländischer strafrechtlicher Verurteilungen
einschl.	einschließlich
EKMR	Europäische Kommission für Menschenrechte
E/L/W	Eser, Albin/Lagodny, Otto/Wilkitzki, Peter; Internationale Rechtshilfe in Strafsachen – Rechtsprechungssammlung
EMRK	(Europäische) Konvention zum Schutze der Menschenrechte und Grundfreiheiten
ENA	Europäisches Niederlassungsabkommen
etc.	et cetera
EU	Europäische Union
EuAlÜbK	Europäisches Auslieferungsübereinkommen
EU-AuslÜbK	Übereinkommen vom 27. September 1996 aufgrund von Artikel K. 3 des Vertrages über die Europäische Union über die Auslieferung zwischen den Mitgliedstaaten der EU
EU-FinInt ÜbK-Betrug	Übereinkommen vom 26. Juli 1995 aufgrund von Art. K. 3 des Vertrages über die Europäische Union über den Schutz der finanziellen Interessen der Europäischen Gemeinschaft
EuGH	Europäischer Gerichtshof

EuGRZ	Europäische Grundrechte (Zeitschrift)
EuHbG	Gesetz zur Umsetzung des Rahmenbeschlusses über den Europäischen Haftbefehl und die Übergabeverfahren zwischen den Mitgliedstaaten der Europäischen Union (Europäisches Haftbefehlsgesetz)
EuRAG	Gesetz über die Tätigkeit europäischer Rechtsanwälte in Deutschland
EuRhÜbK	Europäisches Übereinkommen über die Rechtshilfe in Strafsachen
EuTerrÜbK	Europäisches Übereinkommen zur Bekämpfung des Terrorismus vom 27. Januar 1977
EUV	Vertrag vom 7. Februar 1992 über die Europäische Union
EU-VereinfAuslÜbK	Übereinkommen vom 10. März 1995 aufgrund von Artikel K. 3 des Vertrages über die Europäische Union über das vereinfachte Auslieferungsverfahren zwischen den Mitgliedstaaten der Europäischen Union
EU-VisumVO	VO (EG) 539/2001 vom 15.3.2001
EWG	Europäische Wirtschaftsgemeinschaft
EWR	Europäischer Wirtschaftsraum
f.	folgend
FeV	Fahrerlaubnis-Verordnung
ff.	folgende
FGG	Gesetz über die Angelegenheiten der freiwilligen Gerichtsbarkeit
FreihEntzG	Gesetz über das gerichtliche Verfahren bei Freiheitsentziehungen
FreizügG/EU	Gesetz über die allgemeine Freizügigkeit von Unionsbürgern
FS	Festschrift
Fußn.	Fußnote
GA	Goldtammer's Archiv für Strafrecht
GewO	Gewerbeordnung
GG	Grundgesetz
ggfs.	gegebenenfalls
GK	Genfer Flüchtlingskonvention
GK-AuslG	Gemeinschaftskommentar zum Ausländerrecht
GKG	Gerichtskostengesetz
GMBl.	Gemeinsames Ministerialblatt
GVG	Gerichtsverfassungsgesetz
HansOLG	Hanseatisches Oberlandesgericht
Hess.JMBl.	Hessisches Justizministerialblatt
h.M.	herrschende Meinung
Hrsg.	Herausgeber
ICD-10	International Classification of Diseases (ICD-10)
InfAuslR	Informationsbrief Ausländerrecht (Zeitschrift)
i.d.R.	in der Regel
i.d.S.	in diesem Sinne
insbes.	insbesondere

Interpol	Internationale Kriminalpolizeiliche Organisation
IntKfzVO	Verordnung über internationalen Kraftfahrzeugverkehr
IRG	Gesetz über die internationale Rechtshilfe in Strafsachen
i.S.d.	im Sinne des
i.S.v.	im Sinne von
i.V.m.	in Verbindung mit
JGG	Jugendgerichtsgesetz
JM	Justizminister
JMBl.	Justizministerialblatt
JMBl. NW	Justizministerialblatt für das Land Nordrhein-Westfalen
JR	Juristische Rundschau
JurBüro	Das Juristische Büro
JZ	Juristenzeitung
kg	Kilogramm
KG	Kammergericht
KK	Karlsruher Kommentar
KK-OWiG	Karlsruher Kommentar zum Gesetz über Ordnungswidrigkeiten
KVGKG	Kostenverzeichnis
LAG	Landesarbeitsgericht
LG	Landgericht
lit.	litera (Buchstabe)
LK	Leipziger Kommentar zum Strafgesetzbuch
LOStA	Leitender Oberstaatsanwalt
LR	Löwe-Rosenberg
m.	mit
m.a.W.	mit anderen Worten
max.	maximal
MdJ	Ministerium der Justiz
MDR	Monatsschrift für Deutsches Recht
mind.	mindestens
MRK	Konvention zum Schutze der Menschenrechte und Grundfreiheiten
MschrKrim	Monatsschrift für Kriminologie und Strafrechtsreform
m.w.N.	mit weiteren Nachweisen
MwSt	Mehrwertsteuer
NdsRpfl.	Niedersächsische Rechtspflege
NJW	Neue Juristische Wochenschrift
Nr.	Nummer
Nrn.	Nummern
NStZ	Neue Zeitschrift für Strafrecht
NStZ-RR	Neue Zeitschrift für Strafrecht – Rechtsprechungsreport
NTS	NATO-Truppenstatut
NV	Niederlassungsvertrag
NVwZ	Neue Zeitschrift für Verwaltungsrecht
NVwZ-RR	Neue Zeitschrift für Verwaltungsrecht – Rechtsprechungsreport

NWVBl.	Nordrhein-Westfälische Verwaltungsblätter
NZV	Neue Zeitschrift für Verkehrsrecht
o.	oder
öffentl.	öffentlich
OLG	Oberlandesgericht
OLGSt	Entscheidungen der Oberlandesgerichte zum Straf- und Strafverfahrensrecht
OLGZ	Entscheidungen der Oberlandesgerichte in Zivilsachen einschließlich der freiwilligen Gerichtsbarkeit
OVG	Oberverwaltungsgericht
OWiG	Gesetz über Ordnungswidrigkeiten
Rderl.	Runderlass
Rn.	Randnummer
RG	Reichsgericht
RGBl.	Reichsgesetzblatt
RGSt	Entscheidungen des Reichsgericht in Strafsachen
RiStBV	Richtlinien für das Strafverfahren und das Bußgeldverfahren
RiVASt	Richtlinien für den Verkehr mit dem Ausland in strafrechtlichen Angelegenheiten
Rpfleger	Der Deutsche Rechtspfleger
RV	Rundverfügung
RVG	Rechtsanwaltsvergütungsgesetz
s.	siehe
S.	Satz
s.a.	siehe auch
SchlHA	Schleswig-Holsteinische Anzeigen
Sch-Sch	Schönke-Schröder
SDÜ	Schengener Durchführungsübereinkommen
SexualDelBekG	Gesetz zur Bekämpfung von Sexualdelikten und anderen gefährlichen Straftaten
SGB III	Sozialgesetzbuch – Arbeitsförderung –
SGB X	Sozialgesetzbuch – Verwaltungsverfahren –
SIS	Schengener Informationssystem
SK-StPO	Systematischer Kommentar zur Strafprozeßordnung
s.o.	siehe oben
sog.	sogenannte(r)
StA	Staatsanwaltschaft
StA SchlH-FS	Festschrift zum 125-jährigen Bestehen der Staatsanwaltschaft Schleswig-Holstein (1992)
StAG	Staatsangehörigkeitsgesetz
StGB	Strafgesetzbuch
StPO	Strafprozessordnung
StraFo	Strafverteidiger Forum
StrEG	Gesetz über die Entschädigung für Strafverfolgungsmaßnahmen
StRG	Gesetz zur Reform des Strafrechts
StrK	Strafkammer
StV	Strafverteidiger

StVG	Straßenverkehrgesetz
StVollstrO	Strafvollstreckungsordnung
StVollzG	Strafvollzugsgesetz
TerrbekG	Gesetz zur Bekämpfung des internationalen Terrorismus (Terrorismusbekämpfungsgesetz)
TierSchG	Tierschutzgesetz
TÜ	Telefonüberwachung
u.	und
u.a.	unter anderem
ÜAG	Überstellungsausführungsgesetz
ÜberstÜbK	Übereinkommen vom 21. März 1983 über die Überstellung verurteilter Personen
Urt.	Urteil
u.s.w.	und so weiter
v.	von/vom
Verf.	Verfügung
VerfGH	Verfassungsgerichtshof
VG	Verwaltungsgericht
VGH	Verwaltungsgerichtshof
vgl.	vergleiche
Vors.	Vorsitzender
VRS	Verkehrsrechts-Sammlung
VV	Vergütungsverzeichnis
VV	Verwaltungsvorschriften zum Strafvollzugsgesetz
VVJug	Verwaltungsvorschriften zum Jugendstrafvollzug
VwGO	Verwaltungsgerichtsordnung
VwVfG	Verwaltungsverfahrensgesetz
wg.	wegen
wistra	Zeitschrift für Wirtschafts- und Steuerstrafrecht
WÜK	Wiener Übereinkommen vom 24.4.1963 über konsularische Beziehungen
ZAR	Zeitschrift für Ausländerrecht und Ausländerpolitik
z.B.	zum Beispiel
ZfS	Zeitschrift für Schadensrecht
ZfStrVo	Zeitschrift für Strafvollzug und Straffälligenhilfe
2. ZP-EuAlÜbK	Zweites Zusatzprotokoll zum Europäischen Auslieferungsübereinkommen
ZPO	Zivilprozessordnung
ZP ÜberstÜbK	Zusatzprotokoll zum Übereinkommen über die Überstellung verurteilter Personen
ZRP	Zeitschrift für Rechtspolitik
ZSEG	Gesetz über die Entschädigung von Zeugen und Sachverständigen

Einleitung

Dass die Verteidigung von Ausländern zahlreiche Besonderheiten aufweist, wird in der Praxis oft übersehen. Die Folge sind schwere, oft irreparable Fehler, die im Falle frühzeitigen Handelns vermeidbar gewesen wären. Der Verteidiger sollte sich also bereits bei Übernahme des Mandates bewusst sein, dass die Ausländereigenschaft seines Mandanten zusätzliche Schwierigkeiten zur Folge haben wird. 1

Eines der größten Probleme stellt die Sprachbarriere dar. Verständigungsschwierigkeiten hindern den kurzfristigen Informationsaustausch. Stets wird die Beiziehung fachkundiger Hilfskräfte erforderlich, was zu erheblichen Zeitverzögerungen führen kann und den Umgang mit dem Mandanten äußerst arbeitsintensiv gestaltet. Die Problematik wird durch die zum Teil immer noch sehr restriktive Rechtsprechung zur „Erstattungsfähigkeit von Dolmetscherkosten" zusätzlich verschärft; bleibt die Finanzierung der Dolmetscherkosten offen, ist in der Regel die gesamte Verteidigung in Frage gestellt. 2

Daneben hat der Verteidiger zu beachten, dass – bei Gerichten und Behörden – vielfach nicht ausreichend qualifizierte Dolmetscher zum Einsatz kommen. Oft werden nicht allgemein vereidigte Dolmetscher herangezogen; es wird auf Sprachmittler zurückgegriffen, die ihre Qualifikation und Zuverlässigkeit nicht nachgewiesen haben. Dem liegt die Annahme zugrunde, jemand, der zwei Sprachen fließend spreche, sei als Dolmetscher im Gerichtsverfahren geeignet. Dies ist ein grundlegender Irrtum, wie durch in der Praxis auftretende Qualifikationsmängel bestätigt wird. Besonders gravierend wirken sich solche Mängel aus, wenn der Dolmetscher – wie so oft – lediglich eine vom Ausländer gesprochene „Drittsprache" beherrscht. Ist dem Mandanten die Kommunikation in seiner Muttersprache verwehrt, potenzieren sich mögliche Fehlerquellen, so dass der Wert der Dolmetscherleistung zusätzlich in Frage gestellt wird. Dies gilt es bereits bei der Auswahlentscheidung zu beachten; daneben hat der Verteidiger die Arbeit des Dolmetschers stets kritisch zu prüfen und im Falle von Qualifikationsmängeln auf dessen Ablösung hinzuwirken. 3

Ist die Verständigungslücke durch Beiziehung eines qualifizierten Sprachmittlers geschlossen, muss sich der Verteidiger oftmals auch auf einen anderen kulturellen und rechtlichen Hintergrund einstellen. Fragen nach der Bestechlichkeit von Richtern und Staatsanwälten sollten den Verteidiger ebenso wenig überraschen, wie konsequentes Leugnen der Tat trotz erdrückender Beweislage. In bestimmten Kulturkreisen stellt ein Tateingeständnis eine Schmach dar, die sich auf die ganze Familie erstrecken kann. Ein noch so eindringlicher Hinweis auf die strafmildernde Wirkung eines Geständnisses bewirkt dann nichts. Der Mandant geht lieber erhobenen Hauptes unter. Rät der Verteidiger zu einem – aus Sicht des Mandanten – „schädlichen Geständnis", entstehen mitunter sogar ernsthafte Zweifel an der Qualifikation des Verteidigers, die das Vertrauensverhältnis schwer belasten kön- 4 nen. Im Umgang mit ausländischen Mandanten ist daher stets viel Einfühlungsvermögen und Fingerspitzengefühl gefordert.

5 Abgesehen hiervon können abweichende Wertvorstellungen eine andere Bewertung der Tat rechtfertigen. Normunkenntnis kann die Annahme eines Verbotsirrtums oder Rechtfertigungsgrundes nahe legen; daneben kann das anderweitige Rechtsverständnis im Rahmen der Strafzumessung zu berücksichtigen sein. Nicht zuletzt kann eine andere Auslegung einzelner Tatbestandsmerkmale – z.B. „niedrige Beweggründe" – geboten sein, so dass die Weltanschauung des Mandanten im Bereich des materiellen Strafrechts ein erhebliches Verteidigungspotential eröffnet.

6 Ferner ist bei ausländischen Mandanten stets die Gefahr ausländerrechtlicher Folgemaßnahmen zu beachten. Obwohl der BGH der drohenden Ausweisung – in ständiger Rechtsprechung – den strafzumessungserheblichen Charakter abspricht, wird die erfolgreiche Verteidigung von Ausländern nicht selten mit der Vermeidung ausländerrechtlicher Maßnahmen gleichgesetzt; eine der ersten Fragen des ausländischen Mandanten lautet in der Regel, „Werde ich ausgewiesen?" Hält man sich weiter vor Augen, dass die schriftlichen Urteilsgründe in der Regel die einzige Entscheidungsgrundlage der Ausländerbehörde darstellen, wird schnell deutlich, dass bereits im Strafverfahren der Grundstein für die spätere Ausweisungsentscheidung gelegt wird. Verteidigung von Ausländern bedeutet daher auch bereits im Strafverfahren mit Blick auf die drohende Ausweisung zu verteidigen. Wird der „Kampf um die Ausweisung" – wie so oft – erst nach Rechtskraft des Urteils aufgenommen, ist dieser häufig verloren ehe er überhaupt begonnen hat. Der Verteidiger hat daher bereits zu Beginn des Mandates die wesentlichen Eckdaten zu erfassen – siehe Checkliste (Rdnr. 115) –, die Gefahr ausländerrechtlicher Maßnahmen zu prüfen und diese als wesentlichen Bestandteil in seine Verteidigungsstrategie zu integrieren.

7 Dass die verfahrensrechtlichen Besonderheiten, wie z.B. Dolmetscherbeiordnung, Pflichtverteidigung, Untersuchungshaft und Verfahrenseinstellungen gemäß § 154b StPO, erhöhte Aufmerksamkeit erfordern, wurde bereits ausgeführt. In besonderem Maße gilt dies auch für die Verteidigung in der Strafvollstreckung, da dem verurteilten Ausländer verschiedene Vollstreckungsalternativen offen stehen, deren (richtige) Wahl entscheidenden Einfluss auf die effektive Länge der Haftzeit haben kann. Die Kenntnis einer Vielzahl von Vorschriften – z.B. § 456a StPO –, Gesetzen – z.B. ÜAG –, bilateraler Abkommen – z.B. ÜberstÜbK – und anderer völkerrechtlicher Vereinbarungen ist ebenso erforderlich, wie eine fundierte Beratung bzgl. der Vor- und Nachteile der einzelnen Vollstreckungsalternativen.

8 Im Strafvollzug steht die restriktive Gewährung von Vollzugslockerungen im Vordergrund; ausländischen Gefangenen bleiben Lockerungen – z.B. Urlaub oder die Verlegung in den offenen Vollzug – in der Regel verwehrt. Die vorhandene Sprachbarriere, fehlende Besuche und die häufig empfundene Diskriminierung stellen nur einige Punkte dar, die den Vollzugsalltag des ausländischen Gefangenen zusätzlich belasten. Hier ist in erster Linie die Kenntnis der wenigen einschlägigen Gerichtsentscheidungen gefragt; daneben muss sich der Verteidiger auf den „Gang durch die Instanzen" einstellen, da positive Vollzugsentscheidungen häufig erkämpft werden müssen.

Einen weiteren Schwerpunkt bildet schließlich die Verteidigung in der Abschiebungs- und Auslieferungshaft. Droht dem ausländischen Mandanten die Auslieferung, bedarf es fundierter Kenntnisse des internationalen Rechtshilfeverkehrs; daneben können Recherchen bzgl. des im Heimatland des Mandanten geltenden Rechts erforderlich werden, die ein erhöhtes – oft nicht ausreichend bezahltes – Engagement des Verteidigers voraussetzen. Auch hier wird schnell deutlich, dass der Verteidiger ein besonders arbeitsintensives Mandat übernommen hat. **9**

Nach diesem einführenden „Problemaufriss“ sei noch der kurze Hinweis gestattet, dass das vorliegende Werk seiner Konzeption nach ein Praxishandbuch darstellt, dessen Schwerpunkt in der Darstellung der (obergerichtlichen) Rechtsprechung liegt; zahlreiche Arbeitshilfen – Tabellen, Übersichten, Checklisten, Musterschriftsätze, Gesetzestexte, Verwaltungsrichtlinien, völkerrechtliche Verträge[1] und praktische Tipps „☞“ – sollen den Wert des Buches erhöhen. Auf eine Detaildarstellung weiterführender Literatur wurde bewusst verzichtet, da diese den Rahmen eines „Praxishandbuchs“ bei weitem sprengen würde; insoweit sei also der interessierte Leser auf die in den Fußnoten angegebene (Kommentar-)literatur verwiesen. **10**

1 Musterschriftsätze, die wichtigsten Gesetzestexte, Verwaltungsrichtlinien und völkerrechtliche Verträge sind im Volltext auf der Homepage www.verteidigung-von-auslaendern.de „abgedruckt“.

Teil 1
Verteidigung und Ausländerrecht

Obwohl der BGH – nach inzwischen gefestigter Rechtsprechung[2] – der drohenden Ausweisung den strafzumessungserheblichen Charakter abspricht, wird die erfolgreiche Verteidigung von Ausländern nicht selten mit der Vermeidung ausländerrechtlicher Maßnahmen gleichgesetzt. Eine der ersten Fragen des ausländischen Mandanten lautet in der Regel: „Werde ich ausgewiesen?" **11**

Hält man sich weiter vor Augen, dass die einschlägigen Rechtsvorschriften auf eine Vielzahl verschiedener Gesetze und bilateraler Abkommen verteilt sind und zudem das Strafurteil im späteren verwaltungsrechtlichen Verfahren oft die einzige Entscheidungsgrundlage darstellt[3], wird schnell deutlich, dass auch der Verteidiger über ein solides ausländerrechtliches Basiswissen verfügen muss, will er den ausländischen Mandanten mit Blick auf die drohende Ausweisung sachgerecht verteidigen.

A. Ausländerrechtliche Grundbegriffe

Auch die Verteidigung von Ausländern setzt daher zunächst die Kenntnis der ausländerrechtlichen Terminologie voraus:

1. Neuregelung durch das Zuwanderungsgesetz

Grundlegende Änderungen hat das Zuwanderungsgesetz[4] gebracht; gleichwohl sind die gesetzlichen Regelungen – in weiten Teilen – unverändert geblieben, so dass die alte Rechtsprechung insoweit fortgilt, sofern nicht entsprechende Hinweise angebracht sind. Gleiches gilt für die allgemeinen Verwaltungsvorschriften zum Ausländergesetz (AuslG-VwV), die in den Vorläufigen Anwendungshinweisen zum Aufenthaltsgesetz weitgehend übernommen und der neuen Rechtslage angepasst worden sind. **12**

---

2 Vgl. *BGH* NStZ-RR 2000, 297, 298 m.w.N.
3 Vgl. *BVerwGE* 35, 291, 294.
4 BGBl. I 2004, 1950 ff.

2. Ausländerrechtliche Terminologie

a) Ausländer

13 Ausländer ist jeder, der nicht Deutscher i.S.d. Grundgesetzes ist.

Wegen der negativen Abgrenzung in § 2 I AufenthG ist also allein darauf abzustellen, ob der Betreffende den Status des Deutschen nach Art. 116 I GG (nicht) besitzt. Der Staatenlose ist demnach kein Deutscher. Ist die deutsche Staatsangehörigkeit einer Person ungeklärt, wird sie grundsätzlich als Ausländer behandelt[5].

b) Aufenthaltstitel

14 Nach Neufassung des Aufenthaltsgesetzes wird ein Aufenthaltstitel ausschließlich erteilt als,

- **Aufenthaltserlaubnis**; die Aufenthaltserlaubnis ist ein befristeter Aufenthaltstitel (§ 7 I AufenthG). Eine Erteilung kann insbesondere zum Zwecke der Erwerbstätigkeit (§§ 18 ff. AufenthG), Ausbildung (§§ 16 f. AufenthG), zum Zwecke des Familiennachzuges (§§ 27 ff. AufenthG) oder aus humanitären Gründen (§§ 22 ff. AufenthG) erfolgen.

  In begründeten Fällen kann eine Aufenthaltserlaubnis daneben auch für einen vom Gesetz nicht vorgesehenen Aufenthaltszweck erteilt werden (§ 7 I 2 AufenthG).

  Die Aufenthaltserlaubnis ist räumlich unbeschränkt (§ 12 I 1 AufenthG) und kann mit Bedingungen und Auflagen – insbesondere einer räumlichen Beschränkung – verbunden werden (§ 12 II AufenthG).

- **Niederlassungserlaubnis**; die Niederlassungserlaubnis ist ein unbefristeter Aufenthaltstitel.

  Sie berechtigt – zeitlich und räumlich unbeschränkt – zur Erwerbstätigkeit und darf grundsätzlich nicht mit Nebenbestimmungen versehen werden (§ 9 I AufenthG).

  Die Niederlassungserlaubnis wird unter den Voraussetzungen des § 9 II AufenthG – u.a. fünfjähriger Besitz einer Aufenthaltserlaubnis – erteilt.

Kein Aufenthaltstitel ist,

- die **Duldung**; die Duldung wird erteilt, solange die Abschiebung aus rechtlichen oder tatsächlichen Gründen unmöglich ist (vgl. § 60a AufenthG); der geduldete Aufenthalt ist kein rechtmäßiger Aufenthalt[6].
- die **Aufenthaltsgestattung**; einem Ausländer, der um Asyl nachsucht, ist der Aufenthalt zur Durchführung des Asylverfahrens gestattet (§ 55 AsylVfG).

---

5 GK-AuslG, § 45 Rn. 55 ff. m.w.N.
6 Vgl. GK-AuslG, § 45 Rn. 276.

c) Ausweisung

Die Ausweisung stellt das an den Ausländer gerichtete Gebot dar, das Bundesgebiet unverzüglich zu verlassen; liegen Ausweisungsgründe vor, stellen diese – in der Regel – zugleich Ausschlussgründe bei der Erteilung oder Verlängerung eines Aufenthaltstitels (§ 5 I Nr. 1 AufenthG) oder bei der Einbürgerung (§§ 8 I Nr. 2, 11 Nr. 3 StAG) dar[7]. Die Ausweisung hat allein ordnungsrechtlichen Charakter. Sie soll nicht bestimmtes menschliches Verhalten sanktionieren, sondern allein der zukünftigen Störung der öffentlichen Sicherheit und Ordnung vorbeugen[8]. Die Ausweisung darf also nicht als Instrument zusätzlicher Bestrafung missverstanden werden. Gleichwohl wird sie aufgrund ihrer einschneidenden Folgen – Verlust der inländischen Existenz – vom Betroffenen oft härter empfunden als die strafrechtliche Sanktion selbst. Dieses Umstandes muss sich der Verteidiger stets bewusst sein. 15

d) Abschiebung

Abschiebung ist die zwangsweise Durchsetzung der Ausreisepflicht. Sie setzt neben der Vollziehbarkeit der Ausreisepflicht die fehlende Gewähr für deren freiwillige Erfüllung voraus. Außerdem muss in der Regel zuvor eine Abschiebungsandrohung mit der Bestimmung einer Ausreisefrist ergehen. Schließlich darf der Abschiebung kein Abschiebeverbot oder -hindernis entgegenstehen. 16

B. Verteidigungsstrategien zur Vermeidung der Ausweisung

Da das Strafurteil oftmals die einzige Entscheidungsgrundlage der Ausländerbehörde bildet[9], stellt es einen schweren Verteidigungsfehler dar, wenn der „Kampf um die Ausweisung" – wie so oft – erst im verwaltungsrechtlichen (Vor-)Verfahren aufgenommen wird. Ist der Ausweisungsgrund durch das strafrechtliche Urteil „festgeschrieben", ist der Handlungsspielraum erheblich eingeschränkt. Die Chancen, ausländerrechtliche Maßnahmen zu vermeiden, können dagegen beträchtlich erhöht werden, wenn der Verteidiger bereits im Strafverfahren gestaltend tätig wird und mit Blick auf die drohende Ausweisungsentscheidung verteidigt[10]. Die Frage der drohenden Ausweisung sollte daher bei Festlegung der Verteidigungsstrategie (vgl. Rdnr. 337) stets Berücksichtigung finden. 17

7 *Renner* AuslG, § 45 Rn. 5.

8 *BVerwGE* 42, 133, 138 m.w.N.; GK-AuslG, § 45 Rn. 21.

9 Vgl. *BVerwGE* 35, 291, 294.

10 Vgl. auch *Ventzke* Ausweisung von Inländern, StV 1994, 337, 338; *Jung* Ausländerrechtliche Folgen bei der Verurteilung von ausländischen Staatsangehörigen, StV 2004, 567 ff.

1. Nicht-EU-Ausländer (Erwachsene)

18 Auf Nicht-EU-Ausländer findet die Ausweisungssystematik der §§ 53 ff. AufenthG Anwendung.

§ 55 I AufenthG enthält insoweit die für jede Ausweisung anzuwendende Grundnorm[11]; da diese eine Ermessensausübung der Ausländerbehörde voraussetzt, wird sie auch als „Kann-Ausweisung“ bezeichnet. Dieser Grundtatbestand wird durch die sog. „Regel-Ausweisung“ (§ 54 AufenthG) sowie die „Ist-Ausweisung“ (§ 53 AufenthG) ergänzt. Während im Falle des § 53 AufenthG die Ausweisung zwingend vorgeschrieben ist, wird sie bei Vorliegen der Voraussetzungen des § 54 AufenthG in der Regel angeordnet.

19 Genießt der Ausländer besonderen Ausweisungsschutz, wird die Ausweisungssystematik auf der Rechtsfolgenseite herabgestuft; die Ist-Ausweisung wird zur Regel-Ausweisung, die Regel-Ausweisung zur Kann-Ausweisung. Im Einzelnen gilt Folgendes (vgl. auch Tabelle Ausweisung von Nicht-EU-Ausländern [Erwachsene] [Rdnr. 111]):

a) Ausweisungstatbestände

20 Bereits die Unkenntnis der Ausweisungstatbestände kann schnell zu einem Fallstrick werden; so sollte der Verteidiger beispielsweise wissen, dass der Drogenkonsum einen Ausweisungsgrund darstellen kann (§ 55 II Nr. 4 AufenthG), wenn er diesen Umstand strafmildernd geltend machen will. Die richtige Wahl der Verteidigungsstrategie setzt daher eine detaillierte Kenntnis der einzelnen Ausweisungstatbestände voraus.

aa) Die „Kann-Ausweisung“ (§ 55 AufenthG)

21 Hat ein bestimmter Lebenssachverhalt in § 55 II AufenthG eine Regelung erfahren, kann selbst dann nicht auf die Grundnorm des § 55 I AufenthG zurückgegriffen werden, wenn § 55 II AufenthG die Ausweisung aufgrund dieses Sachverhalts an bestimmte Voraussetzungen knüpft, die im konkreten Einzelfall nicht vorliegen; liegt also eine Zuwiderhandlung gegen Rechtsnormen vor, steht einer Ausweisung gemäß § 55 I AufenthG die Sperrwirkung der spezielleren Norm (§ 55 II AufenthG) entgegen (vgl. 55.1.0 Anwendungshinweise zum AufenthG)[12]. Das Interesse des Verteidigers sollte sich daher in erster Linie auf die Vorschrift des § 55 II AufenthG konzentrieren. Insofern sind folgende Ausweisungstatbestände von besonderer Bedeutung:

22 **(1) § 55 II Nr. 1 AufenthG.** Gemäß § 55 II Nr. 1 AufenthG kann ausgewiesen werden, wer in Verfahren nach dem AufenthG oder zur Erlangung eines einheitlichen Sichtvermerks nach Maßgabe des Schengener Durchführungsübereinkommens falsche oder unvollständige Angaben zum Zwecke der Erlangung eines Auf-

11 GK-AuslG, § 45 Rn. 42 m.w.N.
12 GK-AuslG, § 45 Rn. 46, 75 u. 104, § 46 Rn. 8 jeweils m.w.N.

enthaltstitels gemacht oder trotz bestehender Rechtspflichten nicht an Maßnahmen der für die Durchführung des AufenthG zuständigen Behörde im In- und Ausland mitgewirkt hat, wobei die Ausweisung nach dieser Vorschrift nur zulässig ist, wenn der Ausländer vor der Befragung ausdrücklich auf die Rechtsfolgen falscher oder unvollständiger Angaben hingewiesen wurde.

Da vorsätzliche Falschangaben des Ausländers bzw. die Weigerung, erkennungsdienstliche Maßnahmen zu dulden, bereits nach altem Recht (vgl. § 46 Nr. 2 i.V.m. § 92 II Nr. 2 bzw. I Nr. 5 AuslG a.F.) die Ausweisung rechtfertigten, dürfte der Neuregelung primär Klarstellungsfunktion beizumessen sein[13].

(2) § 55 II Nr. 2 AufenthG. Gemäß § 55 II Nr. 2 AufenthG kann ausgewiesen werden, wer einen nicht nur vereinzelten oder geringfügigen Verstoß gegen Rechtsvorschriften oder gerichtliche oder behördliche Entscheidungen oder Verfügungen oder außerhalb des Bundesgebietes eine Straftat begangen hat, die im Bundesgebiet als vorsätzliche Straftat anzusehen ist. **23**

(a) Ein vereinzelter oder geringfügiger Verstoß gegen eine Rechtsvorschrift, d.h. Gesetze, Rechts-, Polizeiverordnungen oder Satzungen, erfüllt bereits nicht den Ausweisungstatbestand. Umgekehrt bedeutet dies, dass auch ein vereinzelter Verstoß den Ausweisungsgrund erfüllt, wenn dieser nicht geringfügig ist und ein geringfügiger Verstoß die Ausweisung rechtfertigen kann, wenn dieser nicht nur vereinzelt begangen worden ist. **24**

Wann ein strafrechtlich erheblicher Verstoß als nicht mehr geringfügig anzusehen ist, konnte früher nur anhand einer umfangreichen Kasuistik beantwortet werden; dem Grundsatz nach galt, dass ein strafbares Verhalten keinen geringfügigen Rechtsverstoß darstellt.

Die Frage hat durch die Vorläufigen Anwendungshinweise zum Aufenthaltsgesetz eine Präzisierung erfahren, deren Kenntnis unabdingbare Voraussetzung einer sachgerechten Verteidigung ist. Danach ist für die Bestimmung, ob ein geringfügiger Verstoß i.S.d. § 55 II Nr. 2 AufenthG vorliegt u.a. Folgendes von Bedeutung: **25**

(aa) Eine Straftat, die zu einer Verurteilung bis zu 30 Tagessätzen geführt hat, ist als geringfügig anzusehen (55.2.2.3.1 Anwendungshinweise zum AufenthG).

(bb) Eine mit Strafe bedrohte Tat kann nach erfolgter Einstellung des Strafverfahrens (§ 153a StPO) als geringfügig eingestuft werden, wenn der wegen dieser Tat festgesetzte Geldbetrag nicht mehr als 500 € beträgt (55.2.2.3.2 Anwendungshinweise zum AufenthG)[14].

Diesen Gesichtspunkt sollte der Verteidiger stets bedenken, wenn er mit Gericht und/oder Staatsanwaltschaft über eine Verfahrenseinstellung gemäß § 153a StPO verhandelt; gegebenenfalls kann dies auch ein Argument für die Reduzierung des festzusetzenden Geldbetrages sein. Lehnt der Mandant ein Einstellungsangebot – unterhalb der 500 €-Grenze – ab, sollte er dahingehend aufgeklärt werden, dass im ☜

13 Vgl. *OVG Bremen* Beschl. v. 31.3.2003 – 1 B 348/02; BT-Drucks. 14/7386 S. 56.
14 Vgl. auch GK-AuslG, § 46 Rn. 48 m.w.N.

Falle der Verurteilung bereits bei einer Geldstrafe von mehr als 30 Tagessätzen ausländerrechtliche Maßnahmen drohen. Wird dieser „Schwellenwert" nicht erreicht, kann der Mandant wegen eines nicht nur vereinzelten Rechtsverstoßes ausgewiesen werden, wenn er über (einschlägige) Vorahndungen verfügt. Der Mandant geht also ein hohes Risiko ein, wenn er ein entsprechendes Angebot ausschlägt.

☞ Übersteigt der festzusetzende Geldbetrag die 500 €-Grenze, sollte – in Absprache mit dem zuständigen Staatsanwalt – eine (geständige) Einlassung vermieden werden; andernfalls droht die Gefahr, dass die Angaben des Mandanten im verwaltungsrechtlichen Verfahren zu seinem Nachteil verwertet werden.

(cc) Eine Ordnungswidrigkeit, die mit einem Bußgeld von nicht mehr als 500 € geahndet werden kann, ist im Hinblick auf die in § 87 IV 3 AufenthG zum Ausdruck kommende gesetzgeberische Wertung selbst dann als geringfügig anzusehen, wenn es sich um einen Wiederholungsfall handelt[15]; in diesem Fall kann jedoch eine Ausweisung wegen eines nicht nur vereinzelten Verstoßes gegen Rechtsvorschriften in Betracht kommen (55.2.2.3.3 Anwendungshinweise zum AufenthG).

(dd) Eine Ordnungswidrigkeit, die mit einer höheren Geldbuße als 500 € geahndet worden ist, stellt gemäß 55.2.2.3.4 Anwendungshinweise zum AufenthG in der Regel keinen geringfügigen Rechtsverstoß dar[16].

26 **(b)** Der Ausweisungstatbestand des § 55 II Nr. 2 AufenthG setzt nicht voraus, dass der Verstoß schuldhaft begangen worden ist; es genügt bereits die objektive Rechtswidrigkeit[17].

☞ Dies sollte der Verteidiger beachten, wenn das Ermittlungsverfahren mit der Argumentation eingestellt wird, „der Beschuldigte habe jedenfalls nicht schuldhaft gehandelt". Zwar ist die Staatsanwaltschaft – nach h.M.[18] – nicht verpflichtet, das Ermittlungsverfahren mit dem Ziel des Nachweises der Unschuld fortzuführen; ist jedoch der hinreichende Tatverdacht bereits aus anderen Gründen nicht gegeben, sollte jedenfalls in eindeutigen Fällen der Versuch der Gegenvorstellung unternommen werden. Andernfalls sieht sich der Rechtsanwalt der Gefahr ausgesetzt, der Ausländerbehörde gegenüber erklären zu müssen, dass das Ermittlungsverfahren zwar mangels Schuldfähigkeit eingestellt worden sei, das Verhalten seines Mandanten aber dennoch keinen Straftatbestand erfülle. Dass der Versuch, die Staatsanwaltschaft zu überzeugen, eher von Erfolg gekrönt sein wird, bedarf keiner weiteren Erklärung.

27 **(c)** Ob der Ausweisungstatbestand des § 55 II Nr. 2 AufenthG bereits erfüllt ist, wenn lediglich der (dringende) Verdacht einer Straftat gegeben ist, war bislang

15 So auch GK-AuslG, § 46 Rn. 51, 54.
16 A.A. GK-AuslG, § 46 Rn. 55 m.w.N.
17 Vgl. 55.2.2.4 Anwendungshinweise zum AufenthG; GK-AuslG, § 45 Rn. 383, § 46 Rn. 65.
18 Vgl. *BGHSt* 5, 267, 268; *Meyer-Goßner StPO*, vor § 296 Rn. 13; a.A. LR-*Graalmann-Scheerer* StPO, § 170 Rn. 9a m.w.N.

umstritten[19]. Während eine entsprechende Auslegung von Teilen des Schrifttums[20] abgelehnt wird, ist die „Verdachtsausweisung" in den Vorläufigen Anwendungshinweisen zum Aufenthaltsgesetz ausdrücklich vorgesehen (vgl. 55.2.2.4 Anwendungshinweise zum AufenthG). Die Verwaltungsvorschrift folgt damit der bislang herrschenden Rechtsprechung[21], die die Verdachtsausweisung im Hinblick auf den ordnungsrechtlichen Charakter der Ausweisung für zulässig hält.

Erhebliche Bedeutung kommt der Verdachtsausweisung vor allem für solche Ausweisungstatbestände zu, die eine rechtskräftige Verurteilung voraussetzen, da der Ausländer in diesen Fällen bereits im Ermittlungsverfahren ausgewiesen werden kann. Eine entsprechende Vorgehensweise ist in 55.2.2.5 Anwendungshinweise zum AufenthG ausdrücklich vorgesehen.

Die frühzeitige Ausweisung ist insbesondere dann äußerst misslich, wenn im Falle des Zuwartens – unter Mitwirkung des Mandanten – die Möglichkeit bestanden hätte, die Ausweisung doch noch zu vermeiden. Im Regelfall wird es daher ratsam sein, gegen die Ausweisungsverfügung selbst dann Widerspruch einzulegen, wenn praktisch keine oder nur minimale Erfolgsaussichten bestehen. Dabei wird insbesondere zu prüfen sein, ob die Staatsanwaltschaft das notwendige Einverständnis erteilt hat (vgl. § 72 IV AufenthG). Ist dies nicht der Fall, ist die Ausweisung bereits aus diesem Grunde rechtswidrig[22].

(d) Wird die Ausweisung gem. § 55 II Nr. 2 AufenthG auf eine Auslandstat gestützt, kommt es nicht darauf an, ob die Tat in den Geltungsbereich des deutschen Strafrechts fällt, d. h. eine Verurteilung auch im Bundesgebiet möglich wäre; allein entscheidend ist die Frage, ob der konkrete Sachverhalt auch nach deutschem Recht als vorsätzliche Straftat anzusehen wäre[23]. **28**

(3) § 55 II Nr. 4 AufenthG. Einen Ausweisungsgrund stellt auch der Konsum von Heroin, Kokain oder eines vergleichbar gefährlichen Betäubungsmittels dar, sofern der Ausländer zu einer erforderlichen, seiner Rehabilitation dienenden Behandlung nicht bereit ist oder sich dieser Maßnahme entzieht; vergleichbar gefährlich i.S.d. § 55 II Nr. 4 AufenthG sind die in Anlage I und III zum BtmG aufgeführten Stoffe, nicht jedoch Canabisprodukte[24]. **29**

Macht der Verteidiger den Drogenkonsum seines Mandanten strafmildernd gelten, sollte er zuvor sicherstellen, dass eine entsprechende Therapiebereitschaft vorhanden ist; andernfalls gerät der Mandant „vom Regen in die Traufe".

---

19 Vgl. *BVerwGE* 78, 285, 288; *OVG Lüneburg* InfAuslR 1990, 57, 58; *OVG Münster* DÖV 1982, 458, 459.

20 GK-AuslG, § 45 Rn. 78, § 46 Rn. 61 m.w.N.

21 *BVerwG* aaO.; *OVG Lüneburg* aaO.; *OVG Münster* aaO.; so auch *Renner* AuslG, § 46 Rdnr. 11 m.w.N.

22 Vgl. 53.0.6.8.1 Anwendungshinweise zum AufenthG.

23 *VGH Mannheim* NVwZ-RR 2002, 891.

24 55.2.4.1 Anwendungshinweise zum AufenthG; GK-AuslG, § 46 Rn. 91.

30 **(4) § 55 II Nr. 5 AufenthG.** Gemäß § 55 II Nr. 5 AufenthG kann ausgewiesen werden, wer durch sein Verhalten die öffentliche Gesundheit gefährdet oder längerfristig obdachlos ist.

Der Ausweisungsgrund „Obdachlosigkeit" erfordert nicht nur eine schon eingetretene, sondern darüber hinaus eine längerfristige Obdachlosigkeit. Gemäß 55.2.5.2.1 Anwendungshinweise zum AufenthG ist die Obdachlosigkeit als längerfristig anzusehen, wenn sie nicht innerhalb von sechs Monaten seit ihrem Beginn beendet worden ist.

Auf diesen Ausweisungsgrund sollte der Mandant hingewiesen werden, wenn abzusehen ist, dass er im Anschluss an seine Haftentlassung wohnungslos sein wird.

31 **(5) § 55 II Nr. 7 AufenthG.** Weiter kann ein Ausländer auch dann ausgewiesen werden, wenn er Hilfe zur Erziehung außerhalb der eigenen Familie oder Hilfe für junge Volljährige nach dem Achten Buch des Sozialgesetzbuchs in Anspruch nimmt; eine Ausnahme von diesem Grundsatz gilt für einen Minderjährigen, dessen Eltern oder allein personensorgeberechtigter Elternteil sich rechtmäßig im Bundesgebiet aufhalten.

Gemäß 55.2.7.2 Anwendungshinweise zum AufenthG ist der Ausweisungsgrund des § 55 II Nr. 7 AufenthG auch dann erfüllt, wenn die Hilfe zur Erziehung aufgrund des § 12 Nr. 2 JGG gewährt wird. Dies kann die paradoxe Konsequenz haben, dass im Falle der Anordnung von Erziehungsmaßregeln ein Ausweisungstatbestand erfüllt ist, nicht jedoch im Falle der Verhängung einer Jugendstrafe. Zieht das Jugendgericht eine entsprechende Erziehungsmaßregel in Betracht, sollte der Verteidiger daher stets intervenieren.

32 **(6) § 55 II Nr. 8 a) und b) AufenthG.** Gemäß § 55 II Nr. 8 AufenthG kann schließlich ausgewiesen werden, wer

a) öffentlich, in einer Versammlung oder durch Verbreiten von Schriften ein Verbrechen gegen den Frieden, ein Kriegsverbrechen, ein Verbrechen gegen die Menschlichkeit oder terroristische Taten von vergleichbarem Gewicht in einer Weise billigt oder dafür wirbt, die geeignet ist, die öffentliche Sicherheit und Ordnung zu stören, oder
b) in einer Weise, die geeignet ist, die öffentliche Sicherheit und Ordnung zu stören, zum Hass gegen Teile der Bevölkerung aufstachelt oder zu Gewalt- oder Willkürmaßnahmen gegen sie auffordert oder die Menschenwürde anderer dadurch angreift, dass er Teile der Bevölkerung beschimpft, böswillig verächtlich macht oder verleumdet.

§ 55 II Nr. 8 a) AufenthG gleicht in weiten Teilen § 111 StGB, § 55 II Nr. 8 b) AufenthG ist nahezu wortidentisch mit § 130 StGB[25]; da die Ausweisungstatbestände somit – in der Regel – zugleich Straftatbestände erfüllen, war bereits nach altem Recht die Ausweisung möglich (vgl. § 46 Nr. 2 AuslG a.F.), so dass den Vorschriften weitgehend Symbolcharakter beizumessen sein dürfte[26].

25 Vgl. auch 55.2.8.2 Anwendungshinweise zum AufenthG.
26 So auch *Marx* Terrorismusvorbehalte des Zuwanderungsgesetzes, ZAR 2004, 275, 277.

bb) Die „Ist-Ausweisung“ (§ 53 AufenthG)

Erfüllt der Ausländer einen in § 53 AufenthG genannten Ausweisungsgrund, ist er **33**
zwingend auszuweisen[27]. Trotz dieser scheinbar aussichtslosen Ausgangslage kann der Verteidiger den Entscheidungsspielraum der Ausländerbehörde bereits auf der Tatbestandsseite zugunsten des ausländischen Mandanten einschränken.

(1) § 53 Nr. 1 1. Alt. AufenthG. Gemäß § 53 Nr. 1 1. Alt. AufenthG wird der **34**
Ausländer ausgewiesen, wenn er wegen einer oder mehrerer vorsätzlicher Straftaten rechtskräftig zu einer Freiheits- oder Jugendstrafe von mind. drei Jahren verurteilt worden ist.

(a) Der Ausweisungsgrund des § 53 Nr. 1 1. Alt. AufenthG setzt eine rechtskräftige **35**
Verurteilung voraus. Voraussetzung ist ein einziges Urteil[28]. Unerheblich ist, ob die Strafe wegen einer einzelnen Tat verhängt oder im Wege der Gesamt- oder Einheitsjugendstrafe gebildet worden ist[29]. Liegen der gebildeten Gesamt- oder Einheitsjugendstrafe mehrere Verurteilungen zugrunde, ist es ebenfalls unerheblich, dass die Vollstreckung einer der Strafen früher zur Bewährung ausgesetzt worden war[30].

(b) Weitere Voraussetzung ist die Verurteilung wegen einer vorsätzlichen Tat. **36**

(aa) Dies ist bei in Tateinheit begangenen Vorsatz- und Fahrlässigkeitsdelikten der Fall, wenn in den Urteilsgründen ausdrücklich ausgesprochen oder nach den Tatumständen oder den verletzten Straftatbeständen offensichtlich ist, dass das Gericht die Freiheitsstrafe von mind. drei Jahren schon allein im Hinblick auf die Vorsatztat(en) verhängt hat (53.1.1.1 Anwendungshinweise zum AufenthG). Lässt sich der auf die fahrlässig begangenen Tat(en) entfallende Strafanteil nicht in Abzug bringen, dürfte eine Ausweisung gemäß § 53 Nr. 1 1. Alt. AufenthG ausscheiden[31].

Angesichts dieser Rechtslage stellt es eine nur scheinbare Wohltat dar, wenn das Gericht den bzw. die fahrlässig begangenen Tatteil(e) gemäß § 154a StPO einstellt. Obwohl die Zustimmung der Verteidigung nicht erforderlich ist, sollte der Verteidiger auf die daraus resultierenden, gravierenden ausländerrechtlichen Folgen aufmerksam machen.

(bb) Ist wegen in Tatmehrheit begangener vorsätzlicher und fahrlässiger Taten eine Gesamtfreiheitsstrafe verhängt worden, ist der Ausweisungsgrund des § 53 Nr. 1 1. Alt. AufenthG erfüllt, wenn

– wegen einer Vorsatztat eine Einsatzstrafe von mind. drei Jahren ausgesprochen worden ist,

27 Vgl. auch *VGH Mannheim* NVwZ-RR 2003, 304, 306 m.w.N., wonach nur in „außergewöhnlichen Einzelfällen“ gem. Art. 8 Abs. 2 MRK eine Prüfung der Verhältnismäßigkeit geboten ist; vgl. auch *BVerfG* NVwZ 2004, 852, 853 ff.

28 53.1.1.1 Anwendungshinweise zum AufenthG.

29 53.1.1.1 Anwendungshinweise zum AufenthG; *Renner* AuslG, § 47 Rn. 6.

30 53.1.1.1 Anwendungshinweise zum AufenthG.

31 So auch GK-AuslG, § 47 Rn. 17; *Renner* AuslG, § 47 Rn. 6.

- aus den für die Vorsatztaten verhängten Einzelstrafen ausdrücklich eine gesonderte Gesamtfreiheitsstrafe von mind. drei Jahren gebildet worden ist oder
- nach den Strafzumessungserwägungen des Gerichts, den Tatumständen oder den verletzten Straftatbeständen offensichtlich ist, dass das Gericht auch allein wegen der Vorsatztaten eine Gesamtfreiheitsstrafe von mind. drei Jahren verhängt hätte (53.1.1.1 Anwendungshinweise zum AufenthG).

☞ Ist der ausländische Mandant wegen vorsätzlicher und fahrlässiger Taten angeklagt und eine die 3-Jahres-Grenze übersteigende Freiheitsstrafe zu erwarten, kann es ratsam sein, den „Weg der Verständigung" zu suchen, um so den auf die Vorsatztaten entfallenden Strafanteil auf ein unterhalb der kritischen Grenze liegendes Strafmaß zu reduzieren.

37 **(c)** Die Vorschrift des § 53 Nr. 1 1. Alt. AufenthG sieht keinen bestimmten Zeitpunkt vor, in dem die Straftat begangen worden oder die Verurteilung erfolgt ist. Die Ausweisungsermächtigung ist also auch in Fällen gegeben, in denen die Straftat vor dem Inkrafttreten der Regelung bzw. ihrer Änderungen[32] begangen worden ist, wenn die Norm in dem für die gerichtliche Beurteilung maßgebenden Zeitpunkt der letzten Behördenentscheidung Geltung beanspruchte und ihre Voraussetzungen vorlagen[33].

38 **(2) § 53 Nr. 1 2. Alt. AufenthG.** Ebenso ist die Ausweisung zwingend vorgeschrieben, wenn der Ausländer wegen vorsätzlicher Straftaten innerhalb von fünf Jahren zu mehreren Freiheits- oder Jugendstrafen von zusammen mind. drei Jahren rechtskräftig verurteilt worden ist.

☞ Da im Rahmen des § 53 Nr. 1 2. Alt. AufenthG auf den Zeitpunkt der rechtskräftigen Verurteilung abzustellen ist[34], kann es im Einzelfall ratsam sein, auch anscheinend aussichtslose Rechtsmittel einzulegen. Verfügt der Mandant beispielsweise über mind. eine rechtskräftige Verurteilung von insgesamt 2 Jahren und 9 Monaten, kann bereits eine weitere Freiheitsstrafe von 3 Monaten die Ausweisung zwingend zur Folge haben. Wird durch Einlegung des Rechtsmittels die 5-Jahres-Frist erreicht, liegt im Regelfall nur noch der Ausweisungsgrund des § 55 II Nr. 2 AufenthG vor. Durch Einlegung des strafrechtlichen Rechtsmittels wird somit die „Ist-Ausweisung" zur „Kann-Ausweisung" herabgestuft.

39 **(3) § 53 Nr. 1 3. Alt. AufenthG.** Wurde bei der letzten rechtskräftigen Verurteilung Sicherungsverwahrung angeordnet, ist der Ausländer gemäß § 53 Nr. 1 3. Alt. AufenthG zwingend auszuweisen.

40 **(4) § 53 Nr. 2 1. Alt. AufenthG.** Gemäß § 53 Nr. 2 1. Alt. AufenthG ist ein Ausländer auszuweisen, wenn er wegen einer vorsätzlichen Straftat nach dem BtmG rechtskräftig zu einer Jugendstrafe von mind. 2 Jahren oder einer Freiheitsstra-

---

32 Vgl. Verbrechensbekämpfungsgesetz vom 28.10.1994 (BGBl. I S. 3183), Gesetz zur Änderung ausländer- und asylverfahrensrechtlicher Vorschriften vom 29.10.1997 (BGBl. I S. 2584), Terrorismusbekämpfungsgesetz (BGBl. I 2002, 361 ff.) und Zuwanderungsgesetz (BGBl. I 2004, 1950 ff.).

33 GK-AuslG, § 47 Rn. 13.

34 GK-AuslG, § 47 Rn. 18; *Renner* AuslG, § 47 Rn. 7.

fe verurteilt und die Vollstreckung der Strafe nicht zur Bewährung ausgesetzt worden ist.

(a) Soweit die Ausweisung von einer rechtskräftigen Verurteilung wegen einer 41
vorsätzlich begangenen Straftat abhängig ist, sei auf die Ausführungen zu § 53 Nr. 1 1. Alt. AufenthG verwiesen. Im Übrigen gilt Folgendes:

(b) Da es für die Ausweisungsermächtigung nur auf den das Betäubungsmittel- 42
delikt betreffenden Strafanteil ankommt, ist es im Falle des Zusammentreffens mehrerer Straftaten entscheidend, ob dieser Anteil der Strafe festgestellt werden kann. Ist dies nicht möglich – z.B. bei der Bildung einer Einheitsjugendstrafe oder der tateinheitlichen Begehung nach Erwachsenstrafrecht – kommt eine Ausweisung gemäß § 53 Nr. 2 1. Alt. AufenthG nicht in Betracht (vgl. 53.1.2.1 Anwendungshinweise zum AufenthG)[35].

Auch insoweit kann eine Verfahrenseinstellung gemäß §§ 154, 154a StPO verhängnisvolle Auswirkungen haben; der Verteidiger sollte auch hier intervenieren (vgl. oben Rdnr. 36).

(c) Der Ausweisungsgrund ist nur erfüllt, wenn die Vollstreckung der Jugend- oder 43
Freiheitsstrafe nicht zur Bewährung ausgesetzt worden ist. Eine Aussetzung der Vollstreckung in diesem Sinne ist nur bei einer Entscheidung nach § 56 StGB bzw. § 21 JGG gegeben, nicht jedoch bei einer an andere Voraussetzungen anknüpfenden Aussetzung gemäß § 57 StGB bzw. § 88 JGG[36].

Hat das Strafgericht die Vollstreckung zur Bewährung ausgesetzt, ist der Tatbestand auch dann nicht erfüllt, wenn diese Entscheidung zum Zeitpunkt der Ausweisungsverfügung widerrufen worden ist[37].

(5) § 53 Nr. 2 2. und 3. Alt. AufenthG. Ebenso ist ein Ausländer auszuweisen, der 44
wegen Landfriedensbruchs in einem besonders schweren Fall (§ 125a S. 2 StGB) oder wegen eines im Rahmen einer verbotenen öffentlichen Versammlung oder eines verbotenen Aufzuges begangenen Landfriedensbruchs (§ 125 StGB) rechtskräftig zu einer Jugendstrafe von mind. 2 Jahren oder einer Freiheitsstrafe verurteilt und die Vollstreckung der Strafe nicht zur Bewährung ausgesetzt worden ist.

Da der Ausweisungstatbestand eine rechtskräftige Verurteilung wegen Landfriedensbruchs (§§ 125, 125a S. 2 StGB) voraussetzt, können sich in den Fällen einer Verurteilung aufgrund Tateinheit oder Tatmehrheit Konsequenzen für die Anwendbarkeit der Vorschrift ergeben[38]. Insoweit sei auf die Ausführungen zu § 53 Nr. 2 1. Alt. AufenthG Bezug genommen.

(6) § 53 Nr. 3 AufenthG. Gemäß § 53 Nr. 3 AufenthG ist schließlich auszuweisen, 45
wer wegen Einschleusens von Ausländern gem. § 96 oder 97 AufenthG rechtskräftig zu einer Freiheitsstrafe verurteilt und die Vollstreckung der Strafe nicht zur Bewährung ausgesetzt worden ist.

---

35 *VGH Mannheim* NVwZ-RR 2003, 595; GK-AuslG, § 47 Rn. 27.

36 53.1.2.3 Anwendungshinweise zum AufenthG; *BVerwG* InfAuslR 1997, 390; GK-AuslG, § 47 Rn. 28.

37 *BVerwG* NVwZ-RR 2000, 320.

38 Vgl. GK-AuslG, § 47 Rn. 31.

☞ Anders als § 53 Nr. 1 und 2 AufenthG begründet die Verurteilung zu einer Jugendstrafe nicht den Ausweisungstatbestand, so dass bei einer Verhandlung gegen Heranwachsende der Anwendung von Jugendstrafrecht erhebliche Bedeutung beizumessen sein kann.

Im Übrigen kann auf die Ausführungen zu § 53 Nr. 2 1. Alt. AufenthG (Rdnr. 40 ff.) verwiesen werden, die entsprechend gelten.

cc) Die „Regel-Ausweisung" (§ 54 AufenthG)

46 Liegt einer der in § 54 AufenthG genannten Ausweisungsgründe vor, ist die Ausweisung in der Regel zu verfügen. Der Ausländerbehörde steht bei Vorliegen eines Regelfalls kein Ermessen zu. Nur wenn ein Ausnahmefall – z. B. Handel mit Betäubungsmittelimitaten[39] – gegeben ist, steht die Ausweisung im pflichtgemäßen Ermessen der Ausländerbehörde[40]. Ebenso wie bei der „Ist-Ausweisung" kann der Verteidiger jedoch auch insoweit gestaltend tätig werden.

47 **(1) § 54 Nr. 1 AufenthG.** Gemäß § 54 Nr. 1 AufenthG wird der Ausländer in der Regel ausgewiesen, wenn er wegen einer oder mehrerer vorsätzlicher Straftaten rechtskräftig zu einer Jugendstrafe von mind. zwei Jahren oder zu einer Freiheitsstrafe verurteilt und die Vollstreckung der Strafe nicht zur Bewährung ausgesetzt worden ist.

48 **(a)** Der Ausweisungsgrund knüpft wie Abs. 1 an eine rechtskräftige Verurteilung wegen einer vorsätzlich begangenen Straftat an; insoweit sei auf die Ausführungen zu § 53 AufenthG verwiesen.

49 **(b)** Soweit § 54 Nr. 1 AufenthG darüber hinaus die mangelnde Strafaussetzung voraussetzt, sei ergänzend darauf hingewiesen, dass die Feststellung besonderer Umstände i.S.d. § 57 II Nr. 3 StGB gemäß 54.0.4 Anwendungshinweise zum AufenthG auf das Vorliegen eines Ausnahmefalles hindeutet, d.h. die Ausweisung nur nach ordnungsgemäßer Ausübung des Ermessens erfolgen kann (vgl. Rdnr. 66 ff.).

50 **(2) § 54 Nr. 2 AufenthG.** Ausländer, die wegen Einschleusens von Ausländern gem. §§ 96 oder 97 AufenthG rechtskräftig verurteilt worden sind, werden in der Regel ausgewiesen (§ 54 Nr. 2 AufenthG); anders als § 53 Nr. 3 AufenthG stellt diese Vorschrift allein auf eine rechtskräftige Verurteilung ab, so dass auch die Verhängung einer Jugend- oder Geldstrafe – nicht jedoch eine Einstellung gem. §§ 153 ff. StPO (!) – den Ausweisungstatbestand erfüllt. Ob der Verurteilung eine tateinheitliche Tatbegehung zugrunde liegt, ist somit unbeachtlich. Ist also eine Verurteilung unvermeidbar, wird besonders darauf zu achten sein, ob eine vom Regelfall abweichende Ausnahme gegeben ist; dies dürfte insb. dann nahe liegen, wenn die Verurteilung zu einer Bagatellstrafe nach früherem Recht (vgl. § 46 Nr. 2 AuslG a.F.) noch nicht einmal den Tatbestand der „Kann-Ausweisung" erfüllt hat.

---

39 *VG Karlsruhe* NVwZ-RR 2003, 309, 310.

40 54.0.3 Anwendungshinweise zum AufenthG; GK-AuslG, § 47 Rn. 54, 86.

51 **(3) § 54 Nr. 3 AufenthG.** Ein Fall der „Regel-Ausweisung“ ist ebenfalls gegeben, wenn der Ausländer den Vorschriften des BtmG zuwider ohne Erlaubnis Betäubungsmittel anbaut, herstellt, einführt, durchführt oder ausführt, veräußert, an einen anderen abgibt oder in sonstiger Weise in Verkehr bringt oder mit ihnen handelt oder wenn er zu einer solchen Handlung anstiftet oder Beihilfe leistet.

52 **(a)** § 54 Nr. 3 AufenthG erfasst nicht den unerlaubten Besitz von Drogen, deren Konsum sowie das unerlaubte Beschaffen von Drogen zum Eigenkonsum. Im Übrigen wird aber jeder Verstoß gegen das BtmG – einschließlich Anstiftung und Beihilfe (!) – vom Ausweisungstatbestand erfasst. Die Erfüllung des Ausweisungsgrundes setzt insbesondere nicht voraus, dass der Verstoß geahndet worden ist, so dass auch die Einstellung des Verfahrens gemäß § 153a StPO in den Anwendungsbereich der Norm fällt[41].

53 **(b)** § 54 Nr. 3 AufenthG setzt also insbesondere keine rechtskräftige Verurteilung voraus (vgl. 54.3.1 Anwendungshinweise zum AufenthG)[42]. Auch kommt es – anders als bei § 53 Nr. 2 1. Alt. AufenthG – nicht darauf an, ob der auf das Betäubungsmitteldelikt entfallende Strafanteil ausgeschieden werden kann, da bereits der Verstoß gegen das BtmG die Ausweisung rechtfertigt.

Da der Ausweisungstatbestand somit seinem Tatbestand nach wenig Handlungsspielraum zulässt, ist es Aufgabe des Verteidigers, auf das Vorliegen eines Ausnahmefalles und der damit verbundenen Möglichkeit, nach Ermessen zu entscheiden, hinzuarbeiten (vgl. Rdnr. 66 ff.).

54 **(4) § 54 Nr. 4 AufenthG.** Ein Ausländer ist auch dann in der Regel auszuweisen, wenn er sich im Rahmen einer verbotenen oder aufgelösten öffentlichen Versammlung oder eines verbotenen oder aufgelösten Aufzugs an Gewalttätigkeiten gegen Menschen oder Sachen, die aus einer Menschenmenge in einer die öffentliche Sicherheit gefährdenden Weise mit vereinten Kräften begangen werden, als Täter oder Teilnehmer beteiligt.

§ 54 Nr. 4 AufenthG setzt ebenfalls keine rechtskräftige Verurteilung voraus (vgl. 54.4 Anwendungshinweise zum AufenthG)[43], d.h. die Ausweisung kann bereits bei einer ausreichenden Verdachtsgrundlage verfügt werden (vgl. oben Rdnr. 26).

55 **(5) § 54 Nr. 5 AufenthG.** Ein Ausländer ist gemäß § 54 Nr. 5 AufenthG in der Regel auszuweisen, wenn Tatsachen die Schlussfolgerung rechtfertigen, dass er einer Vereinigung angehört oder angehört hat, die den Terrorismus unterstützt oder eine derartige Vereinigung unterstützt oder unterstützt hat; auf zurückliegende Mitgliedschaften oder Unterstützungshandlungen kann die Ausweisung nur gestützt werden, soweit diese eine gegenwärtige Gefahr begründen (vgl. 54.5 Anwendungshinweise zum AufenthG).

---

41 Vgl. GK-AuslG, § 47 Rn. 69 m.w.N.
42 A.A. GK-AuslG, § 47 Rn. 68.
43 A.A. GK-AuslG, § 47 Rn. 82.

Wie bereits das TerrbekG[44] definiert das Aufenthaltsgesetz keinen bestimmten Begriff des Terrorismus, so dass die Frage hinreichend bestimmter Anknüpfungspunkte die praktisch größten Anwendungsprobleme darstellen dürfte. Es empfiehlt sich eine Anlehnung an §§ 129, 129a, 129 b StGB[45], wobei eine Verurteilung jedoch nicht erforderlich ist, d. h. § 54 Nr. 5 AufenthG i.E. ein Fall der „Verdachtsausweisung" darstellt (vgl. oben Rdnr. 27).

56 **(6) § 54 Nr. 5a AufenthG.** § 54 Nr. 5a AufenthG entspricht § 46 Nr. 1 in der Fassung des AuslG 1990; insoweit ist also eine Verschärfung des Ausweisungstatbestandes dahingehend erfolgt, dass – in der Regel – ausgewiesen wird, wer die freiheitliche demokratische Grundordnung oder Sicherheit der Bundesrepublik Deutschland gefährdet oder sich bei der Verfolgung politischer Ziele an Gewalttätigkeiten beteiligt oder öffentlich zur Gewaltanwendung aufruft oder mit Gewaltanwendung droht.

Die alte Rechtsprechung dürfte jedoch fortgelten, so dass – auch weiterhin – nicht jeder Rechtsverstoß, insb. der gegen die Strafrechtsordnung, die innere Sicherheit i.S.d. § 54 Nr. 5a AufenthG gefährdet, weshalb die sog. „Alltagskriminalität" allein unter die abschließende Regelung des § 55 II Nr. 2 AufenthG subsummiert werden kann. Lediglich im Fall organisierter Kriminalität kann die Ausweisung auf § 54 Nr. 5a AufenthG gestützt werden[46]. In diesen Fällen wird jedoch in der Regel einer der in §§ 53, 54 AufenthG genannten Ausweisungsgründe vorliegen, so dass der Anwendungsbereich des § 54 Nr. 5a AufenthG für die Tätigkeit des Strafverteidigers von eher untergeordneter Bedeutung sein dürfte.

☞ Der Begriff der „Gewalttätigkeit" setzt anders als § 240 StGB den Einsatz physischer Kraft voraus, so dass rein passiver Widerstand zwar den Nötigungstatbestand erfüllen kann, gleichwohl aber die Annahme eines Ausweisungsgrundes gem. § 54 Nr. 5a AufenthG ausschließt[47].

57 **(7) § 54 Nr. 6 AufenthG.** Die Vorschrift des § 54 Nr. 6 AufenthG wurde durch das TerrbekG eingeführt; danach ist in der Regel auszuweisen, wer in einer Befragung, die der Klärung von Bedenken gegen die Einreise oder den weiteren Aufenthalt dient, der deutschen Auslandsvertretung oder der Ausländerbehörde gegenüber frühere Aufenthalte in Deutschland oder anderen Staaten verheimlicht oder in wesentlichen Punkten falsche oder unvollständige Angaben über Verbindungen zu Personen oder Organisationen macht, die der Unterstützung des internationalen Terrorismus verdächtig sind; die Ausweisung auf dieser Grundlage ist jedoch nur zulässig, wenn der Ausländer vor der Befragung ausdrücklich auf den sicherheitsrechtlichen Zweck der Befragung und die Rechtsfolgen falscher oder unvollständiger Angaben hingewiesen wurde.

Grundüberlegung der Vorschrift sei die Erfahrung, dass gewaltbereite Terroristen z.T. legal in das Bundesgebiet einreisen und sich hier rechtmäßig aufhalten. Da der

44 BGBl. I 2002, 361 ff.
45 So auch *Marx* Terrorismusvorbehalte des Zuwanderungsgesetzes, ZAR 2004, 275.
46 Vgl. zur alten Rechtslage GK-AuslG, § 26 Rdnr. 25 m.w.N.
47 Vgl. *VG Stuttgart* NVwZ-RR 2002, 232, 233.

„Kontakt zum Terrorismus" jedoch oftmals nicht nachzuweisen sein wird, soll – so die amtliche Begründung[48] weiter – bereits der Nachweis unrichtiger Angaben die Ausweisung – in der Regel – begründen.

Die Vorschrift geht über den Anwendungsbereich des § 95 II Nr. 2 AufenthG weit hinaus, da z. B. unrichtige Angaben gegenüber einer Auslandsvertretung den Straftatbestand des § 95 II Nr. 2 AufenthG nicht erfüllen[49]; mag insoweit die Frage der „Richtigkeit" der Angaben zwar strafrechtlich unbeachtlich sein, kann dies im Verwaltungsverfahren jedoch erhebliche Bedeutung haben, wenn die „Unrichtigkeit" zuvor in der Einstellungsmitteilung bzw. im freisprechenden Urteil festgeschrieben worden ist. Auch dies gilt es – bereits im Strafverfahren – zu beachten, um in geeigneten Fällen bereits zu diesem Zeitpunkt entscheidenden Einfluss zu nehmen. ☜

(8) § 54 Nr. 7 AufenthG. Ein Fall der Regelausweisung ist schließlich auch dann gegeben, wenn ein Ausländer zu den Leitern eines Vereins gehört, der unanfechtbar verboten wurde, weil sein Zweck oder seine Tätigkeit den Strafgesetzen zuwiderlaufen oder er sich gegen die verfassungsgemäße Ordnung oder den Gedanken der Völkerverständigung richtet, wobei auch insoweit eine strafrechtliche Verurteilung nicht erforderlich ist. 58

b) Rechtsfolge

Ist ein Ausweisungstatbestand erfüllt oder zu erwarten, dass im Falle der Verurteilung dessen Voraussetzungen vorliegen, kommt der Rechtsfolgenseite die entscheidende Bedeutung zu; grob fehlerhaft wäre jedoch die Annahme, der Verteidiger könne insoweit keinen Einfluss nehmen, „da die Frage der fehlerfreien Ermessensausübung letztlich eine vom Verwaltungsgericht zu beantwortende Frage sei". Die fehlerfreie Ausübung des Ermessens setzt nämlich u.a. eine sorgfältige Sachverhaltsaufklärung voraus; da insoweit zumeist auf die schriftlichen Urteilsgründe des Strafgerichts zurückgegriffen wird, sollte bereits im Strafverfahren die Basis für eine dem ausländischen Mandanten günstige Entscheidung der Ausländerbehörde geschaffen werden. Je milder die Urteilsgründe, desto größer ist die Wahrscheinlichkeit, dass die Ausweisung unterbleibt (vgl. Rdnr. 71 ff.). 59

Es versteht sich von selbst, dass diese Ausführungen nur gelten, sofern der Ausweisungstatbestand eine Ermessensentscheidung vorsieht. Ist dies nicht der Fall, bleibt zu prüfen, ob der ausländische Mandant Ausweisungsschutz genießt, d.h. der Ausländerbehörde ausnahmsweise ein Ermessensspielraum offen steht oder das eingeräumte Ermessen zusätzlich eingeschränkt wird.

aa) Ausweisungsschutz

(1) Bei Nicht-EU-Ausländern spielt der Ausweisungsschutz nach § 56 AufenthG die praktisch wichtigste Rolle. Die Vorschrift verleiht den in ihr genannten Ausländergruppen einen erhöhten einfachgesetzlichen Ausweisungsschutz. Der Ge- 60

48 BT-Drucks. 14/7386 S. 56.

49 *OLG Köln* NStZ 2000, 39; *Erbs-Kohlhaas-Senge* Strafrechtliche Nebengesetze, § 92 AuslG Rn. 36 m.w.N.

setzgeber hat damit dem verfassungsrechtlichen Schutz Rechnung getragen, den die Rechtsprechung bei bestimmten Fallgestaltungen aus Gründen des Schutzes von Ehe und Familie, des Elternrechts, des Schutzes politisch Verfolgter und des Verhältnismäßigkeitsgrundsatzes als geboten ansah[50]. Ein Ausländer, der ...

- ... eine Niederlassungserlaubnis besitzt und sich seit mind. 5 Jahren rechtmäßig im Bundesgebiet aufgehalten hat (§ 56 I Nr. 1),
- ... eine Aufenthaltserlaubnis besitzt und im Bundesgebiet geboren oder als Minderjähriger in das Bundesgebiet eingereist ist und sich mind. 5 Jahre rechtmäßig im Bundesgebiet aufgehalten hat (§ 56 I Nr. 2)[51],
- ... eine Aufenthaltserlaubnis besitzt, sich mind. 5 Jahre rechtmäßig im Bundesgebiet aufgehalten hat und mit einem der in den Nr. 1 und 2 bezeichneten Ausländern in ehelicher oder lebenspartnerschaftlicher Lebensgemeinschaft lebt (§ 56 I Nr. 3),
- ... mit einem deutschen Familienangehörigen in familiärer Lebensgemeinschaft lebt (§ 56 I Nr. 4),
- ... als Asylberechtigter anerkannt ist, im Bundesgebiet die Rechtsstellung eines ausländischen Flüchtlings genießt oder einen von einer Behörde der Bundesrepublik Deutschland ausgestellten Reiseausweis nach dem Abkommen über die Rechtsstellung für Flüchtlinge vom 28. Juli 1951 (BGBl. 1953 II S. 559) besitzt (§ 56 I Nr. 5),

kann demnach nur aus schwerwiegenden Gründen der öffentlichen Sicherheit und Ordnung ausgewiesen werden, wobei schwerwiegende Gründe in der Regel vorliegen, wenn einer in den §§ 53, 54 Nr. 5, 5 a und 7 AufenthG genannten Ausweisungsgründe gegeben ist; erfüllt der Ausländer die Voraussetzungen der „Regel-Ausweisung“, ist über die Ausweisung nach Ermessen zu entscheiden.

☞ Maßgeblicher Zeitpunkt für die Prüfung des Ausweisungsschutzes ist der Zeitpunkt der letzten Behördenentscheidung[52]; auf diesen Umstand ist der ausländische Mandant hinzuweisen, sofern er z.B. beabsichtigt (nach der Haftentlassung), eine Ehe bzw. Lebenspartnerschaft mit einer der in § 56 I Nr. 3 oder 4 AufenthG genannten Personen einzugehen.

61 **(2)** Ein Ausländer, der einen Asylantrag gestellt hat, kann nur unter der Bedingung ausgewiesen werden, dass das Asylverfahren unanfechtbar ohne Anerkennung als Asylberechtigter abgeschlossen worden ist. Da von dieser Bedingung abgesehen werden kann, wenn die Ausweisung nach § 56 I AufenthG gerechtfertigt ist, vermittelt § 56 IV AufenthG keinen weitergehenden Ausweisungsschutz als Absatz 1 dieser Vorschrift.

62 **(3)** Ein Ausländer, der eine Aufenthaltserlaubnis nach § 24 oder 29 IV AufenthG besitzt, kann nur unter den Voraussetzungen des § 24 II AufenthG ausgewiesen werden (§ 56 III AufenthG); eine Ausweisung ist somit nur möglich, sofern der

50 GK-AuslG, § 48 Rn. 2.
51 Vgl. *BVerwG* NVwZ 2002, 1512, 1513, wonach der Ausweisungsschutz unabhängig davon besteht, ob die Einreise im Wege des Ehegattennachzuges erfolgt ist.
52 Vgl. *BVerwG* InfAuslR 1993, 121; EuGH NVwZ 2004, 1099, 1102/1103.

Ausländer zu einer Freiheitsstrafe von mind. 3 Jahren verurteilt worden ist oder aus schwerwiegenden Gründen die Annahme gerechtfertigt ist, dass der Ausländer ein Verbrechen gegen den Frieden, ein Kriegsverbrechen oder ein Verbrechen gegen die Menschlichkeit im Sinne der internationalen Vertragswerke, die ausgearbeitet worden sind, um Bestimmungen bzgl. dieser Verbrechen zu treffen, begangen hat oder dass er vor seiner Aufnahme als Flüchtling ein schweres, nicht politisches Verbrechen außerhalb des Gebiets der Bundesrepublik Deutschland begangen hat oder sich hat Handlungen zuschulden kommen lassen, die den Zielen und Grundsätzen der Vereinten Nationen zuwiderlaufen.

§ 60 VIII AufenthG entspricht § 51 III AuslG a.F., so dass durch die Verweisung in § 24 II AufenthG klargestellt ist, dass bzgl. des Merkmals „Gefahr für die Sicherheit der Bundesrepublik Deutschland" auf den Tatbestand des § 54 Nr. 5a AufenthG verwiesen werden kann (vgl. 51.3.2 AuslG-VwV).

Soweit § 60 VIII AufenthG alternativ eine rechtskräftige Verurteilung zu einer Freiheitsstrafe von mind. 3 Jahren voraussetzt, ist daneben darauf hinzuweisen, dass neben der Verurteilung eine hinreichend konkrete Wiederholungsgefahr erforderlich ist (vgl. 51.3.3.0 AuslG-VwV).

(4) Freizügigkeitsberechtigte Ausländer genießen besonderen Ausweisungsschutz **63** nach dem FreizügG/EU; unter bestimmten Voraussetzungen gilt dies auch für deren Familienangehörige, wobei es auf die Staatsangehörigkeit des Familienmitgliedes nicht ankommt (vgl. dort Rdnr. 96 ff.).

(5) Schließlich kann sich ein besonderer Ausweisungsschutz aus Art. 3 ENA **64** ergeben.

Ist der Ausländer Staatsangehöriger eines Vertragstaates[53], kann er nur aus Gründen der öffentlichen Sicherheit und Ordnung ausgewiesen werden, sofern er sich ordnungsgemäß im Bundesgebiet aufhält (Art. 3 I ENA); hält er sich mind. zehn Jahre ordnungsgemäß im Bundesgebiet auf, kann er nur aus besonders schwerwiegenden Gründen ausgewiesen werden.

(a) Der Aufenthalt ist rechtmäßig i.S.d. Art. 3 ENA, wenn er den Vorschriften entspricht, die die Einreise, den Aufenthalt und die Freizügigkeit der Ausländer sowie die Ausübung einer Erwerbstätigkeit durch Ausländer regeln[54].

Da z.B. das Fehlen bzw. Ablaufen der Aufenthaltserlaubnis zum Erlöschen des Aufenthaltstitels und damit zum Fortfall des „ordnungsgemäßen Aufenthalts" führt, sollte der Verteidiger bereits im ersten Gespräch klären, welchen Aufenthaltsstatus der Mandant innehat und wie lange sein Aufenthaltstitel Gültigkeit besitzt.

(b) Soweit nach Art. 3 I ENA die Gefährdung der Sicherheit und Ordnung einen Ausweisungsgrund darstellt, bedeutet dies, dass die Ausweisung zulässig ist, sofern

53 Belgien, Dänemark, Griechenland, Irland, Italien, Luxemburg, Niederlande, Norwegen, Schweden, Türkei sowie Vereinigtes Königreich.

54 GK-AuslG, § 45 Rn. 338; *Renner* AuslG, § 45 Rn. 41.

sie im Einklang mit dem innerstaatlichen Ausländerrecht steht; daraus folgt, dass Art. 3 I ENA keinen besonderen Ausweisungsschutz gewährt[55]. Soweit Art. 3 III ENA das Vorliegen eines besonders schwerwiegenden Grundes voraussetzt, sei festgehalten, dass zwischen den schwerwiegenden Gründen i.S.d. § 56 I AufenthG und den besonders schwerwiegenden i.S.d. Art. 3 III ENA kein qualitativer Unterschied besteht[56], weshalb ein Ausländer, der Ausweisungsschutz nach Art. 3 III ENA genießt, nach Ermessen ausgewiesen werden kann, sofern er auch unter Berücksichtigung des § 56 I AufenthG ausgewiesen werden könnte.

65 **(6)** Faktischer „Ausweisungsschutz" besteht schließlich auch dann, wenn die Ausweisung aufgrund eines Abschiebeverbotes oder -hindernisses nicht vollzogen werden kann, d.h. aus diesem Grunde eine Duldung ausgesprochen wird bzw. worden ist.

bb) Ausweisungsermessen

66 Sieht der Ausweisungstatbestand eine Ermessensausübung vor, ist zu berücksichtigen, dass die Ausweisung grundsätzlich sowohl auf spezial- als auch generalpräventive Gründe gestützt werden kann[57]. Insoweit ist aber zu prüfen, ob die Möglichkeit der generalpräventiv motivierten Ausweisung aufgrund Gesetzes oder völkerrechtlichen Vertrages ausnahmsweise ausgeschlossen ist, da in diesen Fällen die Ausweisung regelmäßig nicht in Betracht kommt, wenn die verhängte Freiheitsstrafe zur Bewährung ausgesetzt worden ist. Im Einzelnen gilt Folgendes:

67 **(1) Spezialpräventive Ausweisungsgründe.** Die Ausweisung aus spezialpräventiven Gründen setzt die Gefahr voraus, dass der Ausländer durch sein persönliches Verhalten erneut einen Ausweisungsgrund verwirklichen wird. Diese Wiederholungsgefahr muss mit hinreichender Wahrscheinlichkeit bestehen. Bei dieser Prognose ist insbesondere der Verhältnismäßigkeitsgrundsatz zu beachten. Je schwerer der Ausweisungsgrund wiegt, desto geringer sind die Anforderungen an das Vorliegen der Wiederholungsgefahr[58].

68 **(a)** Hat das Strafgericht in Erwartung zukünftiger Straffreiheit die Vollstreckung der Strafe zur Bewährung ausgesetzt (§ 56 StGB), muss die Ausländerbehörde dieser sachkundigen strafrichterlichen Prognose wesentliche Bedeutung beimessen und darf von dieser nur ausnahmsweise bei Vorliegen überzeugender Gründe abweichen[59]; die Ausweisung wird daher regelmäßig ausscheiden, wenn das Gericht die Vollstreckung der Freiheitsstrafe zur Bewährung ausgesetzt hat[60].

---

55 53.0.5.1.2 Anwendungshinweise zum AufenthG; *OVG Hamburg* InfAuslR 1991, 339; GK-AuslG, § 45 Rn. 344.

56 53.0.5.1.3 Anwendungshinweise zum AufenthG; GK-AuslG, § 48 Rn. 48.

57 GK-AuslG, § 45 Rn. 462, 463 m.w.N.

58 53.0.3.1.1 Anwendungshinweise zum AufenthG; vgl. *Renner* AuslG, § 45 Rn. 9, 42.

59 53.0.3.1.3.6 Anwendungshinweise zum AufenthG; *BVerwG* NJW 1979, 2486; *BVerwG* DÖV 1979, 291, 292.

60 BVerwG DÖV 1979, 291, 292; *BVerwG* NJW 1979, 2486; *BVerwG* InfAuslR 1997, 296, 297; *VGH Kassel* NJW 1977, 1021; *VGH Mannheim* InfAuslR 1992, 341, 343; GK-AuslG, § 45, Rn. 232 ff., 420 ff.; *Renner* AuslG, § 45 Rn. 31.

Liegt der Verurteilung eine Verständigung zugrunde, sollte das Gericht „gebeten" werden, das Urteil bzgl. der günstigen Sozialprognose umfassend zu begründen, d.h. von der Möglichkeit eines abgekürzten Urteils (§ 267 IV S. 1 StPO) keinen Gebrauch zu machen; andernfalls besteht die Gefahr, dass die Ausländerbehörde zusätzliche – negative – Feststellungen bzgl. der Sozialprognose trifft, da sie die Urteilsgründe für nicht ausreichend erachtet.

(b) Hinsichtlich der Aussetzung des Strafrestes[61] (§ 57 StGB, § 88 JGG[62]) ist bis- 69
lang die Ansicht vertreten worden, dass diese der spezialpräventiv motivierten Ausweisung grundsätzlich nicht entgegensteht. Zwar sei die Aussetzungsentscheidung von tatsächlichem Gewicht; da die Aussetzung des Strafrests jedoch – anders als die Aussetzung gemäß § 56 StGB – den Ausschluss der Wiederholungsgefahr nicht voraussetze, sondern bereits zulässig sei, wenn verantwortet werden könne zu erproben, ob der Verurteilte außerhalb der Strafhaft keine Straftaten mehr begehen wird, könne ihr nicht das gleiche Gewicht beigemessen werden wie einer nach § 56 StGB erfolgten Aussetzungsentscheidung[63]. Vor dem Hintergrund, dass die „Erprobungsklausel" durch Art. 1 Nr. 2 SexualDelBekG eine erhebliche Einschränkung erfahren hat, erscheint es allerdings fraglich, ob dieser Meinung noch zu folgen ist[64].

(c) Die Beantwortung der Frage, ob nach den konkreten Umständen des Einzel- 70
falls die Annahme einer Wiederholungsgefahr gerechtfertigt ist, erfordert nach h.M.[65] grundsätzlich nicht die Hinzuziehung eines Sachverständigen (vgl. 53.0.3.1.2 Anwendungshinweise zum AufenthG).

In geeigneten Fällen sollte daher der Verteidiger versuchen, bereits im Strafverfahren ein positives Sachverständigengutachten zu erwirken, um auf diese Weise den Ermessensspielraum der Ausländerbehörde zusätzlich einzuschränken.

Ein entsprechendes Vorgehen kann vor allem in Kapitalstrafsachen von Bedeutung sein; lehnt der Sachverständige die Eingangsvoraussetzungen der §§ 20, 21 StGB ab, kann es gleichwohl eine wertvolle Hilfe darstellen, wenn er die Wiederholungsgefahr mit überzeugenden Gründen ausschließt. Hierzu sollte der Sachverständige eingehend befragt werden, um so die Feststellungen im strafrechtlichen Urteil „festschreiben" zu lassen.

Im Rahmen der Strafvollstreckung gewinnt § 454 II StPO zusätzliche Bedeutung, der unter bestimmten Voraussetzungen die Einholung eines Sachverständigengutachtens zwingend vorschreibt. Ein entsprechender Antrag sollte frühestmöglich

61 Zur Prognose der Strafvollzugsanstalt vgl. *BVerwG* InfAuslR 1985, 33, 34; *VGH Kassel* InfAuslR 1993, 50, 52.

62 Vgl. 54.3.1 Anwendungshinweise zum AufenthG.

63 *BVerwG* InfAuslR 1983, 34, 35; *BVerwG* InfAuslR 1988, 1; *BVerwG* InfAuslR 1990, 5, 6; *BVerwG* InfAuslR 1993, 121, 122; *BVerwG* NVwZ 2001, 442, 444; *VGH Kassel* InfAuslR 1993, 50, 52; *OVG Schleswig* InfAuslR 1993, 128, 130; GK-AuslG, § 45 Rn. 239 ff., 429 ff.

64 Vgl. aber *BVerwG* NVwZ 2001, 442, 444.

65 *BVerwG* NJW 1984, 1315, 1317; *BVerwG* NVwZ-RR 1990, 649; GK-AuslG, § 45 Rn. 243 m.w.N.

gestellt werden (vgl. Rdnr. 384), damit die Begutachtung noch vor einer möglichen Ausweisungsentscheidung vorgelegt werden kann.

71 **(d)** Im Übrigen ist die Frage, ob Wiederholungsgefahr vorliegt, anhand einer umfassenden Beurteilung der Person des Ausländers, seines Verhaltens, seiner Lebensverhältnisse, der Art und des Ausmaßes des Ausweisungsgrundes sowie der dabei zu Tage getretenen Umstände zu entscheiden[66]. Gemäß 53.0.3.1.3 Anwendungshinweise zum AufenthG sind insoweit insbesondere folgende Gesichtspunkte von Bedeutung:

- Art, Unrechtsgehalt, Gewicht, Zahl und zeitliche Reihenfolge der vom Ausländer begangenen und verwertbaren Straftaten; liegen weniger gewichtige Straftaten vor, kann deren Häufung ein eigenständiges Gewicht zukommen;
- Strafgericht einschließlich Gutachter haben eine Drogenabhängigkeit, einen kriminellen Hang, eine Neigung zum Glücksspiel oder eine niedrige Hemmschwelle vor einschlägigen Straftaten festgestellt;
- Frühere Bewährungsstrafen, Widerruf der Strafaussetzung, des Straferlasses oder der Aussetzung des Strafrestes, grobe und beharrliche Verstöße gegen Bewährungsauflagen, Scheitern von Resozialisierungsmaßnahmen, Widerruf von Strafvollzugslockerungen, Jugendverfehlung (Alter zur Tatzeit);
- Finanzielle Schwierigkeiten, Alkohol- bzw. Drogenabhängigkeit;
- Nichtbeachtung einer ausländerbehördlichen Verwarnung unter Androhung der Ausweisung;
- Wesentliche Änderung der Lebensverhältnisse[67].

72 **(e)** Ist über eine Ausweisung gemäß §§ 53 Nr. 2, 54 Nr. 3 AufenthG nach Ermessen zu entscheiden, sind bei der Ermessensausübung zusätzlich folgende Gesichtspunkte zu beachten:

- Von maßgeblicher Bedeutung ist die Gefährlichkeit des Betäubungsmittels. Beim Handel mit Heroin, Kokain und anderen vergleichbaren gefährlichen Betäubungsmitteln in „nicht geringen Mengen“ kann von einer Ausweisung nur in besonderen Ausnahmefällen abgesehen werden (54.3.2.1 Anwendungshinweise zum AufenthG).
- Die Ausweisung kann aufgrund des Handeltreibens mit diesen Stoffen in nicht geringen Mengen schon bei einer einmaligen Bestrafung erfolgen, insbesondere in Fällen, in denen angesichts der vom Täter gezeigten erheblichen kriminellen Energie eine Wiederholungsgefahr besteht. Dies gilt auch bei Vorliegen besonderer schutzwürdiger persönlicher Belange wie der ehelichen Lebensgemeinschaft mit einem deutschen Staatsangehörigen und dem familiären Zusammenleben mit einem gemeinsamen minderjährigen Kind (54.3.2.2 Anwendungshinweise zum AufenthG).
- Beim Handeltreiben mit sog. weichen Drogen ist vor allem die Handelsmenge von Bedeutung, da durch den Gebrauch dieser Betäubungsmittel in nicht ganz so folgenschwerer Weise in die körperliche Unversehrtheit eingegriffen wird

66 GK-AuslG, § 45, Rn. 395 und 511.
67 *BVerwGE* 35, 291, 297; GK-AuslG, § 45 Rn. 520.

wie bei den sog. harten Drogen. Handel mit einer „nicht geringen" Menge sog. weicher Drogen wird, soweit keine Einstellung durch die Staatsanwaltschaft erfolgt, regelmäßig zur Ausweisung führen (vgl. 54.3.2.3 Anwendungshinweise zum AufenthG).

- Besondere Bedeutung ist der Motivation des Täters beizumessen. Handelte dieser aus Gewinnsucht, ist die Ausweisung grundsätzlich geboten. Dagegen kann für ein Absehen von einer Ausweisung sprechen, wenn der Handel zur Finanzierung der eigenen Sucht diente und der abhängige Täter sich einer der Rehabilitation dienenden Behandlung bereitwillig unterzieht oder diese bereits erfolgreich abgeschlossen hat (vgl. 54.3.2.4 Anwendungshinweise zum AufenthG).
- Die Höhe des Strafmaßes ist ein Indiz für die Gefährlichkeit des Täters. Maßgeblich ist, inwieweit die Verurteilung dem der „Ist-Ausweisung" zugrunde liegenden Strafmaß des § 53 AufenthG nahe kommt (54.3.2.5 Anwendungshinweise zum AufenthG).
- Auch die im Strafurteil bzw. in der Entscheidung der Strafvollstreckungskammer oder in vergleichbaren amtlichen Stellungnahmen angestellten Sozialprognosen sind angemessen zu berücksichtigen (54.3.2.6 Anwendungshinweise zum AufenthG)[68].

Der Verteidiger sollte stets darum bemüht sein, möglichst viele der vorgenannten – positiven – Strafzumessungserwägungen im Urteil „festschreiben" zu lassen; dies gilt insbesondere dann, wenn eine Strafaussetzung aufgrund der zu erwartenden Strafhöhe nicht in Betracht kommt. Insoweit können Beweisanträge – z.B. hinsichtlich des Vorliegens eines minderschweren Falles – behilflich sein. Ergeht das Urteil auf Basis einer Verständigung, sollte der Verteidiger auf eine entsprechend positive Urteilsbegründung hinwirken (vgl. Rdnr. 68). ☜

(2) Generalpräventive Ausweisungsgründe. Wie bereits ausgeführt, kann eine Ausweisung grundsätzlich auch dann erfolgen, wenn sie darauf gerichtet ist, andere Ausländer von der Begehung ähnlicher Straftaten oder sonstiger ordnungsrechtlicher Verstöße abzuhalten. Die Ausweisung aufgrund generalpräventiver Erwägungen ist besonders misslich, da sie unabhängig vom persönlichen Verhalten des Ausländers verfügt werden kann. Daher ist stets zu prüfen, ob die Möglichkeit der generalpräventiv motivierten Ausweisung ausnahmsweise ausgeschlossen ist. 73

(a) Ausländer, die nach dem europäischen Gemeinschaftsrecht Freizügigkeit genießen (vgl. Rdnr. 95 ff.), dürfen nicht aus generalpräventiven Gründen ausgewiesen werden[69]; Gleiches gilt für die Familienangehörigen des Freizügigkeitsberechtigten sowie türkische Arbeitnehmer, die die in Art. 6 I des Beschlusses Nr. 1/80 des Assoziationsrates EWG-Türkei genannten Voraussetzungen erfullen (vgl. Rdnr. 110). 74

68 Vgl. auch *VG Karlsruhe* NVwZ-RR 2003, 309, 310.
69 *BVerwG* DÖV 1979, 291; *BVerwG* DVBl. 1979, 592, 593; *VGH Mannheim* InfAuslR 1987, 328, 329; *VGH Kassel* InfAuslR 1993, 50, 51; GK-AuslG, § 45 Rn. 212; *Renner* AuslG, § 47 Rn. 18.

☞ Ein/-e Nicht-EU-Ausländer/-in, der/die mit einem/-er freizügigkeitsberechtigten EU-Ausländer/-in verheiratet ist, kann somit nicht aus generalpräventiven Gründen ausgewiesen werden[70]; für Nicht-EU-Ausländer/innen, die mit einem/-er deutschen Staatsangehörigen/-er verheiratet sind, soll dies allerdings nicht gelten[71], was einen Verstoß gegen Art. 3 GG darstellen dürfte.

75 **(b)** Kann die Ausweisung – z.B. bei §§ 53 ff. AufenthG oder Art. 3 ENA[72] – auf generalpräventive Erwägungen gestützt werden, gilt es folgende Besonderheiten zu beachten:

76 **(aa)** Nach der umstrittenen Rechtsprechung des Bundesverwaltungsgerichts dürfen Behörden und Gerichte grundsätzlich davon ausgehen, dass eine aus Anlass strafrechtlicher Verurteilung verfügte Ausweisung als Teil einer kontinuierlichen Verwaltungspraxis zur Verwirklichung des generalpräventiven Zwecks geeignet ist[73]. Eine generalpräventiv motivierte Ausweisung kommt nach 53.0.3.2.2 Anwendungshinweise zum AufenthG[74] insbesondere in Betracht bei

- Sexualdelikten, sexuellem Missbrauch von Kindern[75],
- Raub oder raubähnlichen Delikten, Eigentums- und Vermögensdelikten sowie Hehlerei, Steuerhinterziehung[76], Schmuggel und Handel mit unverzollten sowie unversteuerten Waren[77],
- Waffendelikten[78],
- Eidesdelikten[79], Urkundendelikten[80],
- Trunkenheitsdelikten im Straßenverkehr[81], Fahren ohne Fahrerlaubnis[82],
- gravierenden Verstößen gegen das Aufenthaltsrecht oder Arbeitserlaubnisrecht,
- schwerwiegenden Körperverletzungsdelikten (z.B. Messerstechereien)[83],
- Rauschgiftdelikten[84] (vgl. §§ 53 Nr. 2, 54 Nr. 3 AufenthG).

Nach der umstrittenen Ansicht des Bundesverwaltungsgerichts kann die Ausweisung im Falle der Verurteilung wegen illegalen Rauschgifthandels auch dann auf

---

70 *VG Koblenz* InfAuslR 1993, 97.
71 Vgl. 53.0.3.2.0 Anwendungshinweise zum AufenthG.
72 53.0.3.2.0 Anwendungshinweise zum AufenthG.
73 *BVerwG* NJW 1980, 2656; *BVerwG* InfAuslR 1987, 275, 276; *BVerwG* InfAuslR 1996, 299, 300; GK-AuslG, § 45 Rn. 636.
74 Vgl. auch *Renner* AuslG, § 46 Rn. 21.
75 *BVerwGE* 42, 133, 139; GK-AuslG, § 45 Rn. 639.
76 Vgl. auch *Quedenfeld/Füllsack* Verteidigung in Steuerstrafsachen, Rn. 1080 ff.
77 *BVerwG* InfAuslR 1993, 100 m.w.N.; *BerlVerfGH* NVwZ 1995, 785, 786; GK-AuslG, § 45 Rn. 651.2.
78 *BVerfGE* 50, 167, 176/177; *BVerwGE* 42, 133, 139; *BVerwG* InfAuslR 1983, 308, 309; *BVerwG* InfAuslR 1987, 275, 276; GK-AuslG, § 45 Rn. 648.
79 GK-AuslG, § 45 Rn. 649 m.w.N.
80 *BVerwG* InfAuslR 1993, 100; GK-AuslG, § 45 Rn. 654.1.
81 *BVerwGE* 42, 133, 139; *BVerwG* DVBl. 1979, 592, 593; *BVerwG* NJW 1980, 2656; *BVerwG* NJW 1983, 1989; GK-AuslG, § 45 Rn. 641.
82 *BVerwGE* 42, 133, 139; GK-AuslG, § 45 Rn. 639 m.w.N.
83 *BVerwG*, aaO.; *VGH Mannheim* InfAuslR 1998, 335, 337.
84 *BVerwGE* 42, 133, 139; *BVerwG* NVwZ 1989, 768; *BVerwG* InfAuslR 1995, 194, 196.

generalpräventive Erwägungen gestützt werden, wenn der Ausländer zur Überführung anderer Rauschgifthändler beigetragen hat[85].

Wird dem ausländischen Mandanten ein Verstoß gegen das BtmG zur Last gelegt, sollte der Verteidiger daher stets sorgfältig prüfen, ob er seinem Mandanten zur Aufklärungshilfe i.S.d. § 31 BtmG rät. Im Regelfall wird es ratsam sein, den Weg der Verständigung zu suchen, wobei auch die Ausländerbehörde, die bereits im Ermittlungsverfahren eine sie bindende Zusage abgeben kann[86], einbezogen werden sollte. Geht die Ausländerbehörde auf die Anregung der Verteidigung nicht ein, muss im konkreten Einzelfall entschieden werden, ob der Mandant das mit einem Geständnis verbundenen Risiko der generalpräventiv motivierten Ausweisung zugunsten der möglichen Strafmilderung in Kauf nehmen will.

(bb) Der generalpräventive Ausweisungszweck ist schließlich nur begründet, wenn der Ausweisungsgrund durch ein zurechenbares Verhalten verwirklicht wurde. Bei krankheits- oder suchtbedingten Handlungen, gänzlich singulären Verfehlungen – sog. Leidenschafts- oder Konflikttaten[87] – oder leicht fahrlässigen Delikten[88], derentwegen im Falle der Ausweisung keine messbare Verhaltenssteuerung anderer Ausländer erreicht werden kann, entfällt somit die generalpräventive Wirkung der Ausweisung[89]. **77**

Insbesondere bei Kapitalstrafsachen ist es somit von besonderer Bedeutung, ob die Straftat in den Urteilsgründen als „Konflikttat“ gekennzeichnet wird; ist dies der Fall und erstellt der Sachverständige darüber hinaus eine positive Sozialprognose, kann – sofern kein Fall der „Ist-Ausweisung“ vorliegt – die Ausweisung selbst im Falle hoher Freiheitsstrafen vermieden werden[90].

c) Anwendungsbeispiel Tabelle: Ausweisung von Nicht-EU-Ausländern (Erwachsene)

Zur Benutzung der Tabelle „Ausweisung von Nicht-EU-Ausländern (Erwachsene)“ (Rdnr. 111) sei auf folgende Anwendungsbeispiele verwiesen: **78**

(aa) A ist algerischer Staatsangehöriger (**Tabelle**: Ausweisung von Nicht-EU-Ausländern (Erwachsene)). Er wird wegen Raubes zu einer Freiheitsstrafe von 3 Jahren und sechs Monaten verurteilt (**Feld**: Ausweisungstatbestand – § 53 AufenthG – Nr. 1 – Verurteilung zu Freiheits- oder Jugendstrafe von mind. 3 Jahren). A ist als Asylbewerber anerkannt, und genießt daher Ausweisungsschutz nach § 56 I Nr. 5 AufenthG (**Feld**: Ausweisungsschutz – Ja). Als Rechtsfolge ergibt sich die sog. „Regel-Ausweisung“, wobei die Ermessensausübung auf generalpräventive Grün-

85 *BVerwG* NVwZ 1989, 768, 769; *BVerwG* InfAuslR 1997, 296, 301; GK-AuslG, § 45 Rn. 713; *Renner* AuslG, § 45 Rn. 15.
86 *OVG Hamburg* InfAuslR 1986, 203, 206; nicht ausreichend ist die bloße „Zusage“ der ermittelnden Polizeibeamten, so *BVerwG* InfAuslR 1992, 39.
87 *BVerwG* DVBl. 1979, 592, 593; GK-AuslG, § 45 Rn. 651.
88 GK-AuslG, § 45 Rn. 650.
89 53.0.3.2.1 Anwendungshinweise zum AufenthG.
90 Vgl. *BayVGH* InfAuslR 1994, 257, 259.

de gestützt werden kann (**Feld**: Rechtsfolge – Regel-Ausweisung – generalpräventive Ausweisung möglich? – Ja).

(bb) Die gleiche Rechtsfolge ergibt sich, wenn z.B. gegen A anlässlich der letzten Verurteilung Sicherungsverwahrung angeordnet worden ist.

2. Nicht-EU-Ausländer (Minderjährige und Heranwachsende)

79 Hat der Nicht-EU-Ausländer – zum Zeitpunkt der Ausweisung (!)[91] – das 21. Lebensjahr noch nicht vollendet, können eine Reihe gesetzlicher Sonderbestimmungen eingreifen, so dass die Ausweisungssystematik der §§ 53 ff. AufenthG nur eingeschränkt gilt. Unerheblich ist insoweit, ob die einen Ausweisungsgrund darstellende Verurteilung nach Jugend- oder Erwachsenenstrafrecht erfolgte, da die Sonderbestimmungen allein an das Alter des Ausländers anknüpfen. Im Einzelnen ergeben sich für minderjährige und heranwachsende Nicht-EU-Ausländer folgende Besonderheiten (vgl. auch Tabelle Ausweisung von Nicht-EU-Ausländern [Minderjährige und Heranwachsende] [Rdnr. 112]):

a) Ausweisungstatbestände

aa) Heranwachsende Nicht-EU-Ausländer

80 Heranwachsender ist, wer 18 Jahre, aber noch nicht 21 Jahre alt ist (§ 1 I S. 2 JGG).

81 **(1)** Genießt der heranwachsende Ausländer keinen besonderen Ausweisungsschutz, findet die Ausweisungssystematik der §§ 53 ff. AufenthG uneingeschränkt Anwendung (vgl. Rdnr. 18 ff.).

82 **(2)** Ist der heranwachsende Ausländer im Bundesgebiet aufgewachsen und im Besitz einer Niederlassungserlaubnis, wird auch in den Fällen der §§ 53, 54 AufenthG nach Ermessen entschieden (§ 56 II 1 AufenthG).

83 **(a)** § 56 II 1 AufenthG schränkt damit die Anwendbarkeit der Ausweisungstatbestände dahingehend ein, dass auch im Falle der „Ist-“ und „Regel-Ausweisung“ nach Ermessen zu entscheiden ist; eine weitergehende Privilegierung (vgl. § 48 II 2 AuslG a.F.) sieht § 56 II 1 AufenthG nicht mehr vor[92].

84 **(b)** Das Tatbestandsmerkmal „im Bundesgebiet aufgewachsen“ ist auch dann erfüllt, wenn der Ausländer zwar erst im Alter von zehn Jahren in das Bundesgebiet eingereist ist, jedoch vor Vollendung seines 18. Lebensjahres über einen längeren Zeitraum, in den der überwiegende Teil der Schulzeit fällt, ununterbrochen in Deutschland gelebt hat (56.2.1.3 Anwendungshinweise zum AufenthG)[93].

---

91 *BVerwG* InfAuslR 1997, 390; GK-AuslG, § 45 Rn. 116 m.w.N.
92 Vgl. BT-Drucks. 15/420 S. 90.
93 GK-AuslG, § 47 Rn. 110 m.w.N.

bb) Minderjährige Nicht-EU-Ausländer

Minderjährig ist, wer das 18. Lebensjahr noch nicht vollendet hat (§ 80 III 1 **85**
AufenthG i.V.m. § 2 BGB).

(1) Über die Ausweisung minderjähriger Ausländer, die eine Aufenthalts- oder **86**
Niederlassungserlaubnis besitzen, ist auch in den Fällen der §§ 53, 54 AufenthG nach Ermessen zu entscheiden.

(2) Halten sich auch die Eltern oder der allein personensorgeberechtigte Eltern- **87**
teil rechtmäßig im Bundesgebiet auf, kann der Minderjährige nur nach Maßgabe des § 53 AufenthG ausgewiesen werden. Auch in diesem Fall ist nach Ermessen zu entscheiden (vgl. § 56 II 2 AufenthG).

Der Ausweisungsschutz gilt ohne Rücksicht auf den eigenen ausländerrechtlichen ☜
Status. Der Schutz besteht selbst im Falle des illegalen Aufenthalts (56.2.2.4 Anwendungshinweise zum AufenthG)[94].

Da der Ausweisungsschutz keine familiäre Lebensgemeinschaft mit den Eltern oder ☜
dem personensorgeberechtigten Elternteil voraussetzt, ist der minderjährige Ausländer auch dann geschützt, wenn er bei einem Dritten oder in einer Jugendhilfeeinrichtung untergebracht ist (56.2.2.4 Anwendungshinweise zum AufenthG)[95].

(3) Hinsichtlich der übrigen Ausweisungstatbestände ist der Minderjährige dem **88**
erwachsenen Nicht-EU-Ausländer gleichgestellt.

b) Rechtsfolge

aa) Heranwachsende Nicht-EU-Ausländer

Ist der heranwachsende Ausländer im Bundesgebiet aufgewachsen und Inhaber **89**
einer Niederlassungserlaubnis, wird über die Ausweisung in den Fällen der §§ 53, 54 AuslG nach Ermessen entschieden (§ 56 II 1 AufenthG).

Im Übrigen wird der heranwachsende Ausländer dem erwachsenen Nicht-EU-Ausländer gleichgestellt, d.h. eine zusätzliche Einschränkung des Ausweisungsermessens ist nicht vorgesehen.

bb) Minderjährige Nicht-EU-Ausländer

Über die Ausweisung minderjähriger Ausländer, die im Besitz einer Aufenthalts- **90**
oder Niederlassungserlaubnis sind, ist auch in den Fällen der §§ 53, 54 AufenthG nach Ermessen zu entscheiden (§ 56 II AufenthG); Gleiches gilt, sofern die Eltern oder der allein personensorgeberechtigte Elternteil sich rechtmäßig im Bundesgebiet aufhält.

Eine weitergehende Privilegierung (vgl. § 48 II 1 AuslG a.F.) ist durch Neufassung des § 56 II AufenthG entfallen, so dass auch der minderjährige Ausländer im Übrigen dem Erwachsenen gleichgestellt ist.

94 GK-AuslG, § 48 Rn. 98.
95 GK-AuslG, § 48 Rn. 99.

☞ Da die Vorschrift auf eine rechtskräftige Verurteilung abstellt, können Straftaten vor Vollendung des 14. Lebensjahres als Grund für eine Aufenthaltsbeendigung nicht herangezogen werden[96].

c) Anwendungsbeispiel Tabelle: Ausweisung von Nicht-EU-Ausländern (Minderjährige und Heranwachsende)

91 Zur Benutzung der Tabelle „Ausweisung von Nicht-EU-Ausländern (Minderjährige und Heranwachsende)" (Rdnr. 112) sei auf folgendes Anwendungsbeispiel verwiesen:

B ist Marokkaner; er ist 19 Jahre alt (**Tabelle**: Ausweisung von Nicht-EU-Ausländern (Minderjährige und Heranwachsende), im Bundesgebiet aufgewachsen und Inhaber einer Niederlassungserlaubnis (**Feld**: Ausweisungsschutz – Heranwachsender ... – ... im Bundesgebiet aufgewachsen und im Besitz einer Niederlassungserlaubnis (§ 56 II AufenthG)). B wird wegen schweren Raubes zu einer Jugendstrafe von 3 Jahren und sechs Monaten verurteilt (**Feld**: Ausweisungstatbestand – § 53 AufenthG – Nr. 1 – Verurteilung zu Freiheits- oder Jugendstrafe von mind. 3 Jahren). B unterliegt in diesem Falle der „Kann-Ausweisung", wobei diese auf generalpräventive Gründe gestützt werden darf (**Feld**: Rechtsfolge – Kann-Ausweisung –generalpräventive Ausweisung möglich? – Ja).

3. EU-Ausländer[97]

92 EU-Ausländer genießen unter bestimmten Voraussetzungen besonderen Ausweisungsschutz nach dem FreizügG/EU. Ob dieser Ausweisungsschutz bereits das Vorliegen des Ausweisungstatbestandes ausschließt[98] oder lediglich auf Rechtsfolgenseite das Ausweisungsermessen eröffnet und/oder einschränkt[99], war bislang umstritten. Das Zuwanderungsgesetz hat diesen Meinungsstreit dahingehend entschieden, dass die Rechtsgrundlagen für eine Aufenthaltsbeendigung bei Unionsbürgern, die Freizügigkeit genießen oder sich mehr als fünf Jahre rechtmäßig im Bundesgebiet aufhalten, in § 6 FreizügG/EU abschließend geregelt sind, so dass für eine Anwendung der Ausweisungssystematik des Aufenthaltsgesetzes insoweit kein Raum bleibt[100] (vgl. auch Tabelle Ausweisung von EU-Ausländern [Rdnr. 113]).

96 *BVerwG* NVwZ 2003, 217, 219 – „Fall Mehmet".

97 Beachte: Staatsangehörige der EFTA-Staaten werden EU-Ausländern weitestgehend gleichgestellt (vgl. § 12 FreizügG/EU).

98 So zur alten Rechtslage *VGH Kassel* InfAuslR 1993, 50, 51/52; *OVG Münster* NWVBl. 1993, 36, 37; GK-AuslG, § 45 Rn. 166, § 47 Rn. 7; *Renner* AuslG, § 45 Rn. 26.

99 So h.M. zur alten Rechtslage 47.0.2.1 AuslG-VwV; *VGH Mannheim* InfAuslR 1996, 131, 132.

100 1.0.2 Anwendungshinweise zum FreizüG/EU.

a) Ausweisungstatbestände

Hinsichtlich der Geltung und Reichweite der Ausweisungstatbestände ist also danach zu differenzieren, ob der betroffene EU-Ausländer Freizügigkeit genießt oder sich mehr als fünf Jahre rechtmäßig im Bundesgebiet aufhält. **93**

aa) Ist dies nicht der Fall, kann uneingeschränkt auf die obige Darstellung (vgl. Rdnr. 20 ff.) verwiesen werden; insoweit ist jedoch zu beachten, dass einzelne bilaterale Abkommen besonderen Ausweisungsschutz garantieren können (vgl. Rdnr. 101 ff.).

bb) Liegen dagegen die Voraussetzungen der Freizügigkeit vor oder hält sich der EU-Ausländer mehr als fünf Jahre rechtmäßig im Bundesgebiet auf, beurteilt sich die Ausweisung allein nach § 6 FreizügG/EU.

(1) Die Bestimmungen des FreizügG/EU finden in erster Linie auf Staatsangehörige der EU-Mitgliedstaaten Anwendung. Darüber hinaus werden aber auch Staatsangehörige der dem EWR-Abkommen beigetretenen EFTA-Staaten[101] erfasst (vgl. § 12 FreizügG/EU); Einschränkungen gelten für Staatsangehörige der Tschechischen Republik, Republik Estland, Republik Zypern, Republik Lettland, Republik Litauen, Republik Ungarn, Republik Malta, Republik Polen, Republik Slowenien und der Slowakischen Republik, welche zum 1. Mai 2004 Mitglieder der Europäischen Union geworden sind (vgl. § 13 FreizügG/EU); Angehörige von Staaten, die mit der EWG lediglich assoziiert sind, genießen schließlich nur dann die Vorzüge des FreizügG/EU, wenn sie als Familienangehörige eines privilegierten Ausländers in den Anwendungsbereich der Norm fallen[102]. Bei Nicht-EU-Ausländern ist daher stets zu prüfen, ob diese hinsichtlich der Geltung des FreizügG/EU den EU-Ausländern gleichgestellt sind. Findet das FreizügG/EU Anwendung, genießt der Ausländer unter folgenden Voraussetzungen besonderen Ausweisungsschutz: **94**

(2) Freizügigkeit genießen EU-Ausländer, die **95**
- sich als Arbeitnehmer zur Arbeitssuche oder zur Berufsausbildung aufhalten wollen (§ 2 II Nr. 1 FreizügG/EU),
- zur Ausübung einer selbständigen Erwerbstätigkeit berechtigt sind (niedergelassene selbständige Erwerbstätige) (§ 2 II Nr. 2 FreizügG/EU)[103],
- ohne sich dort niederzulassen, als selbständige Erwerbstätige Dienstleistungen i.S.d. Art. 50 des Vertrages zur Gründung der Europäischen Gemeinschaft erbringen wollen (Erbringer von Dienstleistungen), wenn sie zur Erbringung der Dienstleistung berechtigt sind (§ 2 II Nr. 3 FreizügG/EU),
- Unionsbürger als Empfänger von Dienstleistungen (§ 2 II Nr. 4 FreizügG/EU),
- Verbleibeberechtigte i.S.d. Verordnung (EWG) Nr. 1251/70 der Kommission vom 29. Juni 1970 über das Recht der Arbeitnehmer nach Beendigung einer Beschäftigung im Hoheitsgebiet eines Mitgliedstaates zu verbleiben (ABl. EG Nr. L 142

101 Finnland, Island, Norwegen, Österreich, und Schweden.
102 Vgl. *Kloesel/Christ/Häußer* Deutsches Ausländerrecht, § 1 AufenthG/EWG Rn. 7 m.w.N.
103 Zum Freizügigkeitsrecht bei ausgeübter Prostitution vgl. *BVerwG* DVBl. 2003, 478.

S. 24, 1975 Nr. L 324 S. 31) und der Richtlinie 75/34/EWG des Rates vom 17. Dezember 1974 über das Recht der Staatsangehörigen eines Mitgliedstaates nach der Beendigung der Ausübung einer selbständigen Tätigkeit im Hoheitsgebiet eines anderen Mitgliedstaates zu verbleiben (ABl. EG 1975 Nr. L 14 S. 10) (§ 2 II Nr. 5 FreizügG/EU),
- nichterwerbstätige Unionsbürger und ihre Familienangehörigen unter den Voraussetzungen des § 4 FreizügG/EU (§ 2 II Nr. 6 FreizügG/EU).

96 **(3)** Freizügigkeit genießen auch Familienangehörige der in § 2 II Nr. 1–5 FreizügG/EU genannten Personen ungeachtet ihrer Staatsangehörigkeit; Familienangehörige im Sinne des FreizügG/EU sind
- der Ehegatte und die Verwandten in absteigender Linie, die noch nicht 21 Jahre alt sind (§ 3 II Nr. 1 FreizügG/EU),
- die Verwandten in aufsteigender Linie und in absteigender Linie der in Absatz 1 genannten Personen oder ihrer Ehegatten, denen diese Personen oder ihre Ehegatten Unterhalt gewähren (§ 3 II Nr. 2 FreizügG/EU).

97 **(4)** Freizügigkeit genießen schließlich auch die einem Mitgliedstaat angehörenden Studenten, sofern diesen nicht aufgrund anderer Bestimmungen ein Aufenthaltsrecht zusteht[104].

98 **(5)** Freizügigkeitsberechtigte EU-Ausländer dürfen gemäß § 6 FreizügG/EU nur ausgewiesen werden[105], sofern eine tatsächliche und hinreichend schwere Gefährdung vorliegt, die ein Grundinteresse der Gesellschaft berührt; eine strafrechtliche Verurteilung für sich alleingenommen genügt nicht.

99 **(6)** Die Beschränkung der Freizügigkeit durch Ausweisung setzt im Falle einer strafrechtlichen Verurteilung voraus, dass außer der Störung der öffentlichen Ordnung, die jede Gesetzesverletzung darstellt, eine „tatsächlich und hinreichend schwere Gefährdung“ vorliegt[106], welche ein Grundinteresse der Gesellschaft berührt (§ 6 II 3 FreizügG/EU). Ob eine Gefahr geeignet ist, ein Grundinteresse der Gesellschaft zu berühren, kann regelmäßig nur anhand des konkreten Einzelfalles beurteilt werden, wobei insbesondere Art und Schwere der Straftat sowie die Persönlichkeit des Täters entscheidend sein sollen[107]; auf generalpräventive Erwägungen darf die Ausweisung indes nicht gestützt werden (vgl. Rdnr. 74).

100 **(7)** EU-Ausländer, die sich mehr als 5 Jahre rechtmäßig im Bundesgebiet aufhalten, dürfen schließlich nur aus besonders schwerwiegenden Gründen ausgewiesen werden (§ 6 III FreizügG/EU). In Betracht kommen nur Gründe, aus denen die dem besonderen Ausweisungsschutz des § 56 I AufenthG unterliegenden Personen ausgewiesen werden können[108] (vgl. oben Rdnr. 60); die Möglichkeit der generalpräventiv motivierten Ausweisung ist – ebenso wie bei freizügigkeitsberechtigten EU-Ausländern – ausgeschlossen.

104 Vgl. Art. 1 Richtlinie 93/96 EWG.
105 *BVerwG* NVwZ 2001, 1288/1289.
106 *BVerwG* InfAuslR 1983, 307, 308 m.w.N.; GK-AuslG, § 45 Rn. 200.
107 GK-AuslG, aaO.
108 GK-AuslG, § 45 Rn. 253 m.w.N.

b) Rechtsfolge

Auch EU-Ausländer können erhöhten Ausweisungsschutz genießen. So gewähren z.B. einzelne bilaterale Abkommen besonderen Ausweisungsschutz. Erfüllt der Ausländer keine der nachgenannten Voraussetzungen, wird er auch hinsichtlich der Rechtsfolgen dem Nicht-EU-Ausländer gleichgestellt. Im Einzelnen gilt Folgendes: **101**

aa) Ausweisungsschutz gemäß Art. 3 ENA

Soweit der Ausländer Ausweisungsschutz nach dem ENA genießt, sei auf die obigen Ausführungen (vgl. Rdnr. 64) verwiesen. **102**

bb) Ausweisungsschutz aufgrund bilateraler Abkommen

Soweit Staatsangehörige der EU-Mitgliedstaaten dem Anwendungsbereich völkerrechtlicher Vereinbarungen unterliegen, kommt dem vertraglichen Ausweisungsschutz nur Bedeutung zu, wenn der nach Gemeinschaftsrecht oder bundesdeutschem Recht bestehende Schutz hinter dem vertraglichen Schutz zurückbleibt oder der Ausländer nicht freizügigkeitsberechtigt ist[109]. **103**

(1) Nach Art. 3 I des Niederlassungs- und Schifffahrtsvertrages zwischen der Bundesrepublik Deutschland und der **Französischen Republik** dürfen Staatsangehörige einer Vertragspartei, die ihren ordnungsgemäßen Aufenthalt im Gebiet der anderen Vertragspartei haben, nur ausgewiesen werden, wenn sie die Sicherheit des Staates gefährden oder gegen die öffentliche Ordnung oder Sittlichkeit verstoßen; Franzosen, die ihren ordnungsgemäßen Aufenthalt seit mehr als zehn Jahren im Bundesgebiet haben, dürfen nur ausgewiesen werden, wenn sie die Sicherheit des Staates gefährden oder wenn die anderen in Art. 3 I aufgeführten Gründe besonders schwer wiegen. Der deutsch-französische Niederlassungs- und Schifffahrtsvertrag gewährt damit den gleichen Ausweisungsschutz wie das ENA. **104**

(2) Nach Art. 2 I des Niederlassungs- und Schifffahrtsvertrages zwischen der Bundesrepublik Deutschland und dem Königreich **Griechenland** dürfen Staatsangehörige eines Vertragstaates, die ihren ordnungsgemäßen Aufenthalt im Gebiet des anderen Vertragstaates haben, nur ausgewiesen werden, wenn sie die Sicherheit des Staates gefährden oder gegen die öffentliche Ordnung oder Sittlichkeit verstoßen; hält sich der griechische Staatsangehörige seit mehr als fünf Jahren ordnungsgemäß im Bundesgebiet auf, darf er nur ausgewiesen werden, wenn die in Art. 2 I NV aufgeführten Gründe besonders schwer wiegen. Griechen genießen somit bereits nach fünfjährigem, ordnungsgemäßen Aufenthalt erhöhten Ausweisungsschutz; da nach 5-jährigem rechtmäßigen Aufenthalt jedoch bereits nach dem FreizügG/EU erhöhter Ausweisungsschutz besteht, kommt Art. 2 I des Niederlassungs- und Schifffahrtsvertrages zwischen der Bundesrepublik Deutschland und dem Königreich Griechenland keine eigenständige Bedeutung zu. **105**

---

109 GK-AuslG, § 45 Rn. 266.

106 **(3)** Eine dem deutsch-griechischen Niederlassungs- und Schifffahrtsvertrag entsprechende Bestimmung enthält schließlich auch Art. 2 II des Freundschafts-, Handels- und Schifffahrtsvertrages zwischen der Bundesrepublik Deutschland und der **Italienischen Republik**.

c) Anwendungsbeispiel Tabelle: Ausweisung von EU-Ausländern

107 Zur Benutzung der Tabelle „Ausweisung von EU-Ausländern" (Rdnr. 113) sei auf folgendes Anwendungsbeispiel verwiesen:

C ist Italiener (**Tabelle**: Ausweisung von EU-Ausländern) und genießt als Arbeitnehmer Freizügigkeit nach dem FreizügG/EU (**Feld**: Ausweisungsschutz EU – Ausländer ... – ... genießt Freizügigkeit nach dem FreizügG/EU); wegen Raubes wird er zu einer dreijährigen Freiheitsstrafe verurteilt (**Feld**: Ausweisungstatbestand – § 53 AufenthG – Nr. 1 – Verurteilung zu Freiheits- oder Jugendstrafe von mind. 3 Jahren). C kann somit ausgewiesen werden, wenn aufgrund des Raubes – nach Lage des Einzelfalles – „eine tatsächliche und hinreichende Gefährdung" gegeben ist; die generalpräventiv motivierte Ausweisung ist unzulässig (**Feld**: Rechtsfolge – Kann-Ausweisung – Nur bei tatsächlich und hinreichend schwerer Gefährdung – generalpräventive Ausweisung möglich? – Nein).

4. Staatsangehörige der Türkei

108 Eine Sonderstellung nehmen schließlich die Staatsangehörigen der Türkei ein. Obwohl die Türkei (noch) kein EU-Mitglied ist, werden ihre Staatsangehörigen – aufgrund völkerrechtlicher Verträge – den EU-Ausländern weitestgehend gleichgestellt[110]. Im Einzelnen gilt Folgendes (vgl. auch Tabelle Ausweisung von Staatsangehörigen der Türkei [Rdnr. 114]):

a) Ausweisungstatbestände

109 Auch insoweit gilt, dass die Ausweisungssystematik der §§ 53 ff. AuslG uneingeschränkte Geltung beansprucht (vgl. Rdnr. 17). Lediglich auf der Rechtsfolgenseite wird das Ausweisungsermessen aufgrund völkerrechtlicher Verträge zusätzlich eingeschränkt.

b) Rechtsfolge

110 Soweit der türkische Mandant keinen Ausweisungsschutz nach § 56 I AufenthG oder Art. 3 III ENA genießt, bleibt zu prüfen, ob das Ausweisungsermessen durch Art. 14 I, 6 des Beschlusses Nr. 1/80 des Assoziationsrates EWG-Türkei zusätzlich eingeschränkt ist.

110 Vgl. zum Ganzen GK-AuslG, § 45 Rn. 188 ff.

Die bislang umstrittene Frage[111], ob Art. 14 I des Beschlusses Nr. 1/80 des Assoziationsrates EWG-Türkei der Ausweisung eines türkischen Arbeitnehmers entgegenstehen kann, hat der EuGH[112] nunmehr dahingehend entschieden, dass Staatsangehörige der Türkei unter den Voraussetzungen des Art. 6 I dritter Spiegelstrich des Beschlusses den gleichen Ausweisungsschutz genießen wie freizügigkeitsberechtigte EU-Ausländer (vgl. dort); Art. 14 I des Beschlusses sei dahingehend auszulegen, dass er der generalpräventiv motivierten Ausweisung eines nach Art. 6 I dritter Spiegelstrich des Beschlusses privilegierten Türken entgegenstehe[113]. Erhöhten Ausweisungsschutz i.d.S. genießen also türkische Arbeitnehmer[114], die mindestens vier Jahre dem regulären Arbeitsmarkt angehören (Art. 6 I dritter Spiegelstrich des Beschlusses Nr. 1/80 des Assoziationsrates EWG-Türkei).

Gleiches gilt für Familienangehörige eines dem regulären Arbeitsmarkt angehörenden türkischen Arbeitnehmers, wenn diese die Genehmigung zum Zuzug erhalten haben und sich mind. fünf Jahre ordnungsgemäß im Bundesgebiet aufhalten[115].

Genießt der türkische Arbeitnehmer besonderen Ausweisungsschutz nach Art. 14 I, 6 des Beschlusses Nr. 1/80 des Assoziationsrates EWG-Türkei, steht dem die Verbüßung einer Freiheitsstrafe grundsätzlich nicht entgegen, wenn der Betroffene innerhalb eines angemessenen Zeitraumes nach seiner Haftentlassung wieder eine Beschäftigung findet[116]. Auf diesen Umstand ist der Mandant ausdrücklich hinzuweisen; andernfalls droht der Verlust des besonderen Ausweisungsschutzes.

111 Vgl. GK-AuslG, § 45 Rn. 188 ff. m.w.N.

112 *EuGH* NVwZ 2000, 1029, 1030 ff.; *OVG Münster* InfAuslR 1993, 288; a.A. *VGH Mannheim* InfAuslR 1994, 127, 128.

113 *EuGH* NVwZ 2000, 1029, 1032; so jetzt auch *VGH Kassel* InfAuslR 2000, 428; *VGH Mannheim* NVwZ-RR 2001, 134, 137; *VG Darmstadt* NVwZ-RR 2001, 193, 194.

114 Vgl. *EuGH* DVBl. 2003, 451, 453, wonach auch die Tätigkeit im Rahmen einer Berufsausbildung dem Arbeitnehmerbegriff unterfällt.

115 GK-AuslG, § 45 Rn. 195 m.w.N.

116 *EuGH* NVwZ 2000, 1029, 1031; *BayVGH* DVBl. 2002, 56, 58; *VGH München* NVwZ-RR 2002, 696, 697; als zeitliche Grenze wird allgemein eine Dauer von sechs Monaten angesehen *VGH Mannheim* NVwZ-RR 2001, 134, 136; vgl. auch *BVerwG* NVwZ 2002, 1512 ff.

111

Nicht-EU-Ausländer[117] (ohne Türkei) (Erwachsene[118]) ◆ = Anwendungsbeispiel (Rdnr. 78)				**AUSWEISUNGSSCHUTZ**								
				Ausländer besitzt **Aufenthaltserlaubnis** nach **§ 24 oder 29 IV** AufenthG	Ausländer besitzt ... • ... **Niederlassungserlaubnis** und hält sich mind. fünf Jahre rechtmäßig im Bundesgebiet auf (§ 56 I Nr. 1) • ... **Aufenthaltserlaubnis** und ist im Bundesgebiet geboren oder als Minderjähriger eingereist und hält sich mind. fünf Jahre rechtmäßig im Bundesgebiet auf (§ 56 I Nr. 2) • ... **Aufenthaltserlaubnis**, hält sich mind. fünf Jahre rechtmäßig im Bundesgebiet auf und lebt mit einem in Nr. 1 und 2 genannten Ausländer in ehel. oder lebenspartnerschaftl. Lebensgemeinschaft (§ 56 I Nr. 3) Ausländer ... • ... lebt mit **deutschen Familienangehörigen** in familiärer oder lebenspartnerschaftl. Lebensgemeinschaft (§ 56 I Nr. 4) • ... der als **Asylberechtigter** anerkannt ist, ... im Bundesgebiet die Rechtsstellung eines **ausländischen Flüchtlings** genießt, ... besitzt einen von deutscher Behörde ausgestellten **Reiseausweis** nach Abkommen über Rechtsstellung **für Flüchtlinge** (§ 56 I Nr. 5) • ... hat Asylantrag gestellt; Asylverfahren nicht abgeschlossen (§ 56 IV)						**Ausländer** ist Staatsangehöriger eines **ENA**-Staates und hält sich seit mind. **10 Jahren** ordnungsgemäß im Bundesgebiet auf		
					JA			**NEIN**					
AUSWEISUNGS	§ 53 AufenthG	Nr. 1	• Verurteilung zu Freiheits- oder Jugendstrafe von **mind. 3 Jahren** • Verurteilung zu mehreren Freiheits- oder Jugendstrafen von insges. mind. **3 Jahren in 5 Jahren** • Anord. **Sicherungsverwahrung**	ist, dass Ausländer Verbrechen gegen Frieden, Kriegsverbrechen oder Verbrechen gegen die Menschlichkeit i.S.d. intern. Vertragswerke begangen hat (vgl. im Einzelnen Rdnr. 62)	◆			✧			✧		
		Nr. 2	• Verurteilung zu Jugendstrafe von 2 Jahren od. Freiheitsstrafe ohne Bewährung wegen **BtMG, §§ 125, 125a 2 StGB**										
		Nr. 3	• Verurteilung zu Freiheitsstrafe ohne Bewährung wg. Einschleusens von Ausländern (§§ 96, 97 AufenthG)										
	§ 54 AufenthG	Nr. 1	• Verurteilung zu **Jugend**strafe von zwei Jahren oder **Freiheits**strafe **ohne Bewährung**			✧			✧			✧	

Ausländer kann nur ausgewiesen werden, wenn er aus schwerwiegenden Gründen als Gefahr für die Sicherheit der BR Deutschland anzusehen ist oder Gefahr für Allgemeinheit bedeutet, weil er wegen Verbrechen oder besonders schwerwiegenden Vergehen zu Freiheitsstrafe von mind. 3 Jahren verurteilt worden ist. Das Gleiche gilt, wenn aus schwerwiegenden Gründen Annahme gerechtfertigt

Anwendungsbeispiel

					1	2	3	4	5	6	7	8	9
TATBESTAND	§ 54 AufenthG	Nr. 2	• Verurteilung wegen Einschleusens von Ausländern (§§ 96, 97 AufenthG)										
		Nr. 3	• Verstoß gegen **BtMG** (Anbau, herstellen, handeln, verbreiten) einschl. Anstiftung u. Beihilfe										
		Nr. 4	• Täter o. Teilnehmer an Gewalttätigkeiten gegen Menschen o. Sachen im Rahmen eines verbotenen oder aufgelösten Aufzugs/öffentlicher Versammlung										
	§ 55 AufenthG	Nr. 2	• Begehung eines nicht nur vereinzelten oder geringfügigen **Verstoßes gegen Rechtsvorschriften** oder **Auslandstat,** die im Bundesgebiet als vorsätzliche Straftat gilt				✧			✧			✧
RECHTSFOLGE	Ist-Ausweisung							✧					
	Regel-Ausweisung	Generalpräventive Ausweisung möglich ?		Ja	◆				✧				
				Nein									
	Kann-Ausweisung	Keine zusätzliche Beschränkung des Ermessens	Generalpräventive Ausweisung möglich ?	Ja		✧	✧			✧			
				Nein									
		Nur aus bes. schwerwiegend. Gründen der öffentl. Sicherheit/ Ordnung		Ja							✧	✧	✧
				Nein									

117 Staatsangehörige der EFTA-Staaten genießen Ausweisungsschutz nach dem FreizügG/EU (vgl. § 12 FreizügG/EU); Gleiches kann für Nicht-EU-Ausländer gelten, deren Familienangehörige Freizügigkeit genießen (vgl. Rdnr. 63).

118 Zum Zeitpunkt der Ausweisung !!!

112

Nicht-EU-Ausländer (ohne Türkei) (Minderjährige und Heranwachsende[119])[120] ◆ = Anwendungsbeispiel (Rdnr. 91)				AUSWEISUNGSSCHUTZ				
				Minderjähriger ...			Heranwachsender ...	
				... besitzt **Aufenthalts-** oder **Niederlassungs-erlaubnis** (§ 56 II AufenthG)	... dessen **Eltern** oder allein personensorgeberechtigter **Elternteil** sich rechtmäßig im Bundesgebiet aufhält (§ 56 II 2 AufenthG)	... Ausländer	... ist im **Bundesgebiet aufgewachsen** und im Besitz einer **Niederlassungs-erlaubnis** (§ 56 II AufenthG)	... Ausländer
AUSWEISUNGSTATBESTÄNDE	§ 53 AufenthG	Nr. 1	• Verurteilung zu Freiheits- oder Jugendstrafe von **mind. 3 Jahren** • Verurteilung zu mehreren Freiheits- oder Jugendstrafen von insges. mind. **3 Jahren in 5 Jahren** • Anord. **Sicherungsverwahrung**			(ohne Türkei) (Erwachsene)		(ohne Türkei) (Erwachsene)
		Nr. 2	• Verurteilung zu Jugendstrafe von 2 Jahren od. Freiheitsstrafe ohne Bewährung wegen **BtMG, §§ 125, 125a 2 StGB**	✧	✧		◆	
		Nr. 3	• Verurteilung zu Freiheitsstrafe ohne Bewährung wg. Einschleusens von Ausländern (§§ 96, 97 AufenthG)					
	§ 54 AufenthG	Nr. 1	• Verurteilung zu **Jugend**strafe von zwei Jahren oder **Freiheits**strafe **ohne Bewährung**				↑ beispiel	
		Nr. 2	• Verurteilung wegen Einschleusens von Ausländern (§§ 96, 97 AufenthG)	✧	👎		✧	
		Nr. 3	• Verstoß gegen **BtMG** (Anbau, herstellen, handeln, verbreiten) einschl. Anstiftung u. Beihilfe					

STAND	§ 54 AufenthG	Nr. 4	• Täter o. Teilnehmer an Gewalttätigkeiten gegen Menschen o. Sachen im Rahmen eines verbotenen oder aufgelösten Aufzugs/öffentlicher Versammlung								vgl. Tabelle Nicht-EU-Ausländer	Anwendungs-			vgl. Tabelle Nicht-EU-Ausländer
	§ 55 AufenthG	Nr. 2	• Begehung eines nicht nur vereinzelten oder geringfügigen **Verstoßes gegen Rechtsvorschriften** oder **Auslandstat,** die im Bundesgebiet als vorsätzliche Straftat gilt				✧			👎				✧	
RECHTSFOLGE	Ist-Ausweisung														
	Regel-Ausweisung		Generalpräventive Ausweisung möglich ?	Ja											
				Nein											
	Kann-Ausweisung		Generalpräventive Ausweisung möglich ?	Ja	✧	✧	✧	✧				◆	✧	✧	
				Nein											

👎 = Findet keine Anwendung !!!

119 Zum Zeitpunkt der Ausweisung !!!
120 Staatsangehörige der EFTA-Staaten genießen Ausweisungsschutz nach dem AufenthG/EWG (vgl. § 12 FreizügG/EU); Gleiches kann für Nicht-EU-Ausländer gelten, deren Familienangehörige Freizügigkeit genießen (vgl. Rdnr. 63).

113

EU-Ausländer ◆ = Anwendungsbeispiel (Rdnr. 107)				AUSWEISUNGSSCHUTZ EU-Ausländer ... ... hält sich seit mind. **fünf Jahren rechtmäßig** im Bundesgebiet auf	... genießt **Freizügigkeit** nach dem FreizügG/EU, d.h. er ist ... • ... Arbeitnehmer , Arbeitssuchender und Auszubildender (§ 2 II Nr. 1) • ... niedergelassener selbständiger Erwerbstätiger (§ 2 II Nr. 2) • ... Erbringer oder Empfänger von Dienstleistungen (§ 2 II Nr. 3, 4) • ... verbleibeberechtigt (§ 2 II Nr. 5) • ... Familienangehöriger i.S.d. § 3 • ... Student (Richtlinie Nr. 93/96 EWG) (Beachte auch mögliche Einschränkungen gemäß § 13 FreizügG/EU, betr. die zum 1. Mai 2004 beigetretenen Mitgliedstaaten !!!)	... genießt **keinen** besonderen **Ausweisungsschutz**
AUSWEISUNGSTAT	§ 53 AufenthG	Nr. 1	• Verurteilung zu Freiheits- oder Jugendstrafe von **mind. 3 Jahren** • Verurteilung zu mehreren Freiheits- oder Jugendstrafen von insges. mind. **3 Jahren in 5 Jahren** • Anord. **Sicherungsverwahrung**			Ausländer (ohne Türkei) (Minderjährige und Heranwachsende)
		Nr. 2	• Verurteilung zu Jugendstrafe von 2 Jahren od. Freiheitsstrafe ohne Bewährung wegen **BtmG, §§ 125, 125a 2 StGB**	✧	◆	
		Nr. 3	• Verurteilung zu Freiheitsstrafe ohne Bewährung wg. Einschleusens von Ausländern (§§ 96, 97 AufenthG)			
	§ 54 AufenthG	Nr. 1	• Verurteilung zu **Jugend**strafe von zwei Jahren oder **Freiheits**strafe **ohne Bewährung**			
		Nr. 2	• Verurteilung wegen Einschleusens von Ausländern (§§ 96, 97 AufenthG)			

BESTAND	§ 54 AufenthG	Nr. 3	• Verstoß gegen **BtMG** (Anbau, herstellen, handeln, verbreiten) einschl. Anstiftung u. Beihilfe			✧		Anwendungsbeispiel			vgl. Tabelle Nicht-EU-Ausländer (ohne Türkei) (Erwachsene) oder Tabelle Nicht-EU-
	§ 54 AufenthG	Nr. 4	• Täter o. Teilnehmer an Gewalttätigkeiten gegen Menschen o. Sachen im Rahmen eines verbotenen oder aufgelösten Aufzugs/ öffentlicher Versammlung								
	§ 55 AufenthG	Nr. 2	• Begehung eines nicht nur vereinzelten oder geringfügigen **Verstoßes gegen Rechtsvorschriften** oder **Auslandstat,** die im Bundesgebiet als vorsätzliche Straftat gilt				✧				
RECHTSFOLGE	Ist-Ausweisung										
	Regel-Ausweisung	Generalpräventive Ausweisung möglich ?		Ja							
				Nein							
	Kann-Ausweisung	Nur bei tatsächlich und hinreichend schwerer Gefährdung	Generalpräventive Ausweisung möglich ?	Ja							
				Nein				◆	✧	✧	
		Nur aus besonders schwerwiegenden Gründen öffentl. Sicherheit/Ordnung		Ja							
				Nein	✧	✧	✧				

114

<table>
<tr><th colspan="4" rowspan="3">Staatsangehörige der Türkei</th><th colspan="2">AUSWEISUNGSSCHUTZ</th></tr>
<tr><td colspan="2">Staatsangehörige der Türkei, die
◆ ... mindestens vier Jahre dem regulären Arbeitsmarkt als Arbeitnehmer angehören (Art. 6 I dritter Spiegelstrich des Beschlusses Nr. 1/80 des Assoziationsrates EWG-Türkei) sowie ...
◆ ... deren Familienangehörige, sofern der Zuzug genehmigt worden ist und sich diese mindestens fünf Jahre ordnungsgemäß im Bundesgebiet aufhalten (Art. 7 des Beschlusses Nr. 1/80 des Assoziationsrates EWG-Türkei)</td></tr>
<tr><th>JA</th><th>NEIN</th></tr>
<tr><td rowspan="5">AUSWEISUNGSTAT</td><td rowspan="3">§ 53 AufenthG</td><td>Nr. 1</td><td>◆ Verurteilung zu Freiheits- oder Jugendstrafe von mind. 3 Jahren
◆ Verurteilung zu mehreren Freiheits- oder Jugendstrafen von insges. mind. 3 Jahren in 5 Jahren
◆ Anord. Sicherungsverwahrung</td><td rowspan="5">Staatsangehörige der Türkei, die besonderen Ausweisungsschutz nach dem Beschluss Nr. 1/80 des Assoziationsrates</td><td rowspan="5">Auf Staatsangehörige der Türkei, die keinen Ausweisungsschutz nach dem Beschluss Nr. 1/80 des Assoziationsrates EWG-Türkei genießen, finden die Tabellen</td></tr>
<tr><td>Nr. 2</td><td>◆ Verurteilung zu Jugendstrafe von 2 Jahren od. Freiheitsstrafe ohne Bewährung wegen BtMG, §§ 125, 125a S. 2 StGB</td></tr>
<tr><td>Nr. 3</td><td>◆ Verurteilung zu Freiheitsstrafe ohne Bewährung wg. Einschleusens von Ausländern (§§ 96, 97 AufenthG)</td></tr>
<tr><td rowspan="2">§ 54 AufenthG</td><td>Nr. 1</td><td>◆ Verurteilung zu Jugendstrafe von zwei Jahren oder Freiheitsstrafe ohne Bewährung</td></tr>
<tr><td>Nr. 2</td><td>◆ Verurteilung wegen Einschleusens von Ausländern (§§ 96, 97 AufenthG)</td></tr>
</table>

BESTAND	§ 54 AufenthG	Nr. 3	• Verstoß gegen **BtMG** (Anbau, herstellen, handeln, verbreiten) einschl. Anstiftung u. Beihilfe	EWG-Türkei genießen, stehen freizügigkeitsberechtigten **EU-Ausländern** gleich (vgl. dort)	**Nicht-EU-Ausländer (Erwachsene)** sowie **Nicht-EU-Ausländer (Minderjährige und Heranwachsende)** entsprechend Anwendung.
		Nr. 4	• Täter o. Teilnehmer an Gewalttätigkeiten gegen Menschen o. Sachen im Rahmen eines verbotenen oder aufgelösten Aufzugs/öffentlicher Versammlung		
	§ 55 AufenthG	Nr. 2	• Begehung eines nicht nur vereinzelten oder geringfügigen **Verstoßes gegen Rechtsvorschriften** oder **Auslandstat** die im Bundesgebiet als vorsätzliche Straftat gilt		
RECHTSFOLGE	Ist-Ausweisung				
	Regel-Ausweisung	Generalpräventive Ausweisung möglich ?	Ja		
			Nein		
	Kann-Ausweisung	Generalpräventive Ausweisung möglich ?	Ja		
			Nein		

Checkliste bei Mandatsübernahme

115

I. Personalien

Name:	....
Vorname	....
Wohnort:	....
Geburtsdatum:	....
– frühere Geburtsdaten[121]?	....
Familienstand:	....
Nationalität:	....
Sprache(n):	....
– Dialekt[122]?	....

II. Ausländerrechtlicher Status

Konsulat:	....
Ausländerbehörde:	....
Pass:	....
– Wo?	....
– Gültigkeitsdauer?	....
– Verlängerung?	....
Aufenthaltsstatus:	....
– Gültigkeitsdauer?	....
– Verlängerung?	....
Aufenthaltsdauer[123]:	....

III. Haftsituation

Deutschland:	....
– Untersuchungshaft	von ... bis ...
– Strafhaft	von ... bis ...
– sonstiger Freiheitsentzug	von ... bis ...
– Halbstrafe	....
– Zweidrittelzeitpunkt	....
Ausland:	
– Auslieferungshaft	von ... bis ...
– sonstiger Freiheitsentzug	von ... bis ...
– Haftbedingungen[125]	....

IV. Arbeitsstelle[124]

Wo?	....
Seit wann?	....
Frühere Arbeitsstellen?	....
Arbeitserlaubnis[126]?	....
– Wo?	....
– Gültigkeitsdauer?	....

V. Vorstrafen ....

Deutschland[127]:	....
Ausland[128]:	....

VI. Strafverfahren im Ausland

Wegen derselben Tat[129]?	....
Auslieferung[130]	....

121 Vgl. Rn. 374.
122 Vgl. Rn. 203.
123 Vgl. Rn. 66, 106 ff.
124 Vgl. Rn. 97, 110.
125 Vgl. Rn. 199.
126 Vgl. Rn. 453.
127 Vgl. Rn. 38.
128 Vgl. Rn. 197.
129 Vgl. Rn. 335.
130 Vgl. Rn. 387.

VII. Familienangehörige

Deutschland:		Ausland:	
– Eltern/Kinder/Ehegatte		– Eltern/Kinder/Ehegatte	
– Name, Vorname:	....	– Name, Vorname:	....
– Wohnort:	....	– Wohnort:	....
– Aufenthaltsstatus[131]:	....		
– Aufenthaltsdauer[132]:	....		
– Arbeitsstelle(n)[133]:	....		
– Nationalität[134]:	....		

131 Vgl. Rn. 60 ff., 74, 95 ff., 110.
132 Vgl. Rn. 110.
133 Vgl. Rn. 95, 110.
134 Vgl. Rn. 63, 74, 95 ff., 110.

Teil 2
Materielles Ausländerstrafrecht

116 Effektive Strafverteidigung setzt die Kenntnis des materiellen (Straf-)Rechts voraus; obwohl dies eine Selbstverständlichkeit zu sein scheint, werden die insoweit gegebenen Verteidigungschancen vielfach vernachlässigt. Fehlerhafte Anklageschriften und/oder Urteile stellen keine Seltenheit dar, so dass im Bereich des materiellen Rechts oftmals beachtliche Erfolge erzielt werden können. Dies gilt in besonderem Maße für die Verteidigung von Ausländern, da hier zahlreiche materiell-rechtliche Besonderheiten zu beachten sind.

A. Besonderheiten im sog. Kernstrafrecht

117 Die Gründe normabweichenden Verhaltens sind vielfältig; im Bereich der Ausländerkriminalität beruhen diese nicht selten auf abweichenden Wertvorstellungen. Inkriminiertes Verhalten wird von Ausländern oft als weniger strafwürdig oder gar straflos eingestuft, so dass entsprechende Anschauungen bei der Auslegung einzelner Straftatbestände – z.B. den Mordmerkmalen – von erheblicher Bedeutung sein können. Neben herkunftsgeprägten Vorstellungen gilt es auch weitere Besonderheiten zu beachten, die ihre (un-)mittelbare Ursache in der Ausländereigenschaft des Täters finden können.

1. Allgemeiner Teil des Strafgesetzbuchs

a) Rechtfertigungs-, Entschuldigungs- und Strafaufhebungsgründe

118 **aa)** Heftig umstritten ist, ob und inwieweit aus der in Art. 4 GG garantierten Glaubens- und Gewissensfreiheit ein Rechtfertigungs- oder Entschuldigungsgrund hergeleitet werden kann.

In der dazu ergangenen Grundsatzentscheidung des BVerfG[135] heißt es u.a. wörtlich:

> *„Wer sich in einer konkreten Situation durch seine Glaubensüberzeugung zu einem Tun oder Unterlassen bestimmen lässt, kann mit den in der Gesellschaft herrschenden sittlichen Anschauungen in Konflikt geraten. Verwirklicht er durch dieses Verhalten nach herkömmlicher Auslegung einen Straftatbestand, so ist im Lichte des Art. 4 Abs. 1 GG zu fragen, ob unter den besonderen Umständen des Falles eine Bestrafung den Sinn staatlichen Strafens überhaupt noch erfüllen würde. Ein solcher Täter lehnt sich nicht aus mangelnder Rechtsgesinnung gegen die staatliche Rechtsordnung auf;*

135 *BVerfGE* 32, 98; vgl. aber auch *BVerfGE* 23, 127, 132.

das durch die Strafdrohung geschützte Rechtsgut will er auch wahren. Er sieht sich aber in eine Grenzsituation gestellt, in der die allgemeine Rechtsordnung mit dem persönlichen Glaubensgebot in Widerstreit tritt und fühlt die Verpflichtung, hier dem höheren Gebot des Glauben zu folgen. Ist diese Entscheidung auch objektiv nach den in der Gesellschaft allgemein herrschenden Wertvorstellungen zu missbilligen, so ist sie doch nicht mehr in dem Maße vorwerfbar, dass es gerechtfertigt wäre, mit der schärfsten der Gesellschaft zu Gebote stehenden Waffe, dem Strafrecht, gegen den Täter vorzugehen. Kriminalstrafe ist – unabhängig von ihrer Höhe – bei solchen Fallgestaltungen unter keinem Aspekt (...) eine adäquate Sanktion.“

Wenn auch die Reichweite der Entscheidung im Einzelnen umstritten ist[136], belegt sie doch, dass normabweichendes Verhalten vom Grundrecht der Glaubensfreiheit gedeckt sein kann.

Insbesondere im Ordnungswidrigkeiten-[137] und Nebenstrafrecht sollte der Verteidiger daher stets prüfen, ob die verletzte Norm mit den Riten seines ausländischen Mandanten in Einklang steht. ☞

Zudem kann es ratsam sein, einen Antrag auf Einholung eines ethnologischen Sachverständigengutachtens zu stellen, um die im Heimatland des Beschuldigten geltenden Sitten, Gebräuche und Moralvorstellungen zu ermitteln (vgl. Rn. 362). ☞

bb) Einen persönlichen Strafaufhebungsgrund begründet Art. 31 I der Genfer Flüchtlingskonvention (GK); danach kann ein Flüchtling wegen illegaler Einreise oder unrechtmäßigen Aufenthalts nicht bestraft werden, wenn er sich nach der Einreise unverzüglich bei den Behörden meldet und Gründe darlegt, die sein unrechtmäßiges Handeln rechtfertigen. Dies gilt unabhängig davon, ob der Flüchtling über einen sicheren Drittstaat einreist[138]. **119**

Nach Ansicht des AG München[139] erstreckt sich Art. 31 I GK auch auf die Mittel der illegalen Einreise – z.B. die Verwendung gefälschter Pässe –, weshalb die Vorschrift stets zu prüfen ist, wenn der Flüchtling anlässlich seiner Einreise weitere Straftaten begeht. ☞

b) Verbotsirrtum (§ 17 StGB)

Die Neigung deutscher Strafverfolgungsorgane, einen Verbotsirrtum als bedeutsam anzusehen, ist in aller Regel gering. Wird dieser nicht von vornherein als indiskutabel abgelehnt, wird dem Verteidiger spätestens im Rahmen der Vermeidbarkeit entgegengehalten, dass es sein Mandant schuldhaft versäumt habe, ent- **120**

136 Vgl. *Schönke-Schröder-Lenckner* StGB, Vorbem. §§ 32 ff. Rn. 118 m.w.N.

137 Vgl. *AG Balingen* NJW 1982, 1006 ff., dass das sog. „Schächten“ von Tieren als gerechtfertigt ansah; vgl. insoweit auch § 4a TierSchG; *BVerfG* JZ 2002, 500 ff.; *BVerfG* NJW 2002, 1485; *VGH Kassel* NVwZ 2004, 893; sowie *Kästner* Das tierschutzrechtliche Verbot des Schächtens aus der Sicht des Bundesverfassungsgerichts, JZ 2002, 491 ff; *Oebbecke* Islamisches Schlachten und Tierschutz, NVwZ 2002, 302 f.

138 *OLG Celle* NVwZ 1987, 533; *Erbs/Kohlhaas/Senge* Strafrechtliche Nebengesetze, § 92 AuslG Rn. 46 m.w.N.; a.A. *Renner* AuslG, § 92 Rn. 23.

139 *AG München* StV 1988, 306/307; so auch *AG Frankfurt* StV 1988, 306; a.A. *Erbs/Kohlhaas/Senge* Strafrechtliche Nebengesetze, § 92 AuslG Rn. 47 m.w.N.

sprechenden Rechtsrat einzuholen. Dieses Argument, hinter dem sich nicht zuletzt generalpräventive Erwägungen verbergen[140], greift jedoch bei ausländischen Beschuldigten deutlich zu kurz. Normunkenntnis ist gerade bei Ausländern weit verbreitet. In hohem Maße plausibel wird dies, wenn man – in Deutschland weitestgehend unbekannte – Verbotsnormen anderer Staaten heranzieht. So ist beispielsweise die Ausübung der Prostitution in den meisten Bundesstaaten der USA immer noch unter Strafe gestellt; in einigen arabischen Ländern wird der Alkoholkonsum hart bestraft; per Anhalter fahren – sog. hitchhiking – ist in weiten Teilen Kanadas nicht erlaubt; Gleiches gilt für das „Nacktbaden", das in vielen Ländern Europas (immer noch) verboten ist[141]; noch weitergehenden Einschränkungen unterliegen schließlich (deutsche) Touristen in den Vereinigten Staaten, wo bereits das Umziehen in der Öffentlichkeit als Erregung öffentlichen Ärgernisses angesehen wird. Die Reihe dieser Beispiele ließe sich beliebig fortsetzen; zugleich belegt sie, dass gerade „Ausländern" Normunkenntnis alles andere als fremd ist. Obwohl die Erwartung einer reichen Kasuistik beim Blick in die Kommentarliteratur enttäuscht wird, sollte sich der Verteidiger nicht scheuen, mangelnde Normkenntnis geltend zu machen. Ein unvermeidbarer Verbotsirrtum wird insbesondere bei kurzer Aufenthaltsdauer nahe liegen[142].

121 **aa)** Der Verbotsirrtum kann aus der (völligen) Unkenntnis einer bestehenden Norm resultieren. So billigte z.B. das LG Mannheim[143] einem Pakistani im Falle der unterlassenen Hilfeleistung einen unvermeidbaren Verbotsirrtum zu, da es im pakistanischen Recht an einem entsprechenden Straftatbestand fehle.

122 **bb)** Wesentlich häufiger wird jedoch der umgekehrte Fall gegeben sein, wonach der Ausländer an die Existenz eines im Heimatstaat geltenden Rechtfertigungsgrundes glaubt, dem die deutsche Rechtsordnung die Anerkennung verweigert – sog. „Erlaubnisirrtum" –.

So steht z.B. nach türkischem Zivilrecht die Wahl der Ehewohnung ausschließlich dem Ehemann zu, so dass es – nach türkischem Recht – keine Freiheitsberaubung darstellt, wenn die Ehefrau gegen ihren Willen und unter Gewaltanwendung in die Wohnung des Ehemanns verbracht wird, um die von ihr verweigerte eheliche Lebensgemeinschaft herzustellen. Dem folgend lehnte das AG Grevenbroich[144] die Eröffnung des Hauptverfahrens ab[145].

140 *Laubenthal/Baier* Durch die Ausländereigenschaft begründete Verbotsirrtümer, GA 2000, 205, 216.

141 Vgl. Berliner Morgenpost, „Bald Nackte an Italiens Stränden", Freitag, den 24. März 2000.

142 Vgl. *Laubenthal/Baier* Durch die Ausländereigenschaft begründete Verbotsirrtümer, GA 2000, 205, 213.

143 *LG Mannheim* NJW 1990, 2212 f.

144 *AG Grevenbroich* NJW 1983, 528/529.

145 Vgl. auch *Laubenthal/Baier* Durch die Ausländereigenschaft begründete Verbotsirrtümer, GA 2000, 205, 213/214 mit weiteren Beispielen aus der unveröffentlichten Rechtsprechung.

cc) Beruft sich der Mandant auf abweichende ausländische Rechtsvorschriften, sollte eine entsprechende Rechtsauskunft – z.B. beim Max-Planck-Institut für ausländisches und internationales Strafrecht[146] – eingeholt werden; insoweit ist auch zu bedenken, dass abweichende Wertvorstellungen im Rahmen der Strafzumessung Bedeutung erlangen können (vgl. Rn. 193). **123**

2. Besonderer Teil des Strafgesetzbuchs

a) Tötungsdelikte[147]

Abweichende Wertvorstellungen spielen vor allem auch im Rahmen der Tötungsdelikte eine erhebliche Rolle. **124**

aa) Zwar ist der Maßstab für die Bewertung eines Beweggrundes anhand der Vorstellungen der deutschen Rechtsgemeinschaft zu bestimmen[148]; wird jedoch der einem fremden Kulturkreis entstammende Täter von den Anschauungen seiner Heimat derart stark beherrscht, dass er sich von diesen aufgrund seiner Persönlichkeit und der gesamten Lebensumstände nicht lösen kann, kommt nach ständiger Rechtsprechung des Bundesgerichtshofes die Annahme niedriger Beweggründe i.S.d. § 211 StGB nicht in Betracht[149]; selbst eine Tötung aus Eifersucht[150], verletztem Ehrgefühl[151], Blutrache[152] oder zwecks Ausübung der Selbstjustiz[153] rechtfertigt dann nur eine Verurteilung wegen Totschlages. **125**

bb) Die Bindung an entsprechende Wertvorstellungen kann daneben auch zur Unverhältnismäßigkeit der lebenslangen Freiheitsstrafe führen, so dass trotz der Verurteilung wegen Mordes auf eine zeitige Freiheitsstrafe erkannt werden kann[154]; erfolgt eine Verurteilung wegen Totschlages, können abweichende Wertvorstellungen schließlich auch die Annahme eines minder schweren Falles (§ 213 StGB) rechtfertigen[155]. **126**

---

146 Max-Planck-Institut für ausländisches und internationales Strafrecht, Günterstalstr. 73, 79100 Freiburg.

147 Vgl. auch *Stern* Verteidigung in Mord- und Totschlagsverfahren.

148 Vgl. *BGH* NStZ 2002, 369, 370 m.w.N.

149 *BGH* JZ 1980, 238 m. Anm. *Köhler*; *BGH* StV 1981, 399 f.; *BGH* StV 1994, 182; *BGHR* § 211 II StGB niedrige Beweggründe 29; vgl. auch *BGH* NJW 2004, 1466, 1467/1468; *Momsen* Der Mordtatbestand im Bewertungswandel?, NStZ 2003, 237 ff.; anders aber, wenn ein unbeteiligter Dritter getötet wird, *BGH* NStZ-RR 2000, 168, oder frühere Strafverfahren – hier: versuchter Totschlag – gegen die Annahme sprechen, der Angeklagte habe die Wertvorstellungen der deutschen Rechtsgemeinschaft nicht erfasst *BGH* NStZ 2002, 369, 370.

150 *BGH* StV 1981, 399 f.

151 *BGH* JZ 1980, 238 m. Anm. *Köhler*.

152 *BGHR* § 211 II StGB niedrige Beweggründe 29.

153 *BGH* StV 1994, 182.

154 *BGH* NJW 1983, 55 f.

155 *BGH* StV 1988, 341.

b) Pass-, Ausweis- und Urkundsdelikte

127 **aa)** Sehr häufig ist der Fall, dass ein Ausländer illegal in das Bundesgebiet einreist oder sich dort aufhält und dabei einen Pass oder amtlichen Ausweis mit sich führt, der nicht auf ihn, sondern eine andere Person ausgestellt ist. Der fremde Pass enthält in der Regel einen gültigen Aufenthaltstitel, oder der Inhaber des Passes ist von der Genehmigungspflicht befreit. Weist sich der Ausländer mit dem fremden Pass aus, begeht er neben dem ausländerrechtlichen Delikt (vgl. Rn. 148 ff.) einen Missbrauch von Ausweispapieren i.S.d. § 281 StGB.

128 **bb)** Voraussetzung ist jedoch, dass das vorgezeigte Ausweispapier echt ist; ist es gefälscht, ist § 267 I StGB einschlägig[156].

129 **cc)** Durch das 6. StRG wurde § 273 StGB eingeführt; die Vorschrift soll bislang bestehende Strafbarkeitslücken schließen. Entfernt der Täter beispielsweise Eintragungen oder einzelne Seiten des Passes, kommt eine Strafbarkeit gemäß § 274 StGB nicht in Betracht, wenn der Täter Inhaber des Passes ist[157]; ebenso scheidet eine Strafbarkeit gemäß § 267 I StGB aus, wenn die Fälschung nur solche Eintragungen betrifft, die nicht vom Aussteller der Urkunde – wie z.B. Grenzkontrollstempel oder Abschiebungsvermerke – stammen[158]. Entsprechende Ausweismanipulationen werden nunmehr von § 273 StGB erfasst.

130 **dd)** Führt der Ausländer einen unechten oder verfälschten Ausweis mit sich, ohne sich damit auszuweisen, macht er sich gemäß § 276 I StGB strafbar.

131 **ee)** Gibt der Ausländer fehlerhafte Personalien an, stellt sich daneben häufig die Frage der mittelbaren Falschbeurkundung (§ 271 StGB); insoweit ist sorgfältig zu prüfen, ob im konkreten Einzelfall eine erhöhte Beweiskraft i.S.d. § 271 StGB gegeben ist. Dies ist beispielsweise nicht der Fall, wenn ein Asylsuchender im Rahmen seiner Meldung fehlerhafte Angaben macht, da nur eine Bescheinigung über die Aufenthaltsgestattung gem. § 63 AsylVfG, nicht aber die schlichte Meldung des Asylsuchenden die Voraussetzungen des § 271 StGB erfüllt[159].

c) Straßenverkehrsdelikte[160]

132 Ist der Beschuldigte Inhaber einer ausländischen Fahrerlaubnis, gilt es u.a. folgende Sonderbestimmungen zu beachten:

§ 4 IntKfzVO[161]
[Ausländische Fahrerlaubnis, Internationaler Führerschein]

(1) Inhaber einer ausländischen Fahrerlaubnis dürfen im Umfang ihrer Berechtigung im Inland Kraftfahrzeuge führen, wenn sie hier keinen ordentlichen Wohnsitz im Sinne des § 7 der Fahrerlaubnis-Verordnung haben. Begründet der Inhaber einer in einem

156 *OLG Bremen* StV 2002, 552; *Tröndle/Fischer* StGB, § 281 Rn. 2 m.w.N.
157 *Tröndle/Fischer* StGB, § 274 Rn. 2 m.w.N.
158 *Tröndle/Fischer* StGB, § 273 Rn. 1 m.w.N.
159 *OLG Brandenburg* StV 2002, 311 f.
160 Vgl. auch *Freyschmidt* Verteidigung in Straßenverkehrssachen.
161 In der Fassung der Verordnung vom 7.8.2002 (BGBl. I 2002, 3267 ff.).

anderen Mitgliedstaat der Europäischen Union oder einem anderen Vertragstaat des Abkommens über den Europäischen Wirtschaftsraum erteilten Fahrerlaubnis einen ordentlichen Wohnsitz im Inland, richtet sich seine weitere Berechtigung zum Führen von Kraftfahrzeugen nach den §§ 28 und 29 der Fahrerlaubnis-Verordnung. Begründet der Inhaber einer in einem anderen Staat erteilten Fahrerlaubnis einen ordentlichen Wohnsitz im Inland, besteht die Berechtigung noch sechs Monate. Die Fahrerlaubnisbehörde kann die Frist auf Antrag bis zu sechs Monaten verlängern, wenn der Antragsteller glaubhaft macht, dass er seinen ordentlichen Wohnsitz nicht länger als zwölf Monate im Inland haben wird. Auflagen zur ausländischen Fahrerlaubnis sind auch im Inland zu beachten.

(2) Die Fahrerlaubnis ist durch einen gültigen nationalen oder internationalen Führerschein (Artikel 7 und Anlage E des Internationalen Abkommens über Kraftfahrzeugverkehr vom 24. April 1926 – RGBl. 130 II S. 1234 –, Artikel 41 und Anhang 7 des Übereinkommens über den Straßenverkehr vom 8. November 1968 – BGBl. 1977 II S. 809 – oder Artikel 24 und Anlage 10 des Übereinkommens über den Straßenverkehr vom 19. September 1949 – Vertragstexte der Vereinten Nationen 1552 S. 22 –) nachzuweisen. Ausländische nationale Führerscheine, die nicht in deutscher Sprache abgefasst sind, die nicht in einem anderen Mitgliedstaat der Europäischen Union oder einem anderen Vertragstaat des Abkommens über den Europäischen Wirtschaftsraum ausgestellt worden sind oder die nicht dem Anhang 6 des Übereinkommens über des Straßenverkehr vom 8. November 1968 entsprechen, müssen mit einer Übersetzung verbunden sein, es sei denn, die Bundesrepublik Deutschland hat auf das Mitführen der Übersetzung verzichtet. Für die Erstellung der Übersetzung gilt § 1 Abs. 3 Satz 1 entsprechend.

(3) Die Berechtigung nach Absatz 1 gilt nicht für Inhaber ausländischer Fahrerlaubnisse,

1. die lediglich im Besitz eines Lernführerscheins oder eines anderen vorläufig ausgestellten Führerscheins sind,
2. die zum Zeitpunkt der Erteilung der ausländischen Erlaubnis zum Führen von Kraftfahrzeugen ihren ordentlichen Wohnsitz im Inland hatten, es sei denn, dass sie die Fahrerlaubnis in einem anderen Mitgliedstaat der Europäischen Union oder einem anderen Vertragstaat des Abkommens über den Europäischen Wirtschaftsraum während eines mindestens sechsmonatigen, ausschließlich dem Besuch einer Hochschule oder Schule dienenden Aufenthalt erworben haben,
3. denen die Fahrerlaubnis im Inland vorläufig oder rechtskräftig von einem Gericht oder sofort vollziehbar oder bestandskräftig von einer Verwaltungsbehörde entzogen worden ist, denen die Fahrerlaubnis bestandskräftig versagt worden ist oder denen die Fahrerlaubnis nur deshalb nicht entzogen worden ist, weil sie zwischenzeitlich auf die Fahrerlaubnis verzichtet haben ,
4. denen aufgrund einer rechtskräftigen gerichtlichen Entscheidung keine Fahrerlaubnis erteilt werden darf oder
5. solange sie im Inland, in dem Staat, der die Fahrerlaubnis erteilt hatte oder in dem Staat, in dem sie ihren ordentlichen Wohnsitz haben, einem Fahrverbot unterliegen oder der Führerschein nach § 94 der Strafprozessordnung beschlagnahmt, sichergestellt oder in Verwahrung genommen worden ist.

(4) Das Recht, von einer ausländischen Fahrerlaubnis nach einer der in Absatz 3 Nr. 3 und 4 genannten Entscheidungen im Inland Gebrauch zu machen, wird auf Antrag erteilt, wenn die Gründe für die Entziehung nicht mehr bestehen.

§ 7 FeV[162]
Ordentlicher Wohnsitz im Inland

(1) Eine Fahrerlaubnis darf nur erteilt werden, wenn der Bewerber seinen ordentlichen Wohnsitz in der Bundesrepublik Deutschland hat. Dies wird angenommen, wenn der Bewerber wegen persönlicher und beruflicher Bindungen oder – bei fehlenden beruflichen Bindungen – wegen persönlicher Bindungen, die enge Beziehungen zwischen ihm und dem Wohnort erkennen lassen, gewöhnlich, das heißt während mindestens 185 Tagen im Jahr, im Inland wohnt. Ein Bewerber, dessen persönliche Bindungen im Inland liegen, der sich aber aus beruflichen Gründen in einem oder mehreren anderen Mitgliedstaaten der Europäischen Union oder Vertragstaaten des Abkommens über den Europäischen Wirtschaftsraum aufhält, hat seinen ordentlichen Wohnsitz im Sinne dieser Vorschrift im Inland, sofern er regelmäßig hierhin zurückkehrt. Die Voraussetzung entfällt, wenn sich der Bewerber zur Ausführung eines Auftrags von bestimmter Dauer in einem solchen Staat aufhält.

(2) Bewerber, die bislang ihren ordentlichen Wohnsitz im Inland hatten und die sich ausschließlich zum Zwecke des Besuchs einer Hochschule oder Schule in einem anderen Mitgliedstaat der Europäischen Union oder einem anderen Vertragstaat des Abkommens über den Europäischen Wirtschaftsraum aufhalten, behalten ihren ordentlichen Wohnsitz im Inland.

(3) Bewerber, die bislang ihren ordentlichen Wohnsitz in einem anderen Mitgliedstaat der Europäischen Union oder einem anderen Vertragstaat des Abkommens über den Europäischen Wirtschaftsraum hatten und die sich ausschließlich wegen des Besuchs einer Hochschule oder Schule im Inland aufhalten, begründen keinen ordentlichen Wohnsitz im Inland. Ihnen wird die Fahrerlaubnis erteilt, wenn die Dauer des Aufenthalts mindestens sechs Monate beträgt.

§ 28 FeV
Anerkennung von Fahrerlaubnissen aus Mitgliedstaaten der Europäischen Union oder einem anderen Vertragstaat des Abkommens über den Europäischen Wirtschaftsraum

(1) Inhaber einer gültigen EU- oder EWR-Fahrerlaubnis, die ihren ordentlichen Wohnsitz im Sinne des § 7 Abs. 1 oder 2 in der Bundesrepublik Deutschland haben, dürfen – vorbehaltlich der Einschränkungen nach Absätzen 2 bis 4 – im Umfang ihrer Berechtigung Kraftfahrzeuge im Inland führen. Auflagen zur ausländischen Fahrerlaubnis sind auch im Inland zu beachten. Auf die Fahrerlaubnis finden die Vorschriften dieser Verordnung Anwendung, soweit nichts anderes bestimmt ist.

(2) Der Umfang der Berechtigung der jeweiligen Fahrerlaubnisklassen ergibt sich aus der Entscheidung vom 21.03.2000 der Kommission über Äquivalenzen zwischen bestimmten Klassen von Führerscheinen (ABl. EG Nr. L 91 S. 1) in der jeweiligen Fassung[163]. Die Berechtigung nach Absatz 1 gilt nicht für Fahrerlaubnisklassen, für die die Entscheidung der Kommission keine entsprechenden Klassen ausweist. Für die Berechtigung zum Führen von Fahrzeugen der Klassen L, M und T gilt § 6 Abs. 3 entsprechend. Inhaber einer Fahrerlaubnis der Klasse A1, die das 18. Lebensjahr noch nicht vollendet haben, dürfen nur Leichtkrafträder mit einer durch die Bauart bestimmten Höchstgeschwindigkeit von nicht mehr als 80 km/h führen.

---

162 In der Fassung vom 7.8.2002 (BGBl. I 2002, 267 ff.).

163 Amtl. Anm.: Z.Zt. gilt die Entscheidung der Kommission vom 21.3.2000 über Äquivalenzen zwischen bestimmten Klassen von Führerscheinen (ABl. EG Nr. L 91 S. 1).

(3) Die Vorschriften über die Geltungsdauer von Fahrerlaubnissen der Klassen C, C1, CE, C1E, D, D1, DE und D1E in § 23 Abs. 1 gelten auch für die entsprechenden EU- und EWR-Fahrerlaubnisse. Grundlage für die Berechnung der Geltungsdauer ist das Datum der Erteilung der ausländischen Fahrerlaubnis. Wäre danach eine solche Fahrerlaubnis ab dem Zeitpunkt der Verlegung des ordentlichen Wohnsitzes in die Bundesrepublik Deutschland nicht mehr gültig, weil seit der Erteilung mehr als fünf Jahre verstrichen sind oder – bei den Klassen C1 und C1E – der Inhaber das 50. Lebensjahr bereits vollendet hat, besteht die Berechtigung nach Absatz 1 Satz 1 noch sechs Monate, gerechnet von der Begründung des ordentlichen Wohnsitzes im Inland an. Für die Erteilung einer deutschen Fahrerlaubnis ist § 30 in Verbindung mit § 24 Abs. 1 entsprechend anzuwenden.

(4) Die Berechtigung nach Absatz 1 gilt nicht für Inhaber einer EU- oder EWR-Fahrerlaubnis,

1. die lediglich im Besitz eines Lernführerscheins oder eines anderen vorläufig ausgestellten Führerscheins sind,
2. die zum Zeitpunkt der Erteilung ihren ordentlichen Wohnsitz im Inland hatten, es sei denn, dass sie als Student oder Schüler im Sinne des § 7 II die Fahrerlaubnis während eines mindestens sechsmonatigen Aufenthalts erworben haben,
3. denen die Fahrerlaubnis im Inland vorläufig oder rechtskräftig von einem Gericht oder sofort vollziehbar oder bestandskräftig von einer Verwaltungsbehörde entzogen worden ist, denen die Fahrerlaubnis bestandskräftig versagt worden ist oder denen die Fahrerlaubnis nur deshalb nicht entzogen worden ist, weil sie zwischenzeitlich auf die Fahrerlaubnis verzichtet haben ,
4. denen aufgrund einer rechtskräftigen gerichtlichen Entscheidung keine Fahrerlaubnis erteilt werden darf oder
5. solange sie im Inland, in dem Staat, der die Fahrerlaubnis erteilt hatte oder in dem Staat, in dem sie ihren ordentlichen Wohnsitz haben, einem Fahrverbot unterliegen oder der Führerschein nach § 94 der Strafprozessordnung beschlagnahmt, sichergestellt oder in Verwahrung genommen worden ist.

(5) Das Recht, von einer EU- oder EWR-Fahrerlaubnis nach einer der in Absatz 4 Nr. 3 und 4 genannten Entscheidungen im Inland Gebrauch zu machen, wird auf Antrag erteilt, wenn die Gründe für die Entziehung oder die Sperre nicht mehr bestehen. § 20 Abs. 1 und 3 gilt entsprechend.

§ 29 FeV
Verfahren bei Fahrerlaubnissen aus Mitgliedstaaten der Europäischen Union oder einem anderen Vertragstaat des Abkommens über den Europäischen Wirtschaftsraum

(1) Inhaber einer EU- oder EWR-Fahrerlaubnis, die ihren ordentlichen Wohnsitz in die Bundesrepublik Deutschland verlegt haben, sind verpflichtet, ihre Fahrerlaubnis innerhalb von 185 Tagen bei der zuständigen Verwaltungsbehörde unter Vorlage des Führerscheins registrieren zu lassen, wenn

1. sie die Fahrerlaubnis noch nicht länger als zwei Jahre besitzen,
2. es sich um eine Fahrerlaubnis der Klassen C, C1, CE, C1E, D, D1, DE oder D1E handelt.

Personen, die unter § 7 Abs. 2 fallen, sind verpflichtet, ihre Fahrerlaubnis unverzüglich nach Einreise in die Bundesrepublik Deutschland registrieren zu lassen, sofern sie zu dem in Satz 1 Nr. 1 oder 2 genannten Personenkreis gehören.

(2) Die Fahrerlaubnisbehörde speichert die Fahrerlaubnisdaten in dem örtlichen Fahrerlaubnisregister nach den Vorschriften in Abschnitt III und teilt sie dem Kraft-

fahrt-Bundesamt mit. Dieses unterrichtet von Amts wegen die Behörde, die die Fahrerlaubnis erteilt hat.

(3) Ist die Geltungsdauer der ausländischen Fahrerlaubnis länger als in § 23 Abs. 1 vorgesehen, trägt die Fahrerlaubnisbehörde den Ablauf der Geltungsdauer nach den Vorschriften in § 23 Abs. 1 in Verbindung mit § 28 Abs. 3 Satz 2 in den ausländischen Führerschein ein. Der Betroffene ist verpflichtet, der Fahrerlaubnisbehörde den Führerschein zur Eintragung vorzulegen. Ist eine Eintragung wegen der Beschaffenheit des Führerscheins nicht möglich, nach dem Recht des Staates, der den Führerschein ausgestellt hatte, nicht zulässig oder widerspricht der Inhaber der Fahrerlaubnis, erteilt ihm die Fahrerlaubnisbehörde gemäß § 30 eine entsprechende deutsche Fahrerlaubnis.

aa) Fahren ohne Fahrerlaubnis (§ 21 StVG)

133 Der Inhaber einer ausländischen Fahrerlaubnis darf nur nach Maßgabe der §§ 4 IntKfzVO, 28 FeV am innerdeutschen Kraftverkehr teilnehmen; liegt diesen Vorschriften entsprechend keine – in Deutschland – gültige Fahrerlaubnis vor, macht sich der Inhaber einer ausländischen Fahrerlaubnis des Fahrens ohne Fahrerlaubnis gemäß § 21 StVG strafbar.

134 **(1)** Hat der Inhaber einer ausländischen Fahrerlaubnis im Inland (noch) keinen festen Wohnsitz begründet (§ 7 FeV), gilt § 4 IntKfzVO, wonach er im Umfang seiner Berechtigung am inländischen Kraftverkehr teilnehmen darf; eine Ausnahme gilt nur insoweit, als eine der in § 4 III IntKfzVO genannten Ausnahmetatbestände gegeben ist.

☞ Nach einer neueren Grundsatzentscheidung des EuGH[164] zur gegenseitigen Anerkennung ausländischer Fahrerlaubnisse ist der Aufnahmestaat nicht berechtigt, zu prüfen, ob der Inhaber der Fahrerlaubnis zum Zeitpunkt ihrer Erteilung im Ausstellungsstaat gewohnt hat; folglich erfasst § 4 III Nr. 2 IntKfzVO lediglich Fahrerlaubnisse sog. Drittstaaten, nicht jedoch Inhaber einer EU/EWR-Fahrerlaubnis; als weitere Konsequenz der Entscheidung dürfte § 4 III Nr. 3 IntKfzVO dahingehend einzuschränken sein, dass die Anerkennung einer EU/EWR-Fahrerlaubnis nur so lange verwehrt werden kann, wie die im Bundesgebiet angeordnete Maßnahme wirksam ist[165].

135 **(2)** Hat der Inhaber einer ausländischen Fahrerlaubnis seinen Wohnsitz im Inland begründet, ist zwischen EU/EWR-Fahrerlaubnissen einerseits und solchen sog. Drittstaaten andererseits zu differenzieren.

(2.1) Erstere gelten auch im Fall der Wohnsitzbegründung fort.

Soweit § 28 IV FeV einzelne Ausnahmetatbestände vorsieht, ist auf die bereits oben dargestellte Grundsatzentscheidung des EuGH zu verweisen (vgl. Rn. 134), wonach der Aufnahmestaat nicht befugt ist, zu prüfen, ob der Inhaber der Fahrerlaubnis zum Zeitpunkt ihrer Erteilung im Ausstellungsstaat gewohnt hat, so dass

164 *EuGH* NZV 2004, 372 ff.; einschränkend *Geiger* Anm. zu EuGH DAR 2004, 340/341.
165 Vgl. unten Rn. 135.

§ 28 IV Nr. 2 FeV keinen Anwendungsbereich findet[166]; § 28 IV Nr. 3 FeV ist – ebenso wie § 4 III Nr. 3 IntKfzVO – einschränkend auszulegen, weshalb die EU/EWR-Fahrerlaubnis nach Ablauf der Sperrfrist anzuerkennen ist.

Damit ist zugleich die mit Einführung der Vorschrift (§ 28 Abs. 4 Nr. 3 FeV) umstrittene Frage geklärt, wie in sog. Altfällen zu verfahren ist, in denen die Sperrfrist nach erfolgter Entziehung der ausländischen Fahrerlaubnis, jedoch vor Inkrafttreten der Gesetzesänderung abgelaufen ist.

Während das OLG Saarbrücken[167] die Anwendung der Vorschrift auch in sog. Altfällen zuließ, äußerte das OLG Karlsruhe[168] unter Hinweis auf den Gesetzeszweck sowie den Gesamtzusammenhang des Fahrerlaubnisrechts erhebliche Bedenken und legte die Rechtsfrage dem Bundesgerichtshof zur Entscheidung vor.

Mit Beschluss vom 20.6.2002 schloss sich dieser[169] der Ansicht des OLG Saarbrücken an; die Auslegung entspreche dem Wortlaut der Norm. Zudem trage sie der Zielsetzung des Verordnungsgebers, eine Harmonisierung der Rechtsverhältnisse bzgl. in- und ausländischer Fahrerlaubnisse zu erreichen, Rechnung. Da letztlich auch nur ein Fall der tatsächlichen Rückanknüpfung – „unechte Rückwirkung" – vorliege, bestünden im Ergebnis auch keine verfassungsrechtlichen Bedenken.

Nach der Grundsatzentscheidung des EuGH (vgl. oben) dürfte dieses Problem hinfällig geworden sein; ist § 28 IV Nr. 3 FeV dahingehend – einschränkend – auszulegen, dass die Anerkennung der ausländischen Fahrerlaubnis nur so lange verwehrt werden kann, wie die Maßnahme im Bundesgebiet wirksam ist (vgl. Rn. 134), dürfte für die bisherige Rechtsprechung des Bundesgerichtshofes kein Raum[170] bleiben.

Gleiches dürfte i.E. auch für die Regelung des § 28 IV Nr. 5 FeV gelten[171].

(2.2) Die Wirksamkeit anderer Fahrerlaubnisse ist dagegen auch weiterhin auf die Dauer von sechs Monaten – in Ausnahmefällen 12 Monate (§ 4 I 3 IntKfzVO) – begrenzt.

Die Frist beginnt mit der Begründung des ordentlichen Wohnsitzes. Da insoweit u.a. auch auf die subjektiven Vorstellungen des Fahrzeugführers abzustellen ist, kann die Bestimmung dieses Zeitpunkts in der Praxis erhebliche Schwierigkeiten bereiten[172]. Unterhält der Fahrerlaubnisinhaber einen in- und ausländischen

---

166 *EuGH* NZV 2004, 372, 374; *VGH Mannheim* NJW 2004, 3058; *OLG Saarbrücken* Beschl. v. 4.11.2004 – Ss 16/2004 (42/04); vgl. auch *Otte/Kühner* Führerscheintourismus ohne Grenzen?, NZV 2004, 321, 326.

167 *OLG Saarbrücken* Beschl. v. 19.7.2000 – Ss 25/00 (28/00).

168 *OLG Karlsruhe* NStZ 2000, 92, 93; ebenso *OLG Köln* NZV 2001, 225/226.

169 *BGH* StraFo 2002, 361.

170 So wohl auch *OLG Karlsruhe* ZfS 2004, 531; *Otte/Kühner* Führerscheintourismus ohne Grenzen?, NZV 2004, 321, 327; zur Möglichkeit verwaltungsrechtlich die Beibringung eines ärztlichen Gutachtens anzuordnen vgl. *OLG Saarbrücken* Beschl. v. 4.11.2004 – Ss 16/2004 (42/04).

171 Vgl. *Otte/Kühner* Führerscheintourismus ohne Grenzen?, NZV 2004, 321, 328.

172 Vgl. *Hentschel* Trunkenheit – Fahrerlaubnisentziehung – Fahrverbot, Rn. 826.

Wohnsitz, unterliegt er der 6-Monats-Frist[173]; vorübergehende Auslandsaufenthalte unterbrechen die laufende Frist nur dann, wenn die Ausreise von dem Willen getragen ist, den Inlandswohnsitz für längere Zeit – mind. 185 Tage – oder für immer aufzugeben[174]; bei Personen, die abwechselnd im In- und Ausland wohnen, ist gemäß § 7 I, II 2 FeV entscheidend, ob der Inlandswohnsitz mind. 185 Tage besteht[175].

☞ Beruft sich ein Kraftfahrzeugführer – im Fall der Fristwahrung (§ 4 IntKfzVO) – auf das Bestehen einer ausländischen Fahrerlaubnis, setzt seine Verurteilung die Überzeugung des Tatrichters voraus, dass er über die ausländische Fahrerlaubnis nicht verfügt; die Strafbarkeit lässt sich nicht allein darauf stützen, dass der Fahrer den Nachweis der ausländischen Erlaubnis weder bei der Fahrt noch später erbracht hat, da dies einer unzulässigen „Umkehr der Beweislast" gleichkommt[176].

bb) Entziehung der Fahrerlaubnis (§ 69b StGB)

136 **(1)** Die Entziehung einer ausländischen Fahrerlaubnis ist wegen des damit verbundenen Eingriffs in fremde Hoheitsrechte unzulässig[177]. Dem folgend sieht § 69b StGB eine Sonderbestimmung für solche Täter vor, die aufgrund einer im Ausland erteilten Fahrerlaubnis im Inland Kraftfahrzeuge führen dürfen; mit der „Entziehung" der Fahrerlaubnis wird das Recht aberkannt, von der ausländischen Fahrerlaubnis im Bundesgebiet Gebrauch zu machen. Fehlt es dem Täter an der Befugnis am inländischen Kraftverkehr teilzunehmen (vgl. oben), ist – sofern er auch über keine ausländische Fahrerlaubnis verfügt – eine isolierte Sperrfrist (§ 69a III StGB) anzuordnen[178]. Besitzt er dagegen eine ausländische Fahrerlaubnis, die in Deutschland keine Gültigkeit besitzt, ist die Fahrerlaubnis – zur Vorbeugung von Missbrauchsmöglichkeiten – im Urteil zu entziehen[179].

137 **(2)** Hat der Verurteilte seinen ordentlichen Wohnsitz im Inland, wird der Führerschein im Urteil eingezogen (§ 69 II 1 StGB), soweit die Fahrerlaubnis von einem Mitgliedstaat der EU oder EWR ausgestellt wurde; er wird an die ausstellende Behörde zurückgesandt, womit der Gesetzgeber die Erwartung verknüpft, dass die ausstellende Behörde ihrerseits die Fahrerlaubnis entzieht[180]; dagegen ist die Entziehung oder Sperre im Führerschein zu vermerken, sofern der Verurteilte über keinen inländischen Wohnsitz verfügt oder die Fahrerlaubnis durch einen sog. Drittstaat ausgestellt worden ist[181]. Der Vermerk stellt eine bloße Vollzugsmaß-

173 *OLG Zweibrücken* 1991, 350/351.
174 *BayObLG* NZV 1996, 502.
175 *Hentschel* Trunkenheit – Fahrerlaubnisentziehung – Fahrverbot, Rn. 822.
176 *BGH* NZV 2002, 45.
177 *Hentschel* Trunkenheit – Fahrerlaubnisentziehung – Fahrverbot, Rn. 832 m.w.N.
178 *BGH* NZV 1996, 500, 502.
179 *BGH* NZV 1999, 47; a.A. *Hentschel* Trunkenheit – Fahrerlaubnisentziehung – Fahrverbot, Rn. 828.
180 Vgl. *Tröndle/Fischer* StGB, § 69b Rn. 9 m.w.N.
181 Das EU-Übereinkommen über die Entziehung der Fahrerlaubnis (ABl. EG C 216/1 vom 10.7.1998), wonach ein in Staaten der Europäischen Union verhängtes Fahrverbot bzw. der Entzug der Fahrerlaubnis künftig auch im Heimatland des Kraftfahrers vollstreckt werden kann, ist bislang nicht in innerstaatliches Recht umgesetzt; wann dies der

nahme dar und ist daher nicht im Urteil anzuordnen; er ist vielmehr von der Vollstreckungsbehörde in eigener Verantwortung durchzuführen[182]. Kann der Vermerk aufgrund der Beschaffenheit des Führerscheins nicht angebracht werden, wird dieser gesondert gefertigt und mit dem Führerschein nach Maßgabe des § 56 II 3 StVollstrO verbunden.

(3) Schließlich kann der Führerschein zum Zwecke der Eintragung des Vermerks beschlagnahmt werden (§ 463b II StPO). Nach Eintragung des Vermerks ist der Führerschein unverzüglich freizugeben[183]. **138**

cc) Fahrverbot (§ 44 StGB)[184]

(1) Die Anordnung des Fahrverbots unterliegt nach Aufhebung des früheren § 44 II StGB keinen Einschränkungen mehr. **139**

(2) Hinsichtlich der Vollstreckung werden die von einem Mitgliedstaat der EU oder EWR ausgestellten Fahrerlaubnisse den deutschen gleichgestellt (§ 44 I 2 StGB), sofern der Verurteilte seinen ordentlichen Wohnsitz im Inland hat; sie werden für die Dauer des Fahrverbots amtlich verwahrt. Bei anderen ausländischen Fahrerlaubnissen bleibt es bei der früheren Rechtslage, wonach das Fahrverbot im Führerschein zu vermerken ist (§ 44 II 3 StGB); mit der Eintragung beginnt zugleich die Verbotsfrist (§ 44 III 1 StGB). **140**

dd) Exkurs: Beschlagnahme des Führerscheins

(1) Dient die Sicherstellung des Führerscheins der Verhinderung weiterer Verkehrsstraftaten, dürfen ausländische Führerscheine ohne Einschränkung beschlagnahmt werden. **141**

(2) Daneben kann der Führerschein zwecks Eintragung entsprechender Vermerke beschlagnahmt werden (vgl. oben Rn. 138). **142**

(3) Nach Ansicht des LG München II[185] kann ein ausländischer Führerschein schließlich auch dann beschlagnahmt werden, wenn dieser im Inland keine Gültigkeit mehr besitzt und daher der Verdacht einer Straftat (§ 21 StVG) gegeben ist. **143**

Fall sein wird, ist gegenwärtig nicht absehbar. Zur Kritik am Übereinkommen vgl. *Berz* Das EU-Übereinkommen über die Entziehung der Fahrerlaubnis, NZV 2000, 145 ff.; *Neidhart* Die neuen Vollstreckungshilfeabkommen auf dem Prüfstand, NZV 2000, 240 ff.; *Zelenka* EU-Übereinkommen über den Entzug der Fahrerlaubnis, DAR 2001, 148 ff.; insbesondere werden die unterschiedlichen materiellen und formellen Voraussetzungen in den einzelnen EU-Staaten kritisiert, so dass z. B. ein Fahrverbot auch dann zu vollstrecken wäre, wenn es – nach deutschem Verständnis – gegen grundlegende Verteidigungsrechte – z. B. das Schweigerecht – verstößt.

182 *BayObLG* NJW 1979, 1788.

183 *Hentschel* Trunkenheit – Fahrerlaubnisentziehung – Fahrverbot, Rn. 835.

184 Die Ausführungen gelten entsprechend für die Anordnung eines Fahrverbotes nach § 25 StVG.

185 *LG München* II DAR 1997, 80; a.A. *Hentschel* Trunkenheit – Fahrerlaubnisentziehung – Fahrverbot, Rn. 898.

ee) Exkurs: Vorläufige Entziehung der Fahrerlaubnis (§ 111a StPO)

144 **(1)** Handelt es sich um eine EU/EWR-Fahrerlaubnis, wirkt die vorläufige Entziehung zugleich als Anordnung oder Bestätigung der Beschlagnahme (§ 111a III 2 StPO), sofern der Beschuldigte über einen inländischen Wohnsitz verfügt.

145 **(2)** In anderen Führerscheinen ist – unabhängig von deren Gültigkeit im Inland[186] – die vorläufige Entziehung zu vermerken (§ 111a VI StPO). Die Eintragung wird als Vollstreckungsmaßnahme von der Staatsanwaltschaft veranlasst[187]. Bis zur Eintragung des Vermerks kann der Führerschein beschlagnahmt werden (§ 111a VI 2 StPO). Lässt die Beschaffenheit des Führerscheins die Eintragung nicht zu, ist der Vermerk gesondert zu fertigen und mit dem Führerschein zu verbinden (vgl. oben Rn. 137). Nur wenn auch dies nicht möglich ist, kann der ausländische Führerschein entsprechend § 111a VI 2 StPO für die Dauer der vorläufigen Maßnahme beschlagnahmt werden[188]. Konnte ein Vermerk eingetragen werden, tritt an die Stelle der Rückgabe des Führerscheins (§ 111a V StPO) die Streichung des Vermerks[189] (sog. „Säuferbalken").

d) Verletzung der Unterhaltspflicht (§ 170 StGB)

146 Da § 170 StGB nicht dem Schutz ausländischer Staatsfinanzen dient, findet die Vorschrift keine Anwendung, wenn ein im Inland lebender Ausländer seine gesetzliche Unterhaltspflicht gegenüber im Ausland lebenden, nichtdeutschen Unterhaltsberechtigten verletzt[190]; eine Strafbarkeit ist nur gegeben, wenn neben dem Ausländer auch der Unterhaltsberechtigte im Bundesgebiet wohnt[191].

e) Doppelehe (§ 172 StGB)

147 Im Ausland geschlossene Ehen sind nach dem dortigen Recht zu beurteilen, so dass die Auslandsbigamie auch dann nicht unter das Verbot der Doppelehe (§ 172 StGB) fällt, wenn die gültige Doppelauslandsehe im Bundesgebiet fortgeführt wird[192]; Auslandsehen im Inland unterstehen dagegen den deutschen Gesetzen, so dass auch für Mohammedaner die Eingehung einer polygamen Ehe unzulässig ist[193].

---

186 *LG Aachen* NZV 2002, 332/333 m. Anm. *Schneider*; a.A. *AG Eschweiler* NZV 2002, 332.
187 KK-Nack, StPO, § 111a Rn. 20.
188 *AG Homburg* ZfS 1995, 352; vgl. auch *LG Ravensburg* DAR 1991, 272.
189 *Hentschel* Trunkenheit – Fahrerlaubnisentziehung – Fahrverbot, Rn. 879.
190 *BGHSt* 29, 85 ff.; *OLG Saarbrücken* JR 1975, 291 ff. m. Anm. *Oehler*; *OLG Stuttgart* NJW 1977, 1601 f.; *OLG Saarbrücken* NJW 1978, 2460 ff.; *AG Rosenheim* NJW 1981, 2653; *BayObLG* NJW 1982, 1243 f.; *OLG Stuttgart* NJW 1985, 1299; a.A. *OLG Karlsruhe* NJW 1978, 1754 ff.; *Kunz* Strafrechtlicher Unterhaltsschutz bei Ausländern, NJW 1980, 1201 ff.
191 *Tröndle/Fischer* StGB, § 170 Rn. 3a.
192 *StA München* NStZ 1996, 436.
193 *Tröndle/Fischer* StGB, § 172 Rn. 4 m.w.N.

B. Straftaten nach dem Aufenthalts-, FreizügG/EU und Asylverfahrensgesetz

Erhebliche praktische Bedeutung haben auch die Strafvorschriften des AufenthG, FreizügG/EU und AsylVfG; einem Großteil der sog. „Ausländerkriminalität“ liegen Verstöße gegen die zuvor genannten Vorschriften zugrunde, weshalb der Verteidiger zumindest über entsprechendes Grundlagenwissen verfügen sollte. **148**

1. Strafbarkeit gemäß § 95 AufenthG

§ 95 Strafvorschriften

(1) Mit Freiheitsstrafe bis zu einem Jahr oder mit Geldstrafe wird bestraft, wer

1. entgegen § 3 Abs. 1 in Verbindung mit § 48 Abs. 2 sich im Bundesgebiet aufhält,
2. ohne erforderlichen Aufenthaltstitel nach § 4 Abs. 1 Satz 1 sich im Bundesgebiet aufhält, vollziehbar ausreisepflichtig ist und dessen Abschiebung nicht ausgesetzt ist,
3. entgegen § 14 Abs. 1 Nr. 1 oder 2 in das Bundesgebiet einreist,
4. einer vollziehbaren Anordnung nach § 46 Abs. 2 Satz 1 oder 2 oder § 97 Abs. 1 Satz 2 oder Abs. 2 zuwiderhandelt,
5. entgegen § 49 Abs. 1 eine Angabe nicht, nicht richtig oder nicht vollständig macht, sofern die Taten nicht in Absatz 2 Nr. 2 mit Strafe bedroht ist,
6. entgegen § 49 Abs. 8 eine dort genannte Maßnahme nicht duldet,

6a. entgegen § 54 a wiederholt einer Meldepflicht nicht nachkommt, wiederholt gegen räumliche Beschränkungen des Aufenthalts oder sonstige Auflagen verstößt oder trotz wiederholten Hinweises auf die rechtlichen Folgen einer Weigerung der Verpflichtung zur Wohnsitznahme nicht nachkommt oder entgegen § 54 a Abs. 4 bestimmte Kommunikationsmittel nutzt,

7. wiederholt einer räumlichen Beschränkung nach § 61 Abs. 1 zuwiderhandelt oder
8. im Bundesgebiet einer überwiegend aus Ausländern bestehenden Vereinigung oder Gruppe angehört, deren Bestehen, Zielsetzung oder Tätigkeit vor den Behörden geheimgehalten wird, um ihr Verbot abzuwenden.

(2) Mit Freiheitsstrafe bis zu drei Jahren oder mit Geldstrafe wird bestraft, wer

1. entgegen § 11 Abs. 1 Satz 1
   a) in das Bundesgebiet einreist oder
   b) sich darin aufhält oder
2. unrichtige oder unvollständige Angaben macht oder benutzt, um für sich oder einen anderen einen Aufenthaltstitel zu beschaffen oder einen so beschafften Aufenthaltstitel wissentlich zur Täuschung im Rechtsverkehr gebraucht.

(3) In den Fällen des Absatzes 1 Nr. 3 und des Absatzes 2 Nr. 1 Buchstabe a ist der Versuch strafbar.

(4) Gegenstände, auf die sich eine Straftat nach Absatz 2 Nr. 2 bezieht, können eingezogen werden.

(5) Artikel 31 Abs. 1 des Abkommens über die Rechtsstellung der Flüchtlinge bleibt unberührt.

a) Allgemeines

149 **aa)** Taugliche Täter i.S.d. § 95 AufenthG können nur Ausländer sein, auf die die Vorschriften des AufenthG Anwendung finden[194]; andere Personen können nur als Teilnehmer bestraft werden, weshalb stets zu prüfen ist, ob der Ausländer zu dem in § 2 AufenthG genannten Personenkreis gehört. Zu nennen ist insoweit insbesondere § 2 II Nr. 2 AufenthG; danach findet das AufenthG keine Anwendung, wenn der Ausländer nach Europäischem Gemeinschaftsrecht Freizügigkeit genießt und das AufenthG nicht etwas anderes bestimmt. Da §§ 9, 10 FreizügG/EU entsprechende Straf- bzw. Ordnungswidrigkeitstatbestände enthalten, stellen EU-Ausländer in der Regel keine tauglichen Täter dar.

150 **bb)** Die Verwaltungsakzessorität des Ausländerstrafrechts wirft zudem die Frage auf, ob die Strafbarkeit neben der Wirksamkeit des Verwaltungsaktes auch die Rechtmäßigkeit der behördlichen Anordnung – z.B. die Ausreiseverpflichtung – voraussetzt[195].

Unbestritten bleibt der Verstoß gegen einen nichtigen Verwaltungsakt straflos[196]; umstritten ist jedoch, ob die Strafbarkeit rückwirkend entfällt, wenn der Ausländer im verwaltungsrechtlichen Verfahren obsiegt und der Verfügungsinhalt somit rückwirkend beseitigt wird. Während das OLG Frankfurt[197] den Verstoß gegen rechtswidrige, behördliche Anordnung als straflosen „verwaltungsrechtlichen Ungehorsam“ qualifiziert, geht der BGH in ständiger Rechtsprechung von dessen Strafbarkeit aus; für die Beurteilung der Widerrechtlichkeit sei stets auf die Verhältnisse zum Tatzeitpunkt abzustellen, so dass nachträgliche Änderungen der Rechtslage die Strafbarkeit nicht beseitigen können[198]. Folgt man dieser Ansicht, ist die Rechtswidrigkeit der Verfügung jedenfalls im Rahmen der Strafzumessung zu berücksichtigen.

151 **cc)** Hinsichtlich § 95 V AufenthG darf auf die obige Darstellung (Rn. 119) verwiesen werden.

152 **dd)** Hinsichtlich der Anordnung von Verfall ist zu beachten, dass dieser ausschließlich bzgl. solcher Taten angeordnet werden kann, die Gegenstand der tatrichterlichen Feststellungen waren; eine Anwendung der Vorschrift (§ 73 StGB) kommt daher nicht in Betracht, wenn lediglich eine Verurteilung wegen eines ausländerrechtlichen Delikts erfolgt, die Geldmittel jedoch im Rahmen einer illegalen Beschäftigung erlangt worden sind[199].

---

194 Vgl. *Renner* AuslG, § 92 Rn. 4 m.w.N.
195 Vgl. auch Rn. 157.
196 *Renner* AuslG, § 92 Rn. 3 m.w.N.
197 *OLG Frankfurt* StV 1988, 301, 303 m. Anm. *Wolf*.
198 *BGHSt* 23, 86, 93; *BGH* NJW 1982, 189; so auch *OLG Hamburg* NJW 1980, 1007, 1008.
199 *OLG Frankfurt* StV 2002, 308, 309.

b) Die einzelnen Straftatbestände (§ 95 AufenthG)

aa) Aufenthalt ohne Pass- und Ausweisersatz (§ 95 I Nr. 1 AufenthG)

Nach § 3 I AufenthG muss ein Ausländer, der in das Bundesgebiet einreist oder sich dort aufhält, einen gültigen Pass besitzen. **153**

(1) § 95 I Nr. 1 AufenthG stellt allein den Aufenthalt ohne Pass und Ausweisersatz unter Strafe; die Einreise ohne Pass(-ersatz) wird dagegen von § 95 I Nr. 3 AufenthG erfasst.

(2) Weitere Voraussetzung ist das Fehlen eines Pass(-ersatzes). Verfügt der Ausländer über einen gültigen Pass, ist bei Verstößen gegen die ausweisrechtlichen Vorschriften des AufenthG lediglich eine Ordnungswidrigkeit gegeben (vgl. § 98 II Nr. 3 AufenthG).

(3) Schließlich ist zu beachten, dass die Verwahrung des Passes (§ 50 VI AufenthG) oder Abgabe im Rahmen einer Haftverschonung nicht zur Passlosigkeit i.S.d. § 95 I Nr. 3 AufenthG führt[200].

bb) Unerlaubter Aufenthalt (§ 95 I Nr. 2 AufenthG)

Verbleibt der Ausländer nach seiner Einreise ohne Aufenthaltstitel im Bundesgebiet, macht er sich gemäß § 95 I Nr. 2 AufenthG strafbar. **154**

(1) Obwohl die Vorschrift „das Fehlen einer Duldung" nicht explizit erwähnt, ist dieses Tatbestandsmerkmal in Anlehnung an die frühere Rechtslage (vgl. § 92 I Nr. 1 AuslG a.F.) auch weiterhin erforderlich; i.d.S. ist jedenfalls die amtliche Begründung[201] zu verstehen, die ausschließlich auf die frühere Rechtslage verweist. Eine andere Wertung wäre letztlich auch sinnwidrig, da sie der Intention der Duldung zuwiderliefe, so dass insoweit von einem gesetzgeberischen Redaktionsversehen ausgegangen werden muss. **155**

(2) Die Strafbarkeit entfällt, sofern der Ausländer von der Pflicht zum Besitz eines Aufenthaltstitels befreit ist. Entsprechende Befreiungstatbestände sind u.a. in §§ 15 ff. AufenthV, Art. 1 EU-VisumVO sowie Art. 20 I SDÜ geregelt; danach kann z.B. das Erfordernis eines Aufenthaltstitels bei Kurzaufenthalten von bis zu drei Monaten entfallen (vgl. Art. 1 II EU-VisumVO). Entfällt die Befreiung – z. B. bei Aufnahme einer Erwerbstätigkeit (vgl. §§ 2 II AufenthG; 17 I AufenthV)[202] –, wird der Aufenthalt genehmigungspflichtig; der Ausländer macht sich in diesen Fällen jedoch erst strafbar, wenn die Ausreisepflicht (§ 50 AufenthG) vollziehbar ist[203]. **156**

Durch Einführung der EU-VisumVO ist für Staatsangehörige der in Anhang II zu Artikel 1 Absatz 2 genannten Drittstaaten keine Rechtsänderung eingetreten, so dass auch diese bei Aufnahme einer Erwerbstätigkeit ein Visum benötigen[204]. ☜

200 *Renner* AuslG, § 92 Rn. 10.
201 BT-Drucks. 15/420 S. 98.
202 Vgl. zur Frage der Erwerbstätigkeit im internationalen Speditionsverkehr *BayObLG* NStZ-RR 2002, 342 f.; *BayObLG* NStZ-RR 2004, 181 f.
203 GK-AuslG, § 92 Rn. 3.
204 *BayObLG* wistra 2002, 438 f.; a.A. *Westphal/Stroppa* Einreise und Aufenthalt von Drittausländern nach der neuen Visumsverordnung, InfAuslR 2001, 309, 311.

157 **(3)** Lange umstritten war die Frage, ob ein Verstoß gegen § 95 I Nr. 2 AufenthG vorliegt, wenn der Ausländer den räumlichen Geltungsbereich der ihm erteilten Duldung überschreitet.

Zum Teil wurde dies unter Hinweis auf den beschränkten Geltungsbereich der Duldung (vgl. § 56 III AuslG a.F.) angenommen[205]. Dem war der BGH[206] zu Recht entgegengetreten, da die Strafbarkeit gemäß § 92 I Nr. 1 AuslG a.F. ihrem Wortlaut nach das gänzliche Fehlen der Duldung voraussetzte, d.h. nicht an die Missachtung von Nebenbestimmungen anknüpfte; durch die Neuregelung des § 95 I Nr. 6a, 7 AufenthG (vgl. dort) ist dieser Meinungsstreit jedoch hinfällig geworden, da nunmehr klargestellt ist, dass der wiederholte Verstoß gegen eine räumliche Beschränkung gem. § 61 I AufenthG unter Strafe gestellt ist.

158 **(4)** Unverändert gilt dagegen die alte Rechtslage bzgl. der Frage fort, ob die Strafbarkeit entfällt, sofern ein Aufenthaltstitel oder Duldung hätte erteilt werden können; wurde dies durch die bislang h.M.[207] abgelehnt, ist dem das Bundesverfassungsgericht[208] in einer neueren Entscheidung nicht gefolgt.

Komme die Behörde ihrer bestehenden Verpflichtung zur Erteilung der Duldung nicht bzw. verspätet nach, bedeute die strafrechtliche Verurteilung eine Vertiefung der gesetzwidrigen Praxis. Letztlich würde entgegen den Grundsätzen des im Strafrecht geltenden Schuldprinzips die jeweilige Ausländerbehörde über die strafrechtliche Verurteilung entscheiden. Die Strafgerichte seien daher von Amts wegen gehalten, selbständig zu prüfen, ob die gesetzlichen Voraussetzungen für die Erteilung einer ausländerrechtlichen Duldung im Tatzeitraum gegeben waren. Lagen diese Voraussetzungen vor, scheide eine Strafbarkeit aus.

☞ Da sowohl § 95 I Nr. 2 AufenthG als auch § 95 I Nr. 1 AufenthG das Fehlen einer Duldung voraussetzt, ist die vorgenannte Rechtsprechung des Bundesverfassungsgerichts – nach Ansicht des OLG Frankfurt[209] – auch auf diese Tatbestände zu übertragen.

159 **(5)** Macht der Ausländer unwiderlegt geltend, dass ihm im Falle der Rückkehr in sein Heimatland erhebliche Gefahr für Leib, Leben oder Freiheit drohe, kann der unerlaubte Aufenthalt gemäß § 34 StGB gerechtfertigt sein[210].

160 **(6)** Ist der Ausländer weder im Besitz eines Aufenthaltstitels noch einer Duldung, entfällt gleichwohl die Strafbarkeit gem. § 95 I Nr. 2 AufenthG, wenn die Ausländerbehörde im Rahmen des gerichtlichen Verfahrens zugesichert hat, die Ab-

---

205 *BayObLG* MDR 1995, 627.

206 *BGH* NStZ 1997, 444/445 m. Anm. *Lutz;* so nun auch *BVerfG* StV 2002, 300 f.

207 *KG* StV 1999, 95, 96; *KG* NStZ-RR 2002, 220/221; *Renner* AuslG, § 92 Rn. 5; GK-AuslG, § 92 Rn. 3; a.A. *AG Tiergarten* StV 1999, 260, 261.

208 *BVerfG* DVBl. 2003, 662, 664; so nun auch *LG Freiburg* StV 2005, 28/29; vgl. aber auch *BGH* StV 2005, 24, 25, wonach eine Strafbarkeit gegeben ist, sofern der Ausländer untertaucht und aus diesem Grunde eine Duldung nicht erteilt werden kann.

209 *OLG Frankfurt* NStZ-RR 2003, 307; *OLG Frankfurt* NStZ-RR 2003, 308.

210 Vgl. *BayObLG* NStZ 1996, 395, 396; *OLG Frankfurt* StV 1988, 301, 302; a.A. *Abramenko* Unerlaubter Aufenthalt und rechtfertigender Notstand, NStZ 2001, 71 ff.

schiebung bis zur Entscheidung des Gerichts auszusetzen; aus der Garantie effektiven Rechtsschutzes folgt, dass dieser nicht durch Strafdrohungen unterlaufen werden darf, so dass § 95 I Nr. 2 AufenthG im Fall einer behördlichen Zusicherung verfassungskonform, d.h. einschränkend auszulegen ist[211].

(7) Zu beachten ist ferner, dass eine strafbare Beihilfe zum illegalen Aufenthalt regelmäßig dann nicht vorliegen wird, wenn der Täter zur Fortsetzung des illegalen Verbleibs fest entschlossen ist; werden einem endgültig festgelegten Täter Umstände – z. B. Unterkunft oder Erwerbsmöglichkeiten – geboten, die ihm das illegale Verbleiben im Bundesgebiet erleichtern, ist eine strafbare Beihilfe somit nicht gegeben[212]. **161**

(8) Im Fall der Verurteilung muss aus dem Urteil ersichtlich sein, wie lange sich der Angeklagte unerlaubt im Bundesgebiet aufgehalten hat; andernfalls unterliegt das Urteil mangels ausreichend festgestelltem Schuldumfang der Aufhebung[213]. **162**

cc) Unerlaubte Einreise (§ 95 I Nr. 3 AufenthG)

(1) Reist ein Ausländer ohne den erforderlichen Aufenthaltstitel[214] oder den erforderlichen Pass – entgegen § 14 I Nr. 1, 2 AufenthG – in das Bundesgebiet ein, erfüllt er bereits mit dem Überschreiten der Hoheitsgrenze den Tatbestand der unerlaubten Einreise; sind die Kontrollstellen von Grenzschutz und Zoll räumlich getrennt, sind sie insgesamt als „Grenzübergangsstelle" anzusehen, so dass die Einreise erst vollendet ist, wenn der Einreisende die letzte Kontrollstelle passiert hat[215]. **163**

(2) Ob ein Fall der unerlaubten Einreise vorliegt, wenn der Ausländer zwar im Besitz des erforderlichen Visums (sog. Negativstaater) ist, aber bereits im Zeitpunkt der Einreise die Aufnahme einer Erwerbstätigkeit beabsichtigt und damit das Visum der Zustimmung der Ausländerbehörde bedurft hätte (§ 31 I Nr. 2 AufenthV), ist umstritten. Während die oberverwaltungsgerichtliche Rechtsprechung[216] unter Hinweis auf den Wortlaut des § 58 I Nr. 1 AuslG a.F., der „eine erforderliche Aufenthaltsgenehmigung" voraussetze, einen nur scheinbar formell ordnungsgemäßen Aufenthaltstitel als nicht ausreichend erachtet, neigt der dritte Strafsenat des Bundesgerichtshofes[217] – in einem obiter dictum – der Ansicht zu, **164**

---

211 Vgl. *VerfGH* Berlin NStZ-RR 2003, 181 ff.

212 *BayObLG* NJW 2002, 1663 f.; *OLG Düsseldorf* StV 2002, 312; a.A. *OLG Köln* NStZ-RR 2003, 184, 185; zur Straflosigkeit des Konzessionsinhabers einer Gaststätte bei illegalem Aufenthalt von Ausländern vgl. auch *OLG Oldenburg* StV 2005, 26, 27.

213 *BayObLG* wistra 2002, 438, 439 m.w.N.

214 Zur Strafbarkeit nach Erlöschen der Duldung durch Ausreise und anschließender Wiedereinreise vgl. *BayObLG* NStZ-RR 2005, 20.

215 *OLG Brandenburg* NStZ-RR 2004, 280, 281 m.w.N.

216 *VGH Kassel* NVwZ-RR 1993, 213; *OVG Münster* InfAuslR 1991, 232; *OVG Münster* NVwZ-RR 2001, 538, 539; *OVG Schleswig* InfAuslR 1992, 125; *VGH Mannheim* InfAuslR 1993, 14; vgl. auch *OLG Brandenburg* NStZ-RR 2004, 280/281, das die Einreise in das Bundesgebiet als unerlaubt ansieht, wenn die Erwerbstätigkeit – hier: Schmuggel von Zigaretten – bereits im Zeitpunkt des Grenzübertritts gegeben ist.

217 *BGH* NStZ 2000, 657, 658 ff. m. Anm. *Lauer; vgl. auch OLG Bremen* StV 2002, 552 f.; *OLG Brandenburg* NStZ-RR 2004, 280.

dass ein Negativstaater nur dann unerlaubt einreist, wenn er ohne jegliches Visum die Grenze überschreitet; der Wortlaut der Vorschrift lasse beiden Auslegungen Raum. Zudem seien Strafbarkeitslücken nicht zu fürchten, da das Verschweigen des wahren Aufenthaltszwecks durch die Strafvorschrift des § 92 II Nr. 1 AuslG a.F. erfasst werde.

dd) Zuwiderhandlung gegen eine vollziehbare Auflage oder Anordnung (§ 95 I Nr. 4 AufenthG)

165 Wird der Aufenthaltstitel oder die Duldung mit einer Auflage versehen, die die politische Betätigung einschränkt oder verbietet, macht sich der Ausländer im Falle des Verstoßes gemäß § 95 I Nr. 4 AufenthG strafbar; in gleicher Weise ist der Tatbestand erfüllt, wenn der Ausländer einer vollziehbaren Anordnung nach § 46 II AufenthG – Ausreiseverbot – zuwiderhandelt.

166 **(1)** In beiden Fällen setzt die Strafbarkeit das Vorliegen einer vollziehbaren Auflage bzw. Anordnung[218] voraus. Wird die Erteilung oder Verlängerung eines Aufenthaltstitels abgelehnt, haben Widerspruch und Klage keine aufschiebende Wirkung (§ 84 I AufenthG), weshalb die Vollziehbarkeit in diesen Fällen sofort gegeben ist; in den übrigen Fällen ist die Vollziehbarkeit nur gegeben, wenn der Ausländer keine Rechtsmittel einlegt, der Rechtsweg erschöpft ist oder die Anordnung der sofortigen Vollziehbarkeit i.S.d. § 80 II Nr. 2 VwGO ergeht.

(2) Wird dem Ausländer die Ausreise untersagt (vgl. § 46 II AufenthG), macht er sich bei Verlassen des Bundesgebietes ebenfalls gemäß § 95 I Nr. 4 AufenthG strafbar, wenn das Ausreiseverbot vollziehbar ist.

ee) Fehlerhafte Angaben zur Identität (§ 95 I Nr. 5 AufenthG)

167 Macht der Ausländer entgegen § 40 I AufenthG fehlerhafte Angaben hinsichtlich seiner Identität ist er gemäß § 95 I Nr. 5 AufenthG zu bestrafen, sofern die Tat nicht in § 95 II Nr. 2 AufenthG mit Strafe bedroht ist; die neu geschaffene Vorschrift wurde eingeführt, um „der wachsenden Tendenz zur Verschleierung der Identität und Staatsangehörigkeit" und den daraus resultierenden Folgen bzgl. der verzögerten Rückführungsentscheidungen entgegenzuwirken[219]. Aufgrund der ausdrücklichen Subsidiarität dürfte die praktische Bedeutung indes gering sein.

ff) Weigerung, erkennungsdienstliche Maßnahmen zu dulden (§ 95 I Nr. 6 AufenthG)

168 Nach § 95 I Nr. 6 AufenthG macht sich ein Ausländer strafbar, wenn er entgegen § 49 VIII AufenthG erkennungsdienstliche Maßnahmen nicht duldet. Rein passives Verhalten genügt nicht, wohl aber das Nichterscheinen zum festgesetzten Termin[220].

---

218 Vgl. *BayObLG* StV 2003, 566.

219 BT-Drucks. 15/420 S. 98.

220 *Erbs/Kohlhaas/Senge* Strafrechtliche Nebengesetze, § 92 AuslG Rn. 19; *Renner* AuslG, Rn. 15.

gg) (Wiederholter) Verstoß gegen Meldepflicht, räumliche Beschränkung oder sonstige Auflagen (§ 95 II Nr. 6a AufenthG)

Gemäß § 95 I Nr. 6a AufenthG wird bestraft, wer entgegen § 54a AufenthG wiederholt einer Meldepflicht nicht nachkommt, wiederholt gegen räumliche Beschränkungen des Aufenthalts oder sonstige Auflagen verstößt oder trotz wiederholten Hinweises auf die rechtlichen Folgen einer Weigerung der Verpflichtung zur Wohnsitznahme nicht nachkommt oder entgegen § 54a IV AufenthG bestimmte Kommunikationsmittel nutzt. **169**

(1) Die Vorschrift geht auf die Beschlussempfehlung des Vermittlungsausschusses[221] zurück, wobei auch insoweit das Gesetzgebungsverfahren unübersehbare Defizite aufweist.

Soweit der Verstoß gegen „sonstige Auflagen" unter Strafe gestellt wird, bleibt offen, ob den übrigen Tatbestandsalternativen folgend nur der Wiederholungsfall erfasst wird, d. h. der einmalige Verstoß straffrei bleibt; daneben wäre dem Wortlaut nach auch die Zuwiderhandlung gegen eine nicht vollziehbare Auflage strafbar, was ersichtlich systemwidrig wäre, so dass eine tatbestandsmäßige Reduktion geboten ist, d. h. nur der Verstoß gegen vollziehbare Auflagen unter § 95 I Nr. 6a AufenthG subsummiert werden kann. Das Verbot, „bestimmte Kommunikationsmittel zu nutzen", ist schließlich uferlos[222] und derart unbestimmt, dass Bedenken hinsichtlich der Verfassungsmäßigkeit angebracht erscheinen.

Es bleibt abzuwarten, inwieweit die notwendigen Korrekturen vorgenommen werden.

(2) Soweit die Vorschrift daneben einen „wiederholten Verstoß" voraussetzt, darf auf die Ausführungen zu § 96 I Nr. 2 AufenthG (Rn. 176) verwiesen werden.

hh) Wiederholte Zuwiderhandlung gegen eine räumliche Beschränkung gem. § 61 I AufenthG (§ 95 I Nr. 7 AufenthG)

Der wiederholte Verstoß gegen eine räumliche Beschränkung nach § 61 I AufenthG **170** ist durch die neu eingeführte Vorschrift des § 95 I Nr. 7 AufenthG unter Strafe gestellt worden; die Neuregelung soll Wertungswidersprüche mit dem Asylrecht vermeiden, das einen entsprechenden Straftatbestand bereits nach früherem Recht (§ 85 Nr. 2 AsylVfG) vorsah[223] (vgl. Rn. 183).

Da der wiederholte Verstoß gegen eine räumliche Beschränkung jedoch bereits gem. § 95 I Nr. 6a AufenthG unter Strafe gestellt ist, dürfte § 95 I Nr. 7 AufenthG keine eigenständige Bedeutung haben.

---

221 BT-Drucks. 15/3479 S. 1 ff.

222 Vgl. hierzu 54a.4 Anwendungshinweise zum AufenthG.

223 Vgl. BT-Drucks. 15/420 S. 98.

c) Die einzelnen Straftatbestände (§ 95 II AufenthG)

aa) Unerlaubte Einreise und Aufenthalt (§ 95 II Nr. 1 a, b AufenthG)

171 Wird der Ausländer ausgewiesen oder abgeschoben, macht er sich gemäß § 95 II Nr. 1 AufenthG strafbar, wenn er trotz der erfolgten Ausweisung oder Abschiebung in das Bundesgebiet einreist oder sich darin aufhält; Entsprechendes gilt für EU-Ausländer, die unter den Voraussetzungen des § 9 FreizügG/EU strafbar sind.

(1) Die Strafbarkeit entfällt, sofern der Ausländer über eine Betretenserlaubnis gemäß § 11 II AufenthG verfügt; überschreitet er die zeitliche Beschränkung, macht er sich (erneut) gemäß § 95 II Nr. 1 AufenthG strafbar.

(2) Hat der Ausländer keine Betretenserlaubnis, stehen die Einreise und der Aufenthalt im Verhältnis der Tateinheit zueinander.

☞ § 95 II Nr. 1 AufenthG setzt vorsätzliches Handeln voraus; im Falle der Ausweisungsverfügung kann dies oft zweifelhaft sein, so z.B. wenn die Zustellung der Verfügung aufgrund des unbekannten Aufenthalts des Ausländers misslingt. Die daran anschließende öffentliche Zustellung entfaltet zwar verwaltungsrechtliche Wirksamkeit, davon zu trennen ist jedoch die Frage, ob der Ausländer im Zeitpunkt der Einreise von der Ausweisungsverfügung Kenntnis hatte[224].

☞ Zu beachten ist weiter, dass Ausweisungsverfügungen oftmals befristet sind; in solchen Fällen ist sorgfältig zu prüfen, ob die Frist zum Tatzeitpunkt bereits abgelaufen war, da dann lediglich ein Verstoß gegen § 95 I Nr. 2, 3 AufenthG in Betracht kommt.

☞ Schließlich verdient die Tatsache Beachtung, dass sich die Ermittlungen der Staatsanwaltschaft oftmals auf die Einsicht in das Ausländerzentralregister (AZR) beschränken. In vielen Fällen kommt es aber bereits bei der Eintragung in das AZR zu gravierenden Fehlern. Wird dort beispielsweise eine erfolgte statt einer nur angedrohten Abschiebung eingetragen, kann das Register eine Strafbarkeit gemäß § 95 II Nr. 1a, b AufenthG suggerieren, obwohl nur eine solche nach § 95 I Nr. 2, 3 AufenthG gegeben ist. Ebenso häufig sind die Fälle, in denen die Staatsanwaltschaft fehlerhafte Registermitteilungen erhält. Es empfiehlt sich daher stets die Auskunft der Ausländerbehörde einzuholen[225].

bb) Unzutreffende Angaben (§ 95 II Nr. 2 AufenthG)

172 **(1)** Unzutreffende Angaben i.S.d. § 95 II Nr. 2 AufenthG können nur Ausländer abgeben, die den Erhalt eines Aufenthaltstitels anstreben; Asylbewerber werden somit von dieser Vorschrift nicht erfasst, da diese die Erteilung einer Aufenthaltsgestattung anstreben und der Gesetzgeber die Erschleichung von Asyl nicht unter Strafe stellen wollte[226].

---

224 *Vordermayer/v. Heintschel-Heinegg – Titz* Handbuch für den Staatsanwalt, S. 491 Rn. 67.
225 Vgl. *Vordermayer/v. Heintschel-Heinegg – Titz* Handbuch für den Staatsanwalt, S. 491 Rn. 69.
226 *BGH* NJW 1997, 333; *Renner* AuslG, § 92 Rn. 17.

(2) Die Tat muss im Inland begangen worden sein; unrichtige oder unvollständige Angaben gegenüber einer deutschen Auslandsvertretung unterfallen nicht dem Tatbestand[227].

(3) Unzutreffende Angaben i.S.d. § 95 II Nr. 2 AufenthG sind auch solche über eine bestehende Ehe, wenn diese nur zum Schein eingegangen worden ist[228].

Der Tatbestand der „Scheinehe" ist dagegen nicht erfüllt, wenn die bei Eheschließung ernsthaft gewollte Lebenspartnerschaft zu späterem Zeitpunkt scheitert; ein Eheaufhebungsgrund (vgl. § 1314 Abs. 2 Nr. 5 BGB) liegt nämlich nur dann vor, sofern der Wille zur Lebenspartnerschaft zum Zeitpunkt der Eheschließung gefehlt hat, so dass eine spätere Trennung unschädlich ist[229].

(4) Dass dem Ausländer ein Aufenthaltstitel aus anderem Grunde zusteht, stand der Erfüllung des Tatbestandes – nach bislang h.M. – nicht entgegen[230]; insoweit erscheint es jedoch vorzugswürdig, die neuere Rechtsprechung des Bundesverfassungsgericht (vgl. oben Rn. 158) auch auf diese Fallgruppe zu übertragen.

(5) Ebenso wenig ist der Tatbestand erfüllt, wenn der Ausländer über einen sog. totalgefälschten oder verfälschten Aufenthaltstitel verfügt; in diesen Fällen ist allein der objektive Tatbestand der Urkundenfälschung (§ 267 StGB) erfüllt.

2. Strafbarkeit gemäß § 96 AufenthG

§ 96 Einschleusen von Ausländern

(1) Mit Freiheitsstrafe bis zu fünf Jahren oder mit Geldstrafe wird bestraft, wer einen anderen zu einer der in § 95 Abs. 1 Nr. 1, 2 oder 3 oder Abs. 2 bezeichneten Handlungen anstiftet oder ihm dazu Hilfe leistet und

1. dafür einen Vermögensvorteil erhält oder sich versprechen lässt oder
2. wiederholt oder zugunsten von mehreren Ausländern handelt.

(2) Mit Freiheitsstrafe von sechs Monaten bis zu zehn Jahren wird bestraft, wer in den Fällen des Absatzes 1

1. gewerbsmäßig handelt,
2. als Mitglied einer Bande, die sich zur fortgesetzten Begehung solcher Taten verbunden hat, handelt,
3. eine Schusswaffe bei sich führt, wenn sich die Tat auf eine Handlung nach § 95 Abs. 1 Nr. 3 oder Abs. 2 Nr. 1 Buchstabe a bezieht,
4. eine andere Waffe bei sich führt, um diese bei der Tat zu verwenden, wenn sich die Tat auf eine Handlung nach § 95 Abs. 1 Nr. 3 oder Abs. 2 Nr. 1 Buchstabe a bezieht, oder
5. den Geschleusten einer das Leben gefährdenden, unmenschlichen oder erniedrigenden Behandlung oder der Gefahr einer schweren Gesundheitsbeschädigung aussetzt.

---

227 *OLG Köln* NStZ 2000, 39; *Erbs/Kohlhaas/Senge* Strafrechtliche Nebengesetze, § 92 Rn. 36.

228 *BayObLG* NStZ 1990, 187, 188; *Renner* aaO.; *Erbs/Kohlhaas/Senge* § 92 AuslG Rn. 38.

229 *BayObLG* NStZ-RR 2001, 219, 220.

230 *OLG Karlsruhe* NStZ-RR 1998, 378; *Erbs/Kohlhaas/Senge* Strafrechtliche Nebengesetze, § 92 Rn. 37; a.A. *VG Koblenz* InfAuslR 1992, 86; *Renner* AuslG, § 92 Rn. 18.

(3) Der Versuch ist strafbar.

(4) Absatz 1 Nr. 1, Absatz 2 Nr. 1 und Absatz 3 sind auf Zuwiderhandlungen gegen Rechtsvorschriften über die Einreise und den Aufenthalt von Ausländern in das europäische Hoheitsgebiet einer der Vertragstaaten des Schengener Durchführungsübereinkommens anzuwenden, wenn

1. sie den in § 95 Abs. 1 Nr. 2 oder 3 oder Abs. 2 Nr. 1 bezeichneten Handlungen entsprechen und
2. der Täter einen Ausländer unterstützt, der nicht die Staatsangehörigkeit eines Mitgliedstaates der Europäischen Union oder eines anderen Vertragstaates des Abkommens über den Europäischen Wirtschaftsraum besitzt.

(5) In den Fällen des Absatzes 2 Nr. 1, auch in Verbindung mit Absatz 4, und des Absatzes 2 Nr. 2 bis 5 ist § 73 d des Strafgesetzbuches anzuwenden.

a) Allgemeines

173 Die Regelung des § 96 AufenthG wurde durch das Verbrechensbekämpfungsgesetz vom 28.10.1994 eingeführt und zuletzt durch das Zuwanderungsgesetz verschärft bzw. redaktionell umgestaltet.

174 **aa)** Anders als bei § 95 AufenthG kann jeder Täter i.S.d. Vorschrift sein[231]; die Norm findet daher auch auf Deutsche und EU-Ausländer Anwendung. Eine Ausnahme gilt lediglich für den begünstigten Ausländer. Dieser ist grundsätzlich notwendiger Teilnehmer, so dass er nur nach § 95 AufenthG bestraft werden kann[232].

175 **bb)** Bei § 96 AufenthG handelt es sich um Qualifikationstatbestände, die ein deutlich erhöhtes Strafmaß vorsehen. Im Falle des Abs. 1 droht Freiheitsstrafe bis zu fünf Jahren oder Geldstrafe; liegen die Voraussetzungen des Abs. 2 vor, beträgt das Strafmaß sechs Monate bis zu 10 Jahren Freiheitsstrafe.

b) Die einzelnen Straftatbestände (§ 96 AufenthG)

aa) Einschleusen von Ausländern (§ 96 I AufenthG)

176 § 96 I AufenthG setzt zunächst eine in § 95 I Nr. 1, 2, 3 oder II AufenthG bezeichnete Handlung voraus, zu der der Täter anstiftet oder Beihilfe leistet[233]. Darüber hinaus muss eine in § 96 I Nr. 1 oder 2 AufenthG genannte Tatbestandsalternative – Handeln gegen Erhalt oder Versprechen eines Vermögensvorteils (Nr. 1), wiederholtes Handeln oder Handeln zugunsten von mehreren Ausländern (Nr. 2) – vorliegen.

(1) Unter Vermögensvorteil ist jede günstigere Gestaltung der Vermögenslage zu verstehen. Der Vermögensvorteil braucht weder rechtswidrig noch vom begünstigten Ausländer erbracht worden zu sein; er muss lediglich in einem finalen Zusammenhang mit der Teilnahmehandlung stehen[234].

---

231 Vgl. *Renner* AuslG, § 92a Rn. 3 m.w.N.
232 Vgl. *Renner* aaO.
233 Vgl. *OLG Köln* NStZ-RR 2003, 184 m.w.N.
234 *Erbs/Kohlhaas/Senge* Strafrechtliche Nebengesetze, § 92a AuslG Rn. 6 m.w.N.

Ein Verstoß gegen das Doppelverwertungsverbot (§ 46 Abs. 3 StGB) liegt daher vor, wenn im Rahmen der Strafzumessung strafschärfend berücksichtigt wird, dass der Täter „aus eigennützigen Gründen (...) auf leichte Art und Weise viel Geld verdienen wollte" und ihm bewusst war, „dass er die Allgemeinheit schädigt"; ebenso fehlerhaft ist die Strafzumessung, wenn diese den Eindruck erweckt, die Strafaussetzung sei für bestimmte Deliktsgruppen – hier: Verstoß gegen § 92 a I Nr. 1 AuslG a.F. – von vornherein ausgeschlossen[235]. ☜

(2) Wiederholt handelt, wer bereits zuvor derartige Handlungen begangen hat; diese brauchen nicht bestraft oder sonst geahndet worden zu sein[236].

(3) Eine Handlung zugunsten „mehrerer" Ausländer ist gegeben, wenn mindestens zwei Ausländer begünstigt werden[237].

(4) Die Gewährung von Kirchenasyl entfaltet keine rechtlichen Wirkungen, so dass dieses einer Bestrafung gem. § 96 I AufenthG nicht entgegensteht[238].

(5) § 96 AufenthG stellt nur das Einschleusen unter Strafe; kommt eine Anwendung des § 96 IV AufenthG mangels Gültigkeit des Schengener Durchführungsübereinkommens nicht in Betracht, kann eine Verurteilung im Fall des bloßen „Ausschleusens" nicht erfolgen[239].

(6) Die Strafmündigkeit des Haupttäters ist schließlich nicht erforderlich, so dass eine Strafbarkeit gem. § 96 AufenthG auch dann in Betracht kommt, sofern der eingeschleuste Ausländer zwar strafunmündig, aber handlungsfähig ist[240].

bb) Gewerbs- oder bandenmäßiges Einschleusen; Einschleusen mit Waffen (§ 96 II AufenthG)

§ 96 II Nr. 1 und 2 AufenthG stellen das gewerbs-[241] oder bandenmäßige[242] Handeln unter Strafe; insoweit ergeben sich keinerlei Abweichungen zum Kernstrafrecht, so dass z. B auch hier der Bandenbegriff den Zusammenschluss von mind. 3 Personen voraussetzt[243]; Gleiches gilt, sofern der Täter eine Schusswaffe (Nr. 3) oder andere Waffen bei sich führt, um diese zu verwenden (Nr. 4) bzw. den geschleusten einer das Leben gefährdenden, unmenschlichen oder erniedrigenden Behandlung oder der Gefahr einer schweren Gesundheitsbeschädigung aussetzt (Nr. 5). **177**

---

235 *OLG Dresden* NZV 2001, 439/440.
236 *Erbs/Kohlhaas/Senge* Strafrechtliche Nebengesetze, § 92a AuslG Rn. 7; *Renner* AuslG, § 92a Rn. 8.
237 *Erbs/Kohlhaas/Senge* Strafrechtliche Nebengesetze, § 92a AuslG Rn. 7a; *Renner* aaO.
238 *LG Osnabrück* NStZ 2002, 604 ff.
239 Vgl. *BGH* NStZ-RR 2002, 23.
240 Vgl. *BayObLG* NStZ-RR 2003, 275, 276.
241 *Erbs/Kohlhaas/Senge* Strafrechtliche Nebengesetze, § 92a AuslG Rn. 10.
242 *Erbs/Kohlhaas/Senge* Strafrechtliche Nebengesetze, § 92a AuslG Rn. 13 m.w.N.
243 Vgl. *BGH* wistra 2001, 431.

cc) Auslandstaten (§ 96 IV AufenthG)

178 Wird das Bundesgebiet durch das Einschleusen von Ausländern nicht tangiert, unterfällt die Tat gleichwohl deutschem Strafrecht (§ 96 IV AufenthG), wenn ein Mitgliedstaat des Schengener Abkommens betroffen ist und die Tat zugunsten eines Ausländers begangen wird, der nicht Staatsangehöriger eines Mitgliedstaates der EU oder eines anderen Vertragstaates des SDÜ ist; dabei kommt es nicht darauf an, ob sich der geschleuste Drittausländer zuvor in einem anderen Vertragstaat rechtmäßig aufgehalten hat, so dass auch das Schleusen über Binnengrenzen unter Strafe gestellt ist[244].

☞ Vertragstaat i.S.d. Vorschrift ist jeder Mitgliedstaat, in dem das SDÜ in Kraft getreten ist; nicht erforderlich ist, dass das Übereinkommen im Verhältnis zwischen dem betroffenen Staat und den übrigen Mitgliedstaaten in Kraft getreten ist[245].

3. Strafbarkeit gemäß § 97 AufenthG

§ 97 Einschleusen mit Todesfolge; gewerbs- und bandenmäßiges Einschleusen

(1) Mit Freiheitsstrafe nicht unter drei Jahren wird bestraft, wer in den Fällen des § 96 Abs. 1, auch in Verbindung mit § 96 Abs. 4, den Tod des Geschleusten verursacht.

(2) Mit Freiheitsstrafe von einem Jahr bis zu zehn Jahren wird bestraft, wer in den Fällen des § 96 Abs. 1, auch in Verbindung mit § 96 Abs. 4, als Mitglied einer Bande, die sich zur fortgesetzten Begehung solcher Taten verbunden hat, gewerbsmäßig handelt.

(3) In minder schweren Fällen des Absatzes 1 ist die Strafe Freiheitsstrafe von einem Jahr bis zu zehn Jahren, in minder schweren Fällen des Absatzes 2 Freiheitsstrafe von sechs Monaten bis zu zehn Jahren.

(4) § 73d des Strafgesetzbuches ist anzuwenden.

179 § 97 AufenthG stellt einen weiteren Qualifikationstatbestand dar, wonach gewerbs- **und** bandenmäßiges Einschleusen bzw. Einschleusen mit Todesfolge geahndet werden kann. Anders als bei § 96 II AufenthG müssen hier gewerbs- **und** bandenmäßiges Handeln kumulativ gegeben sein[246]; im Übrigen darf auch insoweit auf das Kernstrafrecht und die dortige Kommentierung verwiesen werden.

4. Strafbarkeit gem. § 9 FreizügG/EU

§ 9 Strafvorschriften

Mit Freiheitsstrafe bis zu einem Jahr oder mit Geldstrafe wird bestraft, wer entgegen § 7 Abs. 2 Satz 1 in das Bundesgebiet einreist oder sich darin aufhält.

180 EU-Ausländer werden gem. § 9 FreizügG/EU bestraft, sofern sie nach Verlust des Freizügigkeitsrechts in das Bundesgebiet einreisen bzw. sich dort aufhalten; inso-

---

244 *BGH* NStZ 2001, 157, 158.
245 *BGH* NJW 2002, 3642 ff. = NVwZ 2003, 125 f.
246 Vgl. *Renner* AuslG, § 92b Rn. 4.

weit kann auf die obigen Ausführungen zum Aufenthaltsgesetz (Rn. 171) verwiesen werden, die insoweit entsprechend gelten.

5. Strafbarkeit gemäß § 85 AsylVfG

§ 85 Sonstige Straftaten

Mit Freiheitsstrafe bis zu einem Jahr oder Geldstrafe wird bestraft, wer

1. entgegen § 50 VI, auch in Verbindung mit § 71a II 1, sich nicht unverzüglich zu der angegebenen Stelle begibt,
2. wiederholt einer Aufenthaltsbeschränkung nach § 56 I oder 2, jeweils auch in Verbindung mit § 71a III, zuwiderhandelt,
3. einer vollziehbaren Auflage nach § 60 I, auch in Verbindung mit § 71a III, mit der die Ausübung einer Erwerbstätigkeit verboten oder beschränkt wird, zuwiderhandelt,
4. einer vollziehbaren Anordnung nach § 60 II 1, auch in Verbindung mit § 71a III, nicht rechtzeitig nachkommt oder
5. entgegen § 61 I, auch in Verbindung mit § 71a III, eine Erwerbstätigkeit ausübt.

a) Allgemeines

Da sich die Vorschrift ausschließlich auf Verstöße gegen Pflichten und Obliegenheiten von Asylbewerbern bezieht, können sonstige Ausländer oder Deutsche nur als Teilnehmer bestraft werden[247]. **181**

b) Die einzelnen Straftatbestände (§ 85 AsylVfG)

aa) Nichtbefolgen der Zuweisungsanordnung (§ 85 Nr. 1 AsylVfG)

Gemäß § 85 Nr. 1 AsylVfG wird das Nichtbefolgen einer Zuweisungsanordnung unter Strafe gestellt. Der objektive Tatbestand ist jedoch nicht erfüllt, wenn der Ausländer aus wichtigen Gründen – z.B. Krankheit[248], Konsultation eines Rechtsanwaltes[249] – an der Weiterreise gehindert ist. **182**

bb) Verstoß gegen eine Aufenthaltsbeschränkung (§ 85 Nr. 2 AsylVfG)

Gemäß § 85 Nr. 2 AsylVfG wird die wiederholte Zuwiderhandlung gegen eine Aufenthaltsbeschränkung sanktioniert; die (gerichtliche) Ahndung des früheren Verstoßes wird nicht vorausgesetzt (vgl. oben Rn. 176). **183**

Der Strafrichter hat in Verfahren wegen wiederholter Zuwiderhandlung gegen eine Aufenthaltsbeschränkung nach § 56 AsylVfG die Voraussetzungen des § 58 Abs. 4 Satz 1 3. Alt. AsylVfG eigenständig zu prüfen[250]; die Prüfung schließt auch die Frage ein, aus welchem Land der Asylbewerber stammt. Ist die Herkunft nicht

247 *Erbs/Kohlhaas/Senge* Strafrechtliche Nebengesetze, § 85 AsylVfG Rn. 5.
248 *Erbs/Kohlhaas/Senge* Strafrechtliche Nebengesetze, § 85 AsylVfG Rn. 6.
249 Vgl. *BVerfG* NVwZ 1987, 1068.
250 *OLG Stuttgart* NStZ-RR 2002, 221 m.w.N; *OLG Karlsruhe* StV 2005, 27/28; *LG Potsdam* StV 2005, 29.

nachweisbar, gebietet der Zweifelsgrundsatz die Annahme der günstigsten Alternative[251].

cc) Verstoß gegen ein Erwerbstätigkeitsverbot (§ 85 Nr. 3 AsylVfG)

184 Enthält die Aufenthaltsgestattung eine vollziehbare Auflage, mit der die Ausübung einer Erwerbstätigkeit verboten oder beschränkt wird, liegt im Falle des Verstoßes eine nach § 85 Nr. 2 AsylVfG zu ahndende Straftat vor.

☞ Hält sich der Asylbewerber in einer Aufnahmeeinrichtung auf, ist das Erwerbstätigkeitsverbot gesetzlich vorgesehen (vgl. § 61 I AsylVfG). Insofern bedarf es also keiner gesonderten Auflage; ist eine entsprechende Regelung gleichwohl vorhanden, hat diese ausschließlich deklaratorischen Charakter[252]. Der Verstoß gegen das Erwerbstätigkeitsverbot erfüllt dann allein den Tatbestand des § 85 Nr. 5 AsylVfG, nicht aber den des § 85 Nr. 3 AsylVfG.

dd) Verstoß gegen Erwerbstätigkeitsverbot gem. § 61 I AsylVfG (§ 85 Nr. 5 AsylVfG)

185 Verstößt der Asylbewerber gegen das gesetzlich geregelte Erwerbstätigkeitsverbot (§ 61 I AsylVfG), macht er sich schließlich gemäß § 85 Nr. 5 AsylVfG strafbar.

6. Strafbarkeit gemäß §§ 84, 84a AsylVfG

§ 84 Verleitung zur missbräuchlichen Asylantragstellung

(1) Mit Freiheitsstrafe bis zu drei Jahren oder mit Geldstrafe wird bestraft, wer einen Ausländer verleitet oder dabei unterstützt, im Asylverfahren vor dem Bundesamt oder im gerichtlichen Verfahren unrichtige oder unvollständige Angaben zu machen, um seine Anerkennung als Asylberechtigter oder die Feststellung, dass die Voraussetzungen des § 51 I des Ausländergesetzes vorliegen, zu ermöglichen.

(2) In besonders schweren Fällen ist die Freiheitsstrafe bis zu fünf Jahren oder Geldstrafe. Ein besonders schwerer Fall liegt in der Regel vor, wenn der Täter

1. für eine in Absatz 1 bezeichnete Handlung einen Vermögensvorteil erhält oder sich versprechen lässt oder
2. wiederholt oder zugunsten von mehr als fünf Ausländern handelt.

(3) Mit Freiheitsstrafe von sechs Monaten bis zu zehn Jahren wird bestraft, wer in den Fällen des Absatzes 1

1. gewerbsmäßig oder
2. als Mitglied einer Bande, die sich zur fortgesetzten Begehung solcher Taten verbunden hat,

handelt.

(4) Der Versuch ist strafbar.

(5) In den Fällen des Absatzes 3 Nr. 1 ist § 73 d des Strafgesetzbuches anzuwenden. In den Fällen des Absatzes 3 Nr. 2 sind die §§ 43a, 73d des Strafgesetzbuches anzuwenden.

---

251 *OLG Stuttgart* NStZ-RR 2002, 344; vgl. auch *BayObLG* StraFo 2004, 427.
252 *Vordermayer/v. Heintschel-Heinegg–Titz* Handbuch für den Staatsanwalt, S. 538 Rn. 193.

(6) Wer die Tat nach Absatz 1 zugunsten eines Angehörigen im Sinne des § 11 I Nr. 1 des Strafgesetzbuches begeht, ist straffrei.

§ 84a
Gewerbs- und bandenmäßige Verleitung zur missbräuchlichen Asylantragstellung

(1) Mit Freiheitsstrafe von einem Jahr bis zu zehn Jahren wird bestraft, wer in den Fällen des § 84 I als Mitglied einer Bande, die sich zur fortgesetzten Begehung solcher Taten verbunden hat, gewerbsmäßig handelt.

(2) In minder schweren Fällen ist die Strafe Freiheitsstrafe von sechs Monaten bis zu fünf Jahren.

(3) Die §§ 43a, 73d des Strafgesetzbuches sind anzuwenden.

Die Vorschriften der §§ 84, 84a AsylVfG sollen unzutreffende Angaben im Asyl- **186**
verfahren verhindern und damit die Richtigkeit der Asylentscheidung gewährleisten. Dieser gesetzgeberischen Intention folgend kommen als taugliche Täter sowohl Deutsche als auch Ausländer in Betracht, nicht jedoch der Ausländer, der durch die fehlerhaften Angaben seine Anerkennung als Flüchtling erreichen will[253].

Hinsichtlich der übrigen Tatbestandsmerkmale darf auf den Gesetzeswortlaut und die obigen Ausführungen verwiesen werden.

C. Ordnungswidrigkeiten nach dem Aufenthalts-, Asylverfahrens- und FreizügG/EU

Zahlreiche Ordnungswidrigkeitstatbestände enthalten das Aufenthalts-, Asylver- **187**
fahrens- und FreizügG/EU. Auch insoweit darf auf den Gesetzeswortlaut – § 98 AufenthG, § 86 AsylVfG, § 10 FreizügG/EU – und die obigen Ausführungen verwiesen werden.

253 *Erbs/Kohlhaas/Senge* Strafrechtliche Nebengesetze, § 84 AsylVfG Rn. 4.

Teil 3
Strafzumessung

188 Die Strafzumessung bietet – nicht nur beim ausländischen Mandanten – vielfältige Chancen der Verteidigung.

Führt der Verteidiger eine Strafmaßverteidigung, kann er durch Vortrag strafzumessungserheblicher Gesichtspunkte auf die Strafrahmenwahl und/oder Höhe der Strafe Einfluss nehmen; darüber hinaus stellen Fehler in der Strafzumessung häufige Revisionsgründe dar, so dass insbesondere in der Revisionsinstanz die Strafzumessung – durch den Verteidiger – einer eingehenden Kontrolle unterzogen werden sollte.

Neben den allgemeinen Grundsätzen der Strafzumessung, die bei jedem Angeklagten zu berücksichtigen sind, gilt es beim ausländischen Angeklagten eine Reihe von Besonderheiten zu beachten:

A. Die Ausländereigenschaft als Strafzumessungsgrund

189 **1.** Die Ausländereigenschaft als solche darf wegen des darin liegenden Verstoßes gegen Art. 3 III GG nicht strafschärfend verwertet werden[254].

a) Formulierungen wie, „der Angeklagte habe das ihm eingeräumte Gastrecht"[255] oder „die Gunst des Erwerbs der deutschen Staatsangehörigkeit missbraucht"[256], sind daher rechtsfehlerhaft, wenn sie besorgen lassen, dass allein die Ausländereigenschaft des Angeklagten strafschärfend verwertet worden ist.

b) Dagegen soll die Strafschärfung rechtlich nicht zu beanstanden sein, wenn „die Tat durch die Ausländereigenschaft des Täters oder seine Stellung als Asylbewerber in einer für die Schuldgewichtung erheblichen Weise geprägt wird"[257]. Eine Strafschärfung komme demnach in Betracht, wenn ...

– ... der ausländische Täter in der Absicht in die BR Deutschland einreist und Asyl beantragt, um hier schwerwiegende Straftaten – z.B. im Rahmen der Organisierten Kriminalität – zu begehen[258],

---

254 *BGH* NJW 1972, 2191; *BGH* StV 1981, 123; *BGHR* § 46 II StGB Wertungsfehler 21; *BGH* StV 1991, 557; *BGHR* § 46 II StGB Lebensumstände 12; *BGH* NStZ 1993, 337; *BGH* StV 1987, 20; *OLG Düsseldorf* StV 1995, 526; *Tröndle/Fischer* StGB, § 46 Rn. 43 m.w.N.

255 *BGH* NJW 1972, 2191; *BGH* StV 1981, 123; *BGH* NStZ 1993, 337; *Eberth/Müller* Verteidigung in Betäubungsmittelsachen, Rn. 100.

256 *BGH*, Beschl. v. 29. 4. 1981 – 5 StR 745/81, bei *Mösl* NStZ 1982, 150.

257 *BGH* NStZ 1993, 337.

258 *BGH*, aaO. m.w.N.

- ... er in strafbarer Weise besondere Vorteile missbraucht oder sich erschleicht, die ihm gerade mit Rücksicht auf seine Ausländereigenschaft oder Eigenschaft als Asylbewerber gewährt worden sind[259],
- ... die Straftat – z.B. eine mittelbare Falschbeurkundung – im unmittelbaren Zusammenhang mit der Inanspruchnahme des Gastrechts steht[260] oder
- ... sich die Straftat gegen die BR Deutschland oder ihre Sicherheit richtet[261].

2. Ebenso fehlerhaft ist die strafschärfende Erwägung, der ausländische Ange- **190**
klagte habe durch sein strafbares Verhalten dazu beigetragen, „die überwiegend unberechtigten Vorurteile gegen Asylbewerber in der deutschen Bevölkerung zu vertiefen und ein gedeihliches Zusammenleben zwischen ausländischen und deutschen Bürgern erheblich zu erschweren".[262]

Zwar können grundsätzlich auch solche Tatfolgen strafschärfend berücksichtigt werden, die in keinem unmittelbaren Zusammenhang mit dem strafbaren Verhalten stehen, d.h. außerhalb des eigentlichen Tatbereichs liegen. Erforderlich ist aber, dass die Auswirkungen geeignet sind, das Tatbild zu prägen und die Bewertung der Schuldschwere zu beeinflussen. Zudem muss es sich um Folgen handeln, die in den Schutzbereich der strafrechtlichen Norm fallen, deren Verletzung dem Täter vorgeworfen wird[263].

Werden dem Angeklagten „Diskreditierungsfolgen" angelastet, berühren diese weder das Gewicht seiner Tat noch lassen sie irgendwelche Rückschlüsse auf seine für die Schuldbewertung erheblichen Einstellungen zu. Da sie in der Regel auch nicht vom Schutzbereich der verletzten Norm erfasst werden, ist eine entsprechende strafschärfende Verwertung unzulässig[264].

3. Der Umstand, dass der Ausländer aufgrund seines äußeren Erscheinungsbildes **191**
für Europäer schwer identifizierbar ist, darf selbst dann nicht strafschärfend verwertet werden, wenn er die daraus resultierende Verminderung des Entdeckungsrisikos in seinen Tatplan aufgenommen hat[265]. Zwar ist es rechtlich zulässig, die planmäßige Verminderung des Überführungsrisikos als Ausdruck erheblicher Kriminalität strafschärfend zu berücksichtigen; dies setzt jedoch voraus, dass der Beschuldigte besondere Vorkehrungen trifft, um das Überführungsrisiko zu minimieren, etwa dass er sich maskiert oder das Aussehen auf andere Weise verändert. Als eine solche die Tatausführung prägende Verschleierungshandlung kann jedoch das bloße Ausnutzen des von der Natur vorgegebenen Erscheinungsbildes – z.B. schwarze Hautfarbe[266] – nicht gewertet werden.

---

259 *BGH*, aaO. m.w.N.
260 *BGH*, aaO.
261 *BGH*, aaO.
262 *OLG Bremen* StV 1994, 130/131; vgl. auch *BGH* NStZ 1993, 337.
263 *BGH* NStZ 1993, 337, 338.
264 *BGH* NStZ 1993, 337, 338.
265 *BGH* NStZ 2000, 586.
266 *BGH* aaO.

192 **4.** Nach der umstrittenen Rechtsprechung des BGH[267] ist es dem Tatrichter dagegen nicht verwehrt, im Rahmen der Strafzumessung generalpräventive Gesichtspunkte strafschärfend heranzuziehen. Erwägungen wie, „die Strafe solle angesichts der besorgniserregenden Zunahme der Totschlagsdelikte durch ausländische Messerstecher abschreckend wirken“[268] seien demnach ebenso unbedenklich wie die Formulierung, es müsse versucht werden „dem Heroinhandel dadurch entgegenzuwirken, dass bei nicht abhängigen, insbesondere ausländischen Drogenhändlern der gesetzliche Strafrahmen weitestgehend ausgeschöpft wird, um auf diese Täter, die in ihren Heimatländern drakonische Strafen zu erwarten haben, in ausreichendem Maße einzuwirken“.[269]

In einer neueren Entscheidung hat der BGH[270] diesen Grundsatz dahingehend präzisiert, dass allein der Umstand, dass der ausländische Angeklagte in seinem Heimatland mit einer deutlich höheren Strafe hätte rechnen müssen, nicht strafschärfend verwertet werden dürfe. Erforderlich sei vielmehr, dass den Urteilsgründen entnommen werden könne, „dass allen Drogenhändlern der Anreiz genommen werden müsse, wegen in anderen Ländern drohenden besonders harten Strafen den Heroinhandel (...) in die – aus Sicht der Händler – weniger gefährliche Bundesrepublik zu verlagern“.

Haben demgegenüber generalpräventive Erwägungen bereits den Gesetzgeber veranlasst, einen erhöhten Strafrahmen vorzusehen, sind Erwägungen, wonach „das Einschleusen von Ausländern immer größere Ausmaße annimmt und Deutschland zu einem Zentrum (...) internationaler Schleuserorganisationen geworden“ sei, dagegen nicht geeignet, eine generalpräventiv motivierte Strafschärfung zu begründen.[271]

Diese Rechtsprechung begegnet durchgreifenden Bedenken, soweit eine generalpräventive Strafschärfung zugelassen wird. Aus der Gruppe von Straftätern sollen nämlich nur solche Adressat der abschreckenden Wirkung sein, die anderswo mit drakonischen Strafen rechnen müssen; da dies allein Ausländer sind, knüpft die Strafzumessung letztlich doch allein an die Ausländereigenschaft an[272].

267 *BGH* Urt. v. 15. 5. 1973 – 1 StR 110/73, bei *Dallinger* MDR 1973, 727, 728; *BGH* Urt. v. 30.10.1974 – 2 StR 402/74, bei *Dallinger* MDR 1975, 194, 195.
268 *BGH* Urt. v. 15.5.1973 – 1 StR 110/73, bei *Dallinger* MDR 1973, 727, 728.
269 *BGH* NStZ 1982, 112 m. Anm. *Wolfslast*.
270 *BGH* NStZ-RR 1996,71.
271 *BayObLG* StV 2000, 368, 369.
272 So auch *Wolfslast* Anm. zu BGH NStZ 1982, 112/13.

B. Abweichende Wertvorstellungen als Strafzumessungsgrund

1. Obwohl auch bei der Strafzumessung für die Auslegung des Gesetzes die Vorstellungen der deutschen Rechtsgemeinschaft maßgebend sind, können nach ständiger Rechtsprechung des BGH im Rahmen der Strafzumessung „eingewurzelte Vorstellungen" des ausländischen Täters strafmildernd Berücksichtigung finden[273]; ist der Angeklagte einem traditionellen Rollenverständnis verhaftet, kann daneben auch die Annahme eines minderschweren Falles gerechtfertigt sein.[274] Dem liegt die Vorstellung zugrunde, dass es dem Ausländer aufgrund solcher Vorstellungen oft schwerer fallen wird, eine Norm zu befolgen; so gilt z.B. die Verletzung der Ehre oder der Seitensprung der Ehefrau insbesondere in arabischen Ländern als schwere Verfehlung, die in bestimmten Situationen die Tötung des „Eindringlings" bzw. der Ehefrau „verlangt". **193**

Gleichwohl stellt die „Herkunft aus einem fremden Kulturkreis" keinen strafzumessungserheblichen Automatismus dar. Fremde Verhaltensmuster und Vorstellungen können – nach Ansicht des BGH – in der Regel nur dann strafmildernd berücksichtigt werden, wenn sie im Einklang mit der fremden Rechtsordnung stehen. „Tun sie das nicht, würde entsprechendes Verhalten vielmehr auch im Herkunftsland in ähnlicher Weise bestraft – mag das Verhalten als solches auch in der allgemeinen Einschätzung weniger schwer wiegen –, so besteht kaum Grund zu strafmildernder Berücksichtigung."[275]

☞ Will der Verteidiger abweichende Wertvorstellungen strafmildernd geltend machen, sollte er zunächst prüfen, ob ein die Schuld ausschließender Verbotsirrtum gegeben ist (vgl. Rn. 120); handelt es sich um einen vermeidbaren Verbotsirrtum, kann die zu verhängende Strafe gemildert werden (§§ 17, 49 I StGB).

☞ Überschreiten die durch die Migration hervorgerufenen Probleme das Normalmaß bei weitem, kann es ratsam sein, im Hinblick auf den geminderten Schuldvorwurf (§ 21 StGB) ein Sachverständigengutachten zu beantragen (vgl. Rn. 360 ff.).

2. Rechtsfehlerhaft ist es schließlich, wenn der Umstand, dass der Angeklagte durch die Tat seinen eigenen religiösen Vorstellungen zuwidergehandelt hat, strafschärfend verwertet wird; dass der Täter seine persönlichen Wertmaßstäbe und Verhaltensnormen verletzt, geht nur ihn allein etwas an und kann daher keinen Straferschwerungsgrund darstellen[276].

---

273 *BGH* NStZ 1996, 80; *BGHR* § 46 II StGB Kulturkreis, fremder 2; vgl. auch *Nestler-Tremel* Auch für Ausländer gilt allein das deutsche Strafrecht, NJW 1986, 1408 f.; *Grundmann* Zur Berücksichtigung ausländischer Rechtsvorstellungen im Strafrecht, NJW 1987, 2129 ff.

274 *BGH* StV 2002, 20.

275 *BGH* NStZ 1996, 80.

276 *BGHR* § 46 II StGB Wertungsfehler 31.

C. Die besondere Strafempfindlichkeit als Strafzumessungsgrund

194 **1.** Die besondere Strafempfindlichkeit stellt nicht nur bei ausländischen Angeklagten einen allgemein anerkannten Milderungsgrund dar; so ist z.B. das hohe Alter des Angeklagten[277] ebenso strafmildernd zu berücksichtigen wie das Vorliegen einer Haftpsychose[278].

Zu beachten ist jedoch, dass die Ausländereigenschaft allein nicht geeignet ist, die strafmildernd zu berücksichtigende besondere Haftempfindlichkeit zu begründen[279]. Ob der Vollzug einer Freiheitsstrafe außergewöhnliche Belastungen nach sich zieht, hängt von der Beurteilung seiner gesamten persönlichen Verhältnisse ab, zu denen u.a. Verständigungsprobleme, wesentlich abweichende Lebensgewohnheiten und erschwerte familiäre Kontakte gehören können[280].

☞ Der Verteidiger sollte daher stets um eine detaillierte Darstellung der persönlichen Verhältnisse sowie der Haftsituation bemüht sein. Es gilt, die aus den Verständigungsproblemen resultierende Isolation darzustellen; so verfügen die Anstaltsbibliotheken in der Regel über keine fremdsprachige Literatur. Viele ausländische Gefangenen erhalten die gesamte Haftzeit über keinen Besuch. Auch der Kontakt zu Mitgefangenen und Sozialarbeitern ist in der Regel erschwert. Schließlich sind ausländische Gefangene von Gemeinschaftsveranstaltungen in deutscher Sprache – z.B. Fernsehen – faktisch ausgeschlossen.

195 **2.** Die Annahme besonderer Strafempfindlichkeit verliert nach der ständigen Rechtsprechung des BGH[281] weitestgehend an Bedeutung, wenn der Vollzug überwiegend im Heimatland des Verurteilten erfolgen kann und dadurch die besondere Härte entfällt.

☞ Daher sollte stets geprüft werden, ob das Urteil im Wege der Rechtshilfe vollstreckt werden kann (vgl. Rn. 398 ff.).

---

277 *BGH* StV 1990, 309.

278 *BGH* StV 1984, 151.

279 *BGH* StV 1992, 106; *BGH* NStZ 1997, 77; *BGHR* § 46 II StGB Ausländer 3; *BGHR* § 46 II StGB Ausländer 4.

280 *BGHR* § 46 II StGB Ausländer 3.

281 *BGHR* § 46 II Ausländer 1; *BGHR* § 46 II StGB Ausländer 2; *BGHR* § 46 II StGB Ausländer 3; *BGH* StV 1997, 184.

D. Ausländerrechtliche Folgen als Strafzumessungsgrund

Obwohl die Ausweisung keine strafrechtliche Sanktion darstellt[282], wird sie oftmals als solche empfunden; die Ausweisung wiegt nicht selten weit schwerer als die „eigentliche Strafe". Gleichwohl hält der BGH an seiner umstrittenen Rechtsprechung[283] fest, wonach die drohende Ausweisung in der Regel keinen bestimmenden Strafmilderungsgrund darstellt; handele es sich um eine „Regel-" oder „Kann-Ausweisung", könne die besondere Härte im Ausweisungsverfahren Berücksichtigung finden[284]. Sei sie zwingend vorgeschrieben, mangele es ebenfalls an der strafzumessungserheblichen Bedeutung[285], insbesondere, wenn der Ausländer das Bundesgebiet nach seiner Haftentlassung ohnehin verlassen hätte[286]. Nur das Vorliegen besonderer Umstände – z.B. schützenswerte persönliche oder geschäftliche Belange[287] – könne eine davon abweichende Betrachtungsweise rechtfertigen. **196**

Dem ist zuzustimmen, sofern es sich um einen Täter handelt, der seinen Lebensmittelpunkt im Ausland hat. In der Tat ist es schwer nachvollziehbar, weshalb ein südamerikanischer Drogenkurier durch die Ausweisung besonders belastet sein soll, wenn er in das Bundesgebiet ausschließlich zum Zwecke der Betäubungsmitteleinfuhr eingereist ist. Hat der Ausländer dagegen seinen Lebensmittelpunkt im Inland, sind ausländerrechtliche Maßnahmen im Rahmen der Strafzumessung stets zu berücksichtigen. Die Ausweisung stellt dann die Vernichtung der inländischen Existenz dar und ist somit dem als strafzumessungserheblich anerkannten Verlust der Beamteneigenschaft oder dem Ausschluss aus der Rechtsanwaltschaft gleichzusetzen.[288]

Dass die drohende Ausweisung keinen bestimmenden Strafzumessungsgrund darstellt, bedeutet nicht, dass der Tatrichter gehindert ist, diesen Umstand strafmildernd zu berücksichtigen, sondern lediglich, dass die fehlende Erörterung revisionsrechtlich unerheblich ist; da drohende ausländerrechtliche Maßnahmen oftmals lediglich aus Unachtsamkeit oder Unkenntnis unberücksichtigt bleiben, sollte der Verteidiger stets auf diesen Umstand hinweisen. Insoweit bieten die an anderer Stelle[289] dargestellten Richtlinien einen ausreichenden Argumentationsspielraum. ☞

282 Vgl. Rn. 15.
283 *BGHR* § 46 I StGB Schuldausgleich 30; *BGHR* § 46 II StGB Lebensumstände 16; *BGH* § 46 II StGB Schuldausgleich 37; *BGHR* § 46 II StGB Ausländer 5; *BGH* NStZ-RR 2000 297/298.
284 *BGH* NStZ 1997, 77.
285 *BGH* NStZ 2002, 196; a.A. *OLG Stuttgart* StV 2000, 82.
286 *BGH*, aaO.
287 *BGHR* § 46 II StGB Ausländer 5.
288 So auch *Nitz* Ausländerrechtliche Folgen als Strafzumessungsgrund, StraFo 2002, 316, 318; *Jung* Die Regelausweisung als bestimmender Strafzumessungsgrund, StraFo 1998, 334, 335.
289 Vgl. Rn. 18 ff.

E. Ausländische Vorstrafen

197 **1.** Vorstrafen oder deren Fehlen stellen einen der wichtigsten Strafzumessungsgründe dar. Dass die Vorstrafe durch ein Gericht außerhalb des Geltungsbereichs des Gesetzes verhängt worden ist, steht deren Verwertung – nach h.M.[290] – grundsätzlich nicht entgegen. Dass im Ausland erkannte Strafen nur unter bestimmten Voraussetzungen in das Bundeszentralregister eingetragen werden (vgl. § 52 BZRG)[291], spreche ebenso wenig gegen die Verwertbarkeit wie die verfahrensmäßigen Schwierigkeiten, die sich bei der Beschaffung ausländischer Strafakten ergeben können. Allerdings dürfen ausländische Verurteilungen nicht uneingeschränkt, jedenfalls nicht ohne vorherige Prüfung zum Nachteil des Angeklagten verwertet werden. Eine im Ausland abgeurteilte Tat müsse z.B. unberücksichtigt bleiben, wenn sie nach den in der Bundesrepublik geltenden Gesetzen keine rechtswidrige Tat darstellt, oder milder beurteilt werde, wenn sie im Ausland als Verbrechen, im Inland aber als Vergehen oder Ordnungswidrigkeit anzusehen wäre. Ebenso wenig dürfen ausländische Vorstrafen berücksichtigt werden, wenn sie, handele es sich um eine inländische Verurteilung, nach den Vorschriften des BZRG nicht mehr verwertet werden dürften. Daraus folge, dass auch der Zeitpunkt der Verurteilung und die Art und Höhe der erkannten Strafe festgestellt werden müssen. Bei der Frage, ob die Auslandstat als „einschlägige“ Verurteilung anzusehen ist, müsse schließlich auf die Gleichheit oder Ähnlichkeit des Delikttyps abgestellt werden[292].

Ob dieser Ansicht uneingeschränkt zu folgen ist, kann letztlich dahinstehen, da die Verwertung ausländischer Vorstrafen in der Regel aus prozessrechtlichen Gründen ausscheidet. Schweigt der Angeklagte, kann die (ausländische) Vorstrafe nur verwertet werden, wenn der Registerauszug verlesen oder die Strafakte beigezogen wird[293]; da dies nur in Ausnahmefällen realisiert werden kann, kommt eine Verwertung ausländischer Vorstrafen in der Regel nicht in Betracht.

☞ Will das Gericht ausländische Vorstrafen – zum Nachteil des Mandanten – in die Hauptverhandlung einführen, sollte also dem Mandanten stets geraten werden, keinerlei Erklärungen abzugeben.

198 **2.** Da eine Gesamtstrafenbildung mit einer von einem ausländischen Gericht verhängten Strafe wegen des damit verbundenen Eingriffs in deren Vollstreckbarkeit nicht möglich ist[294], stellt sich die Frage, ob die aus der unterlassenen Gesamtstrafenbildung resultierende Härte im Rahmen der Strafzumessung zu berücksichtigen ist.

Obwohl die getrennte Aburteilung auch beim Zusammentreffen in- und ausländischer Straftaten von Zufälligkeiten abhängt, will der BGH die zu ähnlichen Fall-

---

290 *BayObLG* JZ 1978, 449 f.; *Tröndle/Fischer* StGB, § 46 Rn. 38a; *LK-Gribbohm* StGB, § 46 Rn. 164.

291 *BayObLG* JZ 1978, 449/450; *LK-Gribbohm* aaO.

292 *BayObLG* JZ 1978, 449, 450.

293 *KK-Tolksdorf* StPO, § 243 Rn. 50; *Meyer-Goßner* StPO, § 249 Rn. 10 m.w.N.

294 *BGH* NStZ 1997, 384; *BGH* NStZ 1998, 134.

gruppen entwickelte Rechtsprechung – z.B. Nichteinbeziehung einer vollstreckten Strafe[295], getrennt abgeurteilte Taten nach Jugend- und Erwachsenenstrafrecht[296] – nur eingeschränkt übertragen. Der Gedanke des „Härteausgleichs" sei zwar grundsätzlich auch beim Zusammentreffen in- und ausländischer Verurteilungen anwendbar[297]; eine Verpflichtung zur ausdrücklichen Erörterung bestehe jedoch nur dann, wenn die Auswirkungen der Kumulation beider Strafen für das künftige Leben des Angeklagten besonders ins Gewicht fallen. Bei einer Auslandsverurteilung von lediglich neun Monaten sei dies nicht der Fall, wenn der Tatrichter für die in Deutschland abgeurteilte Tat eine Freiheitsstrafe von sechs Jahren für angemessen erachtet[298].

Da der Nachteil der getrennten Aburteilung unabhängig von der Höhe der Einzelstrafen entsteht, vermag die Ansicht des BGH im Ergebnis nicht zu überzeugen.

F. Anrechnung ausländischer Freiheitsentziehung

Hat der Verurteilte aus Anlass einer Tat, die Gegenstand des Verfahrens ist, Untersuchungshaft oder eine andere Freiheitsentziehung – z.B. Auslieferungshaft – erlitten, so ist diese grundsätzlich auf die zeitige Freiheitsstrafe oder Geldstrafe anzurechnen (vgl. § 51 StGB)[299]. **199**

Liegen der Freiheitsentziehung erschwerte oder gar menschenunwürdige Haftbedingungen zugrunde – z.B. mangelnde Hygiene, (extreme) Überbelegung, Unterernährung, Misshandlungen durch das Gefängnispersonal, Folter, etc. –, ist – auch im Falle lebenslanger Freiheitsstrafe[300] – ein Anrechnungsmaßstab zu wählen, der die erlittenen Nachteile ausgleicht (§ 51 IV 2 StGB); insoweit müssen die Urteilsgründe erkennen lassen, dass sich der Tatrichter seiner Verpflichtung bewusst war, den Anrechnungsmaßstab nach seinem tatrichterlichen Ermessen zu bestimmen. Fehlt ein Ausspruch über den Anrechnungsmaßstab, ist das Urteil auf die Revision hin aufzuheben[301].

Hinsichtlich der Höhe des Anrechnungsmaßstabes gelten keine allgemein gültigen Grundsätze; ein günstigerer Anrechnungsmaßstab wird jedoch nahe liegen, wenn die Freiheitsentziehung in einem südeuropäischen Land oder in der Dritten Welt vollzogen wurde. Insoweit ist der Mandant eingehend bzgl. der Haftbedingungen zu befragen. Im Übrigen sei als „Richtschnur" auf die nachfolgend abgedruckte Kasuistik verwiesen:

---

295 Vgl. *BGHSt* 41, 310, 312 m.w.N.
296 Vgl. *BGHSt* 36, 270, 276 m.w.N.
297 *BGH* NStZ 1997, 384; *BGH* NStZ 1998, 134; vgl. auch *Tröndle/Fischer* StGB, § 55 Rn. 21.
298 *BGH*, aaO.
299 Vgl. auch *Volckart* Verteidigung in der Strafvollstreckung und im Vollzug, Rn. 322 ff.
300 *BGH* StV 2004, 653.
301 *BGH* wistra 1984, 21; vgl. *Tröndle/Fischer* StGB, § 51 Rn. 18 m.w.N.

Land	Anrechnungs-maßstab	Gericht	Fundstelle
Australien	1 : 2	LG Heilbronn	StV 1992, 429
Belgien	1 : 1	BGH	NStZ 2001, 157, 158
Brasilien	1 : 2 1 : 2,5	LG Oldenburg LG München II	StV 2000, 86 StV 2001, 19
Dänemark	1 : 1	BGH	5 StR 288/91
Ecuador	1 : 3	BGH	StraFo 2004, 391
Estland	1 : 1	BGH	NStZ-RR 1997, 205
Europ. Union	1 : 1 1 : 1	BGH BGH	NStZ-RR 2003, 364 StV 2004, 653
Frankreich	1 : 1 1 : 1,5 1 : 1,5	LG Kleve LG Essen LG Hamburg	NStZ 1995, 152 StV 1991, 170 StV 1997, 87
Griechenland	1 : 1,5	OLG Celle	NStZ 1998, 138
Großbritannien	1 : 1	BGH	NStZ 1997, 337
Irland	1 : 1	BGH	StV 2004, 653
Italien	1 : 2	OLG Frankfurt	StV 1988, 20
ehem. Jugoslawien	offen gelassen	BGH	MDR 1980, 454
Kamerun	1 : 3	LG Köln	NStE § 51 Nr. 20
Kenia	1 : 3	LG Zweibrücken	MDR 1997, 279
Kolumbien	offen gelassen	BGH	NStZ 1997, 385
Kroatien	1 : 1	BGH	1 StR 446/96
Libanon	1 : 1,5	LG Landau	NStZ 1981, 64
Marokko	1 : 3 1 : 2	AG Bremen LG Zweibrücken	StV 1992, 429 GA 1993, 126
Niederlande	1 : 1	OLG Düsseldorf	MDR 1994, 936
Pakistan	1 : 2,5	LG Nürnberg-Fürth	StV 2002, 606
Paraguay	1 : 2	LG Zweibrücken	MDR 1995, 84
Polen	1 : 1	BGH	5 StR 416/95
Portugal	1 : 2	LG Bochum	StV 1993, 33
Schottland	1 : 1 1 : 2	BGH BGH	NStZ 2002, 474 bei Böhm wistra 1999, 463
Schweden	1 : 1	BGH	2 StR 198/95
Schweiz	1 : 1	BGH	MDR 1986, 271

Land	Anrechnungs-maßstab	Gericht	Fundstelle
Spanien (insb. abhängig von der jeweiligen Haftanstalt !!!)	1 : 1 1 : 1 1 : 2 1 : 2 1 : 2 1 : 2 1 : 3	OLG Hamm OLG Zweibrücken LG Zweibrücken LG Stuttgart LG Augsburg OLG Hamm LG Kleve	NStZ-RR 2003, 152 StV 1997, 84 NStZ 1988, 71 NStZ 1986, 362 StV 1997, 81 Rpfleger 2000, 39 NStZ 1995, 192
Südafrika	1 : 2	LG Dresden	NStZ-RR 2003, 364
Südafrik. Union	offen gelassen	BGH	4 StR 229/88
Tschechien	1 : 1	BGH	1 StR 322/01
Türkei	offen gelassen offen gelassen	BGH BGH	4 StR 409/84 2 StR 87/85
Ungarn	1 : 1	LG Baden-Baden	StV 1997, 82
USA	1 : 1	OLG Düsseldorf	Rpfleger 2000, 39

G. Doppelbestrafung und Mehrfachverfolgung

Strafmildernd ist auch der Umstand zu berücksichtigen, dass der Angeklagte wegen derselben Tat im Ausland verurteilt worden ist[302] oder eine entsprechende Doppelbestrafung droht[303]. 200

H. Die Tatprovokation durch Lockspitzel als Strafzumessungsgrund

1. Beachtenswert ist auch die Grundsatzentscheidung des BGH[304] zum Lockspitzeleinsatz; danach stellt es einen Verstoß gegen den Grundsatz des fairen Verfahrens (Art. 6 I 1 EMRK) dar, wenn eine unverdächtige, zunächst nicht tatgeneigte Person in einer dem Staat zurechenbaren Weise zur Begehung einer Straftat verleitet wird; der Verstoß ist in den Urteilsgründen festzustellen[305] und bei Festsetzung der Rechtsfolgen angemessen zu berücksichtigen. Der dem Tatrichter zur Verfügung stehende Spielraum reicht insoweit von der Ablehnung eines besonders schweren Falles über das Zurückgehen auf das gesetzliche Mindestmaß bis hin zur 201

302 *BGH* NStZ 1986, 312; *Tröndle/Fischer* StGB, § 46 Rn. 65; vgl. auch *BGH* StV 1983, 326.
303 *BGH* StV 1992, 155, 156; *Tröndle/Fischer* aaO.
304 *BGH* NJW 2000, 1123 ff.; vgl. auch *BGH* NJW 2001, 2981 ff.
305 *BGH* NJW 2000, 1123; vgl. auch *BGH* NStZ 2001, 53.

Einstellung des Verfahrens gemäß §§ 153, 153a StPO bei Vergehen oder – selbst bei Verbrechen – der Verhängung einer Verwarnung mit Strafvorbehalt. Von Bedeutung sind dabei insbesondere Art, Intensität, Zweck der Einflussnahme, Tatbereitschaft, Art und Umfang des Tatbeitrages sowie das Ausmaß der Fremdsteuerung[306]. Das Maß der Kompensation ist im Urteil gesondert zum Ausdruck zu bringen.

2. Für Straftaten mit Auslandsbezug gewinnt die Entscheidung deshalb erhöhte Bedeutung, da nach der Rechtsprechung des BGH[307] eine Strafmilderung nicht nur bei einer festgestellten Tatprovokation durch deutsche Behörden vorzunehmen ist; die vorgenannten Grundsätze gelten vielmehr auch dann, wenn der Provokateur im Dienste eines ausländischen Staates stand. Es wäre nämlich inkonsequent, im Ausland begangene (Betäubungsmittel-)delikte durch inländische Behörden und Gerichte zu verfolgen, dabei aber die dort erfolgte Tatprovokation seitens staatlich geführter Personen außer Acht zu lassen.

I. Aufklärungserfolg im Ausland

202 Wird dem Mandanten ein Verstoß gegen das BtMG zur Last gelegt, verdient schließlich auch die Tatsache Beachtung, dass § 31 BtMG auch dann zur Anwendung kommen kann, wenn der Aufklärungserfolg nicht im Inland, sondern in einem anderen Vertragstaat des Schengener Durchführungsübereinkommens (SDÜ) eingetreten ist. Die Bekämpfung des Rauschgifthandels ist ein internationales Anliegen, so dass die Strafmilderung bereits dann eingreift, wenn der Tatrichter zu der Überzeugung gelangt, der Angeklagte habe durch seine Angaben einen Aufklärungsbeitrag im Sinne des § 31 Nr. 1 BtMG geleistet. Der erfolgreiche Abschluss eines Strafverfahrens im Inland ist demnach nicht erforderlich.[308]

306 *BGH* NJW 2000, 1123, 1128.
307 *BGHR* § 46 I StGB V-Mann 3.
308 *BGH* NJW 2003, 1131 m.w.N.

Teil 4
Verfahrensrechtliche Besonderheiten

I. Die Kommunikation mit dem Mandanten

Eines der größten Probleme bei der Verteidigung von Ausländern stellt die Sprachbarriere, d.h. die Kommunikation mit dem Mandanten dar. 203

Verständigungsschwierigkeiten hindern den kurzfristigen Informationsaustausch; stets ist die Beiziehung fachkundiger Hilfskräfte erforderlich, was – zum Teil – ganz erhebliche Zeitverzögerungen nach sich ziehen kann. Die Problematik wird durch die zum Teil immer noch restriktive Rechtsprechung zur Frage der „Erstattungsfähigkeit von Dolmetscherkosten“ zusätzlich verschärft. Bleibt die Finanzierung der Dolmetscherkosten offen, führt dies nicht selten dazu, dass die Verteidigung gänzlich in Frage gestellt ist.

Der Verteidiger sollte daneben keine Gelegenheit ungenutzt lassen, auf die Tatsache hinzuweisen, dass die Qualität der Verteidigung maßgeblich von der Güte der Übersetzung abhängig ist.[309] Diese Selbstverständlichkeit bleibt in einer Vielzahl von Fällen leider immer noch unbeachtet. Insbesondere bei Afrikanern ist es vielerorts üblich, dem Beschuldigten einen Dolmetscher für eine ihm „verständliche“ sog. „Drittsprache“ beizuordnen; dem Beschuldigten bleibt dann die Möglichkeit verwehrt, in seiner Muttersprache zu kommunizieren. Wird auf diesen Missstand hingewiesen, wird der Verteidiger in der Regel dahingehend „belehrt“, dass selbst die MRK keine Übersetzung in die Muttersprache vorsehe; der Beschuldigte habe allein einen Anspruch auf eine „ihm verständliche Sprache“.

Bei dieser Argumentation gerät die Tatsache in Vergessenheit, dass das Problem der Übersetzung so alt ist wie die Sprache selbst. Die „richtige“ Übersetzung der Bibel ist beispielsweise seit Jahrhunderten Gegenstand des wissenschaftlichen Meinungsaustausches.

Dass das vorgenannte Beispiel keineswegs antiquiert erscheint, hat jüngst Wurzel[310] am Beispiel der kurdischen Sprache „Kurmanci“ dargelegt. Die kurdische Sprache stellt immer noch eine „verbotene Sprache“ dar, so dass es an einer weiten Verbreitung durch Massenmedien fehlt. Als Folge daraus hat sich eine Vielzahl von Dialekten herausgebildet, die zudem durch Lehnworte artverwandter Sprachen – türkisch und persisch – angereichert werden. Einzelne Worte können je nach der Herkunft des Kurden einen völlig anderen Sinngehalt entfalten. Dass solche Verwechslungen selbst der deutschen Sprache nicht fremd sind, kann immer

---

309 Vgl. auch *Morten* Stellung, Aufgabe und Rolle von Dolmetscherinnen und Dolmetschern im Strafverfahren, StraFo 1995, 80, 83.

310 *Wurzel* Probleme beim Dolmetschen der kurdischen Sprache, InfAuslR 1998, 306 ff.

wieder beobachtet werden; so erfasst z.B. das Wort „Fuß“ im schwäbischen Dialekt das gesamte Bein. Es bedarf keiner weiteren Ausführungen, dass sich die Anzahl möglicher Missverständnisse potenziert, wenn dem Beschuldigten die Kommunikation in seiner Muttersprache verwehrt bleibt.

A. Der Dolmetscher im Strafprozess

204 Eine – wenn nicht die wichtigste – Verständigungshilfe stellt der Dolmetscher dar. Will der Verteidiger die optimale Verständigung sicherstellen, gilt es also in erster Linie sich der Hilfe eines qualifizierten Dolmetschers zu bedienen.

1. Zur Rolle des Dolmetschers im Strafprozess

205 **a)** Die Aufgabe des Dolmetschers besteht darin, in einer gerichtlichen Verhandlung den Prozessverkehr zwischen dem Gericht und anderen am Verfahren beteiligten Personen dadurch zu ermöglichen, dass er die in der Verhandlung abgegebenen Erklärungen von einer in die andere Sprache überträgt[311].

Obwohl dies eine Selbstverständlichkeit zu sein scheint, ist es in der Gerichtspraxis eher eine Seltenheit, dass der Dolmetscher den Gesprächsinhalt „eins zu eins“ übersetzt; immer wieder ist zu beobachten, dass sich zwischen der sprachunkundigen Aussageperson und dem Dolmetscher ein lebhafter Wortwechsel entwickelt, die anschließende Übersetzung jedoch nur wenige Worte umfasst[312]. Ein Dolmetscher, der in dieser Weise übersetzt, missbraucht seine Stellung und verhindert die Wahrheitsfindung; er dolmetscht nicht, sondern interpretiert[313].

Der Verteidiger sollte den Dolmetscher stets daran erinnern, dass es nicht seine Aufgabe ist, vermeintliche Widersprüche zu (er-)klären; Widersprüche, Irrtümer oder Missverständnisse können wichtige Anhaltspunkte für die weitere Befragung der Aussageperson sein, die der Dolmetscher verhindert, wenn er die Übersetzung nach lebhafter Diskussion „glättet“. Scheut sich der Dolmetscher, Äußerungen zu übersetzen, die er nicht versteht oder die – aus seiner Sicht – keinen Sinn ergeben, ist er an seine Rolle im Prozess zu erinnern. Es ist nicht Aufgabe des Dolmetschers, die Verhandlung zu führen[314].

☞ Übersetzt der Sprachkundige außerhalb der Hauptverhandlung entstandene Schriftstücke – z.B. Kassiber –, wird er nicht als Dolmetscher, sondern als Sachverständiger tätig[315]; unterlässt das Gericht – trotz Antrags der Verteidigung – die Vereidigung (§ 79 I S. 2 StPO), kann dies die Revision begründen.

311 *BGHSt* 1, 4, 6.
312 Vgl. *Basdorf* Strafverfahren gegen der deutschen Sprache nicht mächtige Beschuldigte, GS-Meyer S. 19, 22.
313 *Kabbani* Dolmetscher im Strafprozeß, StV 1987, 410, 412.
314 Vgl. *Jessnitzer* Dolmetscher und Übersetzer, Rpfleger 1982, 365, 369; *Sommer* Verteidigung und Dolmetscher, StraFo 1995, 45, 47.
315 *BGHSt* 1, 4, 6/7; BGH NJW 1965, 643.

b) Da der Begriff des „Dolmetschers" keine geschützte Berufsbezeichnung[316] darstellt, kommt als Sprachmittler grundsätzlich jede Person in Betracht, die zwei Sprachen fließend spricht. Eine Ausnahme gilt für Verfahrensbeteiligte; nach h.M.[317] kann nur der Urkundsbeamte (§ 190 GVG), nicht jedoch der Richter, Staatsanwalt oder Verteidiger als Dolmetscher fungieren. Gleiches dürfte auch für am (Ermittlungs-)verfahren beteiligte Polizeibeamte gelten[318]. **206**

Ein Verstoß gegen § 190 GVG steht der Nichthinzuziehung des erforderlichen Dolmetschers gleich; es sollte daher stets geprüft werden, ob die Rechtsverletzung ein Verwertungsverbot[319] oder einen absoluten Revisionsgrund (§ 338 Nr. 5 StPO) nach sich zieht.

c) Der Dolmetscher unterliegt als Berufshelfer des Verteidigers der Verpflichtung zur Verschwiegenheit (vgl. § 203 III StGB), wobei es keinen Unterschied macht, ob er durch den Verteidiger hinzugezogen oder gerichtlich bestellt worden ist[320]; dem folgend steht dem Dolmetscher das in § 53a StPO normierte Zeugnisverweigerungsrecht zu. **207**

Immer wieder ist zu beobachten, dass ausländische Mandanten die Rolle des Dolmetschers aufgrund eines völlig anderen Rechtsverständnisses falsch einschätzen, so dass die Gesprächsatmosphäre durch die Hinzuziehung des Dolmetschers massiv gestört werden kann. Daher sollte zu Beginn des ersten Gesprächs darauf hingewiesen werden, dass der Dolmetscher als Berufshelfer des Verteidigers der Schweigepflicht unterliegt und sich selbst strafbar macht, wenn er den Gesprächsinhalt unbefugt offenbart.

2. Zur Qualität des Dolmetschers

Ein allgemeiner Mangel bei Gerichten und Behörden besteht darin, dass vielfach nicht allgemein vereidigte Dolmetscher herangezogen werden; es wird auf Sprachmittler zurückgegriffen, die ihre Qualifikation und Zuverlässigkeit nicht nachgewiesen haben. Dem liegt die Annahme zugrunde, jemand, der zwei Sprachen fließend spreche, sei als Dolmetscher im Gerichtsverfahren geeignet. Dies ist ein grundlegender Irrtum, wie durch in der Praxis auftretende Qualifikationsmängel bestätigt wird[321]. **208**

a) Die Beherrschung der deutschen Sprache sowie der Arbeitssprache in Wort und Schrift ist Grundlage, aber keineswegs ausreichendes Qualifikationsmerkmal für Dolmetscher bei Gerichten und Behörden. Um den hohen Anforderungen der Rechtspflege zu entsprechen, gehört dazu außer der reinen Sprachausbildung auch **209**

316 *Wurzel* Probleme beim Dolmetschen der kurdischen Sprache, InfAuslR 1998, 306.
317 *OLG Karlsruhe* Die Justiz 1962, 93; *Meyer-Goßner* StPO, § 190 GVG Rn. 1; *KK-Diemer* StPO, § 191 GVG Rn. 1 m.w.N.
318 So auch *Rüther* Strafverteidigung von Ausländern, Rn. 27.
319 Vgl. Rn. 365 ff.
320 *LG Verden* StV 1996, 371; *KK-Senge* StPO, § 53a Rn. 4; *Meyer-Goßner* StPO, § 53a Rn. 5.
321 *Tormin* Reform des Dolmetscherwesens, ZRP 1987, 422, 423.

die Kenntnis und das Verständnis der juristischen Terminologie, die in der Regel eine ergänzende Ausbildung im Fachgebiet Recht erfordert. Eine derartige Zusatzqualifikation besitzt nur ein geringer Teil der Dolmetscher und Übersetzer[322].

☞ Jedenfalls dann, wenn der wortgetreuen Übersetzung besondere Bedeutung zukommt – z.B. beim Vorwurf der Falschaussage oder des Meineids – sollte der Verteidiger überprüfen, ob der Dolmetscher die juristische Terminologie beherrscht. Als hilfreich hat sich insoweit die Frage erwiesen, der Dolmetscher möge – auf Deutsch – den Unterschied zwischen Vorsatz und Fahrlässigkeit darlegen[323]. Ist er hierzu nicht in der Lage, ist auf dessen Ablösung hinzuwirken[324].

210 **b)** Die Fähigkeit des Übertragens von einer Sprache in die andere ist nicht automatisch gegeben, wenn jemand zwei Sprachen fließend spricht. Darüber hinaus muss auch die Beherrschung der speziellen Dolmetschertechniken vorausgesetzt werden. Das Konsekutivdolmetschen – das Gesagte anhand eigener Notizen übersetzen – wird von den meisten Dolmetschern beherrscht. In Verhandlungen mit vielen Beteiligten hemmt diese Dolmetschertechnik jedoch den zügigen Fortgang der Verhandlung, so dass das Simultandolmetschen (Flüsterdolmetschen) vorzugswürdig erscheint. Diese Technik stellt erhöhte Anforderungen an den Dolmetscher, welche nicht von allen (vereidigten) Dolmetschern erfüllt werden[325].

☞ Auch wenn der Verteidiger der vom Dolmetscher gesprochenen Arbeitssprache nicht mächtig ist, kann er anhand einiger Kriterien[326] die Qualifikation des Dolmetschers überprüfen:

- Jedenfalls bei europäischen Sprachen kann erwartet werden, dass der Dolmetscher genau so lang und viel überträgt, wie in Deutsch oder der fremden Sprache gesprochen wurde; der Mangel an Quantität ist ein Indiz für die mangelnde Qualifikation des Dolmetschers.
- Langes Zögern bedeutet einen Mangel an Vokabular.
- Passen Frage und Antwort nicht zusammen, kann dies – muss aber nicht – einen Mangel ausreichender Qualifikation bedeuten.
- Als eindeutiges Qualitätskriterium ist die Tatsache zu werten, dass die Übersetzung wie selbstverständlich parallel „mitläuft“, im besten Falle „vergessen“ wird, dass ein Sprachmittler mitwirkt.
- Ein guter Dolmetscher wird sich schließlich seiner Prozessrolle stets bewusst sein, also z.B. in der Ichform sprechen und nicht etwa sagen, „der Zeuge X hat gesagt, dass ...“.

---

322 *Tormin* aaO.; *Jessnitzer* Dolmetscher und Übersetzer, Rpfleger 1982, 365, 366.

323 *Rüther* Strafverteidigung von Ausländern, Rn. 234.

324 Vgl. Rn. 347 ff.

325 *Tormin* aaO.; *Adorno* Wünsche einer Gerichtsdolmetscherin, DRiZ 1993, 477, 478; *Kabbani* Dolmetscher im Strafprozeß, StV 1987, 410, 412.

326 *Adorno* Wünsche einer Gerichtsdolmetscherin, DRiZ 1993, 477/478; *Scheffler*, Dolmetschen als Darstellungsproblem, Zeitschrift für Soziologie 1997, 159, 167 ff.

3. Zur Auswahl des Dolmetschers

§ 185 GVG bestimmt, dass ein Dolmetscher hinzuziehen ist, wenn unter der Beteiligung von Personen „verhandelt" wird, die der deutschen Sprache nicht mächtig sind. Die Auswahlkompetenz wird allgemein dem Gericht zugeordnet. Dies gilt allerdings nur insoweit, wie das Gericht bereits in das Verfahren involviert ist. Die Dolmetscherauswahl kann jedoch bereits zu einem früheren Zeitpunkt eine wesentliche Rolle spielen. 211

a) Auswahl durch den Mandanten

Befindet sich der Mandant auf freiem Fuß, erscheint er zur ersten Besprechung in der Regel in Begleitung eines Sprachmittlers, z.B. eines Verwandten oder Freundes. So positiv dieser Umstand im Hinblick auf den eingesparten Arbeits- und Kostenaufwand sein mag, sollte der Verteidiger die damit verbundenen Risiken nicht aus dem Auge verlieren. Familienangehörige haben oft ein eigenes Interesse am Ausgang des Strafverfahrens; ist der Mandant das Familienoberhaupt, wird sich der Sprachmittler – so z.B. bei Türken – oftmals in einem Abhängigkeitsverhältnis befinden, unter dem die Dolmetscherleistung zusätzlich leiden kann. Es besteht die Gefahr, dass aus „falscher Rücksichtnahme" nur bruchstückhaft übersetzt wird oder umgekehrt der Mandant nicht in der Lage ist, in Gegenwart seiner Kinder oder Ehefrau eigene Tatbeiträge einzuräumen. Ob der Verteidiger den vom Mandanten angebotenen Sprachmittler ablehnen sollte, ist jedoch stets eine Frage des Einzelfalles; insoweit ist viel Fingerspitzengefühl gefragt, da es dem Mandanten in der Regel unverständlich sein wird, wenn der Verteidiger einen anderen Dolmetscher hinzuziehen will. 212

Bietet der inhaftierte Mandant einen Mitgefangenen als Dolmetscher an, sollte dieser Vorschlag stets abgelehnt werden. Selbst wenn man davon ausgeht, dass der Mitgefangene als Berufshelfer des Verteidigers tätig wird, d.h. der Schweigepflicht unterliegt (vgl. oben Rn. 207)[327], besteht die Gefahr, dass der Mitgefangene eigene Interessen verfolgt, d.h. erhaltene Informationen preisgibt, um sich etwa im eigenen Strafverfahren – z.B. § 31 BtMG – Vorteile zu verschaffen. Dass diese Aussage unter Verletzung der Schweigepflicht erfolgt(e), wird dem Mandanten im späteren Strafverfahren nichts nützen, da dies einer Verwertung der Aussage nach der ständigen Rechtsprechung des BGH[328] nicht entgegensteht.

b) Auswahl durch den Verteidiger

Trifft der Verteidiger die Auswahl des Dolmetschers, sollte er sich der verschiedenen Probleme bewusst sein, die sich aus der unterschiedlichen ethnischen oder religiösen Zugehörigkeit des Mandanten einerseits und des Dolmetschers andererseits ergeben können. Diese Probleme gilt es bei der Auswahl soweit wie möglich zu beachten. Ist dem Verteidiger aus seiner praktischen Tätigkeit kein zuverlässi- 213

327 A.A. *Rüther* Strafverteidigung von Ausländern, Rn. 23.
328 *BGHSt* 9, 60, 62; vgl. auch *KK-Senge* StPO, § 53 Rn. 9 m.w.N.

ger Dolmetscher bekannt, der diese Kriterien erfüllt, kann er über die Geschäftsstelle des zuständigen Amts- oder Landgerichts eine nach Sprachen aufgegliederte Liste aller allgemein vereidigten Dolmetscher anfordern. Daneben bietet die Homepage des Bundesverbandes der Dolmetscher und Übersetzter e.V. (BDÜ) – www.bdue.de – einen umfassenden Überblick, aufgegliedert nach Sprache, Fachgebiet und anderen wichtigen Auswahlkriterien. Die dort angebotene Suchmaschine ermöglicht zudem den Zugriff auf in Deutschland weniger weit verbreitete Sprachen, wie z. B. aserbaidschanisch, pandschabisch oder laotisch. Der Verteidiger sollte entsprechende Möglichkeiten nutzen, um einen Dolmetscher auszuwählen, der die Muttersprache des Mandanten beherrscht.

Steht ausnahmsweise kein geeigneter allgemein vereidigter Dolmetscher zur Verfügung, kann sich der Verteidiger grundsätzlich jeder sprachkundigen Person – z.B. eines Studenten – bedienen, die in der Lage ist, den Inhalt des Beratungsgesprächs zu übersetzen; insoweit hat er jedoch zu beachten, dass dem nicht vereidigten Dolmetscher in der Gerichtspraxis regelmäßig mit Skepsis begegnet werden wird, wenn dieser namentlich nicht bekannt ist. Insbesondere im Rahmen eines Besuchs des inhaftierten Mandanten gilt es daher eine Reihe von Besonderheiten zu beachten (vgl. Rn. 290 ff.), wenn sich der Verteidiger eines nicht allgemein vereidigten Sprachmittlers bedient.

☞ Bedient sich der Verteidiger eines von ihm gewählten Dolmetschers, hat er stets die daraus resultierenden kostenrechtlichen Konsequenzen (vgl. Rn. 216 ff.) zu bedenken.

c) Auswahl durch Polizei oder Staatsanwaltschaft

214 **aa)** Im Regelfall sollte der Verteidiger seinem Mandanten von einer Vernehmung im Ermittlungsverfahren, insbesondere vor Gewährung von Akteneinsicht, abraten; die Vernehmungssituation ist selbst bei Aktenkenntnis von zahlreichen Unwägbarkeiten geprägt, so dass es sich regelmäßig empfehlen wird, für den Mandanten eine schriftliche Stellungnahme abzugeben.

Hält der Verteidiger die Vernehmung des Mandanten für geboten, ist – sofern noch kein Dolmetscher hinzugezogen worden ist – in einem kurzen Vorgespräch die Frage zu klären, ob der Mandant die deutsche Sprache ausreichend beherrscht, d.h. die Mitwirkung eines Sprachmittlers erforderlich wird. Gerade Polizeibeamte neigen dazu, vorschnell ausreichende Deutschkenntnisse zu unterstellen, da andernfalls die zeitaufwendige Suche nach einem geeigneten Dolmetscher beginnt; daneben wird vielfach übersehen, dass die Hinzuziehung des Dolmetschers bereits dann erforderlich wird, wenn der Ausländer die deutsche Sprache zwar versteht, nicht jedoch in der Lage ist, sich in dieser ausreichend verständlich zu machen. Schließlich geben viele ausländische Mandanten aus Scham oder Furcht vor Repressalien Sprachkenntnisse vor, die tatsächlich nicht oder nicht ausreichend vorhanden sind.

Hat der Verteidiger den Vernehmungsbeamten von der Notwendigkeit eines Dolmetschers überzeugt oder hat dieser von sich aus einen Sprachmittler hinzugezogen, sollte der Verteidiger prüfen, ob hinsichtlich der Eignung des Dolmetschers

Bedenken bestehen. Oft wird der Dolmetscher als „Hilfspolizist" missbraucht, um auf diese Weise „verwertbare Angaben" zu erhalten[329]. Jedenfalls bei ernsthaften Zweifeln an der Eignung des Dolmetschers sollte auf dessen Ablösung hingewirkt werden; andernfalls drohen Übersetzungsfehler, die im späteren Verfahren nicht mehr korrigiert werden können.

Obwohl die „mangelnde Eignung" keinen Ablehnungsgrund darstellt, kann der Wechsel des Dolmetschers in der Regel dadurch erzwungen werden, dass der Mandant erklärt, in Gegenwart des beigezogenen Dolmetschers keine Angaben zur Sache zu machen. Hält der Vernehmungsbeamte trotz dieser „Ankündigung" an seiner Auswahlentscheidung fest, wird es in der Regel ratsam sein, die Vernehmung unter Hinweis auf das Schweigerecht des Mandanten abzubrechen. Die von Rüther[330] vorgeschlagene Alternative, um eine Tonbandaufzeichnung zu bitten, erscheint wenig hilfreich; zwar können so Qualifikationsmängel des Dolmetschers aufgedeckt werden; der Nachweis, dass der Mandant die Übersetzung des (ungeeigneten) Dolmetschers falsch oder anders verstanden hat, kann jedoch auch unter Zuhilfenahme einer Tonbandaufzeichnung in der Regel nicht geführt werden. Um irreparablen Verständigungsfehlern vorzubeugen, dürfte daher der Verzicht auf die Vernehmung vorzugswürdig sein. ☜

Liegen dem Vernehmungsgegenstand – insb. in Wirtschaftsstrafverfahren – komplexe Fallgestaltungen zugrunde, kann es daneben ratsam sein, auf eine Vernehmung in fremder Sprache – z.B. Englisch – hinzuwirken, d.h. auf die Hinzuziehung eines Dolmetschers gänzlich zu verzichten; diese gesetzlich vorgesehene Möglichkeit (vgl. § 185 II GVG) ist nämlich oftmals geeignet, geschickte Vernehmungsmethoden einzuschränken, um so einen sachgerechten Ablauf der Vernehmung zu garantieren. Auch insoweit kann der Wunsch des Verteidigers in der Regel dadurch erzwungen werden, dass die Vernehmung in fremder Sprache zur Bedingung gemacht wird[331]. ☜

bb) Da der Verteidiger von einer Vernehmung in der Regel abrät, stellt es einen seltenen Ausnahmefall dar, dass die Vernehmung des Beschuldigten in Gegenwart seines Verteidigers durchgeführt wird; in den meisten Fällen ist die Vernehmung bereits vor der Konsultation des Verteidigers abgeschlossen, so dass der Verteidiger in diesem Verfahrensstadium auf die Auswahl des Dolmetschers und die damit verbundenen Fehlerquellen keinen Einfluss mehr nehmen kann. Die Tätigkeit des Verteidigers bleibt dann auf die Prüfung etwaiger Verwertungsverbote beschränkt (vgl. Rn. 367 f.).

---

329 Vgl. *Donk/Schröer* Die Vernehmung nichtdeutscher Beschuldigter, Kriminalistik 1995, 401, 404.

330 *Rüther* Strafverteidigung von Ausländern, Rn. 31.

331 Ausführlich *Hoffmann/Mildeberger* Die Vernehmung eines ausländischen Beschuldigten in englischer Sprache, StraFo 2004, 412 ff.

d) Auswahl durch das Gericht

215 Obwohl im gerichtlichen Verfahren die Auswahl des Dolmetschers dem Gericht obliegt, d.h. es nach seinem pflichtgemäßen Ermessen bestimmt, ob bzw. welcher Dolmetscher hinzugezogen wird (§ 185 GVG), sollte sich der Verteidiger nicht scheuen, auf die Auswahlentscheidung des Gerichts Einfluss zu nehmen; die Anregung des Verteidigers, einen bestimmten Dolmetscher hinzuziehen, wird oftmals (dankend) aufgegriffen. Folgt das Gericht diesem Vorschlag nicht und kann der Wechsel des ungeeigneten Dolmetschers auch nicht durch Wahrnehmung des Schweigerechts erzwungen werden – so z.B. bei richterlichen Zeugenvernehmungen oder im Rahmen der Hauptverhandlung –, ist die Ablehnung des Dolmetschers nur in engen Grenzen möglich (vgl. hierzu Rn. 347 ff.). Jedenfalls in Fällen, in denen der Übersetzung besondere Bedeutung zukommt, sollte diese Möglichkeit jedoch stets in Erwägung gezogen werden.

4. Zum Anspruch auf kostenlose Beiordnung

216 Dolmetscher- und Übersetzungskosten können schnell mehrere tausend Euro betragen, weshalb sich die Frage der Kostenerstattung nicht nur beim mittellosen Mandanten stellt.

Eindeutig ist die Rechtslage, sofern der Dolmetscher im gerichtlichen Verfahren beigezogen wird; die insoweit entstehenden Kosten fallen der Staatskasse zur Last und können auch im Falle der Verurteilung nicht zurückgefordert werden[332]. Ist die Mitwirkung des Dolmetschers außerhalb des gerichtlichen Verfahrens – z.B. im Ermittlungsverfahren – erforderlich, gilt es eine Reihe von Besonderheiten zu beachten.

a) Zur Beiordnung aufgrund von Spezialgesetzen

217 Der Anspruch auf kostenlose Hinzuziehung eines Dolmetschers kann sich zum einen aus spezialgesetzlichen Regelungen ergeben; so gewährt z.B. Art. VII Art. 9 f) NTS Angehörigen der NATO-Truppen einen entsprechenden Anspruch, sofern der Beschuldigte die Mitwirkung eines befähigten Dolmetschers für notwendig erachtet. Ähnliche Vorschriften finden sich in bilateralen Abkommen; insoweit sei auf die nachfolgend abgedruckte Tabelle[333] verwiesen:

---

332 *EGMR* NJW 1979, 1091 f.; *OLG Düsseldorf* MDR 1981, 74 f.; *OLG München* StV 1982, 363 f.; zur Zahlungspflicht bzgl. der im Rahmen von Telefonüberwachungen entstandenen Dolmetscherkosten vgl. Rn. 233.

333 Ohne Anspruch auf Vollständigkeit.

	Anspruch auf kostenlose Beiordnung
Dominikanische Republik	Art. 4 II Freundschafts-, Handels- und Schifffahrtsvertrag[334]
Griechenland	Art. 3 II S. 2 Niederlassungs- und Schifffahrtsvertrag[335]
Italien	Art. 4 II S. 5 Freundschafts-, Handels- und Schifffahrtsvertrag[336]
NATO-Truppen	Art. VII Abs. 9 f) NTS[337]
USA	Art. 3 II d) Freundschafts-, Handels- und Schifffahrtsvertrag[338]

Die Beiordnung des Dolmetschers setzt nicht deren objektive Notwendigkeit voraus; ausreichend ist bereits, dass der Angeklagte die Mitwirkung eines Sprachmittlers für erforderlich hält. Somit haben die vorgenannten spezialgesetzlichen Regelungen trotz der ergangenen Grundsatzentscheidung des Bundesgerichtshofes (vgl. unten c) an Bedeutung nicht verloren. Wird nämlich die Beiordnung eines Dolmetschers aufgrund „mangelnder Notwendigkeit" abgelehnt, kann der Beiordnungsantrag auf die jeweilige Spezialvorschrift gestützt werden. ☜

b) Zur Beiordnung bei Pflichtverteidigung

aa) Verhältnismäßig einfach stellt sich die Rechtslage auch dann dar, wenn der Rechtsanwalt als Pflichtverteidiger die Beiordnung eines Dolmetschers begehrt. **218**
Ist der Verteidiger beigeordnet, kann er für die notwendigen Gespräche mit seinem Mandanten von sich aus einen Dolmetscher hinzuziehen und anschließend die Erstattung der Dolmetscherkosten im Wege des Auslagenersatzes (§ 46 RVG) geltend machen. Ein Beiordnungsantrag ist demnach nicht erforderlich[339]. Notwendige Auslagen i.d.S. können auch Übersetzungskosten sein, die dem Verteidiger dadurch entstehen, dass er einen Dolmetscher mit der Übersetzung schriftlicher Eingaben des Mandanten beauftragt, deren Inhalt zugleich für ihn und das Gericht bestimmt sind[340].

Um spätere Streitigkeiten bzgl. der Notwendigkeit von Dolmetscherkosten zu vermeiden, sollte der Verteidiger gleichwohl die Beiordnung des Dolmetschers – vor dessen Hinzuziehung – beim Ermittlungsrichter „beantragen"; ein entsprechender ☜

334 BGBl. II 1959, 1468.
335 BGBl. II 1962, 1506.
336 BGBl. II 1959, 949, 950.
337 BGBl. II 1961, 1183, 1190.
338 BGBl. II 1956, 488.
339 Vgl. *AG Bochum* AnwBl. 1983, 477.
340 *BGH* StV 2001, 1, 3; *HansOLG Hamburg* MDR 1972, 710 f.; *LG Düsseldorf* StV 2001, 635; vgl. auch *OLG Düsseldorf* StV 1986, 492 für Dolmetscherkosten bei eigener Ermittlungstätigkeit des Pflichtverteidigers.

Feststellungsantrag ist zulässig[341] und geeignet, späteren Streitigkeiten im Erstattungsverfahren vorzubeugen.

219 **bb)** Die früher umstrittene Frage, ob die insoweit entstandenen Kosten dem Mandanten im Wege der Überbürdung der Pflichtverteidigerkosten auferlegt werden können, ist zwischenzeitlich dahingehend entschieden, dass die Freistellung endgültig ist[342], d.h. der Mandant auch nach Abschluss des Strafverfahrens hinsichtlich der entstandenen Dolmetscherkosten nicht in Anspruch genommen werden kann (vgl. Nr. 9005 KVGKG). Eine zusätzliche Kostenbelastung hat der ausländische Mandant daher nicht zu fürchten.

c) Zur Beiordnung bei Wahlverteidigung

220 Anders als der Pflichtverteidiger hat der Wahlverteidiger keinen unmittelbaren Erstattungsanspruch gegen den Staat, so dass es hinsichtlich der entstandenen Dolmetscherkosten – insoweit – an einer entsprechenden Anspruchsgrundlage fehlt.

221 **aa)** Ob ein Anspruch auf kostenlose Beiordnung eines Dolmetschers aus anderen Rechtsgrundlagen – insbesondere Art. 6 IIIe MRK – hergeleitet werden kann, war bislang umstritten.

(1) Während ein Teil der Rechtsprechung[343] die Erstattung der Dolmetscherkosten von der Beiordnung eines Pflichtverteidigers abhängig machte, schränkte ein anderer Teil der Rechtsprechung[344] diesen Grundsatz dahingehend ein, dass dem Beschuldigten jedenfalls dann ein Dolmetscher beizuordnen sei, wenn er zwar einen Wahlverteidiger beauftragt habe, jedoch ein Fall der notwendigen Verteidigung gegeben sei.

Der Anspruch auf unentgeltliche Verteidigung ergebe sich aus Art. 6 IIIc MRK; da zur Verteidigung des Angeklagten auch die Verständigung mit seinem Verteidiger gehöre, sei diese Bestandteil der Verteidigung selbst. Daraus folge, dass der Anspruch auf unentgeltliche Beiziehung eines Dolmetschers nur unter den Voraussetzungen des Art. 6 IIIc MRK bestehe. Ein weitergehender Anspruch sei nicht anzuerkennen, da der Anspruch auf unentgeltliche Beiordnung eines Dolmetschers nicht weiter gehen könne, als der Anspruch auf kostenlose Verteidigung selbst[345]. Ein solcher Anspruch könne insbesondere nicht aus Art. 6 IIIe MRK hergeleitet werden, da dieser nur für die gerichtliche Beiziehung Geltung beanspruche.

---

341 *AG Celle* MDR 1983, 143; vgl. auch *LG Lübeck* StraFo 2004, 130/131; *LG Saarbrücken* Beschl. v. 7.4.2003 – 8 AR 1/03; *Sommer* Verteidigung und Dolmetscher, StraFo 1995, 45, 48.

342 Vgl. Fußn. 332.

343 *OLG Frankfurt* NJW 1981, 533, 534.

344 *OLG Düsseldorf* StV 1992, 362 f.; *OLG Düsseldorf* NJW 1989, 677, 678; *OLG Düsseldorf* StV 2000, 194, 195; *OLG Düsseldorf* NStZ-RR 2001, 211; *AG Darmstadt* wistra 1993, 197 f.; *OLG Frankfurt* NStZ-RR 1996, 320; *OLG Zweibrücken* NJW 1980, 2143; so wohl auch *LG Heilbronn* StV 1986, 492; *AG Kiel* StV 2000, 195; zum Auslieferungsverfahren *OLG Düsseldorf* NStZ-RR 2001, 211.

345 OLG Düsseldorf aaO.

(2) Dem ist der BGH[346] in seiner Grundsatzentscheidung zur kostenlosen Beiordnung eines Dolmetschers mit überzeugender Argumentation entgegengetreten.

Der dritte Strafsenat bestätigte die bislang vorherrschende Ansicht[347], die dem Beschuldigten bereits im Ermittlungsverfahren einen Anspruch auf unentgeltliche Beiordnung eines Dolmetschers zubilligte; dies gelte unabhängig davon, ob der Rechtsanwalt das Mandat als Pflicht- oder Wahlverteidiger führt. Zweck der Vorschrift des Art. 6 IIIe MRK sei es, Ungleichbehandlungen zwischen einem Angeklagten, der die Gerichtssprache beherrscht und solchen, die ihrer nicht mächtig seien, zu vermeiden. Die Nachteile, die ein der deutschen Sprache nicht mächtiger Angeklagter im Vergleich zu einem Deutsch sprechenden Angeklagten habe, entstünden unabhängig davon, ob ein Fall der Pflicht- oder Wahlverteidigung vorliegt[348].

(3) Die längst überfällige Entscheidung des Bundesgerichtshofes verdient Zustimmung.

Die Auffassung des OLG Düsseldorf, das Recht auf unentgeltliche Beiziehung eines Dolmetschers könne nicht weiter gehen als das auf unentgeltliche Verteidigung selbst, stellt eine unzulässige Vermengung der Buchstaben c und e des Art. 6 III MRK dar[349]; zudem steht diese Ansicht in eklatantem Widerspruch zur Rechtsprechung der EKMR, wonach ein Dolmetscher, ohne Rücksicht auf die finanzielle Lage des Angeklagten beigeordnet werden muss, wenn dieser die Gerichtssprache nicht versteht[350]. Art. 6 IIIe MRK bestimmt, dass ein Dolmetscher beizuordnen ist, sofern der Angeklagte „die Verhandlungssprache des Gerichts nicht versteht oder sich nicht darin ausdrücken kann". Anspruchsvoraussetzung ist demnach allein die mangelnde Sprachkenntnis; eine Einschränkung dahingehend, dass die Beiordnung auf das gerichtliche Verfahren beschränkt oder von der Mittellosigkeit des Beschuldigten abhängig ist, lässt sich weder dem Wortlaut noch der Gesetzessystematik entnehmen. Art. 6 III MRK sieht also durchaus den Fall vor, dass ein Beschuldigter zwar Anspruch auf unentgeltliche Beiordnung eines Dolmetschers, nicht jedoch eines Verteidigers hat. Dies verkennt das OLG Düsseldorf, wenn es meint, die Verständigung zwischen dem Beschuldigten und seinem Verteidiger sei nur von Bedeutung, wenn ein Verteidiger erforderlich sei. Die Verständigung ist bereits dann erforderlich, wenn der Beschuldigte von seinem verfassungsrechtlich verbürgten Recht, einen Verteidiger hinzuzuziehen, Gebrauch macht[351].

346 *BGH* StV 2001, 1 ff.; so nun auch *BVerfG* NJW 2004, 50/51.

347 *LG Aachen* StV 1997, 404; *LG Bamberg* NStZ 1992, 500 f.; *LG Berlin* AnwBl. 1980, 30; *LG Berlin* NStZ 1990, 449 f.; *LG Berlin* StV 1994, 11; *OLG Celle* StraFo 1997, 247 f.; *LG Duisburg* StV 2000, 195; *OLG Frankfurt* StV 1991, 457; *LG Hamburg* InfAuslR 1980, 153 ff.; *LG Hamburg* StV 1990, 16; *OLG Hamm* StV 1994, 475; *OLG Karlsruhe* StV 2000, 193; *KG* NStZ 1990, 402 ff. m. Anm. *Hilger*; *LG Köln* StV 1994, 492; *LG Köln* StraFo 1998, 71.

348 *OLG Hamm* StV 1994, 475.

349 So auch *LG Berlin* NStZ 1990, 449, 450.

350 *EKMR* NJW 1978, 477 f.

351 *LG Berlin* aaO.

222 **bb)** Ungeklärt war daneben die umstrittene Frage, ob die Erstattung der Dolmetscherkosten die vorherige Beiordnung des Dolmetschers voraussetzt. Wurde bislang die Ansicht[352] vertreten, dass Dolmetscherkosten im Falle der „eigenmächtigen" Beauftragung nicht erstattungsfähig sind, hatte auch der BGH eine abschließende Klärung dieser Frage nicht herbeigeführt. Eine entsprechende Anwendung des § 2 IV GKG komme ebenso in Betracht, wie die der §§ 3, 17 ZSEG oder des § 126 BRAGO a.F.[353]. Die vom BGH offen gelassene Rechtsfrage wurde zwischenzeitlich durch das BVerfG[354] dahingehend entschieden, dass es eines förmlichen Antragsverfahrens vor Inanspruchnahme eines Dolmetschers nicht bedarf. Um späteren Streitigkeiten im Erstattungsverfahren aus dem Wege zu gehen, ist jedoch auch weiterhin zu empfehlen, vor der Hinzuziehung des Dolmetschers die (telefonische) Zustimmung des Gerichtes einzuholen (vgl. Rn. 218, 586).

☞ Wird die beantragte Beiordnung unter Hinweis auf die mangelnde Notwendigkeit abgelehnt, sollte der Verteidiger weiter prüfen, ob die Beiordnung aufgrund spezialgesetzlicher Normen möglich ist (vgl. oben Rn. 217).

d) Zur Beiordnung bei mehreren Verteidigern

223 **aa)** In welcher Weise Dolmetscherkosten zu erstatten sind, wenn für den Beschuldigte mehrere Verteidiger tätig werden, ist bislang nur für den Fall entschieden, dass neben dem Wahlverteidiger ein Pflichtverteidiger beigeordnet wird. Ist zur Verfahrenssicherung neben dem Wahlverteidiger ein Pflichtverteidiger beigeordnet worden, sind gemäß § 464a II Nr. 2 StPO i.V.m. § 91 II ZPO nur die Dolmetscherkosten des Pflichtverteidigers erstattungsfähig[355].

bb) In konsequenter Fortführung dieser Rechtsprechung dürften sämtliche Dolmetscherkosten erstattungsfähig sein, wenn dem Beschuldigten ein zweiter Pflichtverteidiger beigeordnet worden ist, d.h. das Gericht die Mitwirkung eines zweiten Pflichtverteidigers für erforderlich hält.

cc) Mandatiert der Beschuldigte mehrere Wahlverteidiger, dürfte nur dem ersten Wahlverteidiger ein Erstattungsanspruch zustehen[356].

e) Zur Beiordnung eines auswärtigen Dolmetschers

224 Zieht der Verteidiger einen auswärtigen Dolmetscher hinzu, obwohl am Besprechungsort öffentlich bestellte bzw. allgemein vereidigte Dolmetscher vorhanden sind, ist die Erstattung entstandener Mehrkosten abzulehnen[357].

---

352 *OLG Düsseldorf* NJW 1980, 2655; *OLG Düsseldorf* NStZ 1986, 128; *OLG Stuttgart* StV 1986, 491; *OLG Zweibrücken* NJW 1980, 2143; a.A. *Kühne* Die Kosten für den Dolmetscher im Strafverfahren, FS-Schmidt S. 33, 40/41; *Sommer* Verteidigung und Dolmetscher, StraFo 1995, 45, 49.

353 *BGH* StV 2001, 1, 3.

354 *BVerfG* NJW 2004, 50, 51.

355 *OLG Düsseldorf* StraFo 1998, 246, 247.

356 Vgl. *OLG Hamm* StraFo 1996, 90, 91.

357 *LG Koblenz* NStZ-RR 2001, 351.

Dies gilt es insbesondere dann zu beachten, wenn der Verteidiger die Kommunikation in der Muttersprache ermöglichen will, obwohl der Mandant eine weit verbreitete „Drittsprache" versteht; der umstrittenen Rechtsprechung[358] folgend ist dann nämlich damit zu rechnen, dass die Erstattung von Mehrkosten abgelehnt wird, „da es nicht notwendig gewesen sei, einen auswärtigen Spezialisten hinzuziehen". Ob das entsprechende Kostenrisiko zugunsten einer besseren Kommunikation in Kauf genommen werden soll, bedarf einer Abwägung im konkreten Einzelfall.

5. Dolmetscherkosten in besonderen Verfahrensarten/-abschnitten

Hinsichtlich der Erstattung von Dolmetscherkosten in besonderen Verfahrensarten/-abschnitten gilt Folgendes: **225**

a) Bußgeldverfahren

Wird die Mitwirkung eines Dolmetschers im Bußgeldverfahren erforderlich, gelten die unter 4. dargestellten Grundsätze entsprechend[359]. **226**

b) Privatklageverfahren

Da sich der Privatbeklagte wie der Angeklagte im Offizialverfahren dem Vorwurf einer strafbaren Handlung ausgesetzt sieht und er daher gleichermaßen Anspruch auf ein rechtsstaatliches faires Verfahren hat, ist ihm – soweit erforderlich – auch im Privatklageverfahren ein Dolmetscher beizuordnen; von den insoweit entstehenden Kosten ist er auch im Falle seiner Verurteilung befreit[360]. **227**

Demgegenüber hat der Privatkläger im Falle des Freispruchs neben den Verfahrenskosten auch die Dolmetscherkosten zu tragen; Art. 3 I GG wird dadurch nicht verletzt, da die Belastung mit den Dolmetscherkosten – als Teil der Verfahrenskosten – keine Folge der mangelnden Sprachkenntnis, sondern eine Folge der Tatsache ist, dass der Privatkläger das Strafverfahren anstelle der Staatsanwaltschaft betrieben und dadurch die Dolmetscherkosten verursacht hat[361]. Vertritt der Rechtsanwalt die Interessen des Privatklägers, sollte er seinen Mandanten auf diesen Umstand hinweisen.

358 Vgl. oben Rn. 203.
359 Vgl. *EGMR* NJW 1985, 1273 ff.; *LG Ansbach* NJW 1979, 2484; a.A. *Vogler* Das Recht auf unentgeltliche Beiziehung eines Dolmetschers, EuGRZ 1979, 640, 646.
360 *BVerfG* NStZ 1981, 230.
361 *BVerfG* aaO.

c) Nebenklage

228 Anders als dem Angeklagten soll dem Nebenkläger kein Anspruch auf unentgeltliche Beiziehung eines Dolmetschers zustehen.

Sei ein Beteiligter der deutschen Sprache nicht hinreichend mächtig – so die Argumentation des BGH –, müsse gem. § 185 GVG ohnehin ein Dolmetscher hinzugezogen werden, so dass ein besonderes Bedürfnis für die „unentgeltliche Beiordnung“ nicht bestehe[362].

Mag diese Argumentation im Rahmen der Hauptverhandlung zutreffend sein[363], stößt sie gleichwohl auf Bedenken, wenn die Beiordnungsentscheidung bereits im Ermittlungsverfahren begehrt wird; hält man sich vor Augen, dass durch Erlass des Zeugenschutzgesetzes vom 30.04.1998[364] die Rechte des Opfers gestärkt werden sollten, erscheint es zweifelhaft, die kostenlose Beiordnung eines Rechtsanwalts vorzusehen (vgl. §§ 397a, 406g StPO), die unentgeltliche Beiordnung eines Dolmetschers jedoch abzulehnen. Sowohl die Entstehungsgeschichte als auch die Gesetzessystematik sprechen also jedenfalls dann für die kostenlose Beiordnung, wenn die Voraussetzungen für die Beiordnung eines Rechtsanwalts gem. § 406g StPO gegeben sind.

d) Verfahren gem. §§ 25 ff. EuRAG

229 Besondere Probleme wirft auch die Tätigkeit ausländischer Rechtsanwälte im Inland auf, sofern der ausländische Anwalt mit seinem Mandanten in fremder Sprache kommunizieren will. Gem. § 28 I EuRAG darf der ausländische Rechtsanwalt nur im Einvernehmen mit einem deutschen Kollegen – sog. Einvernehmensanwalt – tätig werden, so dass das Gespräch zwischen dem ausländischen Rechtsanwalt und seinem Mandanten übersetzt werden muss, wenn der Einvernehmensanwalt seine in § 30 I EuRAG normierten Pflichten erfüllen will. Wird ein Dolmetscher tätig, stellt sich sogleich die weitere Frage, wer die dadurch entstehenden Kosten zu tragen hat.

Nach Ansicht des KG[365] richtet sich die Kostenerstattung nach den allgemeinen Vorschriften (Nr. 9005 S. 1 KVGKG); Art. 6 III e MRK bilde keine taugliche Rechtsgrundlage, die unentgeltliche Beiordnung eines Dolmetschers zu rechtfertigen. Nach dieser Vorschrift bestehe ein entsprechender Anspruch nämlich nur, sofern der Angeklagte die Verhandlungssprache nicht beherrsche; dies sei jedoch nicht der Fall, wenn der Angeklagte das Gespräch mit seinem ausländischen Rechtsanwalt in fremder Sprache führe. Die Notwendigkeit der Hinzuziehung resultiere somit allein aus der gesetzlichen Regelung des § 30 I EuRAG, so dass für eine unentgeltliche Beiordnung kein Raum sei.

Diese Meinung ist abzulehnen.

362 *BGH* NStZ 2003, 218.
363 Vgl. aber auch Rn. 340 unter dd).
364 BGBl. I 1998, 820.
365 *KG* NStZ 2002, 52, 53.

Die Tatsache, dass ein ausländischer Rechtsanwalt tätig wird, vermag daran nichts zu ändern, dass auch der deutsche Einvernehmensanwalt als Verteidiger fungiert. Kann dieser ausschließlich mittels Dolmetscher kommunizieren, ist nach höchstrichterlicher Rechtsprechung[366] – unabhängig von den Vermögensverhältnissen des Mandanten – ein Dolmetscher beizuordnen. Daneben ist zu berücksichtigten, dass § 30 II EuRAG dem Gericht die Möglichkeit eröffnet, den unmittelbaren Kontakt zwischen dem ausländischen Rechtsanwalt und seinem Mandanten zu eröffnen. Wird von dieser Möglichkeit kein Gebrauch gemacht, wird dem Mandanten der Einvernehmensanwalt und damit der Dolmetscher „aufgezwungen". Auch dies spricht gegen eine Kostenerstattung nach den „allgemeinen Vorschriften", so dass im Ergebnis die unentgeltliche Beiordnung den Vorzug verdient.

e) Untersuchungshaft und Strafvollzug

Besondere Probleme wirft die Frage der Erstattungsfähigkeit solcher Dolmetscherkosten auf, die im Rahmen der Besuchsüberwachung, Postkontrolle, etc. entstehen; insoweit sei auf die Darstellung „Der Dolmetscher in der Untersuchungshaft" (vgl. Rn. 290 ff.) verwiesen. Im Übrigen gelten die unter 4. dargestellten Grundsätze entsprechend. **230**

f) Abschiebehaft

Nach Ansicht des LG Lübeck[367] soll auch im Rahmen der Abschiebehaft ein Anspruch auf unentgeltliche Hinzuziehung eines Dolmetschers bestehen. Zwar handele es sich insoweit weder um ein zivilrechtliches Verfahren noch um eine strafrechtliche Anklage i.S.d. Art. 6 Abs. 1 S. 1 MRK; die Situation sei jedoch dem Strafverfahren vergleichbar, so dass aus rechtsstaatlichen Gründen eine analoge Anwendung der Vorschrift geboten sei. **231**

B. Die Übersetzung gerichtlicher Sachentscheidungen

Essentielle Bedeutung kommt auch der Übersetzung von gerichtlichen Sachentscheidungen zu; andernfalls verfügt der Mandant über ein erhebliches Informationsdefizit, welches negative Auswirkungen auf die Effizienz der Verteidigung haben kann. **232**

Eine scheinbar klare Ausgangslage schafft insoweit Nr. 181 II RiStBV, wonach dem sprachunkundigen Ausländer „Ladungen, Haftbefehle, Strafbefehle, Anklageschriften und sonstige gerichtliche Sachentscheidungen" mit einer Übersetzung in eine ihm verständliche Sprache bekannt zugeben sind. Trotz des klaren Wortlauts stellt die Übersetzung gerichtlicher Sachentscheidungen keineswegs die Regel dar. Ein Anspruch des Beschuldigten wird von der h.M. nur in engen Grenzen – z.B. bei der Anklageschrift – anerkannt. Im Einzelnen gilt Folgendes:

366 *BGH* StV 2001, 1 ff.
367 *LG Lübeck* StraFo 2004, 130/131.

1. Aktenauszug

233 **a)** Die schriftliche oder mündliche Übersetzung des gesamten Akteninhalts oder wesentlicher Teile davon kann der Angeklagte – nach h.M.[368] – nicht verlangen.

Nach deutschem Verfahrensrecht – so das OLG Düsseldorf[369] – habe ein Beschuldigter keinen Anspruch auf Akteneinsicht. Ebenso wenig könne er beanspruchen, dass ihm vom Gericht wesentliche Teile der Akten in Abschrift oder Ablichtung überlassen werden. Folglich komme auch eine Übersetzung einzelner Aktenteile nicht in Betracht. Ein entsprechender Anspruch könne auch nicht aus der MRK hergeleitet werden, da diese nur verlange, dass der Angeklagte vom Grund der Anklage Kenntnis erlange.

Abgesehen davon, dass diese Argumentation, nachdem auch das deutsche Strafprozessrecht dem Beschuldigten ein beschränktes Akteneinsichtsrecht zubilligt (§ 147 VII StPO), obsolet geworden ist, vermag die Ansicht des OLG Düsseldorf auch der Sache nach nicht zu überzeugen. Der Senat übersieht, dass der Verteidiger zur Weitergabe der durch die Akteneinsicht erlangten Kenntnisse an den Beschuldigten berechtigt, i.d.R. sogar verpflichtet ist; in gleichem Umfang, wie er ihn über den Akteninhalt mündlich unterrichten darf, ist er prozessual auch berechtigt, dem Beschuldigten Abschriften oder Ablichtungen des Akteninhalts zu überlassen. Auch die Aushändigung einer vollständigen Kopie ist nach allgemeiner Ansicht zulässig.[370] Wie soll aber der Verteidiger diese Rechte und Pflichten gegenüber seinem Mandanten wahrnehmen, wenn die Übersetzung der Akte bzw. der wesentlichen Aktenteile unterbleibt?! Wird die Übersetzung einzelner Aktenteile – unter Hinweis auf die h.M. – verweigert, stellt dies eine Ungleichbehandlung des ausländischen Beschuldigten dar, die im Ergebnis Art. 3 GG verletzt. Ein Anspruch auf schriftliche Übersetzung des Akteninhalts oder wesentlicher Teile davon, wird also jedenfalls dann gegeben sein, wenn die mündliche Übersetzung durch einen Dolmetscher nicht ausreicht, um eine effiziente Strafverteidigung sicherzustellen[371], so z.B. in Umfangsverfahren. Gleiches gilt für Strafverfahren, in denen der genaue Wortlaut einzelner Zeugenaussagen von besonderer Bedeutung ist.

☞ Ein Sonderproblem stellt die Übersetzung von Tonbandaufzeichnungen dar.

Insbesondere in Großverfahren ist es keine Seltenheit, dass im Rahmen der Telefonüberwachung mehrere tausend Telefongespräche aufgezeichnet werden. Um den Aktenumfang nicht aufzublähen, treffen die Ermittlungsbehörden regelmäßig eine Vorauswahl und nehmen nur „verfahrensrelevante" Gespräche zur Akte. Will der Verteidiger die „Verfahrensrelevanz" weiterer Gespräche prüfen, ist er darauf

368 *OLG Düsseldorf* MDR 1986, 958; *OLG Hamm* NStZ-RR 1999, 158, 159; *Meyer-Goßner* StPO, Rn. 18 zu Art. 6 MRK; a.A. *OLG Hamm* NStZ-RR 2001, 223, sofern die genaue Kenntnis der Akten für eine effektive Verteidigung unerlässlich ist.

369 *OLG Düsseldorf* MDR 1986, 958.

370 *Meyer-Goßner* StPO, § 147 Rn. 20; KK-*Laufhütte* StPO, § 147 Rn. 12 jeweils m.w.N.

371 So nun auch *OLG Hamm* NStZ-RR 2001, 223.

angewiesen, alle aufgezeichneten Gespräche abzuhören. Während dies – abgesehen vom Zeitaufwand – regelmäßig keine Probleme bereitet, sofern die Gespräche in deutscher Sprache geführt worden sind, können Schwierigkeiten auftreten, wenn der Verteidiger die Hilfe eines Dolmetschers benötigt, um den Gesprächsinhalt zu erschließen. Zum einen hat er zu beachten, dass die insoweit entstehenden Dolmetscherkosten im Fall der Verurteilung dem Mandanten auferlegt werden können[372]; zum anderen ist oftmals nicht bekannt, dass der Verteidiger berechtigt ist, Tonbandaufzeichnungen in Gegenwart eines Dolmetschers abzuhören. Ebenso wenig kann die Anwesenheit des Beschuldigten verwehrt werden. Zwar hat dieser kein eigenes Akteneinsichtsrecht; begleitet er jedoch seinen Verteidiger, nimmt der Beschuldigte keine eigenen Rechte war. Vielmehr ist allein die Ausgestaltung des dem Verteidiger zustehenden Akteneinsichtsrechts betroffen, so dass sich dieser des Beschuldigten als Hilfsmittels bedienen kann[373].

Hält der Verteidiger nach Sichtung der Tonbandaufzeichnungen weitere Gespräche für „verfahrensrelevant", hat er schließlich zu beachten, dass § 147 StPO keinen Anspruch begründet, alle in fremder Sprache geführten Telefongespräche übersetzen zu lassen[374]. Folglich sind die Gespräche – insbesondere dem Inhalt nach – exakt zu bezeichnen, sofern ein entsprechender Beweisantrag gestellt wird; andernfalls droht die Gefahr, dass die beantragte Übersetzung unterbleibt.

b) Wird die beantragte schriftliche Übersetzung einzelner Aktenteile verweigert, bleibt dem Verteidiger nichts anderes übrig, als dem Mandanten den Akteninhalt durch eine mündliche Übersetzung des Dolmetschers zu vermitteln. Der Mandant sollte sich dann schriftliche Aufzeichnungen machen, um so den wesentlichen Inhalt schriftlich festzuhalten.

2. Anklageschrift

a) Die Anklageschrift ist nach einhelliger Ansicht[375] in einer dem ausländischen Angeschuldigten verständlichen Sprache mitzuteilen. **234**

b) Obwohl dem Angeschuldigten ein Anspruch auf Übersetzung der Anklageschrift zusteht, finden sich insbesondere in Verfahren vor den Amtsgerichten immer noch ausländische Angeklagte, die nur eine in deutscher Sprache verfasste Anklageschrift erhalten haben. Dieser Mangel sollte im Zwischenverfahren gerügt werden, verbunden mit dem Antrag, die Anklageschrift in einer dem Angeschuldigten verständlichen Sprache erneut zuzustellen. Lässt sich der Mangel bis zu Beginn der Hauptverhandlung nicht beheben, stellt sich die Frage, wie auf die unterbliebene Übersetzung sachgerecht zu reagieren ist.

372 *BVerfG* NJW 2004, 1095, 1097.
373 *OLG Köln* StV 1995, 12; KK-*Laufhütte* StPO, § 147 Rn. 9.
374 *OLG Koblenz* NStZ 1995, 611; KK-*Laufhütte* a.a.O.
375 *OLG Düsseldorf* StV 2001, 498; *OLG Düsseldorf* VRS 68, 119, 120; *LG Essen* NJW 1966, 1624; *OLG Hamburg* NStZ 1993, 53; *OLG Stuttgart* StV 2003, 490; KK-*Tolksdorf*, StPO, § 201 Rn. 4 m.w.N.

Die Vorschrift des § 201 StPO dient der Unterrichtung des Angeschuldigten über den ihm gemachten Vorwurf; sie sichert zugleich die Gewährung des rechtlichen Gehörs vor der Entscheidung über die Eröffnung des Hauptverfahrens[376]. Ist der Angeschuldigte mangels Sprachkenntnis nicht in der Lage, den Inhalt der Anklageschrift zu verstehen, wird diese Informationsfunktion nicht erfüllt. Eine dem Angeklagten nicht verständliche Anklageschrift hat somit faktisch die gleiche Wirkung, als würde eine Anklageschrift gar nicht vorliegen[377].

Obwohl es danach nahe liegt, den Fall der unterlassenen Übersetzung dem der unterbliebenen Mitteilung gleichzusetzen, ist dem die Rechtsprechung bislang nicht bzw. nur bedingt gefolgt.

Nach Ansicht des OLG Düsseldorf[378] soll es ausreichend sein, dass die Anklageschrift in der Hauptverhandlung durch den Dolmetscher mündlich übersetzt wird.

Das OLG Hamburg[379] will dem nur in einfach gelagerten Fällen folgen; ihre Grenzen finde eine solche Sachbehandlung nämlich dort, wo der Angeklagte die Anklage inhaltlich verstehen und gegebenenfalls mit seinem Verteidiger vor der Hauptverhandlung erörtern können müsse, um ausreichend Zeit und Gelegenheit zur Vorbereitung seiner Verteidigung zu haben. Sei dies nicht gewährleistet, sei nach den zu § 265 III, IV StPO entwickelten Maßstäben zu entscheiden, ob die Hauptverhandlung auszusetzen ist.

Die zuvor zitierte Rechtsprechung verkennt Tragweite und Bedeutung der Anklageschrift. Die Mitteilung der Anklageschrift soll den Angeschuldigten in die Lage versetzen, seine Verteidigung vorzubereiten. Erst nach Kenntnis des Anklagevorwurfs wird es dem Angeschuldigten möglich sein, Beweisanträge zu stellen, Zeugen zu benennen oder in anderer Weise effektiv zu seiner Verteidigung beizutragen. Wird der Angeklagte erstmalig in der Hauptverhandlung mit dem Tatvorwurf konfrontiert, ist es in der Regel nicht mehr möglich, eigene Ermittlungen durchzuführen. Der Angeklagte ist dann auf das Vorbringen von Beweisanregungen beschränkt, denen das Gericht nur in Ausübung seiner allgemeinen Aufklärungspflicht nachgehen muss, so dass diese nicht selten unbeachtet bleiben. Steht der Angeklagte vor Gericht unter starken psychischen Druck, wird es ihm zudem aufgrund der emotionalen Anspannung oftmals nicht möglich sein, weiteres entlastendes Beweismaterial vorzubringen. Ein Erfahrungssatz, wonach es in „einfach gelagerten Fällen" einer solchen Vorbereitung nicht bedarf, existiert nicht; zu Recht sieht Art. 6 III b MRK eine entsprechende Einschränkung nicht vor.

---

376 KK-*Tolksdorf* StPO, § 201 Rn. 1.

377 So auch *Rüther* Strafverteidigung von Ausländern, Rn. 216.

378 *OLG Düsseldorf* VRS 68, 119, 120; vgl. auch *BVerfG* NJW 2004, 1443, wonach es der mündlichen Übersetzung nicht bedarf, wenn dem des Lesens kundigen ausländischen Angeklagten eine schriftliche Übersetzung des in deutscher Sprache verlesenen Anklagesatzes überlassen wird.

379 *OLG Hamburg* NStZ 1993, 53; *OLG Düsseldorf* NJW 2003, 2766, 2767; so auch *Meyer-Goßner* StPO, Rn. 18 zu Art. 6 MRK; KK-*Tolksdorf* StPO, § 201 Rn. 4; a.A. wohl *OLG Stuttgart* StV 2003, 490; *OLG Hamm* StV 2003, 491 m.w.N.

Trotz der abweichenden Rechtsprechung und den eher bescheidenen Erfolgsaussichten eines Aussetzungsantrages sollte die mangelnde Übersetzung der Anklageschrift und das daraus resultierende Verteidigungsdefizit stets gerügt werden; es sollte darauf hingewiesen werden, dass die Kenntnis der Anklageschrift eine der Grundvoraussetzungen effektiver Strafverteidigung darstellt. Unterbleibt die Rüge, kann dies einen schweren (taktischen) Fehler darstellen.

Zum einen erblickt die ständige Rechtsprechung[380] im Unterlassen des Aussetzungsantrages einen Verzicht auf die Geltendmachung des Mangels. Die Rüge, die später nicht nachgeholt werden kann, muss also noch vor Vernehmung des Angeklagten zur Sache angebracht werden; andernfalls kann die Revision auf die fehlerhafte Ablehnung des Aussetzungsantrages nicht gestützt werden. Zum anderen sind Gericht und Staatsanwaltschaft in Anbetracht der sonst drohenden Aussetzung nicht selten bereit, eine sachgerechte Verständigungslösung herbeizuführen. Die Rüge und die anschließende Diskussion mündet nicht selten in einen „Vergleich".

Der unverteidigte Angeklagte muss in Ausübung der richterlichen Fürsorgepflicht auf die Möglichkeit der Aussetzung hingewiesen werden. Wird der Hinweis – wie so oft – unterlassen, kann der darin liegende Verstoß gegen das Gebot des fairen Verfahrens die Revision begründen[381].

3. Bußgeldbescheid

a) Ebenso wie die Anklageschrift ist auch der Bußgeldbescheid – nach einhelliger **235**
Ansicht[382] – dem Betroffenen in einer ihm verständlichen Sprache mitzuteilen.

b) Unterbleibt die Übersetzung des Bußgeldbescheids, ist hinsichtlich der Rechtsfolgen zunächst auf die Darstellung bzgl. der Anklageschrift zu verweisen. Hinsichtlich der Frage des Aussetzungsanspruchs gelten die dort gemachten Ausführungen entsprechend.

Darüber hinaus treten besondere Probleme auf, wenn der Bußgeldbescheid dem der deutschen Sprache nicht mächtigen Ausländer ohne eine ihm verständliche Rechtsbehelfsbelehrung zugestellt wird und in Folge der mangelnden Übersetzung die fristgemäße Einlegung des Einspruchs unterbleibt. In diesem Zusammenhang stellt sich insbesondere die Frage, ob dem Ausländer die beantragte Wiedereinsetzung in den vorherigen Stand mit der Begründung verwehrt werden darf, er habe sich nicht ernsthaft genug um die Übersetzung der Bußgeldentscheidung bemüht.

Während das Bundesverfassungsgericht[383] zunächst entschied, dass der sprachunkundige Ausländer in diesem Falle nicht anders behandelt werden könne, als wenn

380 Vgl. KK-*Tolksdorf* StPO, § 201 Rn. 21 m.w.N.; *BGH* NStZ 1982, 125; *OLG Stuttgart* StV 2003, 490.
381 *OLG Düsseldorf* wistra 2001, 159; *OLG Stuttgart* StV 2003, 490.
382 *LG Heilbronn* StV 1987, 192 f.; vgl. *Meyer-Goßner* StPO, Rn. 18 zu Art. 6 MRK.
383 *BVerfG* NJW 1975, 1597.

die Rechtsmittelbelehrung unterblieben wäre (§ 44 S. 2 StPO), schränkte es diese Rechtsprechung in einer zweiten Entscheidung[384] erheblich ein. Zwar könne dem Ausländer grundsätzlich nicht zum Vorwurf gemacht werden, dass er sich um eine Übersetzung nicht bemüht habe; denn dieser Vorwurf lasse außer Acht, dass dem Betroffenen der drohende Fristablauf aufgrund der unterbliebenen Übersetzung unbekannt geblieben sei[385]. Die Rechtsschutzgarantien der Art. 19 IV GG und Art. 103 I GG schützten jedoch denjenigen nicht, der der Wahrnehmung seiner Rechte mit einer „vermeidbaren Gleichgültigkeit" gegenüberstehe. Ein derartiger Tatbestand könne zum Beispiel dann gegeben sein, wenn der Betroffene den Inhalt des Bußgeldbescheids jedenfalls insoweit erfasst habe, dass es sich um ein amtliches Schriftstück mit einer ihn belastenden Verfügung handele, und er sich gleichwohl binnen eines Monats nicht Gewissheit über den genauen Inhalt verschaffe[386].

Der Ansicht des Bundesverfassungsgerichts ist dem Grundsatz nach zuzustimmen.

Bedenklich erscheint jedoch diese Rechtsprechung, sofern dadurch die gesetzlich vorgesehene 2-Wochen-Frist (§ 67 I OWiG) im Wege der Rechtsfortbildung durch eine Monatsfrist ersetzt wird. Wann eine „vermeidbare Gleichgültigkeit" gegeben ist, ist eine Frage des Einzelfalls und somit der Verallgemeinerung nicht zugänglich.

Daneben ist die Rechtsprechung des Bundesverfassungsgerichts auch dahingehend einzuschränken, dass dem Ausländer jedenfalls dann die Wiedereinsetzung nicht versagt werden darf, wenn die unterbliebene Übersetzung auf einer „vermeidbaren Gleichgültigkeit" der Behörde, d.h. auf einer Verletzung des fairen Verfahrens beruht. Lassen sich die fehlenden Sprachkenntnisse des Betroffenen dem Akteninhalt entnehmen und erlässt die Behörde gleichwohl einen in deutscher Sprache abgefassten Bußgeldbescheid, kann dem Betroffenen später nicht entgegengehalten werden, er habe es in „vermeidbarer Gleichgültigkeit" versäumt, sich um eine Übersetzung zu bemühen. Jede andere Betrachtungsweise stünde dem Grundsatz des fairen Verfahrens entgegen.[387]

4. Haftanordnung

236 **a)** Ob die im Rahmen des Abschiebungsverfahrens ergangene Haftanordnung in eine dem Ausländer verständliche Sprache zu übersetzen ist, ist umstritten.

Das BayObLG[388] lehnt dies unter Hinweis auf den Rechtscharakter des Abschiebungshaftverfahrens ab; gerichtliche Entscheidungen und Verfügungen in einem Verfahren der Freiwilligen Gerichtsbarkeit seien lediglich in deutscher Sprache

384 *BVerfGE* 42, 120 ff.; so auch *Meyer-Goßner* StPO, § 44 Rn. 22 m.w.N.
385 *BVerfGE* 42, 120, 125.
386 *BVerfGE* 42, 120, 127; vgl. auch *VerfGH* Berlin JR 2001, 101, 102.
387 Vgl. auch *Staudinger* Dolmetscherzuziehung und/oder Verteidigerbeiordnung bei ausländischen Beschuldigten, StV 2002, 327, 329; *BVerfG* NJW 2004, 2887 ff.
388 *BayObLG* NJW 1977, 1596.

niederzulegen und bekannt zu machen. Dem stünde auch Art. 5 II MRK nicht entgegen, da dem darin enthaltenen Schutzzweck bereits durch die zwingende Vorschrift des § 5 I FreihEntzG i.V.m. §§ 8 FGG, 185 GVG Rechnung getragen werde. Danach sei der Ausländer, wenn er der deutschen Sprache nicht mächtig sei, unter Zuziehung eines Dolmetschers mündlich anzuhören. Art. 5 II MRK werde also dann genügt, wenn der Haftanordnungsbeschluss im Anschluss an die Anhörung durch den Dolmetscher mündlich übersetzt werde.

Die Ansicht des BayObLG überzeugt nicht; die Haftanordnung steht ihren Wirkungen nach der Anordnung von Untersuchungshaft gleich. Muss aber der die Untersuchungshaft auslösende Haftbefehl – nach allgemeiner Ansicht[389] – zusammen mit einer schriftlichen Übersetzung bekannt gegeben werden, kann für die Haftanordnung nicht anderes gelten. Folgerichtig fordert das OLG Bremen[390], dass auch der Beschluss über die Haftanordnung in einer dem Ausländer verständlichen Sprache zugestellt wird. Die bloße mündliche Übersetzung genüge nicht; der Betroffene müsse selbst anhand einer Übersetzung des Beschlusses nachprüfen können, ob die angeführten Gründe zutreffend seien und ein Rechtsmittel Erfolg verspreche.

b) Unterbleibt die Übersetzung der Haftanordnung und hat auch die Beschwerde keinen Erfolg, muss dem Mandanten der Inhalt der Beschlusses durch eine mündliche Übersetzung des Dolmetschers vermittelt werden; auch insofern empfiehlt es sich, dass der Mandant zur Gedächtnisstütze schriftliche Aufzeichnungen anfertigt.

5. Haftbefehl

a) Eine Abschrift des Haftbefehls ist dem Ausländer zusammen mit einer Übersetzung in einer ihm verständlichen Sprache auszuhändigen[391]. **237**

b) Unterbleibt die Übersetzung des Haftbefehls, ist gegen die ablehnende Entscheidung des Ermittlungsrichters die Beschwerde statthaft.

6. Haftentscheidungen

a) Anders als beim Haftbefehl soll der sprachunkundige Ausländer nach Auffassung des OLG Stuttgart[392] grundsätzlich keinen Anspruch auf eine schriftliche Übersetzung weiterer Haftentscheidungen haben. Der Ausländer werde über die Haftgründe bereits durch die Übersetzung des Haftbefehls ausreichend in Kenntnis gesetzt, so dass es einer weiteren Übersetzung von Haftentscheidungen nur ausnahmsweise bedürfe, so z.B. wenn der Haftbefehl im Beschwerdeverfahren in wesentlichen Punkten abgeändert werde. **238**

---

389 *Meyer-Goßner* StPO, § 114a Rn. 5; KK-*Boujong*, StPO, § 114a Rn. 7.
390 *OLG Bremen* InfAuslR 1980, 260, 262 m. Anm. *Strate*.
391 *Meyer-Goßner* aaO.; KK-*Boujong* StPO, aaO.
392 *OLG Stuttgart* Die Justiz 1986, 307.

Die vom OLG Stuttgart vorgenommene Einschränkung vermag nicht zu überzeugen.

Art. 5 MRK bestimmt, dass jeder Mensch ein Recht auf Freiheit und Sicherheit hat und dieses Recht nur auf dem gesetzlich vorgeschriebenen Wege entzogen werden darf. Zwar bezieht sich die Verpflichtung, jeden Festgenommenen unverzüglich in einer ihm verständlichen Sprache über die Gründe seiner Festnahme und die gegen ihn erhobenen Beschuldigungen zu unterrichten, ihrem Wortlaut nach (Art. 5 II MRK) nur auf den „Erstzugriff"; gemäß Art. 5 III S. 2 MRK hat jedoch jede inhaftierte Person einen Rechtsanspruch auf Aburteilung innerhalb angemessener Zeit oder Haftentlassung während des Verfahrens. Daneben räumt Art. 5 IV MRK dem seiner Freiheit Beraubten das Recht ein, „ein Verfahren zu beantragen, in dem von einem Gericht unverzüglich über die Rechtmäßigkeit der Haft entschieden wird und im Falle der Widerrechtlichkeit seine Entlassung angeordnet wird". Die vorgenannten Rechte liefen leer, wenn dem Inhaftierten Haftentscheidungen – z.B. die Entscheidungen bzgl. Haftfortdauer und Haftbeschwerde – ausschließlich in einer ihm nicht verständlichen Sprache zugestellt würden.[393]

b) Unterbleibt eine schriftliche Übersetzung einzelner Haftentscheidungen, verbleibt auch insofern lediglich die mündliche Übersetzung durch den Dolmetscher.

7. Ladungen

239 Ladungen bedürfen nach Ansicht des OLG Hamm[394] keiner Übersetzung in eine dem Angeklagten bzw. Betroffenen verständliche Sprache. Ebenso wenig werde die Wirksamkeit der Ladung tangiert, wenn deren Übersetzung unterbliebe; die gegenteilige Ansicht würde zu einer erheblichen Rechtsunsicherheit führen. Zudem sei der Angeklagte bzw. Betroffene durch die Möglichkeit der Wiedereinsetzung in ausreichendem Maße geschützt.

Der Entscheidung ist dem Grundsatz nach zuzustimmen. Der Rechtsverkehr fordert – zu Recht – Rechtsklarheit; es geht nicht an, dass die Wirksamkeit einzelner gerichtlicher Entscheidungen von den individuellen Umständen des Einzelfalles abhängig sein soll. Andernfalls bliebe es mitunter monatelang in der Schwebe, ob der Rechtsakt Wirksamkeit entfaltet oder nicht.

Das OLG Hamm schießt jedoch weit über das Ziel hinaus, wenn es im entschiedenen Fall der Angeklagten die Wiedereinsetzung unter Hinweis auf die ihr anzulastende „vermeidbare Gleichgültigkeit" verweigert und dabei unbeachtet lässt, dass die polnische Angeklagte – aktenkundig – der deutschen Sprache nicht mächtig war. Die Missachtung dieses Umstandes und die darin zum Ausdruck kommende Verletzung des „fair trails", muss in jedem Falle zur Wiedereinsetzung führen. Im Ergebnis verdient also das Judikat keine Zustimmung.

393 I.E. ebenso SK-*Paeffgen* StPO, § 114a Rn. 6.
394 *OLG Hamm* JMBl.NW 1981, 166 f.

8. Rechtsbehelfsbelehrung

Nach Ansicht des Bundesverfassungsgerichts[395] steht dem Beschuldigten grundsätzlich kein Anspruch auf Übersetzung der Rechtsbehelfsbelehrung zu. **240**

Dem liegt wohl die Vorstellung zugrunde, dass der die Frist versäumende, sprachunkundige Ausländer, durch die Möglichkeit der Wiedereinsetzung in den vorherigen Stand ausreichend Schutz genießt[396]. Dem ist zuzustimmen, sofern bei der Wiedereinsetzungsentscheidung dem Grundsatz des fairen Verfahrens ausreichend Rechnung getragen wird[397].

9. Strafbefehl

a) Auch der Strafbefehl[398] – nicht jedoch der Strafbefehlsantrag[399] – ist dem sprachunkundigen Ausländer zusammen mit einer schriftlichen Übersetzung bekannt zu machen. **241**

b) Unterbleibt die schriftliche Übersetzung, gelten die zum Bußgeldbescheid gemachten Ausführungen entsprechend.

10. Urteilsgründe

a) Die wohl umstrittenste Frage im Zusammenhang mit der Übersetzung gerichtlicher Sachentscheidungen ist die, ob dem Angeklagte ein Anspruch auf Übersetzung der schriftlichen Urteilsgründe zusteht. Während eine im Schrifttum vertretene Mindermeinung[400] dem Angeklagten einen entsprechenden Anspruch zubilligt, wird dies durch die ständige höchstrichterliche Rechtsprechung[401] jedenfalls dann abgelehnt, wenn der Angeklagte durch einen Rechtsanwalt verteidigt wird. **242**

Das Recht auf ein rechtsstaatliches, faires Strafverfahren verbiete es zwar, den der deutschen Sprache nicht mächtigen Angeklagten zu einem unverstandenen Objekt

395 *BVerfGE* 42, 120, 125.
396 Vgl. *BVerfG* aaO.
397 Vgl. oben 3. Bußgeldbescheid (Rn. 235).
398 *LG Aachen* NStZ 1984, 283; *Meyer-Goßner* StPO, Rn. 18 zu Art. 6 MRK; vgl. auch *LG München* II NJW 1972, 405.
399 *LG Aachen* aaO.; *Meyer-Goßner* aaO.
400 *Sieg* Urteilsübersetzung für sprachunkundige Ausländer, MDR 81, 281 ff.; *ders.*, Anspruch auf Übersetzung eines Urteils, MDR 1983, 636 f.; *Römer* Anspruch auf Urteilsübersetzung, NStZ 1981, 474 ff.; *Strate* Dolmetscherkosten im Strafverfahren, AnwBl. 1980, 15, 16; *Rüther* Strafverteidigung von Ausländern, Rn. 278 ff.; SK-*Paeffgen* StPO, § 114a Rn. 6; so wohl auch *Heldmann* Ausländer und Strafjustiz, StV 1981, 251, 253.
401 *BVerfGE* 64, 135 ff.; so auch *BGH* GA 1981, 262 f.; *OLG Frankfurt* NJW 1980, 1238 f.; *OLG Stuttgart* NJW 1980, 1238; *OLG Stuttgart* MDR 1983, 256 f.; *OLG Stuttgart* Die Justiz 1981, 217 f.; *Kühne*, Die Kosten für den Dolmetscher im Strafverfahren, FS-Schmidt S. 33, 40; *Basdorf* Strafverfahren gegen der deutschen Sprache nicht mächtige Beschuldigte, GS-Meyer S. 19, 26 ff.

des Verfahrens herabzuwürdigen; er müsse in die Lage versetzt werden, die ihn betreffenden wesentlichen Verfahrensvorgänge verstehen und sich im Verfahren verständlich machen zu können, weshalb ihm in weitem Umfang Verständigungshilfen zu gewähren seien. Sei der Angeklagte jedoch durch einen Rechtsanwalt verteidigt, lasse sich dem Recht auf ein rechtsstaatliches, faires Strafverfahren kein Anspruch des Inhalts entnehmen, dass ihm das Gericht das schriftlich niedergelegte Strafurteil in einer ihm verständlichen Sprache bekannt gebe[402].

Durch die Mitwirkung des Dolmetschers sei sichergestellt, dass dem Angeklagten sowohl die Urteilsformel als auch die Eröffnung der Urteilsgründe übersetzt werden; habe die Hauptverhandlung entgegen § 185 GVG ohne die Mitwirkung eines Dolmetschers stattgefunden, stelle dies einen absoluten Revisionsgrund dar, der auf die zulässig erhobene Verfahrensrüge zur Aufhebung des fehlerhaften Urteils führe. Das Interesse des Angeklagten an sachgerechter Unterrichtung sei dadurch in ausreichendem Maße geschützt[403].

Dieser Rechtsansicht stünde auch der Umstand, dass mit der Revision ausschließlich die schriftlichen Urteilsgründe angegriffen werden können, nicht entgegen, da es die Strafprozessordnung dem Angeklagten verwehre, seine Revision selbst zu begründen. Sie schreibe vor, dass die Revision des Angeklagten nur zu Protokoll der Geschäftsstelle oder in einer vom Verteidiger unterzeichneten Schrift begründet werden darf. Die Rechtsprechung habe § 345 II StPO seit jeher dahingehend ausgelegt, dass sich der Verteidiger an der Revisionsbegründung gestaltend beteiligen und für deren Inhalt die Verantwortung übernehmen müsse. Weiter sei der Revisionsführer mit „rein tatsächlichen" Einwendungen abgeschnitten, da die Revision ausschließlich Rechtsfragen betreffe, zu deren sachgerechter Erörterung allein der Verteidiger berufen sei. Eine effektive Verteidigung des Angeklagten sei daher – in der Revisionsinstanz – ausreichend gewährleistet, wenn der von Gesetzes wegen für die Revisionsbegründung verantwortliche Rechtsanwalt das schriftliche Urteil kenne. Er sei zur Rechtfertigung der Revision berufen und verpflichtet. Auf rechtliche Hinweise des Angeklagten sei der Rechtsanwalt bei der Revision nicht angewiesen. Nur ausnahmsweise, „wenn eine sinnvolle, die Begründung der Revision fördernde Kommunikation mit dem Angeklagten anders nicht möglich ist", könne es angezeigt sein, Teile der Urteilsgründe übersetzen zu lassen. Eine schriftliche Übersetzung der gesamten Urteilsgründe werde aber auch in diesem – seltenem – Ausnahmefall rechtsstaatlich nicht veranlasst sein[404].

Der Grundsatz, dass ein der deutschen Sprache nicht mächtiger Ausländer keinen Anspruch auf Übersetzung der schriftlichen Urteilsgründe hat, gilt nach Ansicht des OLG Stuttgart[405] schließlich auch dann, wenn gegen das betreffende Urteil Berufung eingelegt worden ist. Das Berufungsgericht urteile, sofern das Rechtsmittel nicht beschränkt worden sei, ausschließlich auf Grund der von ihm durchgeführten Beweisaufnahme und sei an die in erster Instanz getroffenen Feststellun-

402 *BVerfG* NJW 1983, 2762, 2763.
403 *BVerfG* NJW 1983, 2762, 2764.
404 *BVerfG* NJW 1983, 2762, 2765.
405 *OLG Stuttgart* MDR 1983, 256/257.

gen und Erwägungen nicht gebunden. Unter diesen Voraussetzungen gebiete es der Grundsatz eines fairen Verfahrens nicht, über die mündliche Übersetzung des erstinstanzlichen Urteils in der Berufungshauptverhandlung hinaus dem Verurteilten eine Übersetzung der schriftlichen Urteilsgründe zu überlassen.

Diese ständige Rechtsprechung ist zu Recht erheblicher Kritik ausgesetzt.

Ganz abgesehen davon, dass die Tätigkeit des Verteidigers im Revisionsverfahren eine „Hilfeleistung“ bleiben muss, d.h. nicht über den Kopf des Angeklagten hinweg erfolgen darf[406], verkennt die h.M., dass das schriftliche Urteil eine „richtungsweisende Entscheidung“ darstellt, die den Angeklagten, nicht nur im weiteren Strafverfahren, begleitet.

Zum einen muss sich der Angeklagte in einer neuen Tatsachenverhandlung auf das im Urteil Gesagte, z.B. hinsichtlich der Beweisführung, einstellen können. Wurde Berufung eingelegt, ist das angefochtene Urteil zu verlesen (§ 324 I S. 2 StPO); es bildet die Grundlage der Berufungshauptverhandlung, ebenso wie die Anklageschrift und der zu verlesende Anklagesatz in erster Instanz[407]. Muss die Anklageschrift übersetzt werden, um dem Angeklagten die effektive Vorbereitung seiner Verteidigung zu ermöglichen, leuchtet es nicht ein, weshalb das Urteil, welches in der Berufungsinstanz die gleiche Funktion wie die Anklageschrift erfüllt, dem sprachunkundigen Angeklagten lediglich in deutscher Sprache bekannt gegeben werden soll.

Zum anderen ist zu berücksichtigen, dass das Urteil in zahlreichen weiteren Verfahren die einzige bzw. wichtigste Entscheidungsgrundlage darstellt. Auf Basis des Urteils wird über Wiederaufnahme- oder Gnadengesuche ebenso entschieden wie bei Anträgen auf vorzeitige bedingte Entlassung aus der Strafhaft. Im Ausweisungsverfahren stellt das Urteil oft die einzige Erkenntnisquelle dar. Wie soll aber der Ausländer seine Interessen sachgerecht wahrnehmen, wenn er das Urteil mangels Sprachkenntnis nicht versteht?! Wird auch der Antrag auf Beiordnung eines Pflichtverteidigers – wie so oft – abgelehnt, ist eine sachgerechte Verteidigung faktisch unmöglich. Bereits der Umstand, dass das Urteil den Verurteilten einen nicht unerheblichen Teil seines Leben „begleitet“, macht also die Übersetzung der schriftlichen Urteilsgründe erforderlich; jede andere Betrachtungsweise verstieße gegen zwingende Grundsätze des Verfassungsrechts.

b) Will der Verteidiger trotz der ständigen anders lautenden Rechtsprechung einen Antrag auf Übersetzung der schriftlichen Urteilsgründe stellen, sollte er sich an der hierzu ergangenen Entscheidung des Bundesverfassungsgerichts orientieren. Wie bereits ausgeführt, hat das Bundesverfassungsgericht die Ansicht vertreten, dass eine schriftliche Übersetzung einzelner Urteilsteile verfassungsrechtlich angezeigt sein könne, „wenn eine sinnvolle, die Begründung der Revision fördernde Kommunikation mit dem Angeklagten anders nicht möglich ist“[408]; ob diese

406 So auch *Römer* Anspruch auf Urteilsübersetzung, NStZ 1981, 474, 475.
407 Vgl. *Sieg* Anspruch auf Übersetzung eines Urteils, MDR 1983, 636, 637.
408 *BVerfG* NJW 1983, 2762, 2765.

Grundsätze auch außerhalb des Revisionsverfahrens gelten, hat es darüber hinaus ausdrücklich offen gelassen. Es liegt also am Verteidiger im Rahmen der Antragsbegründung einen von der Entscheidung des Bundesverfassungsgerichts abweichenden Ausnahmefall darzulegen. Insoweit sollte auf die besondere Bedeutung der schriftlichen Urteilsgründe für weitere Verfahren(-sabschnitte) hingewiesen werden.

Unterbleibt die Übersetzung der schriftliche Urteilsgründe, verbleibt auch insofern lediglich die Möglichkeit der mündlichen Übersetzung durch den Dolmetscher.

243

	Anspruch auf Übersetzung		**Rechtsbehelf/-folge bei unterbliebener Übersetzung**			
	Ja	**Nein**	**kein(e)**	**Wieder-einsetzung**	**Aussetzung**	**Beschwerde**
Aktenauszug		✓	✓			
Anklageschrift	✓				✓	
Bußgeldbescheid	✓			✓	✓	
Haftanordnung	umstritten					
Haftbefehl	✓					✓
Haftent-scheidungen		✓	✓			
Ladungen		✓		✓		
Rechtsmittel-belehrung		✓		✓		
Strafbefehl	✓			✓	✓	
Urteilsgründe		✓	✓			

C. Zur Wirksamkeit fremdsprachiger Eingaben

244 Unabhängig davon, ob der Beschuldigte die schriftliche Übersetzung einzelner gerichtlicher Sachentscheidungen beanspruchen kann, stellt sich – „spiegelbildlich“ – die weitere Frage, wie fremdsprachige Eingaben des Beschuldigten zu behandeln sind, insbesondere, ob diese geeignet sind, fristwahrend zu wirken.

1. Einlegung des Rechtsbehelfs/-mittels

Entgegen einer weit verbreiteten Ansicht[409] nimmt der BGH in ständiger Rechtsprechung[410] an, dass fremdsprachige Eingaben des Beschuldigten nicht geeignet seien, laufende Rechtsbehelfs/-mittelfristen zu wahren; diese Rechtsfolge ergebe sich aus § 184 GVG, wonach die Gerichtssprache deutsch sei. Die Bestimmung sei zwingender Natur, von Amts wegen zu beachten und der Verfügungsmacht des Beschuldigten entzogen. Sie gelte nicht nur für die gerichtlichen Verhandlungen und Entscheidungen, sondern auch für den gesamten Schriftverkehr mit dem Gericht. Hierfür spreche Wortlaut und Zweck der Vorschrift. Im Interesse der Vereinfachung, der Rechtsklarheit und der Rechtssicherheit müsse sichergestellt sein, dass die schriftliche Eingabe für das deutsche Gericht und die übrigen Verfahrensbeteiligten schon im Zeitpunkt des Zugangs aus sich heraus verständlich sei und nicht erst der zeitraubenden Erforschung ihres Inhalts durch Einschaltung verfahrensfremder Personen bedürfe[411]. Soweit die Gegenansicht[412] auf zahlreiche verwaltungsrechtliche Bestimmungen (§ 23 VwVfG, § 19 SGB X, § 87 AO 1977) bzgl. der Behandlung und Wirksamkeit fremdsprachiger Eingaben verweise, seien diese als Sonderregelungen und nicht als Ausfluss allgemeiner Rechtsprinzipien anzusehen[413]. 245

Der Ansicht des BGH wird zu Recht entgegengehalten, dass diese zu seltsamen Konsequenzen führt; muss etwa die in holprigstem „Ausländer-Deutsch" abgefasste Eingabe – „Urteil nix gut; müssen machen kaputt"[414] – als fristwahrend behandelt werden, soll dies für korrekt formulierte Eingaben in einer (dem Richter verständlichen) gängigen europäischen Fremdsprache – etwa Englisch – nicht gelten!? Zudem verkennt der BGH, dass es dem Ausländer oftmals – z.B. aufgrund der Haftsituation – nicht möglich sein wird, die kurzen Rechtsmittelfristen einzuhalten, wenn er zunächst einen Dolmetscher hinzuziehen muss[415]. Nicht zuletzt entstehen Wertungswidersprüche, wenn der Bundesgerichtshof gleichwohl die Ansicht vertritt, der Beschuldigte habe einen Anspruch auf kostenlose Übersetzung schriftlich oder mündlich abgegebener Erklärungen.[416] Billigt man nämlich dem Beschuldigten einen entsprechenden Anspruch zu, liefe dieser im Ergebnis leer, sofern die fremdsprachige Eingabe nicht geeignet ist, fristwahrend zu wirken. Die

409 *LG Berlin* JR 1961, 384; *OLG Frankfurt* NJW 1980, 1173; *VGH München* NJW 1976, 1048; *Schneider* Deutsch als Gerichtssprache, MDR 1979, 534 ff.; *Meyer* „Die Gerichtssprache ist deutsch" – auch für Ausländer?, ZStW 1981, 507, 527; vgl. auch *OLG Düsseldorf* NStZ-RR 2000, 215 f.; LR-*Schäfer* StPO, § 184 GVG Rn. 4.
410 *BGHSt* 30, 182 ff.; so auch *KG* JR 1977, 129 f.; *Meyer-Goßner* StPO, § 184 GVG Rn. 2; KK-*Diemer* StPO, § 184 GVG Rn. 2.
411 *BGHSt* 30, 182/183.
412 *OLG Frankfurt* NJW 1980, 1173; *Schneider* Deutsch als Gerichtssprache, MDR 1979, 534.
413 *BGHSt* 30, 182, 184.
414 *Schneider* Deutsch als Gerichtssprache, MDR 1979, 534, 535.
415 *LG Berlin* JR 1961, 384.
416 Vgl. *BGH* StV 2001, 1, 3.

besseren Gründe sprechen demnach dafür, fremdsprachige Eingaben als zulässig anzusehen[417].

☞ Nach allgemeiner Meinung[418] gehört zu einer ordnungsgemäßen Rechtsbehelfsbelehrung der Hinweis, dass der Rechtsbehelf in deutscher Sprache eingelegt werden muss; unterbleibt dieser Hinweis, ist dem der deutschen Sprache nicht mächtigen Ausländer regelmäßig Wiedereinsetzung in den vorherigen Stand zu gewähren, wenn seine fremdsprachige Eingabe als unzulässig verworfen wird. Bevor der Verteidiger also die ständige Rechtsprechung des BGH angreift, sollte er stets prüfen, ob ein Wiedereinsetzungsantrag Aussicht auf Erfolg hat.

2. Rücknahme des Rechtsbehelfs-/mittels

246 Einem deprimierenden Irrtum unterliegt der Verteidiger, wenn er glaubt, dass für die fremdsprachige Rücknahme des Rechtsmittels die vom BGH aufgestellten Grundsätze entsprechend gelten. Nach ständiger Rechtsprechung des BGH[419] steht der Wirksamkeit der Rücknahmeerklärung nicht entgegen, dass diese in einer fremden Sprache abgefasst worden ist; einen Widerspruch vermag der BGH insoweit nicht zuerkennen. „Die Entscheidung (...) BGHSt 30, 182 betrifft einen anderen Fall.“[420] Dass diese Entscheidung argumentativ nicht zu überzeugen vermag, bedarf keines weiteren Kommentars.

II. Notwendige Verteidigung bei Ausländern

247 Ausländische Mandanten verfügen nicht selten über Verteidigungsdefizite, die ihre (un-)mittelbare Ursache in der Ausländereigenschaft des Angeklagten finden. Die sprachliche Barriere kann die Verteidigung ebenso erschweren wie die völlige Unkenntnis des deutschen Rechtssystems. Liegt kein gesetzlich benannter Fall der notwendigen Verteidigung (§ 140 I StPO) vor – so z.B. die Anstaltsunterbringung nach § 140 I Nr. 5 StPO, bei deren Dauer auch Straf- und Untersuchungshaft im Ausland[421] sowie die Dauer der Auslieferungshaft[422] hinzuzurechnen sind (!) –, stellt sich sogleich die Frage, ob die Beiordnung eines Pflichtverteidigers gemäß § 140 II StPO geboten ist.

---

417 Einschränkend *OLG Frankfurt* NJW 1980, 1173, das fremdsprachige Eingaben nur dann als unzulässig ansieht, wenn das Gericht dem Ausländer aufgibt, eine Übersetzung nachzureichen und dieser der Aufforderung nicht nachkommt, obwohl er hierzu in der Lage ist.

418 *BGHSt* 30, 182, 185 m.w.N.; *OLG Frankfurt* StV 1987, 518.

419 *BGH* Beschl. v. 21. 10. 1986 – 1 StR 433/86, zitiert bei *Pfeiffer/Miebach* NStZ 1987, 221; *BGH* NStZ 2000, 553; vgl. auch *BGH* Beschl. v. 24.10.2001 – 2 StR 430/01, zitiert bei *Becker* NStZ-RR 2002, 257, 261.

420 *BGH* Beschl. v. 21. 10. 1986 – 1 StR 433/86, zitiert bei *Pfeiffer/Miebach* NStZ 1987, 221.

421 *OLG Koblenz* NStZ 1984, 522.

422 Vgl. *Meyer-Goßner* StPO, § 140 Rn. 16.

A. Beiordnungsgründe

1. Generelle Beiordnung bei sprachunkundigen Ausländern?

Zum Teil[423] – insbesondere im Schrifttum[424] – wird die Ansicht vertreten, bereits die mangelhafte Beherrschung der deutschen Sprache mache die Beiordnung eines Pflichtverteidigers erforderlich. Das diese progressive Sicht von weiten Teilen der obergerichtlichen Judikatur[425] – leider immer noch – nicht geteilt wird, belegt ein Blick in die am Ende dieses Kapitels abgedruckte „Schnellübersicht“. **248**

Zwar sei – so die Argumentation der Oberlandesgerichte[426] – bei sprachbedingten Verständigungsschwierigkeiten das Vorliegen eines unbenannten Falles der notwendigen Verteidigung (§ 140 II StPO) eher in Betracht zu ziehen; bestehe jedoch das Verteidigungsdefizit allein in der Sprachbarriere und könne dieses durch die Beiordnung eines Dolmetschers ausgeglichen werden, sei die Bestellung eines Pflichtverteidigers nicht erforderlich. Es sei kein Grund ersichtlich, den der deutschen Sprache nicht mächtigen Angeklagten besser zu stellen, als denjenigen, der die Verhandlungssprache beherrsche[427]. Würde dem sprachunkundigen Angeklagten, ohne Rücksicht auf sonstige Verteidigungsdefizite, ein Verteidiger beigeordnet, würde zudem – contra legem – ein weiterer benannter Fall der notwendigen Verteidigung geschaffen. Die generelle Beiordnung stelle einen „Akt der Rechtssetzung“ dar, der allein dem Gesetzgeber vorbehalten sei[428].

Die Auffassung der ständigen obergerichtlichen Rechtsprechung vermag nicht zu überzeugen. Bereits die mangelhafte Beherrschung der Verhandlungssprache begründet ein Verteidigungsdefizit, dass allein durch die Beiziehung eines Dolmetschers nicht ausgeglichen werden kann. Wie soll etwa der Angeklagte „plädieren“, wenn ihm aus dem Schlussvortrag der Staatsanwaltschaft lediglich der Antrag übersetzt wird (vgl. § 259 I StPO)!? Wie soll er sein Fragerecht (sinnvoll) ausüben,

423 *LG Baden-Baden* StV 1983, 236; *LG Freiburg* StV 1991, 458; *LG Köln* StV 1990, 59; *LG Osnabrück* StV 1984, 506; *LG Tübingen* StV 1992, 154; *LG Zweibrücken* MDR 1994, 85; *OLG Zweibrücken* StV 1988, 379.

424 *Molketin* Auslegung und Anwendung des § 140 Abs. 2 StPO, AnwBl. 1980, 442, 448; *Rüther* Strafverteidigung von Ausländern, Rn. 65 ff., 81; *Strate* Pflichtverteidigung bei Ausländern, StV 1981, 46, 48; a.A. *Staudinger* Dolmetscherzuziehung und/oder Verteidigerbeiordnung bei ausländischen Beschuldigten, StV 2002, 327, 329; *Tag* Anm. zu BGH JR 2002, 124, 125.

425 *OLG Düsseldorf* NJW 1989, 677 f.; *OLG Frankfurt* StV 1997, 573 ff.; *OLG Hamm* NStZ 1990, 143 f.; *OLG Hamm* StV 1995, 64 f.; *OLG Hamm* JMBl.NW 1996, 236 f.; *OLG Koblenz* MDR 1994, 1137; *OLG Koblenz* VRS 99, 56 f.; *OLG Köln* NJW 1991, 2223 f.; *OLG Stuttgart* StV 1987, 240; *OLG Stuttgart* Die Justiz 1994, 245 f.; so wohl auch *BGH* StV 2001, 1, 2.

426 *OLG Hamm* StV 1995, 64, 65; *OLG Karlsruhe* NStZ 1987, 522; *OLG Köln* NJW 1991, 2223, 2224; so auch *BVerfGE* 64, 135, 150 m.w.N.

427 *OLG Hamm* NStZ 1990, 143.

428 *OLG Frankfurt* StV 1997, 573, 574; *OLG Köln* aaO.; *OLG Hamm* aaO.; *OLG Hamm* StV 1995, 64, 65.

wenn ihm – wie so oft – die Aussage des Zeugen lediglich, als „Ergebnisbericht" zusammengefasst, übermittelt wird[429]!? Wie soll der nicht verteidigte Ausländer prüfen, ob der Dolmetscher seine Aufgabe gewissenhaft erfüllt, d.h. eine Ablehnung in Betracht zu ziehen ist[430]!? Im deutschen Strafprozess, in dem allein der mündlich vorgetragene und erörterte Prozessstoff, d.h. das „gesprochene Wort", dem Urteil zugrunde gelegt werden darf[431], stellt die Sprache mehr als ein bloßes „Verständigungsmittel" dar. Der Grundsatz der Mündlichkeit bedingt, dass eine (effektive) Verteidigung allenfalls dem sprachkundigen Angeklagten möglich ist; die mangelhafte Beherrschung der Verhandlungssprache führt somit zur Unfähigkeit der Selbstverteidigung (§ 140 II 3. Alt. StPO) und gebietet die Beiordnung eines Pflichtverteidigers.

Eine unzulässige Ausdehnung der gesetzlichen Regelung (§ 140 I StPO) ist durch diese Auslegung – entgegen der Ansicht der ständigen obergerichtlichen Rechtsprechung – nicht gegeben. Der Gesetzgeber verwendet eine Generalklausel, wenn der Gesetzeswortlaut von der Belastung mit Details freigehalten und zugleich die Gefahr ungewollter Einengung des Anwendungsbereichs vermieden werden soll[432]. Methodisch soll also – unter Verzicht auf namentliche Nennung – eine Vielzahl verschiedener Fallgruppen geregelt werden. Die Subsumtion weiterer Lebenssachverhalte unter die Norm stellt also das erklärte Ziel des Gesetzgebers dar, so dass die konsequente Anwendung der Vorschrift nicht als „unzulässige Ausdehnung der Regelung" aufgefasst werden kann.

☞ Verspricht der allein auf die Sprachprobleme gestützte Beiordnungsantrag aufgrund der abweichenden obergerichtliche Rechtsprechung geringen bzw. keinen Erfolg, sollte geprüft werden, ob weitere Umstände vorliegen, die insgesamt geeignet sind, einen unbenannten Fall der notwendigen Verteidigung (§ 140 II StPO) zu begründen. Trotz umfangreicher Kasuistik und der Tatsache, dass hinsichtlich einzelner Fallgruppen eine klare Zuordnung zu den verschiedenen Tatbestandsalternativen (§ 140 II 1.–3. Alt. StPO) bislang nicht erfolgt ist, existiert für bestimmte wiederkehrende Fallkonstellationen eine als gefestigt zu bezeichnende Rechtsprechung.

2. Schwere der Tat (§ 140 II 1. Alt. StPO)

249 Die „Schwere der Tat" beurteilt sich in erster Linie nach der zu erwartenden Rechtsfolgeentscheidung[433]; dabei sind neben der Straferwartung[434] auch sonstige negative Folgen einer Verurteilung zu berücksichtigen.

429 So auch *LG Tübingen* StV 1992, 154; *Strate* Pflichtverteidigung bei Ausländern, StV 1981, 46, 47.
430 So auch *Strate* aaO.; vgl. auch *Molketin* Auslegung und Anwendung des § 140 Abs. 2 StPO, AnwBl 1980, 442, 445.
431 Vgl. *Meyer-Goßner* StPO, § 261 Rn. 7 m.w.N.
432 Vgl. *Larenz* Methodenlehre, S. 203 f.
433 *Meyer-Goßner* StPO, § 140 Rn. 23 m.w.N.
434 *Meyer-Goßner* aaO.

Kommt die Bestellung des Pflichtverteidigers aufgrund der vergleichsweise geringen Straferwartung nicht in Betracht, ist die Beiordnung bei ausländischen Beschuldigten in der Regel dennoch geboten, wenn der Angeklagte in Folge einer rechtskräftigen Verurteilung mit ausländerrechtlichen Konsequenzen – insbesondere der Ausweisung – rechnen muss[435]. Dem liegt die Vorstellung zugrunde, dass die Ausweisung aus dem Bundesgebiet oftmals wesentlich härtere Folgen nach sich zieht, als die Vollstreckung einer kurzzeitigen Freiheitsstrafe.

Die positive Beiordnungsentscheidung setzt nicht voraus, dass die ausländerrechtlichen Konsequenzen eine zwingende Folge der Verurteilung darstellen; die „Schwere der Tat" liegt bereits vor, wenn Maßnahmen nach dem Ausländergesetz drohen[436]. Ob dies der Fall ist, ist oftmals schwer zu beurteilen, da dem Ausländeramt in den meisten Fällen ein Ermessensspielraum eröffnet ist. Insoweit bieten jedoch die einschlägigen Verwaltungsrichtlinien (vgl. Rn. 18 ff.) einen ausreichenden Argumentationsspielraum. In Grenzfällen sollte zusätzlich darauf hingewiesen werden, dass – je nach Lage des Einzelfalles[437] – selbst eingestellte Strafverfahren zum Nachteil des Ausländers verwertet werden können.

Ist der Angeklagte dagegen unabhängig von der strafrechtlichen Entscheidung zur Ausreise verpflichtet, bedarf es der Beiordnung eines Verteidigers nur dann, wenn weitere Beiordnungsgründe gegeben sind[438].

3. Schwierigkeit der Sach- und Rechtslage (§ 140 II 2. Alt. StPO)

Die Notwendigkeit von Akteneinsicht, einer umfangreichen Beweisaufnahme oder der Beweisführung mittels sachverständiger Hilfe macht bereits bei deutschen Beschuldigten – aufgrund der „Schwierigkeit der Sach- und Rechtslage" – die Mitwirkung eines Verteidigers erforderlich[439]. Auch insofern gilt, dass bei sprachunkundigen Ausländern ein Beiordnungsgrund bereits auf niedrigerem Niveau gegeben ist[440]. Im Einzelnen bedeutet dies: **250**

a) Nach zutreffender Ansicht des OLG Stuttgart[441] ist dem Angeklagten ein Pflichtverteidiger beizuordnen, wenn dieser der deutschen Sprache nicht mächtig ist und aufgrund der Berufung der Staatsanwaltschaft die Verschärfung der erstinstanzlich verhängten Strafe droht. **251**

b) Ebenso liegt ein Fall notwendiger Verteidigung vor, wenn aufgrund vorhandener Widersprüche zwischen der Einlassung des sprachunkundigen Angeklagten **252**

435 *BayObLG* StV 1993, 180; *LG Berlin* StV 1994, 11; *LG Berlin* StV 2005, 15; *LG Hannover* StV 2002, 300; *LG Heilbronn* NStZ-RR 2002, 269; *OLG Karlsruhe* StraFo 2002, 193; *AG Lüneburg* StV 1992, 223; *OLG Schleswig* SchlHA 1996, 93; *LG Stade* StV 1998, 125; a.A. *LG Hamburg* StV 1998, 327, 328.
436 S. Fußn. 435.
437 Vgl. *BVerwG* InfAuslR 1986, 273 f. m.w.N.
438 *OLG Karlsruhe* StraFo 2002, 193.
439 Vgl. *Meyer-Goßner* StPO, § 140 Rn. 26 ff. m.w.N.
440 S. Fußn. 426.
441 *OLG Stuttgart* StV 1987, 240.

und den Angaben einzelner Zeugen die detaillierte Befragung der Zeugen erforderlich wird[442].

Ist eine kritische Auseinandersetzung mit einzelnen Zeugenaussagen erforderlich, kann dieses Verteidigungsdefizit durch die Beiordnung eines Dolmetschers allein nicht ausgeglichen werden. Die „Schwierigkeit der Sach- und Rechtslage“[443] gebietet die Bestellung eines Pflichtverteidigers.

253 **c)** Auch die Herkunft aus einem fremden Kulturkreis und die damit verbundene Unkenntnis des deutschen Rechtssystems macht – nach ständiger Rechtsprechung – die Beiordnung eines Pflichtverteidigers erforderlich.

Ob das aus der Herkunft des Angeklagten resultierende Verteidigungsdefizit eine „schwierige Sach- und Rechtslage“ begründet[444] oder die Mitwirkung des Verteidigers unter dem Gesichtspunkt der „Unfähigkeit zur Selbstverteidigung“ erforderlich macht[445], kann letztlich dahingestellt bleiben. Der letztgenannten Ansicht dürfte allerdings zuzustimmen sein, da das Verteidigungsdefizit in der Person des Angeklagten begründet liegt.

254 **d)** Kommen Vorschriften des AufenthG zur Anwendung, kann die Beiordnung eines Pflichtverteidigers auch bei einfacheren Normen – fortgesetzter Aufenthalt im Geltungsbereich des AufenthG, ohne erforderliche Duldung – aufgrund der „Schwierigkeit der Sach- und Rechtslage“ geboten sein[446].

255 **e)** Eine schwierige Sach- und Rechtslage ist schließlich auch dann gegeben, wenn gegen den Beschuldigten ein Einreiseverbot besteht und es für die Teilnahme an der Hauptverhandlung einer besonderen Betretenserlaubnis bedarf.[447]

4. Unfähigkeit zur Selbstverteidigung (§ 140 II 3. Alt. StPO)

256 Die Verteidigungsfähigkeit des Angeklagten richtet sich nach seinen geistigen Fähigkeiten, seinem Gesundheitszustand und den sonstigen Umständen des Einzelfalles; insoweit ist § 140 II 3. Alt. StPO bereits anwendbar, wenn an der Fähigkeit zur Selbstverteidigung erhebliche Zweifel bestehen.

Nach allgemeiner Ansicht ist daher die Anwendung dieser Tatbestandsalternative (§ 140 II 3. Alt. StPO) stets zu prüfen, wenn der Angeklagte als Ausländer Verstän-

---

442 *OLG Frankfurt* StV 1997, 573, 574; *OLG Hamm* StV 1995, 64, 65.

443 Vgl. auch *OLG Stuttgart* Die Justiz 1994, 245, nach dessen Ansicht in diesem Fall die Mitwirkung eines Verteidigers aufgrund der „Unfähigkeit zur Selbstverteidigung“ (§ 140 II 2. Alt. StPO) erforderlich ist.

444 So *LG Braunschweig* StV 1994, 476; *LG Freiburg* StV 1986, 472; a.A. *OLG Stuttgart* VRS 99, 73, 75 für sehr einfach gelagerte Sachverhalte.

445 So *LG Aachen* StV 1991, 457; *OLG Brandenburg* StV 2000, 69; *LG Hannover* StV 1987, 382; *OLG Hamm* AnwBl. 1980, 31; *LG Heilbronn* StV 1984, 506; *OLG Karlsruhe* NStZ 1991, 504; *LG Landshut* StV 1994, 239; *LG Münster* StV 1981, 441, 442; *LG Oldenburg* StV 1990, 104; *OLG Stuttgart* Die Justiz 1994, 245; a.A. *LG Hamburg* StV 1998, 327.

446 *LG Hagen* StV 1987, 382; *OLG Stuttgart* StV 2002, 298.

447 *LG Aachen* StraFo 2001, 170; *OLG Stuttgart* NStZ-RR 2004, 338/339.

digungsschwierigkeiten hat. Wenn auch die generelle Beiordnung von der ständigen obergerichtlichen Rechtsprechung immer noch abgelehnt wird (vgl. oben), soll sie doch „die Regel darstellen". Die Beiordnung eines Pflichtverteidigers ist demnach erforderlich, wenn zu den Sprachproblemen des Angeklagten folgende Umstände hinzutreten:

a) Wie bereits dargestellt, ist die Mitwirkung eines Verteidigers – nach h.M. unter dem Gesichtspunkt der Unfähigkeit zur Selbstverteidigung – erforderlich, wenn der Angeklagte der deutschen Sprache nicht mächtig und aufgrund der Herkunft aus einem fremden Kulturkreis nicht in der Lage ist, dem Verfahrensgang zu folgen bzw. seine Verteidigung danach auszurichten. **257**

b) Ebenso liegt ein Fall der notwendigen Verteidigung vor, wenn der beigezogene Dolmetscher nur eine dem Angeklagten verständliche „Drittsprache" spricht[448]. **258**

Wird die Übersetzung in ausgefallene Sprachen – z.B. „Twi" bei Ghanesen – erforderlich, steht oftmals kein geeigneter Dolmetscher zur Verfügung; ist dem Angeklagten die Möglichkeit verwehrt, in seiner Muttersprache zu kommunizieren, ist es – insbes. bei Afrikanern – üblich, dem Angeklagten einen Dolmetscher für die im Heimatland gesprochene Amtssprache – z.B. Englisch oder Französisch – beizuordnen. Diese „Drittsprache" wird vom Angeklagten oftmals nur unvollkommen beherrscht, so dass das daraus resultierende Verteidigungsdefizit durch Beiziehung eines Dolmetschers allein nicht ausgeglichen werden kann. Dem Ausländer ist dann ein Rechtsanwalt beizuordnen.

c) Zwischenzeitlich überholt ist die bislang umstrittene Ansicht, wonach die Beiordnung eines Pflichtverteidigers erforderlich wird, sofern der mittellose Ausländer nicht in der Lage ist, die erforderlichen Dolmetscherkosten für Gespräche mit seinem Wahlverteidiger zu tragen[449]; in seiner Grundsatzentscheidung vom 26.10. 2000 hat der BGH[450] klargestellt, dass der Beschuldigte unabhängig von seinen finanziellen Verhältnissen einen Anspruch auf Beiordnung eines Dolmetschers hat, so dass einem sprachunkundigen Ausländer nicht allein deshalb ein Pflichtverteidiger beizuordnen sei, weil er aufgrund seiner Mittellosigkeit nicht in der Lage sei, die entstehenden Dolmetscherkosten zu tragen. **259**

d) Bedenklich erscheint die Ansicht des OLG Karlsruhe[451], wonach ein Fall notwendiger Verteidigung vorliegt, sofern die Anklageschrift unübersetzt zugestellt worden ist. Nach h.M. begründet dieser Verfahrensfehler nämlich einen Aussetzungsanspruch, auf den der unverteidigte Angeklagte hinzuweisen ist[452], so dass es der Beiordnung eines Pflichtverteidigers i.E. nicht bedarf. **260**

---

448 *OLG Celle* NStZ 1987, 521; *LG Flensburg* StV 1990, 59; *OLG Köln* NJW 1991, 2223, 2224; *LG Verden* StV 1990, 60.

449 *LG Aachen* StV 1989, 148; *BayObLG* StV 1990, 103; *LG Berlin* StV 1984, 237; *LG Gießen* StV 1992, 370; *KG* StV 1985, 184, 185; *LG Landshut* StV 1994, 239; *OLG München* StV 1986, 422; *LG Stuttgart* StV 1991, 458; a.A. *OLG Hamm* NStZ 1990, 143, 144; *LG Koblenz* MDR 1987, 431; *OLG Köln* NJW 1991, 2223, 2224.

450 *BGH* StV 2001, 1, 2.

451 *OLG Karlsruhe* StV 2002, 299; vgl. auch *OLG Karlsruhe* StraFo 2002, 193, 194.

452 Vgl. oben Rn. 234.

261 **e)** Nach Ansicht des OLG Hamm[453] muss schließlich dem sprachunkundigen Angeklagten ein Pflichtverteidiger beigeordnet werden, wenn die Anwendung von §§ 20, 21 StGB in Betracht kommt und aus diesem Grunde ein Sachverständiger hinzuziehen ist.

B. Zur Beiordnung im Ordnungswidrigkeitenverfahren

262 Gemäß § 46 I OWiG finden die Vorschriften über die notwendige Verteidigung (§ 140 I, II StPO) auch im Bußgeldverfahren Anwendung.

Obwohl es bislang an einschlägiger Rechtsprechung mangelt, dürften die unter A. dargestellten Grundsätze auch im Ordnungswidrigkeitenverfahren Geltung beanspruchen[454]; auch die einschlägige Kommentarliteratur[455] verweist auf die anerkannten Fallgruppen.

☞ Besonders hinzuweisen ist jedoch auf die zahlreichen Ordnungswidrigkeitstatbestände aus dem Arbeitsgenehmigungs-, Gewerbe- und Sozialrecht, da der (mehrfache) Verstoß gegen die vorgenannten Vorschriften die Ausweisung gemäß § 55 II Nr. 2 AufenthG rechtfertigen kann[456]; die Beiordnung eines Verteidigers ist dann aufgrund der „Schwere der Tat" erforderlich.

Zudem sind einige der vorgenannten Vorschriften – z.B. § 148 GewO – durch die Besonderheit gekennzeichnet, dass der Verstoß zur Straftat „mutiert", wenn zusätzliche Tatbestandsmerkmale – z.B. die „beharrliche Zuwiderhandlung" – hinzutreten. Da gemäß § 81 OWiG jederzeit vom Bußgeld- in das Strafverfahren übergeleitet werden kann, dürfte in vielen Fällen auch die „Schwierigkeit der Sach- und Rechtslage" eine positive Beiordnungsentscheidung gebieten.

C. Zur Beiordnung in besonderen Verfahrensarten

263 Die Tätigkeit des Strafverteidigers reicht oft weit über die Grenzen der Rechtskraft des Urteils hinaus. Neben der Strafvollstreckung und dem Strafvollzug kann auch in besonderen Verfahrensabschnitten/-arten – so z.B. im Rahmen der Rechtshilfe – ein Bedürfnis an sachgerechter Verteidigung bestehen. Auch insoweit stellt sich die Frage, ob bzw. unter welchen Voraussetzungen dem ausländischen Mandanten ein Pflichtverteidiger beizuordnen ist.

---

453 *OLG Hamm* JMBl.NW 1996, 236 f.
454 So auch *Rüther* Strafverteidigung von Ausländern, Rn. 83 ff.
455 *Göhler* OWiG, § 60 Rn. 28; KK-OWiG-*Kurz*, § 60 Rn. 33 jeweils m.w.N.
456 Vgl. *Renner* AuslG, § 46 Rn. 25 m.w.N.

1. Wiederaufnahmeverfahren

Gemäß § 364a StPO ist dem Verurteilten, der keinen Verteidiger hat, für das Wiederaufnahmeverfahren ein Pflichtverteidiger zu bestellen[457]; da die ursprüngliche Pflichtverteidigerbestellung ebenso wie die Vollmacht des Wahlverteidigers bis zur Rechtskraft des Beschlusses nach § 370 II StPO fortwirkt, liegt der Fall des § 364a StPO nur vor, wenn bisher kein Verteidiger mitgewirkt hat oder die ursprüngliche Vollmacht bzw. Pflichtverteidigerbestellung erloschen ist[458]. 264

Weitere Voraussetzung für die Beiordnung ist, neben der hinreichenden Erfolgsaussicht, die „Schwierigkeit der Sach- und Rechtslage"; ohne Bedeutung ist der Rang des Wiederaufnahmegerichts, die Schwere der Tat sowie Art und Höhe der Rechtsfolgen.

Betreibt ein der deutschen Sprache nicht mächtiger Ausländer die Wiederaufnahme des Verfahrens, ist zu berücksichtigen, dass es bereits einem Deutschen schwer fällt, sich mit den komplizierten Vorschriften des Wiederaufnahmerechts vertraut zu machen; kommt die Sprachbarriere hinzu, dürfte die Beiordnung eines Pflichtverteidigers die Regel darstellen[459].

2. Strafvollstreckung

Anders als im Wiederaufnahmeverfahren erstreckt sich die ursprüngliche Verteidigerbestellung nicht auf das Vollstreckungsverfahren; die Rechtswirkung der Bestellung endet grundsätzlich mit der Rechtskraft des Urteils und wirkt nur für Nachtragsentscheidungen, z.B. die nachträgliche Gesamtstrafenbildung (§ 460 StPO) oder das Wiederaufnahmeverfahren fort[460]. Nach heute h.M.[461] ist jedoch in entsprechender Anwendung von § 140 II StPO auch im Vollstreckungsverfahren – z.B. bei drohendem Widerruf der Strafaussetzung (§ 56f StGB) oder einem Antrag auf bedingte Entlassung (§ 57 StGB) – ein Verteidiger beizuordnen, wenn die „Schwierigkeit der Sach- und Rechtslage" oder die „Unfähigkeit des Verurteilten, seine Rechte sachgemäß wahrzunehmen", die Mitwirkung eines Rechtsanwaltes erforderlich macht. 265

In welchen Fällen von einer „schwierigen Sach- und Rechtslage" auszugehen ist, ist bislang nur vereinzelt geklärt; so ist z.B. stets ein Pflichtverteidiger beizuordnen, wenn über die Fortdauer der Unterbringung (§ 67e StGB) zu entscheiden ist[462].

---

457 Vgl. im Einzelnen *Marxen/Tiemann* Die Wiederaufnahme in Strafsachen, Rn. 300 ff.

458 Vgl. *Meyer-Goßner* StPO, § 364a Rn. 2 m.w.N.

459 Vgl. *OLG Düsseldorf* NJW 1989, 676 f.

460 *Meyer-Goßner* StPO, § 140 Rn. 33 m.w.N.

461 *Meyer-Goßner* aaO. m.w.N.; vgl. auch *Rotthaus* Pflichtverteidigung im Verfahren zur Strafaussetzung, NStZ 2000, 350 ff.

462 *BVerfGE* 70, 297, 322/323; *OLG Jena* StV 1997, 540; vgl. auch *Meyer-Goßner* StPO, § 140 Rn. 33a m.w.N.

Heftig umstritten ist jedoch, ob dem Verurteilten in entsprechender Anwendung von § 140 II 1. Alt. StPO ein Pflichtverteidiger beizuordnen ist, wenn zum Zeitpunkt der Aussetzungsentscheidung ein Strafrest von mehr als einem Jahr verbleibt. Während sich das OLG Schleswig[463] für eine entsprechende Anwendung ausspricht, lehnt dies das OLG Hamm[464] selbst dann ab, wenn der Verurteilte der deutschen Sprache nicht mächtig ist.

Die Ansicht des OLG Hamm erscheint bedenklich; im Gegensatz zu einem deutschsprachigen Verurteilten gelten für den Ausländer in der Strafvollstreckung zahlreiche Besonderheiten. Insofern ist insbesondere auf § 456a StPO zu verweisen, der der Vollstreckungsbehörde hinsichtlich der (weiteren) Vollstreckung einen Ermessensspielraum einräumt. Die Behörde hat dabei u.a. die Umstände der Tat, die Schwere der Schuld, die Größe des bisher verbüßten Teils der Strafe, das öffentliche Interesse an einer nachhaltigen Strafvollstreckung sowie die familiäre und soziale Situation des Verurteilten zu berücksichtigen[465]; dass ein (sprachunkundiger) Ausländer dieser Aufgabe nicht gewachsen ist, liegt auf der Hand.[466]

Die Beiordnung eines Pflichtverteidigers dürfte also jedenfalls dann erforderlich sein, wenn eine (Ersatz-)Freiheitsstrafe oder Maßregel der Besserung und Sicherung vollstreckt wird und daher gemäß § 456a StPO eine umfangreiche Abwägung der betroffenen Interessen zu erfolgen hat. Ob die bislang sehr restriktive Rechtsprechung dieser Ansicht folgen wird, bleibt abzuwarten.

3. Strafvollzug

266 Im Strafvollzugsverfahren ist eine Beiordnung nicht möglich[467]. Der Mandant ist auf die Möglichkeit der Beratungs- und/oder Prozesskostenhilfe zu verweisen (vgl. hierzu im Einzelnen Rn. 460).

4. Abschiebungshaft

267 Auch im Abschiebungshaftverfahren hat der mittellose Ausländer keinen Anspruch auf Beiordnung eines Pflichtverteidigers; gemäß § 3 I S. 2 FreihEntzG i.V.m. § 14 FGG gelten für die Beiordnung eines Rechtsanwaltes die Vorschriften der ZPO über die Bewilligung von Prozesskostenhilfe (vgl. Rn. 570).

---

463 *OLG Schleswig* SchlHA 1997, 153.

464 *OLG Hamm* NStZ-RR 1999, 319 f.; vgl. auch *OLG Koblenz* Beschl. v. 12.12.2000 – 1 Ws 725/00.

465 *Meyer-Goßner* StPO, § 456a Rn. 5 m.w.N.

466 So wohl auch *OLG Hamm* StraFo 2001, 394, 395.

467 *Meyer-Goßner* StPO, § 140 Rn. 33 b m.w.N.

5. Auslieferungsverfahren

a) Das Recht des Verfolgten, sich in jeder Lage des Verfahrens eines „Beistands“ zu bedienen, ist für das Auslieferungsverfahren spezialgesetzlich geregelt (§ 40 I IRG); neben dieser „rechtsstaatlichen Selbstverständlichkeit“[468] regelt § 40 IRG auch den Fall des Pflichtbeistands. § 40 IRG lautet: **268**

§ 40 Beistand

(1) Der Verfolgte kann sich in jeder Lage des Verfahrens eines Beistandes bedienen.

(2) Dem Verfolgten, der noch keinen Beistand gewählt hat, ist ein Rechtsanwalt als Beistand zu bestellen, wenn

1. wegen der Schwierigkeit der Sach- und Rechtslage die Mitwirkung eines Beistands geboten erscheint, bei Verfahren nach Abschnitt 2 des Achten Teils, insbesondere bei Zweifeln, ob die dem Ersuchen zugrundeliegende Tat nach dem Recht des ersuchenden Staates eine Strafbestimmung verletzt, die den in Artikel 2 Abs. 2 des Rahmenbeschlusses des Rates vom 13. Juni 2002 über den Europäischen Haftbefehl und die Übergabeverfahren zwischen den Mitgliedstaaten (ABl. EG Nr. L 190 S. 1) in Bezug genommenen Deliktsgruppen zugehörig ist,
2. ersichtlich ist, dass der Verfolgte seine Rechte nicht selbst hinreichend wahrnehmen kann, oder
3. der Verfolgte noch nicht achtzehn Jahre alt ist.

(3) Die Vorschriften des 11. Abschnitts des I. Buches der Strafprozessordnung mit Ausnahme der §§ 140, 141 Abs. 1 bis 3 und § 142 Abs. 2 gelten entsprechend.

Anders als das „Recht der notwendigen Verteidigung“ (§ 140 StPO) fristete der „Pflichtbeistand“ bislang ein Schattendasein; die Rechtsprechung hatte sich diesem Thema bislang nur vereinzelt angenommen, so dass neben der spärlichen, uneinheitlichen Judikatur ausschließlich auf entsprechende (Kommentar-)Literatur zurückgegriffen werden konnte (vgl. auch Rn. 270).

aa) Nach Ansicht des OLG Düsseldorf[469] stellt die Beiordnung eines Pflichtbeistands eine „seltene Ausnahme“ dar; danach rechtfertigt weder die Dauer der (vorläufigen) Auslieferungshaft noch der Umstand, dass in fast jedem Auslieferungsverfahren schwierige Rechtsfragen zu erörtern und ausländische Vorschriften zu prüfen sind, die Beiordnung eines Pflichtbeistands (§ 40 II Nr. 1 IRG). Eine „schwierige Sach- und Rechtslage“ ist nach Ansicht des Senates vielmehr nur dann gegeben, wenn in dem grundsätzlich formal gehaltenen Auslieferungsverfahren ausnahmsweise eine Überprüfung des hinreichenden Tatverdachts i.S.d. § 10 II IRG erfolgt. **269**

Dem ist die Literatur[470] zu Recht entgegengetreten. „Bei der Beurteilung der Schwierigkeit der Sach- und Rechtslage ist die komplexe Natur der Auslieferung

468 Vgl. *Schomburg/Lagodny* IRG, § 40 Rn. 1.
469 *OLG Düsseldorf* StV 1983, 453 f. m. Anm. *Schomburg*; so wohl auch *OLG Karlsruhe* GA 1987, 514 f.
470 *Schomburg/Lagodny* IRG, § 40 Rn. 12 ff.; *Vogler* in Grützner/Pötz IRG, § 40 Rn. 14 ff.

als Grenzgebiet zwischen Straf-, Strafverfahrens-, Völker- und Verfassungsrecht ebenso zu berücksichtigen wie der Auslandsbezug, der in der Regel Kenntnisse des ausländischen Straf- und Strafprozessrechts erfordert. Dadurch ist ein Laie in der Regel überfordert, seine Rechte selbst wahrzunehmen."[471]

Ob dementsprechend die Mitwirkung eines Verteidigers nur im Falle der „vereinfachten Auslieferung“ (§ 41 IRG) entbehrlich ist[472] oder die Beiordnung eines Pflichtbeistands lediglich „die Regel“ darstellt[473], wird im Schrifttum uneinheitlich beantwortet. Der BGH[474] scheint der letztgenannten Ansicht zuzuneigen, indem er in einem obiter dictum ausführt: „Denn bei einer so einschneidenden Entscheidung wie der über die Zulässigkeit der Auslieferung wird in der Regel das Rechtsstaatsprinzip, nach welchem der Staat ein faires Verfahren zu garantieren hat (...), es erfordern, dass dem – häufig nicht oder nur ungenügend der deutschen Sprache mächtigen – ausländischen Verfolgten spätestens dann ein rechtskundiger Beistand zur Seite steht, wenn der Antrag auf Entscheidung über die Zulässigkeit der Auslieferung gestellt worden ist.“ Das obiter dictum sowie die zwischenzeitlich eingetretene Gesetzesänderung (vgl. Rn. 270) sollten den Verteidiger ermutigen – unter Hinweis auf die Kommentarliteratur –, einen Beiordnungsantrag zu stellen.

270 **bb)** Liegt dem Auslieferungsersuchen ein Europäischer Haftbefehl zugrunde, ist nach Neufassung der Vorschrift auch dann ein Pflichtbeistand beizuordnen, wenn Zweifel bestehen, ob eine Katalogtat i.S.d. Art. 2 II des Rahmenbeschlusses des Rates vom 13. Juni 2002 gegeben ist (§ 40 II Nr. 1 2. Alt. IRG); Zweifel dürften bereits dann bestehen, wenn das Vorliegen einer Katalogtat nicht offensichtlich ist, so z. B. wenn der Europäische Haftbefehl nicht in deutscher Sprache übermittelt worden ist (vgl. Rn. 514). Damit hat der Gesetzgeber zugleich ausdrücklich anerkannt, dass insbesondere die Auslegung ausländischen Straf- und Strafprozessrechts die Beiordnung eines Pflichtbeistands rechtfertigen kann, so dass dies auch bei Prüfung des Tatbestandsmerkmals der „schwierigen Sach- und Rechtslage“ zu berücksichtigen sein dürfte.

271 **cc)** Sofern nicht bereits nach § 40 II Nr. 1 IRG ein Pflichtbeistand zu bestellen ist, wird die Mitwirkung eines Verteidigers oftmals aufgrund „der fehlenden Möglichkeit zur Rechtswahrnehmung“ geboten sein (§ 40 II Nr. 2 IRG). Entgegen der Ansicht des OLG Düsseldorf[475] dürften insoweit nicht vorhandene Sprachkenntnisse[476] ebenso zu berücksichtigen sein, wie mangelnde soziale Kontakte, die Herkunft aus einem fremden Kulturkreis oder fehlende finanzielle Mittel[477].

272 **dd)** Erfreulich eindeutig ist die Regelung (§ 40 II Nr. 3 IRG), wonach dem Verfolgten ein Pflichtbeistand beizuordnen ist, sofern er das achtzehnte Lebensjahr noch nicht vollendet hat.

---

471 *Vogler* in Grützner/Pötz IRG, § 40 Rn. 15.
472 So *Schomburg/Lagodny* IRG, § 40 Rn. 15.
473 So aber *Vogler* in Grützner/Pötz IRG, aaO.
474 *BGH* NStZ 1985, 222, 223 m. Anm. *Schomburg*.
475 *OLG Düsseldorf* aaO.
476 Vgl. *BGH* aaO.
477 Vgl. *Schomburg/Lagodny* IRG, § 40 Rn. 18; *Vogler* in Grützner/Pötz IRG, § 40 Rn. 22.

ee) Umstritten ist schließlich, ob trotz des klaren Wortlauts der Vorschrift (§ 40 III IRG) die Beiordnungsentscheidung auf die Vorschrift des § 140 StPO gestützt werden kann. 273

Während dies vom OLG Düsseldorf[478] unter Hinweis auf den Wortlaut und die Entstehungsgeschichte der Vorschrift abgelehnt wird, tritt ein Teil der Literatur[479] für die analoge Anwendung der Norm ein. Der Rechtsgedanke, dass ein längere Zeit Inhaftierter sich ohne Beistand durch einen Verteidiger nicht angemessen verteidigen und rechtliches Gehör verschaffen könne, gelte in besonderem Maße für das Auslieferungsverfahren, da z.B. grundrechtlich oder völkerrechtlich bedingte Auslieferungshindernisse oftmals Recherchen im Ausland voraussetzten, die der inhaftierte Verfolgte ohne Beistand überhaupt nicht oder allenfalls unter sehr erschwerten Bedingungen veranlassen könne[480].

Letztlich dürfte jedoch eine „analoge Anwendung" entbehrlich sein, da in solchen Fällen die Beiordnung eines Pflichtbeistands ohnehin geboten sein dürfte (§ 40 II Nr. 1, 2 IRG).

b) Dem unverteidigten Verfolgten ist auch dann ein Pflichtbeistand beizuordnen, wenn er zur mündlichen Verhandlung nicht vorgeführt wird und daher nicht in der Lage ist, in der Verhandlung seine Rechte wahrzunehmen (vgl. §§ 31 II S. 3, 33 IRG). 274

c) Zum Pflichtbeistand kann schließlich nur ein deutscher Rechtsanwalt oder Rechtslehrer an einer deutschen Hochschule, nicht jedoch ein Rechtsreferendar bestellt werden (vgl. § 40 III IRG i.V.m. § 142 II StPO). 275

d) Die Honorierung des Pflichtbeistands ist schließlich in VV 6100-6101 geregelt. 276

6. Vollstreckungshilfe

a) Richtet sich die Vollstreckungshilfe nach dem IRG (vgl. dort Rn. 385), verweist § 71 IV 4 IRG auf die Vorschrift des § 53 IRG, die folgenden Wortlaut hat. 277

§ 53 Beistand

(1) Der Verfolgte kann sich in jeder Lage des Verfahrens eines Beistandes bedienen.

(2) Dem Verurteilten, der noch keinen Beistand gewählt hat, ist ein Rechtsanwalt als Beistand zu bestellen, wenn

1. wegen der Schwierigkeit der Sach- und Rechtslage die Mitwirkung eines Beistands geboten erscheint,
2. ersichtlich ist, dass der Verfolgte seine Rechte nicht selbst hinreichend wahrnehmen kann, oder
3. der Verurteilte sich außerhalb des Geltungsbereichs dieses Gesetzes in Haft befindet und Zweifel bestehen, ob er seine Rechte selbst hinreichend wahrnehmen kann.

(3) Die Vorschriften des 11. Abschnitts des I. Buches der Strafprozessordnung mit Ausnahme der §§ 140, 141 Abs. 1 bis 3 und § 142 Abs. 2 gelten entsprechend.

---

478 *OLG Düsseldorf* aaO.
479 *Schomburg/Lagodny* IRG, § 40 Rn. 21/22.
480 *Schomburg/Lagodny* IRG, § 40 Rn. 22.

Die Regelung entspricht weitestgehend der des § 40 IRG, auf die insoweit verwiesen werden darf[481]. Soweit § 53 IRG den Beiordnungsgrund des § 40 II Nr. 3 IRG nicht wiederholt, ist dieses gesetzgeberische Defizit durch einen Rückgriff auf § 53 II Nr. 1 und 2 IRG zu lösen. Danach ist davon auszugehen, dass ein noch nicht 18 Jahre alter Verurteilter in jedem Fall seine Rechte in dem komplizierten Vollstreckungshilfeverfahren nicht selbst hinreichend wahrnehmen kann und die Schwierigkeit der Sach- und Rechtslage die Mitwirkung eines Beistands gebietet[482].

278 **b)** Soweit sich die Vollstreckungshilfe nach dem Übereinkommen über die Überstellung verurteilter Personen (ÜberstÜbK) richtet (vgl. dort Rn. 401 ff.), hat der deutsche Gesetzgeber die Anwendbarkeit von § 71 III, IV IRG ausgeschlossen (§ 1 ÜAG).

Nach dem Wortlaut des Gesetzes findet somit auch § 53 IRG keine Anwendung, so dass dem Verurteilten das Recht abgesprochen würde, sich durch einen Beistand vertreten zu lassen. Diese Konsequenz ist jedoch mit dem Rechtsstaatsprinzip und dem Grundsatz der fairen Verfahrensführung unvereinbar, so dass das Recht, sich eines Beistands zu bedienen, in allen Verfahren nach dem IRG, ÜAG sowie dem ÜberstÜbK besteht[483]. Folgerichtig müssen auch die Vorschriften über den notwendigen Beistand (§ 53 II IRG) entsprechend Anwendung finden[484].

7. Rechtshilfe

279 Nach zutreffender Ansicht des LG Koblenz[485] ist dem ausländischen Beschuldigten, der aufgrund eines Rechtshilfeantrages eines ausländischen Gerichts vor einem deutschen Amtsgericht vernommen werden soll, auf Antrag ein Pflichtverteidiger beizuordnen, wenn die Voraussetzungen der notwendigen Verteidigung (§ 140 StPO) gegeben sind. Bei der Vernehmung des Beschuldigten handelt es sich um eine sonstige Rechtshilfe i.S.d. § 59 IRG mit der Folge, dass die Vorschriften der notwendigen Verteidigung entsprechende Anwendung finden (vgl. § 77 IRG).

D. Zeitpunkt der Beiordnung

280 Da die große Mehrheit der ausländischen Mandanten nicht in der Lage ist, eine Wahlverteidigung zu finanzieren, sollte der Verteidiger schon aus kostenrechtlichen Erwägungen um seine frühestmögliche Beiordnung bemüht sein.

Begehrt der Verteidiger in Anbetracht dieser Ausgangslage eine schnelle Beiordnungsentscheidung, muss er sich jedoch auf Schwierigkeiten einstellen, wenn er die

481 *Schomburg/Lagodny* IRG, § 53 Rn. 4 ff.
482 *Schomburg/Lagodny* IRG, § 53 Rn. 4, vgl. auch *Grotz* in Grützner/Pötz IRG, § 53 Rn. 6.
483 *Schomburg/Lagodny* IRG, § 40 Rn. 5.
484 So auch *Rüther* Strafverteidigung von Ausländern, Rn. 349.
485 *LG Koblenz* NJW 1989, 677.

Beiordnung bereits im Vorverfahren „beantragt“. Nach h.M.[486] steht dem Beschuldigten im Ermittlungsverfahren kein eigenes Antragsrecht zu; sein Antrag sei vielmehr als „bloße Anregung“ an die Staatsanwaltschaft aufzufassen, ihrerseits einen Beiordnungsantrag zu stellen (vgl. § 141 III StPO). Komme die Staatsanwaltschaft dieser „Anregung“ nicht nach, sei die ablehnende Entscheidung unanfechtbar[487] (vgl. hierzu E.).

Diese Ansicht hat zurecht erhebliche Kritik erfahren[488]; ist eine positive Beiordnungsentscheidung ungewiss oder unterbleibt diese später aus anderen Gründen – z.B. nach erfolgter Verfahrenseinstellung gemäß § 154 I StPO –, kann der Verteidiger seinen Honoraranspruch nicht realisieren. Die Ungewissheit bzgl. der Frage der Finanzierung kann zur einer erheblichen Belastung des Vertrauensverhältnisses führen, so dass die Verteidigung dann insgesamt in Frage gestellt wird. Dass dieses Ergebnis der gesetzgeberischen Intention zuwiderläuft, liegt auf der Hand.

Wird Untersuchungshaft vollzogen, dürfte die frühzeitige Beiordnung oftmals auch unter dem Gesichtspunkt des fairen Verfahrens geboten sein, so z.B. wenn der Beschuldigte aufgrund mangelnder Sprachkenntnisse nicht in der Lage ist, sich selbst zu verteidigen[489].

E. Zur Beiordnung eines auswärtigen Verteidigers

Nach st. Rspr. stellt die Gerichtsnähe des Verteidigers eine wesentliche Voraussetzung für eine sachdienliche Verteidigung dar, so dass gem. § 142 StPO die Beiordnung eines auswärtigen Pflichtverteidigers nur aufgrund besonderer Umstände erfolgen kann[490]. **281**

Bei ausländischen Beschuldigten kommt eine Beiordnung insbesondere dann in Betracht, wenn der auswärtige Rechtsanwalt über besondere Fach- oder Sprachkenntnisse verfügt oder der Verteidiger den Beschuldigten in früheren Strafverfahren – u.U. auch ausländerrechtliche Verfahren – vertreten hat, d.h. ein besonderes Vertrauensverhältnis besteht. Dabei können persönliche Beziehungen ebenso eine Rolle spielen wie kulturelle oder landsmannschaftliche Verbundenheit[491].

486 *Meyer-Goßner* StPO, § 141 Rn. 5; KK-*Laufhütte* StPO, § 141 Rn. 6 jeweils m.w.N.; a.A. *LG Bremen* StV 1999, 532; LR-*Lüderssen* StPO, § 141 Rn. 24; *Beckemper* Antrag auf Bestellung eines Pflichtverteidigers im Ermittlungsverfahren, NStZ 1999, 220, 226.

487 *Meyer-Goßner* aaO. m.w.N.; vgl. auch *OLG Karlsruhe* NStZ 1998, 315 f.

488 Vgl. *Beckemper* aaO. m.w.N.

489 *Staudinger* Dolmetscherzuziehung und/oder Verteidigerbeiordnung bei ausländischen Beschuldigten, StV 2002, 327, 332.

490 Vgl. *Meyer-Goßner* StPO § 142, Rn. 1 ff. m.w.N.

491 *OLG Rostock* StraFo 2002, 85, 86.

F. Rechtsbehelfe gegen die Nichtbeiordnung

282 Wird der Beiordnungsantrag rechtsfehlerhaft abgelehnt, stellt sich die Frage nach dem statthaften Rechtsbehelf; ob bzw. welcher Rechtsbehelf statthaft ist, ist maßgeblich abhängig vom Zeitpunkt der ablehnenden Entscheidung.

1. Rechtsweg nach § 23 EGGVG?

283 Wird die Beiordnung während des laufenden Ermittlungsverfahrens begehrt und stellt die Staatsanwaltschaft trotz Vorliegens der Voraussetzungen (§§ 141, 140 StPO) keinen Beiordnungsantrag, ist diese Entscheidung nach der wohl noch h.M.[492] unanfechtbar (vgl. oben D.).

Insofern scheint sich jedoch ein gewisser „Trendwechsel" abzuzeichnen; die neuere Rechtsprechung scheint der Ansicht zuzuneigen, dass gegen die ablehnende Entscheidung jedenfalls dann der Rechtsweg nach § 23 EGGVG eröffnet ist, wenn die Weigerung der Staatsanwaltschaft auf „Willkür" beruht[493]. Jedenfalls in Fällen, in denen die Beiordnungsvoraussetzungen offensichtlich gegeben sind, sollte also der Verteidiger einen entsprechenden Antrag auf gerichtliche Entscheidung (§ 23 EGGVG) stellen.

2. Beschwerde

284 Die Beschwerde ist der statthafte Rechtsbehelf, wenn der Beiordnungsantrag vom Vorsitzenden außerhalb der Hauptverhandlung abgelehnt wird; ob dies auch für die ablehnende Entscheidung während laufender Hauptverhandlung gilt, ist umstritten[494]. Während der überwiegende Teil der Rechtsprechung die Beschwerdemöglichkeit als gegeben ansieht[495], wird der Angeklagte von einer anderen Ansicht[496] – unter Hinweis auf § 305 StPO – auf das Rechtsmittel der Revision verwiesen.

3. Revision

285 **a)** Wird der Beiordnungsantrag zu Beginn der Hauptverhandlung abgelehnt, ist die gegen den Gerichtsbeschluss (vgl. § 238 II StPO) gerichtete Revision meist erfolglos; bleibt der Verteidiger anwesend, wird nämlich das Urteil in den wenigsten Fällen auf der unterbliebenen Beiordnung beruhen[497]. Wird die Beschwerde

492 *OLG Oldenburg* StV 1993, 511; *Meyer-Goßner* StPO, § 141 Rn. 5; KK-*Laufhütte* StPO, § 141 Rn. 6 m.w.N.; a.A. *Weider* Pflichtverteidigung im Ermittlungsverfahren, StV 1987, 317, 319/320 m.w.N.

493 So wohl *OLG Karlsruhe* NStZ 1998, 315, 316.

494 Zum Meinungsstand *Meyer-Goßner* StPO, § 141 Rn. 10 m.w.N.

495 So z.B. *OLG Düsseldorf* StraFo 1999, 412 ff.

496 So z.B. *OLG Koblenz* NStZ-RR 1996, 206 f.

497 Vgl. *OLG Stuttgart* StV 1998, 123.

mangels Zulässigkeit zurückgewiesen, sollte der Verteidiger daher stets die Möglichkeit in Erwägung ziehen, das Mandat zu beenden, um so dem Mandanten die Chance der Revision (§ 338 Nr. 5 StPO) zu eröffnen.

b) Die Möglichkeit der Sprungrevision sollte auch dann geprüft werden, wenn der Verteidiger vom bislang unverteidigten Mandanten erst nach Abschluss des erstinstanzlichen Verfahrens beauftragt wird. Die Erfahrung lehrt, dass das Vorliegen der „notwendigen Verteidigung" nicht selten übersehen wird.

Wird der Beiordnungsantrag durch den Vorsitzenden abgelehnt, kann es im Einzelfall ratsam sein, auf eine positive Beschwerdeentscheidung „zu verzichten"; liegt ein Fall notwendiger Verteidigung vor und bleibt der Verteidiger nach Ablehnung des Beiordnungsantrages und Rücksprache mit seinem Mandanten der Hauptverhandlung fern, eröffnet dies nämlich die Möglichkeit der Sprungrevision (§ 338 Nr. 5 StPO), die nicht selten einen wertvollen, nicht zu unterschätzenden Zeitgewinn bedeuten kann. So sieht z.B. die Ausweisungssystematik des AufenthG die Ausweisung zwingend vor, wenn der Ausländer innerhalb eines Zeitraumes von fünf Jahren mehrfach zu Freiheitsstrafen von insgesamt drei Jahren rechtskräftig verurteilt worden ist (vgl. § 53 Nr. 1 AufenthG). Da insoweit nicht auf den Zeitpunkt der Begehung, sondern allein auf den der Verurteilung abzustellen ist[498], kann die drohende Ausweisung oftmals allein durch die „Streckung" des Strafverfahrens vermieden werden. Es versteht sich von selbst, dass diese Taktik, die ein nicht unerhebliches Risiko in sich birgt, nur in geeigneten, eindeutigen Fällen – nach Rücksprache mit dem Mandanten – gewählt werden sollte.

G. Zur Wirksamkeit des Rechtsmittelverzichts

Ausweglos erscheint die Lage, wenn der Verteidiger vom bislang unverteidigten **286**
Mandanten erst nach Abschluss erster Instanz beauftragt und das eingelegte Rechtsmittel unter Hinweis auf den vom Angeklagten erklärten Rechtsmittelverzicht als unzulässig verworfen wird. Trotz dieser misslichen Ausgangslage sollte der Verteidiger nicht vorschnell resignieren.

Eine im Vordringen befindliche Ansicht[499] hält bereits den vom deutschsprachigen Angeklagten erklärten Rechtsmittelverzicht für unwirksam, wenn der unverteidigte Angeklagte in der Hauptverhandlung den Beistand eines Verteidigers entbehren musste, obwohl ein Fall notwendiger Verteidigung vorlag. Kommen Verständigungsschwierigkeiten hinzu, die erhebliche Zweifel begründen, ob sich der fremdsprachige Angeklagte der Bedeutung und Tragweite seiner Erklärung bewusst war, dürfte der erklärte Rechtsmittelverzicht nach einhelliger Ansicht[500] unwirksam sein.

498 Vgl. *Renner* AuslG, § 47 Rn. 7.

499 *OLG Düsseldorf* StV 1998, 647; *KG* StV 1998, 646; *OLG Köln* StraFo 1997, 78 f.; a.A. *OLG Hamburg* MDR 1996, 629; *OLG Brandenburg* StraFo 2001, 136 m. Anm. *Braun*; *OLG Naumburg* NJW 2001, 2190; vgl. auch *Peglau* Rechtsmittelverzicht durch den unverteidigten Angeklagten; NStZ 2002, 464 ff.

500 So *OLG München* StV 1998, 646.

Wird also das Rechtsmittel als unzulässig verworfen, verspricht ein Antrag auf Entscheidung des Rechtsmittelgerichts (vgl. §§ 319 II, 346 II StPO) Aussicht auf Erfolg.

H. Exkurs: Die Pauschvergütung des Pflichtverteidigers[501]

287 **1.** Die Pflichtverteidigung ist oftmals nicht kostendeckend; der Gesetzgeber hat diesem Umstand dadurch Rechnung getragen, dass er dem Pflichtverteidiger „in besonders umfangreichen oder schwierigen Strafsachen" einen gesetzlichen Anspruch auf eine Pauschvergütung zubilligt, die verhindern soll, dass er im Verhältnis zu seiner Vergütung unzumutbar und unbillig belastet wird (§ 51 RVG).

Voraussetzung der Bewilligung ist, dass die Strafsache besonders umfangreich oder schwierig ist; für die Berechtigung des Anspruchs ist es ausreichend, dass eine der beiden Voraussetzungen erfüllt ist. Ist keine der beiden Voraussetzungen jeweils für sich allein gesehen erfüllt, bedingen jedoch Umfang und Schwierigkeit in ihrer Gesamtheit eine besondere Inanspruchnahme und Mühewaltung des Pflichtverteidigers, so rechtfertigt auch dies die Bewilligung einer Pauschvergütung[502].

2. Vor Erlass des Rechtsanwaltsvergütungsgesetzes (RVG) hatte die Rechtsprechung eine umfangreiche Kasuistik geschaffen, die nach der Gesetzesänderung nur noch eingeschränkt Geltung beansprucht; durch die Schaffung zahlreicher neuer Gebührentatbestände ist der Anwendungsbereich der Pauschvergütung stark zurückgegangen, so dass der „besondere Umfang" nur noch in Ausnahmefällen für die Bewilligung einer Pauschvergütung (mit-)herangezogen werden kann[503]. Keine nennenswerten Änderungen sind jedoch bei der Beurteilung der „besonderen Schwierigkeit" zu verzeichnen[504], so dass im Rahmen der (zeitaufwendigen) Verteidigung von Ausländern die vorgenannten Voraussetzungen nach wie vor nicht selten erfüllt sein dürften.

a) Eine besondere Schwierigkeit wird in der Regel vorliegen, wenn mit dem Angeklagten aufgrund mangelnder Sprachkenntnis nur über einen Dolmetscher verkehrt werden kann und dies mit einem erheblichen zeitlichen und arbeitsmäßigen Mehraufwand verbunden ist[505].

b) Wird die Hinzuziehung eines Dolmetschers im Vorverfahren aufgrund eigener Sprachkenntnisse des Pflichtverteidigers entbehrlich, kann dies für sich allein genommen eine Erhöhung der Vorverfahrensgebühr bewirken[506].

---

501 Vgl. auch *Madert* Rechtsanwaltsvergütung in Straf- und Bußgeldsachen, Rn. 311 ff.

502 *Gerold/Schmidt/v. Eicken/Madert/Müller-Rabe* RVG, § 51 Rn. 10 m.w.N.

503 *Burhoff* RVG, § 51 Rn. 11.

504 *Burhoff* RVG, § 51 Rn. 12.

505 *OLG Karlsruhe* JurBüro 1987, 391; *OLG Bamberg* JurBüro 1988, 1178; *OLG Hamm* JurBüro 1995, 531; *OLG Hamm* JurBüro 2000, 249; *Gerold/Schmidt/v. Eicken/Madert/Müller-Rabe* RVG § 51 Rn. 33; *Burhoff* Die Pauschvergütung des Pflichtverteidigers, ZAP 1991, 881, 898/899; *Burhoff* RVG, § 51 Rn. 80 m.w.N.

506 *OLG Hamm* NJW 1959, 2033; *Gerold/Schmidt/v. Eicken/Madert/Müller-Rabe* RVG, § 51 Rn. 35; *Burhoff* a.a.O.; a.A. *OLG Hamm* JurBüro 1997, 195.

c) Im Einzelfall kann die Strafsache schwierig werden, wenn in der Hauptverhandlung ein Dolmetscher hinzugezogen werden muss, so dass auch die Gebühr für die Wahrnehmung der Hauptverhandlung zu erhöhen ist[507].

d) Ebenso kann die Strafsache besonders schwierig sein, wenn besondere Kenntnisse erforderlich sind. Als besonders schwierig sind insbesondere solche Strafsachen anzusehen, für die sich der Rechtsanwalt Kenntnis des ausländischen Rechts verschaffen muss[508]. Dies dürfte insbesondere für das Auslieferungsverfahren gelten, in dem § 51 RVG zur Anwendung kommt.

Hinsichtlich der weiteren Einzelheiten sei auf die einschlägige Fachliteratur[509] und das im Anhang abgedruckte Antragsformular (Rn. 589) verwiesen.

Notwendige Verteidigung bei Ausländern 288

Generelle Beiordnung bei sprachunkundigen Ausländern?	
– LG Baden-Baden StV 83, 236 👍 – LG Freiburg StV 91, 458 👍 – LG Köln StV 90, 59 👍 – LG Osnabrück StV 84, 506 👍 – LG Tübingen StV 92, 154 ?[510] 👍 – OLG Zweibrücken StV 88, 379 👍	– OLG Düsseldorf NJW 89, 677 👎 – OLG Frankfurt StV 97, 573 👎 – OLG Hamm JMBl.NW 96, 236 👎 – OLG Koblenz VRS 99, 56 👎 – OLG Köln NJW 91, 2223 👎 – OLG Stuttgart Die Justiz 94, 245 👎

Schwere der Tat	**Schwierigkeit der Sach- und Rechtslage**	**Unfähigkeit zur Selbstverteidigung**
Ausländerrechtliche Konsequenzen bei Verurteilung <u>möglich</u> – BayObLG StV 93, 180 👍 – LG Berlin StV 94, 11 👍 – LG Hamburg StV 98, 327 👎 – LG Hannover StV 02, 300 👍 LG Heilbronn NStZ-RR 02, 269 👍 – OLG Karlsruhe StraFo 02, 193 👍 – AG Lüneburg StV 92, 223 👍	*Berufung zu Ungunsten des Angekl.* – OLG Stuttgart StV 87, 240 👍 - - - - - - - - - - - - - - *Aussage gegen Aussage, Würdigung von Zeugenaussagen* – OLG Frankfurt StV 97, 573 👍 – OLG Hamm StV 95, 64 👍 - - - - - - - - - - - - - - *Herkunft aus einem fremden Kulturkreis/ Rechtssystem* – LG Braunschweig StV 94, 476 👍	*Herkunft aus einem fremden Kulturkreis/ Rechtssystem* – LG Aachen StV 91, 457 👍 – OLG Brandenburg StV 00, 69 👍 – LG Hannover StV 87, 382 👍 – LG Hamburg StV 98, 327 👎 – OLG Hamm AnwBl. 80, 31 👍 – LG Heilbronn StV 84, 506 👍 – OLG Karlsruhe NStZ 91, 504 👍

507 *KG* aaO.; *Gerold/Schmidt/v. Eicken/ Madert/Müller-Rabe* RVG, § 51 Rn. 36.
508 *Gerold/Schmidt/v. Eicken/ Madert/Müller-Rabe* RVG, § 51 Rn. 27 m.w.N.
509 *Gerold/Schmidt/v. Eicken/Madert/Müller-Rabe* RVG, § 51 Rn. 1 ff.; *Burhoff* RVG, § 51 Rn. 1 ff.
510 Offen gelassen für den Bereich der Bagatelldelikte.

Schwere der Tat	Schwierigkeit der Sach- und Rechtslage	Unfähigkeit zur Selbstverteidigung
(Ausländerrechtliche Konsequenzen bei Verurteilung möglich) – OLG Schleswig SchlHA 96, 93 👍 – LG Stade StV 98, 125 👍	*(Berufung zu Ungunsten des Angekl.)* – LG Freiburg StV 86, 472 👍 – OLG Stuttgart VRS 99, 73[511] 👎 - - - - - - - - - - *Komplizierte Rechtsfragen im Zusammenhang mit dem AufenthG* – LG Hagen StV 87, 382 👍 – OLG Stuttgart StV 02, 298 👍 - - - - - - - - - - *Notwendigkeit einer Betretenserlaubnis zur Teilnahme an der Hauptverhandlung* – LG Aachen StraFo 01, 170 👍 – OLG Stuttgart NStZ-RR 04, 338 👍	*(Herkunft aus einem fremden Kulturkreis/ Rechtssystem)* – LG Kiel StraFo 04, 381 👍 – LG Landshut StV 94, 239 👍 – LG Münster StV 81, 441 👍 – LG Oldenburg StV 90, 104 👍 – OLG Stuttgart Die Justiz 94, 245 👍 - - - - - - - - - - *Dolmetscher spricht „Drittsprache"* – OLG Celle NStZ 87, 521 👍 – LG Flensburg StV 90, 59 👍 – OLG Köln NJW 91, 2223 👍 – LG Verden StV 90, 60 👍 - - - - - - - - - - *Aussage gegen Aussage; Würdigung von Zeugenaussagen* – OLG Stuttgart Die Justiz 94, 245 👍 - - - - - - - - - - *Hinzuziehung eines Sachverständigen §§ 20, 21 StGB kommt in Betracht* – OLG Hamm JMBl.NW 96, 236 👍 - - - - - - - - - - *Fehlende Übersetzung der Anklageschrift* – OLG Karlsruhe StV 02, 299 👍

👎 = Keine Beiordnung 👍 = Beiordnung erforderlich

511 Einschränkend für sehr einfach gelagerte Sachverhalte.

III. Verteidigung in der Untersuchungshaft

Wie bereits an anderer Stelle ausgeführt[512], ist die Verteidigung von nicht deutschsprachigen Ausländern besonders arbeitsintensiv. Dies gilt in besonderem Maße für die Verteidigertätigkeit in der Untersuchungshaft, da fremdsprachige Ausländer in der Regel nicht in der Lage sind, eigene Anträge zu formulieren oder Wünsche und Bedürfnisse der Anstaltsleitung gegenüber vorzutragen; aufgrund der nicht vorhandenen Sprachkenntnisse können oftmals auch die Mitgefangenen keine (effektive) Hilfestellung leisten, so dass dann der Verteidiger der einzige Ansprechpartner ist. Folglich hat der Verteidiger eine weit über das Normalmaß hinausgehende Verpflichtung, seinen Mandanten über die konkrete Haftsituation zu informieren. Neben der üblichen Tätigkeit in Haftsachen – z.B. Verteidigung gegen die Haftgründe – gilt es also insbesondere, das aus den Sprachschwierigkeiten resultierende Verteidigungsdefizit zu überbrücken. Bedient sich der Verteidiger hierzu eines Dolmetschers, sind zusätzliche Besonderheiten zu beachten, da andernfalls zusätzlicher Zeit- und Kostenaufwand drohen kann. **289**

A. Der Dolmetscher in der Untersuchungshaft

Gerade in Haftsachen drängt der (ausländische) Mandant regelmäßig auf eine unverzügliche Kontaktaufnahme. Trotz der gebotenen Eile sollte der Verteidiger vor allem dann einen kühlen Kopf bewahren, wenn aufgrund vorhandener Sprachdefizite die Mitwirkung eines Dolmetschers erforderlich wird; andernfalls läuft er Gefahr, dass wertvolle Zeit verloren geht und/oder der Mandant mit zusätzlichen Kosten belastet wird. **290**

1. Verteidigerbesuch mit Dolmetscher

Will der Verteidiger den inhaftierten Mandanten in Begleitung eines Dolmetschers aufsuchen, stellt sich zunächst die Frage, ob der Dolmetscher einer eigenen Besuchserlaubnis bedarf. **291**

a) Nach allgemeiner Ansicht[513] ist dies nicht der Fall, wenn der Dolmetscher allgemein vereidigt ist und daher seine Zuverlässigkeit nachgewiesen hat; es genügt dann die Legitimation des Verteidigers.

Ist der allgemein vereidigte Dolmetscher in der JVA nicht bekannt, sollte er gebeten werden, den Nachweis der Vereidigung mitzuführen, da andernfalls die Gefahr besteht, dass der Dolmetscher mangels Besuchserlaubnis an der Pforte zurückgewiesen wird. ☞

512 Vgl. Rn. 2.
513 Vgl. *LG Frankfurt* StV 1989, 350.

b) Der nicht allgemein vereidigte Dolmetscher bedarf dagegen einer eigenen Besuchserlaubnis[514].

☞ Soll der unvereidigte Dolmetscher den Verteidiger mehrfach begleiten, empfiehlt es sich, beim zuständigen Haftrichter oder Staatsanwalt eine Dauerbesuchserlaubnis zu beantragen. Auf dem Sprechschein sollte vermerkt sein, dass dem Dolmetscher der Besuch zum unüberwachten Gespräch mit dem Verteidiger gestattet wird.

2. Dolmetscherkosten in der Untersuchungshaft

292 Die Inhaftierung eines sprachunkundigen Ausländers macht in vielfältiger Weise die Hinzuziehung eines Dolmetschers erforderlich. Die notwendigen Gespräche mit dem Verteidiger sind ebenso zu übersetzen, wie die Kommunikation mit Angehörigen im Rahmen der Post-, Telefon- oder Besuchsüberwachung. Da diese Dolmetscherkosten schnell mehrere tausend Euro betragen können, ist von besonderer Bedeutung, wer die insoweit entstehenden Kosten zu tragen hat bzw. ob die Kommunikation des sprachunkundigen Ausländers unter Hinweis auf die hohen Dolmetscherkosten eingeschränkt werden darf.

a) Dolmetscherkosten für das Verteidigergespräch

293 In welchem Umfang die im Rahmen der Verteidigergespräche entstandenen Dolmetscherkosten aus der Staatskasse zu erstatten sind, wurde bereits in anderem Zusammenhang dargestellt (vgl. Rn. 216 ff.). Insoweit darf also auf die obigen Ausführungen verwiesen werden.

b) Dolmetscherkosten für Post-, Telefon- und Besuchsüberwachung

294 **aa)** Ob der sprachunkundige Ausländer die im Rahmen einer Post-, Telefon- oder Besuchsüberwachung entstandenen Dolmetscherkosten zu tragen hat, ist umstritten.

Während das OLG Koblenz[515] die Ansicht vertritt, Art. 6 IIIe MRK garantiere lediglich die Übersetzung solcher Schriftstücke, auf deren Kenntnis der Beschuldigte zu seiner Verteidigung unmittelbar angewiesen sei, geht die herrschende Rechtsprechung[516] zu Recht davon aus, dass die im Rahmen einer Post-, Telefon- oder Besuchsüberwachung entstandenen Dolmetscherkosten dem sprachunkundigen Ausländer selbst dann nicht auferlegt werden können, wenn er im späteren

---

514 *LG Köln* NStZ 1983, 237; vgl. *Schlothauer/Weider* Untersuchungshaft; Rn. 99.

515 *OLG Koblenz* NStZ-RR 1996, 159; *LG Mainz* MDR 1996, 645, 646; vgl. auch *LG Koblenz* NStZ 2001, 221.

516 *BVerfG* NJW 2004, 1095/1096; *OLG Frankfurt* StV 1986, 24, 25; *OLG Frankfurt* StV 1992, 281, 282; *OLG Düsseldorf* NStZ 1991, 403; *OLG Köln* StV 1994, 326; *LG Hannover* StV 1993, 646; *LG Stuttgart* StV 2001, 123; vgl. auch *Steinke* Ausländer in der Untersuchungshaft sprachlos?!, ZfStrVo 1995, 223 ff.

Verfahren verurteilt wird und daher die Verfahrenskosten zu tragen hat. Aus Art. 6 IIIe MRK ergebe sich der Grundsatz, dass ein Ausländer aufgrund vorhandener Sprachdefizite nicht benachteiligt werden dürfe; ihm sei daher für das gesamte Strafverfahren unentgeltlich ein Dolmetscher beizuordnen. Zwar sei Art. 6 IIIe MRK auf die Hinzuziehung im Rahmen einer Besuchsüberwachung nicht unmittelbar anwendbar; die Regelung enthalte jedoch einen übergreifenden Rechtsgedanken, der – unter zusätzlicher Berücksichtigung der Art. 2 I, 3 III GG – die (endgültige) Freistellung von den Kosten auch bei einer gerichtlich angeordneten Besuchsüberwachung gebiete[517]. Dem ist zu folgen, da der mittellose Ausländer andernfalls seiner Kommunikationsmöglichkeiten, d.h. eines elementaren Menschenrechts, beraubt würde. Zudem übersieht die Gegenansicht, dass dem ausländischen Gefangenen der Dolmetscher aus Sicherungsgründen „aufgezwungen" wird, d.h. dem sprachunkundigen Ausländer der Verzicht bzw. die Wahl einer billigeren Alternative verwehrt bleibt[518].

☞ Da die Dolmetscherkosten einen Teil der gerichtlichen Auslagen, d.h. der Gerichtskosten, darstellen und gemäß § 68 III GKG im Strafverfahren eine Vorschusspflicht nicht besteht, ist es nach allgemeiner Ansicht[519] unzulässig, die Erteilung der Besuchs- oder Telefonerlaubnis von der vorherigen Zahlung eines Kostenvorschusses abhängig zu machen; enthält die Besuchserlaubnis (dennoch) einen entsprechenden Vermerk, sollte der Verteidiger Beschwerde einlegen oder – um den Besuch nicht am Streit über die Kosten scheitern zu lassen – nach Zahlung der Dolmetscherkosten durch den Besucher die Kosten von der Staatskasse einfordern[520].

bb) Ist die Kostentragungspflicht der Staatskasse dem Grunde nach anzunehmen, 295
stellt sich die weitere Frage, ob die Korrespondenz des Untersuchungsgefangenen unter Hinweis auf die unverhältnismäßig hohen Übersetzungskosten eingeschränkt werden darf. Nach der umstrittenen Ansicht des OLG München[521] soll dies zulässig sein, da sonst die Funktionsfähigkeit der Untersuchungshaft in Frage gestellt sei; stünden die notwendigen Kontrollmaßnahmen außer Verhältnis zu den betroffenen Grundrechten, könnten diese vom Gefangenen nicht mehr eingefordert werden. Diese Ansicht ist bedenklich, da Lästigkeiten und Schwierigkeiten bei der Postkontrolle grundsätzlich hingenommen werden müssen. Vorzugswürdig erscheint es daher, die Beschränkung des Briefverkehrs nur in sog. „Missbrauchsfällen" zuzulassen.

---

517 *OLG Düsseldorf* NStZ 1991, 403.
518 So nun auch *BVerfG* NJW 2004, 1095/1096.
519 *OLG Frankfurt* StV 1984, 427; *OLG Stuttgart* StV 1990, 79; *OLG Celle* StV 1994, 587; *LG Berlin* StV 1989, 350, 351.
520 So auch *Schlothauer/Weider* Untersuchungshaft, Rn. 1040.
521 *OLG München* NStZ 1984, 332, 333; so auch *LG Berlin* StV 1994, 325; KK-*Boujong* StPO, § 119 Rn. 33; *Meyer-Goßner* StPO, § 119 Rn. 20; einschränkend *BVerfG* NJW 2004, 1095, 1096; a.A. *Schlothauer/Weider* Untersuchungshaft, Rn. 458; *Kropp* Postbeschränkungen bei fremdsprachigen Untersuchungsgefangenen, JR 2003, 53, 55.

B. Der Kontakt des Mandanten zur Außenwelt

296 Der Kontakt zur Außenwelt hat für den Gefangenen besondere Bedeutung, da er die einzige Möglichkeit darstellt, persönliche Bindungen zu Freunden oder Familienangehörigen zu erhalten. Dies gilt in besonderem Maße für ausländische Gefangene, die aufgrund der vorhandenen Sprachbarriere oftmals über keinerlei oder nur wenig anstaltsinterne Kontakte verfügen. Auch insofern ist der Verteidiger ein wichtiger Ansprechpartner, der dafür Sorge zu tragen hat, dass dem ausländischen Mandanten das Merkblatt über die Haftbedingungen einschließlich der Hausordnung – in einer ihm verständlichen Sprache – zugänglich gemacht wird. Das Merkblatt ist in fast allen gängigen Sprachen beim jeweiligen Justizministerium erhältlich. Außerordentlich hilfreich ist daneben auch der im DeutscheAnwaltVerlag erschienene „Leitfaden zur Untersuchungshaft“[522], der die wichtigsten Informationen zum Ermittlungsverfahren, den Voraussetzungen der Untersuchungshaft, den möglichen Rechtsmitteln und weiteren Rechten des Gefangenen in verschiedenen Sprachen – Englisch, Französisch, Italienisch, Spanisch, Türkisch, Albanisch und Arabisch – enthält. Bei Verwendung des Leitfadens empfiehlt sich jedoch der Hinweis, dass dieser keine „Hilfe zur Selbsthilfe“ darstellt, sondern lediglich der Information dient, d.h. die Rücksprache mit dem Verteidiger nicht entbehrlich macht. Andernfalls kann ein folgenschwerer „Alleingang“ des Mandanten drohen, der die spätere Verteidigung erheblich erschwert.

1. Besuche

297 **a)** Erhält der ausländische Beschuldigte Besuch, mit dem er sich nur in fremder Sprache verständigen kann, ist im Rahmen der Besuchsüberwachung ein Dolmetscher hinzuziehen. Insoweit ist zu beachten, dass die Erteilung der Besuchserlaubnis nicht von der vorherigen Zahlung entstehender Dolmetscherkosten abhängig gemacht werden darf (vgl. oben Rn. 294).

b) Ein besonders Problem können auch die kurzen Besuchszeiten – in der Regel 30 Minuten – darstellen, wenn sich der ausländische Besucher nur kurz in der Bundesrepublik aufhält oder ein kurzer Besuch aufgrund der langen Anreise des Besuchers außer Verhältnis zum entstehenden Aufwand stünde[523]. In solchen Fällen kann der zuständigen Haftrichter oder Staatsanwalt auf besonderen Antrag die Besuchszeit verlängern, worauf der Mandant und/oder Besucher hinzuweisen ist.

---

522 *Oetjen/Endriß* Leitfaden zur Untersuchungshaft.

523 Vgl. *Schlothauer/Weider* Untersuchungshaft, Rn. 1028 m.w.N.

2. Briefe

a) Die beim Mandanten ein- und ausgehende Post unterliegt – mit Ausnahme der Verteidigerpost (!) – der Briefzensur. Auf diese scheinbare Selbstverständlichkeit ist der ausländische Mandant bereits im ersten Gespräch hinzuweisen. Gerade Ausländer unterliegen oft der Fehlvorstellung, auch der Kontakt mit dem Verteidiger werde kontrolliert. Ausländische Mandanten, die argwöhnisch um sich blicken, um dann in flüsterndem Ton „wertvolle Informationen" preiszugeben, sind keine Seltenheit. Erwidert der Verteidiger in Zimmerlautstärke, kann dies sogar Verärgerung auslösen. Dem kann nur vorgebeugt werden, indem der Unterschied zwischen „normaler Post" und Verteidigerpost klar herausgestellt wird. **298**

b) Ebenso ist der Mandant darauf aufmerksam zu machen, dass die in fremder Sprache abgefassten Briefe zunächst einem Dolmetscher zu Übersetzung zugeleitet werden, wodurch erhebliche (!) Zeitverzögerungen eintreten können; andernfalls können gravierende Missverständnisse entstehen, wenn sich ein- und ausgehende Briefe kreuzen und der Mandant sich unverstanden oder im Stich gelassen fühlt.

c) Im Rahmen der Briefkontrolle hat der Verteidiger stets darauf zu achten, dass das grundrechtlich geschützte Briefgeheimnis gewahrt bleibt. Häufig finden sich Übersetzungen oder Inhaltszusammenfassungen des Dolmetschers in der Ermittlungsakte oder im sog. „Haftsonderheft". Dies stellt einen Verstoß gegen das Briefgeheimnis dar, der durch geeignete Maßnahmen – z.B. Entfernung aus der Akte – zu unterbinden ist. Darüber hinaus löst der Verstoß ein Verwertungsverbot aus; eine Ausnahme gilt nur dann, wenn der Brief als Beweismittel beschlagnahmt worden ist[524].

d) Ob der Umfang des Briefwechsels unter Hinweis auf die hohen Übersetzungskosten beschränkt werden darf (vgl. Rn. 295), ist ebenso umstritten wie die Frage, ob dem Beschuldigten auferlegt werden darf, seinen Briefwechsel in deutscher Sprache zu führen, wenn sowohl er als auch der Empfänger der deutschen Sprache mächtig ist[525]. Wie Schlothauer/Weider[526] zu Recht ausführen, dürfte die Frage der „ausreichenden Deutschkenntnisse" in den seltensten Fällen exakt zu beantworten sein, weshalb auch in diesen Fällen eine Beschränkung nur in sog. „Missbrauchsfällen" erfolgen darf.

524 *OLG Düsseldorf* StV 1991, 473.
525 So die h.M. *OLG Düsseldorf* NStZ 1994, 559; *Meyer-Goßner* StPO, § 119 Rn. 20 m.w.N.; a.A. *Schlothauer/Weider* Untersuchungshaft, Rn. 1046.
526 *Schlothauer/Weider* aaO.

3. Telefongespräche

299 Bloße Briefkontakte können – insbesondere bei längerer Haft – ein persönliches Gespräch mit einem nahen Angehörigen nicht ersetzen, weshalb insbesondere ausländische Beschuldigte oft die Frage nach einer Telefonerlaubnis stellen. Aufgrund der damit verbundenen organisatorischen Schwierigkeiten bestehen jedoch in der Praxis erhebliche Vorbehalte; Telefongespräche werden nur selten genehmigt. Ein Ausnahmefall ist jedoch dann gegeben, wenn der Gefangene ein berechtigtes Interesse darlegt[527]. Ein berechtigtes Interesse i.d.S. liegt vor, wenn der Gefangene in Deutschland über keinerlei soziale Bindungen verfügt, die Sprachschwierigkeiten die Haftbedingungen verschärfen und die Untersuchungshaft mehrere Monate andauert[528]. Ebenso sind Telefongespräche zu gestatten, wenn Familienangehörige krankheitsbedingt[529] oder wegen der großen räumlichen Entfernung[530] gehindert sind, Besuchstermine wahrzunehmen. Auch insoweit kann die Genehmigung nicht von der vorherigen Zahlung der entstehenden Dolmetscherkosten abhängig gemacht werden (vgl. Rn. 294).

C. Anordnung und Vollzug der Untersuchungshaft

1. Haftgründe

300 Die materiellen Voraussetzungen der Untersuchungshaft sind in den §§ 112 ff. StPO geregelt. Der Erlass eines Haftbefehls erfordert danach einen dringenden Tatverdacht sowie das Vorliegen eines der in §§ 112, 112a, 127b StPO genannten Haftgründe. Obwohl die Haftgründe für jeden Beschuldigten gleichermaßen Geltung beanspruchen, ist in der Praxis zu beobachten, dass insbesondere der Haftgrund der Fluchtgefahr (§ 112 II Nr. 2 StPO) bei ausländischen Beschuldigten weit häufiger angenommen wird als bei deutschen Staatsangehörigen. Zur Begründung der Fluchtgefahr wird in der Regel schematisch darauf hingewiesen, dass der Ausländer angesichts seiner Staatsangehörigkeit und vorhandener Bindungen an seine (frühere) Heimat sich dem Verfahren ohne weiteres durch Flucht entziehen könne[531]. Aufgrund dieser regelmäßig wiederkehrenden, stereotypen Argumentation muss der Verteidiger bei ausländischen Mandanten – neben den für alle Haftsachen geltenden Grundsätzen[532] – verschiedene Besonderheiten beachten, will er seinen Mandanten gegen die Annahme von Haftgründen erfolgreich verteidigen.

---

527 Vgl. *OLG Düsseldorf* NStZ-RR 2000, 382.
528 *OLG Frankfurt* StV 1992, 281; *OLG Frankfurt* StV 1986, 398; vgl. auch *OLG Düsseldorf* StV 1989, 254.
529 *OLG Köln* StV 1994, 326; *OLG Frankfurt* StV 1982, 476.
530 Vgl. *OLG Frankfurt* NJW 1967, 1384.
531 Kritisch *LG München I* StV 2005, 38.
532 Vgl. insoweit *Schlothauer/Weider* Untersuchungshaft, Rn. 477 ff.

a) Der Haftgrund der Flucht (§ 112 II Nr. 1 StPO)

Der Haftgrund der Flucht ist gegeben, wenn der Beschuldigte entweder flüchtig ist oder sich verborgen hält. Beide Alternativen setzen voraus, dass sich der Beschuldigte (wenigstens auch) dem Strafverfahren dauernd oder zumindest für längere Zeit entziehen will[533]. Erforderlich ist also ein unmittelbarer Finalzusammenhang zwischen der zur Last gelegten Tat einerseits und der Absetzbewegung des Beschuldigten anderseits. 301

Dieser Grundsatz wird in der Praxis des Öfteren missachtet; häufig wird der Haftbefehl damit begründet, der Beschuldigte habe sich durch Ausreise aus dem Bundesgebiet dem Verfahren durch Flucht entzogen. Dabei wird übersehen, dass weder der Umstand, dass der Beschuldigte seinen gewöhnlichen Aufenthalt im Ausland hat[534], noch der, dass er aus der Bundesrepublik ausreist, um sich zu seinem Wohnort zu begeben[535], zwingend den Haftgrund der Flucht begründet.

aa) Ist der Beschuldigte an seinem Wohnsitz im Ausland postalisch erreichbar und hat er sich dort schon zum Tatzeitpunkt aufgehalten, begründet dies nicht den Haftgrund der Flucht[536]. Da ein rein passives Verhalten kein „Sich-Entziehen" i.S.d. § 112 II Nr. 1 StPO darstellt, ändert sich daran selbst dann nichts, wenn der Beschuldigte Vorladungen keine Folge leistet[537] oder erklärt, er werde sich dem Verfahren nicht stellen[538]. Der Strafverfolgungsbehörde steht für solche Situationen die Möglichkeit des Vorführungsbefehls zur Verfügung[539], so dass ein Haftgrund nicht gegeben ist. 302

Um die Erreichbarkeit des Beschuldigten sicherzustellen, d.h. das Risiko eines Haftbefehls zu vermindern, sollte sich der Verteidiger gleichwohl eine Zustellungsvollmacht (§ 145a StPO) erteilen lassen; ist der Mandant bereit, Ladungen Folge zu leisten, empfiehlt es sich darüber hinaus, eine entsprechende Erklärung abzugeben. ☞

bb) Ebenso fehlt es am Haftgrund der Flucht, wenn der Ausländer in sein Heimatland oder zu seinem im Ausland gelegenen Wohnsitz zurückkehrt und diese Rückkehr in keinem inneren Zusammenhang mit dem Strafverfahren steht; an einem solchen inneren Zusammenhang fehlt es insbesondere, wenn der Ausländer das Bundesgebiet zwangsweise verlässt[540] oder lediglich deshalb ausreist, um einer Ausreiseverpflichtung Folge zu leisten[541]. Gleiches gilt auch für den Fall, dass der 303

533 *OLG Frankfurt* StV 1994, 581 f.; *LG Verden* StV 1986, 256.
534 *BGH* StV 1990, 309; *OLG Brandenburg* StV 1996, 381/382; *OLG Naumburg* StV 1997, 138.
535 *OLG Saarbrücken* StV 1991, 265/266; *OLG Frankfurt* StV 1994, 581 f.; *OLG Stuttgart* StV 1995, 258; *OLG Stuttgart* NStZ 1998, 427.
536 *BGH* StV 1990, 309; *OLG Köln* StV 1998, 269; *LG Hamburg* StV 2002, 205; vgl. auch *OLG Brandenburg* StV 1996, 381, 382.
537 *OLG Brandenburg* StV 1996, 381, 382; *LG Verden* StV 1986, 256.
538 *BGH* StV 1990, 309; a.A. *LG Verden* StV 1986, 256.
539 *LG Verden* StV 1986, 256.
540 StrK bei dem *AG Bremerhaven* StV 1993, 426.
541 *LG Berlin* StV 1989, 253.

Ausländer nach einer Kündigung seines Arbeitgebers an seinen Wohnort im Ausland zurückkehrt[542] bzw. die Verlegung des Wohnsitzes zum Zwecke der Arbeitsaufnahme erfolgt[543].

☞ Obwohl der Haftgrund der Flucht konkrete Anhaltspunkte voraussetzt[544], dass der Beschuldigte seinen Wohnsitz oder dauerhaften Aufenthaltsort im Zusammenhang mit dem Strafverfahren ins Ausland verlegt hat, sollte der Verteidiger stets von sich aus ermitteln, aus welchen Gründen sich sein Mandant im Ausland aufhält. Diese Gründe gilt es dann im Beschwerdeverfahren vorzutragen.

b) Der Haftgrund der Fluchtgefahr (§ 112 II Nr. 2 StPO)

304 Obwohl weder die Tatsache (noch) vorhandener Bindungen zum Heimatland noch die des Fehlens eines festen Wohnsitzes im Bundesgebiet für sich allein genommen die Annahme von Fluchtgefahr rechtfertigt[545], gelingt es bei ausländischen Beschuldigten[546] in der Praxis nur selten, den Haftgrund der Fluchtgefahr zu entkräften. Ansatzpunkt für eine erfolgreiche Argumentation ist insofern der Aufenthaltsgrund.

305 **aa)** Hat der Beschuldigte im Bundesgebiet keinen festen Wohnsitz, weil er sich hier – z.B. als Tourist – nur vorübergehend aufhält, liegt die Annahme nahe, dass er ins Ausland zurückkehrt und nicht bereit sein wird, den Ausgang des Strafverfahrens abzuwarten. In diesem Fall ist in erster Linie auf die Art des Strafvorwurfes abzustellen.

(1) Handelt es sich um Straftaten, bei denen nur die Verhängung einer Geldstrafe in Betracht kommt, ist auf die Vorschrift des § 132 StPO hinzuweisen; danach kann der im Ausland wohnende Beschuldigte verpflichtet werden, für die zu erwartende Geldstrafe und die Verfahrenskosten eine angemessene Sicherheit zu hinterlegen sowie eine am Gericht ansässige Person als Zustellungsbevollmächtigten zu benennen.

☞ Die Anwendung der Vorschrift setzt nach h.M.[547] die Anwesenheit des Beschuldigten im Bundesgebiet voraus; eine Anordnung kommt somit nicht in Betracht, wenn sich der Beschuldigte im Ausland aufhält bzw. unbekannten Aufenthaltes ist.

☞ Für das weitere Verfahren ist, sofern eine Erledigung im Strafbefehlsverfahren nicht in Betracht kommt, auf die – in der Praxis seltene – Möglichkeit der Ab-

---

542 *OLG Stuttgart* StV 1995, 258.

543 *OLG München* StV 2002, 205.

544 Vgl. *OLG Bremen* StV 1997, 533; *LG Berlin* StV 1989, 253.

545 Vgl. *OLG Köln* StV 1994, 582; *OLG Naumburg* StV 1997, 138.

546 Zur Rechtslage bei EG-Ausländern vgl. *Bleckmann* Verbotene Diskriminierung von EG-Ausländern bei der Untersuchungshaft, StV 1995, 552 ff. sowie *Gercke* Der Haftgrund der Fluchtgefahr bei EU-Bürgern, StV 2004, 675 ff., die diese deutschen Beschuldigten gleichstellen wollen; anders jedoch die h.M., vgl. statt vieler KK-*Boujong* StPO, § 112 Rn. 20 m.w.N.

547 *Meyer-Goßner* StPO, § 132 Rn. 1 m.w.N.; a.A. *Müllenbach* Die Zulässigkeit einer Anordnung nach § 132 StPO gegen den ausgereisten Beschuldigten, NStZ 2001, 637 ff.

wesenheitsverhandlung hinzuweisen. Gemäß § 233 I StPO kann der Angeklagte von der Verpflichtung zum persönlichen Erscheinen entbunden werden, wenn nur die Verhängung einer Geldstrafe von nicht mehr als 180 Tagessätzen zu erwarten ist. In diesem Falle wird die Vernehmung durch den ersuchten oder beauftragten Richter erforderlich (§ 233 II StPO).

(2) Wird dem ausländischen Mandanten eine schwerwiegendere Straftat zur Last gelegt, ist auf die Möglichkeit des Strafbefehlsverfahrens hinzuweisen; danach kann gegen den Beschuldigten eine Freiheitsstrafe von bis zu einem Jahr verhängt werden, sofern diese zur Bewährung ausgesetzt wird. Dem steht nicht entgegen, dass die Bewährungsaufsicht eines im Ausland lebenden Verurteilten nur eingeschränkt möglich ist[548].

(3) Bei schwerwiegenden Straftaten muss damit gerechnet werden, dass bei einem im Ausland lebenden Beschuldigten Fluchtgefahr angenommen wird. Abgesehen vom dringenden Tatverdacht reduziert sich dann die Verteidigung auf die Beachtung des Verhältnismäßigkeitsgrundsatzes, insbesondere des Beschleunigungsgrundsatzes[549].

bb) Hat der ausländische Mandant seinen festen Wohnsitz im Bundesgebiet, sind **306**
vor allem der ausländerrechtliche Status und die aus einer Verurteilung resultierenden ausländerrechtlichen Konsequenzen zu beachten.

(1) Dem häufig anzutreffenden Argument, dem Beschuldigten drohe die Ausweisung und Abschiebung, weshalb mit seiner Flucht zu rechnen sei, kann nicht selten entgegengehalten werden, dass die Gefahr der Abschiebung aufgrund des Vorliegens besonderen Ausweisungsschutzes oder von Abschiebungshindernissen gering ist. Kommt eine Abschiebung danach nicht in Betracht, kann die Fluchtgefahr hierauf nicht gestützt werden[550]. Insoweit sei auf die obige Darstellung zur Ausweisungssystematik und die einschlägigen Verwaltungsrichtlinien verwiesen.

(2) Eine besonders gefestigte Rechtsposition kann daneben auch eine der Annahme von Fluchtgefahr entgegenstehende Bindung an das Bundesgebiet nahelegen[551].

Ausländer, die eine Aufenthalts- oder Niederlassungserlaubnis besitzen, halten sich in der Regel schon länger in der Bundesrepublik auf und verfügen daher über entsprechende feste Bindungen, wie z.B. eine Arbeitsstelle, Grundbesitz, familiäre Bindungen und sonstige soziale Kontakte. In besonderem Maße gilt dies für in der Bundesrepublik lebende Ausländer der zweiten oder dritten Generation[552], die oftmals jeglichen Kontakt zur heimatlichen Kultur verloren haben. Aber auch noch bestehende Kontakte zum Heimatland rechtfertigen nicht ohne weiteres die Annahme von Fluchtgefahr. Sind die Bindungen derart abgeschwächt, dass die überwiegende Wahrscheinlichkeit dafür spricht, dass sich der Beschuldigte dem

548 Vgl. *Schlothauer/Weider* Untersuchungshaft, Rn. 534 m.w.N.
549 Vgl. *Schlothauer/Weider* Untersuchungshaft, Rn. 832 ff.
550 So auch *Schlothauer/Weider* Untersuchungshaft, Rn. 536.
551 *OLG Köln* StV 1996, 382, 383; *OLG Köln* StV 1997, 642/643; *OLG Köln* StV 2000, 508.
552 So auch *Schlothauer/Weider* Untersuchungshaft, Rn. 538.

Verfahren stellen wird, kann der Haftbefehl nicht auf den Haftgrund der Fluchtgefahr gestützt werden[553].

Gleiches kann für anerkannte Asylbewerber gelten, die über noch vorhandene Bindungen zum Heimatland verfügen[554]; bei diesen spricht eine tatsächliche Vermutung gegen das Vorliegen von Fluchtgefahr, da sie andernfalls mit der erneuten Verfolgung in ihrer Heimat rechnen müssten[555].

☞ Wird trotz vorhandener sozialer Bindungen der Haftgrund der Fluchtgefahr angenommen, kann oftmals durch Hinterlegung einer Sicherheitsleistung die Außervollzugsetzung des Haftbefehls erreicht werden.

(3) Verfügt der Beschuldigte über keinerlei soziale Bindungen, wird die Vermeidung von Untersuchungshaft in der Regel nicht in Betracht kommen (vgl. oben Rn. 305).

c) Der Haftgrund der „bedingten Fluchtgefahr"?

307 Umstritten ist schließlich, ob der Haftbefehl auf das Vorliegen sog. „bedingter Fluchtgefahr" gestützt werden kann.

Der Haftgrund der „bedingten Fluchtgefahr" ist eine Schöpfung der Praxis, welche Regelungslücken schließen soll, die entstehen, wenn sich der Beschuldigte – ohne Fluchtwille – im Ausland aufhält und daher der Haftgrund der (Flucht-)Gefahr entfällt (vgl. oben Rn. 302). Könne in einem solchen Fall kein Haftbefehl erlassen werden, könne der Beschuldigte selbst dann nicht verhaftet werden, wenn er in das Bundesgebiet zurückkehre; darüber hinaus sei das Vorliegen eines Haftbefehls stets wesentliche formelle Voraussetzung für ein erfolgreiches Auslieferungsgesuch. Da eine solche Privilegierung ausländischer Beschuldigter nicht zu rechtfertigen sei, müsse der Haftbefehl auch unter der Voraussetzung erlassen werden können, dass der Beschuldigte in das Bundesgebiet zurückkehre[556].

Dem ist der BGH[557] zu Recht nicht gefolgt. Eine „Lückenergänzung" und damit eine Ausweitung der Haftgründe kommt bei einem so schwerwiegenden Eingriff in die Freiheitsrechte wie dem Erlass eines Haftbefehls nicht in Betracht.

---

553 *OLG Köln* StV 1996, 382, 383.

554 Vgl. *OLG Celle* StV 1989, 253.

555 *Schlothauer/Weider* Untersuchungshaft, Rn. 539.

556 *OLG Stuttgart* NStZ 1998, 427, 428; *OLG Köln* NStZ 2003, 219, 220; *Helmken* Bedingte Fluchtgefahr, MDR 1984, 532 ff.; i.E. ebenso *OLG Hamm* NStZ-RR 2004, 278, 279.

557 *BGH* StV 1989, 309; vgl. auch StrK bei dem *AG Bremerhaven* StV 1993, 426; *Dahs/Riedel* Ausländereigenschaft als Haftgrund?, StV 2003, 416, 417; *Heidig/Langner* Haftbefehl bei Verstoß gegen das Ausländergesetz, StraFo 2002, 156, 159; ebenso *Böhm* Auswirkungen des Zusammenwachsens der Völker in der Europäischen Gemeinschaft auf die Haftgründe des § 112 II StPO, NStZ 2001, 633, 637, der unter Hinweis auf die vorhandene Regelungslücke die Schaffung weiterer Haftgründe fordert.

d) Die Hauptverhandlungshaft (§ 127b StPO)

Die rechtspolitisch heftig umstrittene Hauptverhandlungshaft wurde durch das Gesetz zur Änderung der Strafprozessordnung vom 17.7.1997 neu geschaffen; der Zielsetzung nach dient sie der Ergänzung des beschleunigten Verfahrens. Der Gesetzgeber wollte mit dieser Norm der Gefahr entgegenwirken, dass die Durchführung des beschleunigten Verfahrens – insbesondere bei reisenden Beschuldigten (!) – scheitert, weil der vorläufig Festgenommene mangels sonstiger Haftgründe freigelassen werden muss und einer späteren Ladung keine Folge leistet. **308**

Gleichwohl ist die praktische Bedeutung gering; aufgrund organisatorischer Probleme hat sich das beschleunigte Verfahren bislang als unpraktikabel erwiesen, so dass auch die Hauptverhandlungshaft nur in Ausnahmefällen angeordnet wird. Aus diesem Grunde mangelt es auch an einschlägiger Rechtsprechung, so dass der Verteidiger bei seiner Tätigkeit fast ausschließlich auf Ansichten des Schrifttums zurückgreifen kann. Im Einzelnen gilt es Folgendes zu beachten:

aa) Voraussetzungen der Hauptverhandlungshaft

Neben dem Vorliegen eines dringenden Tatverdachts setzt die Anordnung der Hauptverhandlungshaft die Beachtung des Verhältnismäßigkeitsgrundsatzes voraus; daneben muss die unverzügliche Durchführung des beschleunigten Verfahrens wahrscheinlich sein sowie aufgrund bestimmter Tatsachen die Befürchtung bestehen, dass der Festgenommene der Hauptverhandlung fernbleiben wird. Schließlich muss die Hauptverhandlung binnen einer Woche nach der Festnahme des Beschuldigten zu erwarten sein. Der Haftbefehl ist insoweit auf längstens eine Woche zu befristen und entfällt automatisch mit Ablauf der gesetzten Frist. **309**

(1) Für die Berechnung der Wochenfrist ist zu beachten, dass § 43 II StPO keine Anwendung findet[558]; ob das Fristende auf einen Samstag, Sonntag oder allgemeinen Feiertag fällt, spielt somit für die Fristberechnung nach § 127b StPO keinerlei Rolle. Die Frist endet auch dann, wenn das Fristende auf einen Sonntag fällt, so dass der für die Hauptverhandlung zur Verfügung stehende Zeitraum ganz erheblich verkürzt sein kann. **310**

Umstritten ist dagegen, ob der Tag des fristauslösenden Ereignisses, d.h. der Tag der vorläufigen Festnahme, bei der Fristberechnung hinzuzuzählen ist (vgl. § 43 I StPO). Während Boujong[559] und Meyer-Goßner[560] für eine Anwendung des § 43 I StPO eintreten, wird die daraus resultierende Aufspaltung einer einheitlichen Regelung – § 43 I und II StPO – zu Recht abgelehnt[561]; in der Tat ist es schwer nachvollziehbar, weshalb nur ein Teil der Vorschrift – § 43 I StPO – Anwendung finden soll, so dass die besseren Gründe dafür sprechen, den Tag der vorläufigen Festnahme bei der Fristberechnung hinzuzurechnen; legt man diese Ansicht zugrunde, wird die zur Verfügung stehende Zeit zusätzlich verkürzt.

---

558 *Meyer-Goßner* StPO, § 127b Rn. 18; KK-*Boujong* StPO, § 127b Rn. 17.

559 KK-*Boujong* aaO.

560 *Meyer-Goßner* aaO.

561 LR-*Hilger* StPO, § 127b Rn. 11; *Schlothauer/Weider* Untersuchungshaft, Rn. 205.

☞ Die effektiv zur Verfügung stehende Zeit sollte stets berechnet werden, wenn es um die Frage geht, ob mit einer Hauptverhandlung binnen Wochenfrist zu rechnen ist; hierbei sind auch die Schwerfälligkeit des Justizapparates – z.B. Versendung der Akten an die Staatsanwaltschaft – zu bedenken. Kann der Verteidiger darlegen, dass mit einer Hauptverhandlung innerhalb der Wochenfrist nicht gerechnet werden kann, bestehen realistische Chancen, die sofortige Entlassung des Beschuldigten zu erreichen.

311 **(2)** Anders als § 112 II Nr. 2 StPO setzt die Anordnung der Hauptverhandlungshaft keine Gefahr voraus, dass sich der Beschuldigte dem Verfahren entziehen wird; ausreichend ist bereits die bloße Befürchtung von Ungehorsam, d.h. das zu erwartende Nichtbefolgen einer Ladung. Die Eintrittsschwelle zur Verhängung von Hauptverhandlungshaft ist somit deutlich niedriger angesetzt als bei den übrigen Haftgründen.

Gleichwohl gelten die zu den übrigen Haftgründen gemachten Überlegungen entsprechend. Die Stellung einer Sicherheit (§ 127a StPO) kann ebenso in Betracht kommen, wie der Hinweis auf die Möglichkeit des Strafbefehlsverfahrens (vgl. Rn. 305).

bb) Rechtsbehelfe

312 Obwohl der Hauptverhandlungshaftbefehl einem auf andere Haftgründe gestützten Haftbefehl gleichsteht, d.h. die gleichen Rechtsbehelfe eingelegt werden können, laufen diese aufgrund der limitierten Zeit faktisch ins Leere; angesichts der Tatsache, dass die Haft mit dem Ablauf der Befristung oder dem Ende der Hauptverhandlung automatisch endet, wird über den eingelegten Rechtsbehelf in den seltensten Fällen vor Beendigung der Haft entschieden.

☞ Gleichwohl sollte der Verteidiger stets die Erfolgsaussichten einer Beschwerde prüfen. Nach der neueren Rechtsprechung des Bundesverfassungsgerichtes steht der Ablauf der Befristung der Zulässigkeit nicht entgegen, so dass die Rechtswidrigkeit noch nach Fortfall des Haftbefehls festgestellt werden kann. Die Feststellung der Rechtswidrigkeit kann dann im späteren Verfahren strafmildernd geltend gemacht werden[562].

cc) Beendigung der Hauptverhandlungshaft

313 Die Hauptverhandlungshaft endet mit Ablauf der Befristung oder dem Ende der Hauptverhandlung automatisch. Eine Aufhebung des Haftbefehls ist nicht erforderlich.

Anders als bei der „normalen" Untersuchungshaft gibt es jedoch keinen automatischen Übergang zur Strafhaft. Wird der Beschuldigte zu einer Freiheitsstrafe ohne Strafaussetzung verurteilt, bedarf es daher zunächst der förmlichen Einleitung der Strafvollstreckung (§ 449 ff. StPO). Da es insoweit einer Vollstreckbarkeitsbeschei-

562 Vgl. *AG Frankfurt* StV 1994, 488.

nigung bedarf, die bei Erlass des Urteils regelmäßig nicht vorliegt, ist der Angeklagte – sofern kein „normaler" Haftbefehl ergeht – spätestens mit der Urteilsverkündung auf freien Fuß zu setzen.

dd) Pflichtverteidigung

Der Vollständigkeit halber sei darauf hingewiesen, dass dem Beschuldigten gemäß § 418 IV StPO ein Pflichtverteidiger beizuordnen ist, sofern eine Freiheitsstrafe von mindestens sechs Monaten zu erwarten ist[563]. **314**

e) Haftbefehl nach Ausbleiben in der Hauptverhandlung (§ 230 Abs. 2 StPO)

Bleibt der Angeklagte in der Hauptverhandlung aus, kommt der Erlass eines Haftbefehls grundsätzlich nicht in Betracht, wenn sich der Angeklagte im Ausland aufhält und dort geladen worden ist[564]. **315**

Im Übrigen gelten bzgl. der Anwendung des § 230 Abs. 2 StPO keine Besonderheiten, so dass auf die gängige Kommentarliteratur verwiesen werden darf.

2. Probleme bei „Überhaft"

Es ist Praxis vieler Ausländerbehörden, nach Erlass des Haftbefehls die Ausweisung und Abschiebung anzudrohen[565] und Abschiebungshaft zu erwirken. Ist Abschiebungshaft angeordnet, wird diese als sog. „Überhaft" notiert, mit der Folge, dass die Untersuchungshaft nach Aufhebung des Haftbefehls automatisch in Abschiebungshaft übergeht. Obwohl mit der Aufhebung des Haftbefehls in der Regel auch der Grund für die Abschiebungshaft entfällt, erfährt die Ausländerbehörde oftmals erst geraume Zeit später vom Fortfall der Haftgründe, so dass es dringend geboten ist, frühzeitig Kontakt mit der Ausländerbehörde aufzunehmen, wenn sich die Aufhebung des Haftbefehls abzeichnet; andernfalls droht dem Mandanten überflüssiger Freiheitsentzug, der besonders ärgerlich ist, wenn der Mandant nach der Aufhebung an einem Freitagnachmittag das Wochenende über in (Abschiebe-) Haft verbringen muss. Aus diesem Grunde empfiehlt es sich auch, Gericht und/ oder Staatsanwaltschaft zu bitten, die Ausländerbehörde von sich aus zu informieren, um die schnellstmögliche Aufhebung der Abschiebungshaft zu erreichen. **316**

---

563 Vgl. auch *Schlothauer/Weider* Untersuchungshaft, Rn. 253, deren Ansicht nach im Falle der drohenden oder angeordneten Hauptverhandlungshaft stets ein Fall notwendiger Verteidigung gegeben ist.

564 Vgl. *OLG Frankfurt* NStZ-RR 1999, 18/19; *Meyer-Goßner* StPO, § 230 Rn. 21; KK-*Tolksdorf* StPO, § 230 Rn. 13.

565 Vgl. oben Rn. 27.

3. Haftprüfung, Haftbeschwerde und sonstige Haftanträge

317 **a)** Gegen die Anordnung der Untersuchungshaft sieht die Strafprozessordnung ein umfangreiches Rechtsbehelfssystem vor. Neben der schriftlichen und mündlichen Haftprüfung (§§ 117, 118 StPO) steht dem Beschuldigten die Haftbeschwerde (§ 304 I StPO) einschließlich der Möglichkeit der weiteren Beschwerde (§ 310 StPO) zur Verfügung. Welcher dieser Rechtsbehelfe gewählt werden sollte, ist nicht zuletzt eine taktische Frage; von den für alle Haftsachen geltenden Überlegungen abgesehen, ist bei ausländischen Beschuldigten (zusätzlich) zu bedenken, dass die mündliche Haftprüfung in der Regel am ehesten geeignet ist, bestehende Zweifel bzgl. des Fehlens von Haftgründen zu beseitigen. Im Gegensatz zur Haftbeschwerde hat diese den Vorteil, dass dem Haftrichter ein persönlicher Eindruck vermittelt wird. Familiäre, soziale, berufliche oder wirtschaftliche Bindungen lassen sich so weit besser darstellen als im anonymen schriftlichen Verfahren. Nicht zuletzt eröffnet das Haftprüfungsverfahren die Möglichkeit, durch Verhandlungen die Außervollzugsetzung des Haftbefehls zu erreichen.

b) Mit ernsthaften Konflikten muss der Verteidiger rechnen, wenn er von einem möglichen Rechtsmittel abrät oder zunächst die Akteneinsicht abwarten will; so kann der Eindruck entstehen, der Verteidiger könne sich der Justiz gegenüber nicht durchsetzen oder arbeite mit dieser zusammen. Die Irritation des Mandanten wird dabei oft durch die „Gerüchteküche" innerhalb der JVA verstärkt. Dem Gefangenen werden Beispiele von angeblich gleichgelagerten Fällen genannt, in denen bereits die erste Haftprüfung erfolgreich war. In dieser Situation ist viel Fingerspitzengefühl gefragt; kann die Fehlvorstellung nicht beseitigt werden, kann es ratsam sein, auch offensichtlich aussichtslose Rechtsbehelfe einzulegen, um so die Einschätzung des Verteidigers „richterlich zu bestätigen".

4. OLG-Haftprüfung

318 Die OLG-Haftprüfung ist ein besonderes Haftprüfungsverfahren, welches – erstmalig nach sechsmonatiger Haftdauer – von Amts wegen durchzuführen ist; gleichwohl sollte der Verteidiger Stellung nehmen, wenn der konkrete Einzelfall hierzu Anlass gibt. Bei ausländischen Beschuldigten gilt es folgende Besonderheiten zu beachten:

a) Da die Strafverfolgungsbehörden auf die Bearbeitung von Strafsachen im Ausland keinen Einfluss haben, ist bei der Berechnung der Sechsmonatsfrist im Ausland erlittene Auslieferungshaft oder eine dem gleichstehende Freiheitsentziehung nicht hinzuzurechnen[566].

b) Gemäß § 121 StPO kann die Untersuchungshaft über sechs Monate hinaus nur aufrechterhalten werden, wenn die besondere Schwierigkeit, der Umfang der Ermittlungen oder ein anderer wichtiger Grund die Fortdauer der Haft rechtfertigt.

566 *Meyer-Goßner* StPO, § 121 Rn. 7 m.w.N.

Ein anderer wichtiger Grund i.S.d. § 121 StPO liegt nur dann vor, wenn die Strafverfolgungsbehörden und Gerichte alle zumutbaren Maßnahmen ergriffen haben, um die Ermittlungen so schnell wie möglich abzuschließen[567]; bei Straftaten mit Auslandsbezug ist dies insbesondere nicht der Fall, wenn für die Übersetzung umfangreichen Schriftmaterials lediglich ein Dolmetscher mit der Übersetzung beauftragt wird[568]. Ebenso steht der Annahme eines wichtigen Grundes entgegen, wenn es das Gericht unterlässt, die gebotene Übersetzung der Anklage zu veranlassen[569]. Der Haftbefehl ist schließlich auch dann aufzuheben, wenn die eingetretene Verfahrensverzögerung auf den Umstand zurückzuführen ist, dass der Rechtshilfeweg fehlerhaft beschritten wird[570] oder die Beschreitung des Rechtshilfeweges nur deshalb erforderlich wird, weil die Ausweisung eines wichtigen Zeugen nicht verhindert worden ist[571]. Entsprechende Versäumnisse sollten stets gerügt werden.

5. Besonderheiten bei Außervollzugsetzung und Aufhebung des Haftbefehls

a) Wird im Falle der Haftverschonung die Hinterlegung des Passes angeordnet, sollte der Verteidiger auf das Ausstellen einer Ersatzbescheinigung hinwirken; andernfalls besteht die Gefahr, dass gegen seinen Mandanten wegen des Verdachts des Aufenthalts ohne Pass und Ausweisersatz (§ 95 I Nr. 1 AufenthG; § 10 I–III FreizügG/EU) ermittelt wird. Zwar stellt es keine Straftat oder Ordnungswidrigkeit dar, wenn der Pass im Rahmen der Haftverschonung hinterlegt wird[572]; die Ersatzbescheinigung ist jedoch geeignet, entsprechenden „Missverständnissen" vorzubeugen. **319**

b) Bloßer Ungehorsam, insbesondere die Nichtbefolgung der Ladung zum Strafantritt erfüllt grundsätzlich nicht den Tatbestand des § 124 Abs. 1 StPO; vielmehr ist erforderlich, dass der Verurteilte durch Flucht oder Täuschungsmanöver den Zugriff der Verfolgungsbehörden – wenn auch nur vorübergehend – erschwert.

Folglich ist es unzulässig, die im Rahmen der Haftverschonung geleistete Sicherheit allein deshalb für verfallen zu erklären, weil sich der Verurteilte an einer den Verfolgungsbehörden bekannten Anschrift im Ausland aufhält und der Ladung zum Strafantritt keine Folge leistet[573].

567 *Meyer-Goßner* StPO, § 121 Rn. 19 m.w.N.

568 *OLG Zweibrücken* StV 1989, 158.

569 *OLG Karlsruhe* NJW 1973, 380; *OLG Düsseldorf* StV 1991, 222; vgl. aber auch *OLG Hamburg* StV 1994, 65.

570 *OLG Köln* StV 1989, 159; *OLG Karlsruhe* StV 1991, 477; *OLG Frankfurt* NStZ 1992, 145.

571 *KG* NStZ 1997, 203.

572 *Renner* AuslG, § 92 Rn. 10; *Pawlik* Haftverschonung von Ausländern, NJW 1978, 1730; vgl. auch *AG Frankfurt* Beschl. v. 3.9.1976 – 954 Ds 408/76, das eine entsprechende Auflage für unzulässig erachtet.

573 *OLG Frankfurt* NStZ-RR 2003, 143, 144.

c) Wird der Haftbefehl aufgehoben oder außer Vollzug gesetzt, ist der Mandant darüber hinaus auf die Gefahren hinzuweisen, die sich aus einer Rückkehr in sein Heimatland ergeben können. In diesem Falle kann die ausländische Strafverfolgungsbehörde – im Wege der Rechtshilfe – um Übernahme der Strafverfolgung ersucht werden (vgl. Nr. 145, 146 RiVASt), was je nach Ausgestaltung der Verfahrensordnung zu einem reinen Aktenprozess, ohne die in Deutschland verfügbaren Zeugen und Beweismittel, führen kann.

IV. Verfahrensrechtliche Besonderheiten im Ermittlungsverfahren

320 Bereits im Ermittlungsverfahren gilt es bei ausländischen Mandanten zahlreiche Besonderheiten zu beachten, die entscheidenden Einfluss auf die Qualität der Verteidigung insgesamt haben; auch hier gilt der Erfahrungssatz, dass Fehler im Ermittlungsverfahren oft das gesamte Strafverfahren belasten können[574].

A. Molekulargenetische Untersuchung (§ 81g StPO)[575]

321 Die Anordnung der molekulargenetischen Untersuchung (§ 81g StPO) hat seit ihrer Einführung eine erhebliche praktische Bedeutung erlangt. Neben dem vielfach diskutierten Begriff der „Wiederholungsgefahr“[576] stellt sich bei ausländischen Beschuldigten insbesondere die Frage, ob die Entnahme von Körperzellen auch dann angeordnet werden kann, wenn sich der Ausländer außerhalb des Geltungsbereiches der Strafprozessordnung aufhält.

Nach Ansicht des Bundesgerichtshofes[577] ist die Anordnung der molekulargenetischen Untersuchung jedenfalls dann unzulässig, wenn diese ausschließlich für den ungewissen Fall der Wiedereinreise eines abgeschobenen Ausländers begehrt wird; hänge die Vollstreckung des Beschlusses nur vom Zufall ab, handele es sich nämlich um eine unzulässige „Vorratshaltung“ richterlicher Beschlüsse. Dieser Entscheidung folgend dürfte die Anordnung der molekulargenetischen Untersuchung stets unzulässig sein, wenn mit der Vollstreckung des Beschlusses in absehbarer Zeit nicht zu rechnen ist, so z.B. wenn der ausländische Beschuldigte seinen Wohnsitz oder dauerhaften Aufenthaltsort im Ausland hat und sich zum Zeitpunkt der Anordnung außerhalb des Bundesgebietes aufhält.

---

574 Vgl. *Müller* Strafverteidigung, NJW 1981, 1801, 1805 f.; *Weihrauch* Verteidigung im Ermittlungsverfahren, Einleitung m.w.N.

575 Vgl. auch *Malek/Wohlers* Zwangsmaßnahmen und Grundrechtseingriffe im Ermittlungsverfahren, Rn. 287 ff.

576 Vgl. *BVerfG* StV 2001, 145 ff. m.w.N.

577 *BGH* StV 2000, 113/114; a.A. *LG Stuttgart* NStZ 2001, 336.

B. Gegenüberstellung

„Soll durch eine Gegenüberstellung geklärt werden, ob der Beschuldigte der Täter ist, so ist dem Zeugen nicht nur der Beschuldigte, sondern zugleich auch eine Reihe anderer Personen gleichen Geschlechts, ähnlichen Alters und ähnlicher Erscheinung gegenüberzustellen, und zwar in einer Form, die nicht erkennen lässt, wer von den Gegenübergestellten der Beschuldigte ist (Wahlgegenüberstellung).“ 322

Gerade diese Bestimmung (Nr. 18 RiStBV) bereitet bei ausländischen Beschuldigten oft Schwierigkeiten, da in der Regel nur Polizeibeamte als Vergleichspersonen herangezogen werden; diese unterscheiden sich häufig deutlich vom Erscheinungsbild des beschuldigten Ausländers, so dass es sich oft empfehlen wird, eigene Vergleichspersonen – z.B. Freunde oder Verwandte – zu stellen. Treten weitere Besonderheiten hinzu – z.B. Narbenbildung im Gesicht –, kann auch das professionelle Schminken der Vergleichspersonen erforderlich werden. Entsprechende Angebote bzw. Anregungen werden in der Regel akzeptiert, da die Verwendung deutscher bzw. ungeeigneter Vergleichspersonen den Beweiswert der Gegenüberstellung oft in Frage stellen wird.

C. Verfahrenseinstellungen bei ausländischen Beschuldigten

Das vorbereitende Verfahren endet mit der Erhebung der öffentlichen Klage oder der Einstellung des Verfahrens (§ 170 I, II StPO). Daneben besteht die Möglichkeit der Einstellung nach dem Opportunitätsprinzip (§§ 153 ff. StPO). Dieses eröffnet dem geschickt agierenden Verteidiger ein fruchtbares Betätigungsfeld[578], wobei bei ausländischen Beschuldigten folgende Besonderheiten zu beachten sind: 323

1. Verfahrenseinstellungen gemäß § 153a StPO

Soll von der Verfolgung gemäß § 153a StPO abgesehen werden, sind stets die aus der Einstellung resultierenden ausländerrechtlichen Folgen zu bedenken (vgl. Rn. 25), die angesichts des „Verteidigungserfolges“ nicht selten übersehen werden. 324

2. Verfahrenseinstellungen gemäß § 153c I Nr. 3 StPO

Die Staatsanwaltschaft kann gemäß § 153c I Nr. 3 StPO von der Verfolgung von Straftaten absehen, wenn wegen der Tat im Ausland schon eine Strafe vollstreckt worden ist und die im Inland zu erwartende Strafe nach Anrechnung der ausländischen nicht ins Gewicht fiele oder der Beschuldigte im Ausland rechtskräftig frei- 325

578 Vgl. *Weihrauch* Verteidigung im Ermittlungsverfahren, Rn. 122.

gesprochen worden ist; bei der Entscheidung sind u.a. die Besonderheiten des ausländischen Strafvollzugs in Rechnung zu stellen[579].

3. Verfahrenseinstellungen gemäß § 154 StPO

326 Zu beachten ist ferner, dass nach überwiegender Ansicht auch ausländische Verfahren oder Verurteilungen eine Verfahrenseinstellung gemäß § 154 I, II StPO rechtfertigen[580]; der Verteidiger sollte also stets klären, ob gegen seinen Mandanten weitere ausländische Verfahren anhängig sind bzw. waren.

4. Verfahrenseinstellungen gemäß § 154b StPO

327 **a)** Ist bereits zu Beginn des Ermittlungsverfahrens absehbar, dass die Ausweisung unvermeidbar ist, oder wünscht der ausländische Mandant die schnellstmögliche Rückkehr in sein Heimatland, sollte schließlich auch eine Einstellung des Verfahrens gemäß § 154b StPO in Erwägung gezogen werden. Gemäß § 154b StPO kann die Staatsanwaltschaft von der Erhebung der öffentlichen Klage absehen, wenn ...

- ... der Beschuldigte wegen der Tat ausgeliefert wird (§ 154b I StPO),
- ... der Beschuldigte wegen einer anderen Tat ausgeliefert wird und die Strafe oder die Maßregel der Besserung und Sicherung, zu der die inländische Verurteilung führen kann, neben der Strafe oder Maßregel der Besserung und Sicherung, die gegen ihn im Ausland rechtskräftig verhängt worden ist oder die er im Ausland zu erwarten hat, nicht ins Gewicht fällt (§ 154b II StPO),
- ... der Beschuldigte ausgewiesen wird (§ 154b III StPO).

328 **b)** Die Anwendung der Vorschrift setzt also zunächst das Vorliegen einer bestandskräftig angeordneten Auslieferung oder Ausweisung voraus[581]; dem stehen die Durchlieferung[582], Abschiebung[583] (§ 58 AufenthG) und Zurückschiebung[584] (§ 57 AufenthG) gleich.

☞ Nicht ausreichend ist dagegen, dass die Voraussetzungen für eine Auslieferung oder Ausweisung vorliegen[585]; dies gilt es zu beachten, sofern die Einstellung des Verfahrens angestrebt wird. Viele Ausländerbehörden warten zunächst den Ausgang des Strafverfahrens ab, so dass die Ausweisung nur selten vor Abschluss der Ermittlungen verfügt wird. In diesem Falle sollte der Verteidiger frühzeitig mit der Ausländerbehörde Kontakt aufnehmen, um den Erlass der Ausweisungsverfügung zu forcieren.

---

579 KK-*Schoreit* StPO, § 153c Rn. 13.

580 *LG Aachen* NStZ 1993, 505; *LG Bonn* NJW 1973, 1566; a.A. *Meyer-Goßner* StPO, § 154 Rn. 1 m.w.N.

581 Die Vorschrift kommt nicht zur Anwendung, wenn der Beschuldigte den Geltungsbereich des Gesetzes freiwillig verlässt; KK-*Schoreit* StPO, § 154b Rn. 2 m.w.N.

582 KK-*Schoreit* StPO, § 154b Rn. 3.

583 KK-*Schoreit* StPO, § 154b Rn. 6.

584 KK-*Schoreit* aaO.

585 KK-*Schoreit* StPO, § 154b Rn. 2 m.w.N.; *Meyer-Goßner* StPO, § 154b Rn. 3.

Liegen Erkenntnisse vor, dass gegen den Mandanten im Heimatland ein weiteres Strafverfahren anhängig ist, sollte der Versuch unternommen werden, die im Ausland zuständige Behörde zur Durchführung eines Auslieferungsverfahrens zu bewegen; zu diesem Zwecke sollte ein ausländischer Kollege eingeschaltet werden, der ebenfalls zur Verfahrensbeschleunigung beitragen kann[586]. ☞

c) Liegen die Einstellungsvoraussetzungen vor, entscheidet die Staatsanwaltschaft – ohne Zustimmung des Gerichts (!)[587] – nach pflichtgemäßem Ermessen; ist die öffentliche Klage erhoben, entscheidet das Gericht, wobei es an den Antrag der Staatsanwaltschaft gebunden ist[588]. **329**

Zum Zwecke der Ermessensausübung haben einzelne Bundesländer Ermessensrichtlinien erlassen, die der am Ende dieses Kapitels dargestellten Übersicht entnommen werden können (Rn. 336); existieren keine Richtlinien, ist auf allgemeine Erwägungen zurückzugreifen, wobei die zu § 456a StPO erlassenen Richtlinien als „Richtschnur" dienen können[589]. ☞

d) Wird das Verfahren eingestellt, ist stets die (begrenzte) Möglichkeit der Wiederaufnahme zu beachten. Während die Staatsanwaltschaft das Ermittlungsverfahren jederzeit wieder aufnehmen kann, wenn ein Grund dazu besteht und kein Verfahrenshindernis vorliegt[590], entfaltet der Gerichtsbeschluss beschränkte materielle Rechtskraft (§ 154b IV 2 StPO); danach ist die Wiederaufnahme – innerhalb einer Frist von einem Jahr – nur zulässig, sofern die Voraussetzungen der gerichtlichen Einstellung entfallen oder sich als unzutreffend erwiesen haben; dies gilt insbesondere dann, wenn der Angeschuldigte in den Geltungsbereich der Strafprozessordnung zurückkehrt und bei Berücksichtigung des Legalitätsprinzips und des § 153c I Nr. 3 StPO noch ein Bedürfnis für die Strafverfolgung besteht[591]. **330**

e) Zu beachten ist schließlich, dass Abschiebungshaft, die nach Einstellung des Verfahrens vollzogen wird, nach bislang einhelliger Ansicht im Falle der Rückkehr und Wiederaufnahme des Verfahrens nicht angerechnet werden konnte[592]; obwohl diese Ansicht, aufgrund der Rechtsprechung des Bundesverfassungsgerichts zur Anrechnung verfahrensfremder Haft[593], überholt sein dürfte, sollte dem Staatsanwalt gegenüber angeregt werden, die Einstellungsverfügung auf den Tag der Ausreise bzw. Abschiebung zu datieren. Auf diese Wiese kann – ohne weitere Probleme – sichergestellt werden, dass die erlittene Haft anrechnungsfähig bleibt. **331**

586 Vgl. Rn. 387.
587 *Meyer-Goßner* StPO, § 154b Rn. 2 m.w.N.
588 KK-*Schoreit* StPO, § 154b Rn. 7 m.w.N.; *Meyer-Goßner* StPO, § 154b Rn. 3 m.w.N.
589 Vgl. Rn. 421 ff.
590 *Meyer-Goßner* StPO, § 154b Rn. 2.
591 *Meyer-Goßner* StPO, § 154b Rn. 4.
592 Vgl. *Rüther* Strafverteidigung von Ausländern, Rn. 192.
593 Vgl. *BVerfG* StV 1999, 546 ff.; *BVerfG* StV 2000, 252 ff.; so nun auch *OLG Celle* NStZ-RR 2002, 254; vgl. auch *OLG Düsseldorf* StV 2001, 517, wonach der Anrechnung selbst der Umstand nicht entgegenstehen soll, dass der Verurteilte eine Entschädigung nach dem StrEG erhalten hat.

D. Ne bis in idem

332 **1.** Durch Art. 103 III GG ist das Verbot der Doppelbestrafung zum Rang eines Verfassungsrechts erhoben worden. Galt dieser Verfassungsgrundsatz bislang nur für inländische Verurteilungen, hat er durch Einführung des SDÜ eine beträchtliche Ausweitung erfahren. Erstmals wurde ein „internationaler Strafklageverbrauch" normiert, wonach der Beschuldigte wegen derselben Tat nicht mehr verfolgt werden darf, wenn er zuvor durch eine andere Vertragspartei rechtskräftig abgeurteilt worden ist; gemäß Art. 54 SDÜ tritt nunmehr Strafklageverbrauch ein, wenn die Sanktion im Falle einer Verurteilung vollstreckt worden ist, gerade vollstreckt wird oder nach dem Recht des Urteilsstaats nicht mehr vollstreckt werden kann.

Keine andere Norm des SDÜ hat in Rechtsprechung und Literatur zu derart unterschiedlichen Bewertungen und Auslegungen geführt, wie die Erstreckung des Grundsatzes „ne bis in idem" auf ausländische Entscheidungen[594]. Glaubte die Bundesregierung ursprünglich, dass der deutsche Tatbegriff in der Praxis Schwierigkeiten bereiten könnte[595], hat die praktische Anwendung gezeigt, dass die Norm ganz andere Probleme aufwirft.

333 **2.** Unstreitig ist, dass unter dem Begriff der „Aburteilung" auch der Freispruch zu subsumieren ist[596]; Gleiches gilt für die Frage, ob eine Strafaussetzung zur Bewährung „gerade vollstreckt wird"[597]. Höchst umstritten war bislang jedoch die Frage, ob unter den Begriff der „Aburteilung" auch eine Einstellung des Verfahrens zu subsumieren ist, sei es durch die Strafverfolgungsbehörde nach Erfüllung der von ihr gesetzten Auflage, sei es durch ein Gericht in Ermangelung hinreichender Beweise[598]. Kernpunkt der Diskussion war der französische und niederländische Vertragstext, der nach Ansicht des LG Hamburg[599] nicht nur mit „Urteil", sondern auch mit „Beschluss" übersetzt werden könne. Die Worte „jugement" oder „vonnis" stünden zwar überwiegend für den deutschen Begriff „Urteil", würden gelegentlich aber auch für das Wort „Beschluss" verwendet, so dass unter den Begriff der „Aburteilung" auch die gerichtliche Einstellung des Verfahrens zu

594 Vgl. *Grützner/Pötz* Internationaler Rechtshilfeverkehr in Strafsachen, Fußn. 58 zu Art. 54 SDÜ.

595 Vgl. hierzu *Hecker* „Ne bis in idem" im *Schengener* Rechtsraum, StV 2001, 306, 309 f.

596 *BGH* StV 2001, 495; *Schomburg* Internationales „ne bis in idem", StV 1997, 383, 384; *Hecker* „Ne bis in idem" im *Schengener* Rechtsraum, StV 2001, 306, 307 jeweils m.w.N.

597 *BGH* NJW 2001, 692/693; vgl. auch *OLG München* StV 2001, 495/496 zum gnadenähnlichen Absehen von der weiteren Vollstreckung durch ein spanisches Gericht; vgl. aber auch *OLG Saarbrücken* NStZ 1997, 245.

598 Vgl. *Schomburg* aaO.; *Grotz* Durchführungsübereinkommen und der Grundsatz ne bis in idem, StraFo 1995, 102; *Stange/Rilinger* Art. 54 des *Schengener* Durchführungsübereinkommens (SDÜ) – ne bis in idem?, StV 2001, 540 f.; *Vander Beken/Vermeulen/Lagodny* Kriterien für die jeweils „beste" Strafgewalt in Europa, NStZ 2002, 624 ff.

599 *LG Hamburg* wistra 1995, 358, 359; *LG Hamburg* wistra 1996, 359, 361/362.

subsumieren sei[600]. Demgegenüber vertrat das OLG Hamburg[601] die Ansicht, dass eine endgültige Erledigung des Verfahrens i.S.d. Art. 54 SDÜ das Vorliegen eines rechtskräftigen Urteils voraussetze, so dass die gerichtliche Einstellung selbst dann nicht genüge, wenn diese nach dem Recht des anderen Vertragstaates zum Strafklageverbrauch geführt habe[602]. Einen vermittelnden Standpunkt nahm der BGH[603] ein. Zwar spreche Wortlaut, Sinn und Zweck sowie die Entstehungsgeschichte des Vertrages dafür, dass nur rechtskräftige Urteile ein Verfahrenshindernis i.S.d. Art. 54 SDÜ begründen können; das Fehlen einer gemeinsamen gerichtlichen Instanz aller Schengenstaaten gebiete jedoch eine „Anfrage" beim betroffenen Vertragstaat, ob er der (gerichtlichen) Entscheidung die Wirkung des Art. 54 SDÜ zubillige[604]. Im Ergebnis griff der BGH damit auf den im Rechtshilfeverkehr bekannten Gedanken der „Gegenseitigkeit" zurück[605]; trete nach dem Recht beider Vertragsparteien innerstaatlicher Strafklageverbrauch ein, besteht auch das Verfahrenshindernis nach Art. 54 SDÜ. Dieser vom BGH im Wege der Rechtsfortbildung geschaffenen Notwendigkeit sind die Vertragstaaten kurze Zeit später gefolgt; durch Inkrafttreten des Amsterdamer Vertrages am 1.5.1999 wurde die Möglichkeit geschaffen, den EuGH im Wege einer Vorabentscheidung zur einheitlichen Auslegung des Art. 54 SDÜ anzurufen.

Von dieser Möglichkeit hat erstmals das OLG Köln[606] Gebrauch gemacht, um abschließend zu klären, ob Strafklageverbrauch eintritt, wenn die gleiche Tat Gegenstand eines Strafverfahrens im Ausland gewesen ist und dort das Verfahren nach Erfüllung von Auflagen – hier: niederländische „transactie" – eingestellt worden ist.

Kurz und bündig entschied der EuGH[607], dass die erneute Strafverfolgung unzulässig sei, wenn die Staatsanwaltschaft eines anderen Mitgliedstaates das eingeleitete Verfahren rechtskräftig einstellt, nachdem der Beschuldigte bestimmte Auflagen erfüllt, insbesondere einen von der Staatsanwaltschaft festgesetzten Geldbetrag gezahlt hat; die Tatsache, dass im Rahmen eines solchen Verfahrens kein Gericht tätig werde bzw. die Entscheidung nicht in Form eines Urteils ergehe, stehe dieser Auslegung nicht entgegen, da solche „verfahrensrechtlichen und formalen Gründe" lediglich von untergeordneter Bedeutung seien.

Hat das höchstrichterliche Judikat einerseits Klarheit geschaffen, was die Einstellung nach Erfüllung von Auflagen betrifft, sind andererseits jedoch weitere Streitfragen offen geblieben. Beispiele hierfür sind der Nichteröffnungsbeschluss im deutschen Zwischenverfahren, die non-lieo-Einstellung des französischen Unter-

---

600 *LG Hamburg* aaO.
601 *OLG Hamburg* wistra 1996, 193, 195; so auch *BayObLG* StV 2001, 263.
602 *OLG Hamburg* aaO.
603 *BGH* wistra 1997, 268 ff.
604 *BGH* wistra 1997, 268, 272/273; vgl. auch *BayObLG* StV 2001, 263 bzgl. des österreichischen Straferkenntnisses eines Bezirkhauptmannes.
605 *BGH* NStZ 1999, 250, 251.
606 *OLG Köln* NStZ 2001, 558, 559/560.
607 *EuGH* NJW 2003, 1173/1174 = StV 2003, 201 ff. = NStZ 2003, 332 f. m. Anm. *Thym*.

suchungsrichters[608] oder die formelle Einstellung des Verfahrens durch den niederländischen Staatsanwalt[609].

Die weitere Entwicklung der Rechtsprechung bleibt somit insbesondere in solchen Fällen abzuwarten, in denen der Verfahrenseinstellung nach nationalem Recht nur eingeschränkte Rechtskraft zukommt, wie z. B. der Verfahrenseinstellung gem. § 153a StPO[610] nach deutschem Recht. Obwohl diese nach der im gleichen Grundsatzurteil des EuGH vertretenen Rechtsauffassung die Rechtsfolgen des Art. 54 SDÜ auslösen soll, bleibt fraglich, ob die (höchstrichterliche) Rechtsprechung dem für alle Entscheidungen mit eingeschränkter Rechtskraft folgen wird.

Insoweit wird die Möglichkeit der Vorabentscheidung an Bedeutung gewinnen, wobei dies freilich nur für solche Staaten gilt, die – wie Deutschland – von der gem. Art. 35 Abs. 2 EUV veröffneten Möglichkeit des „opt-in“ Gebrauch gemacht haben[611]; ist dies nicht der Fall, bleibt abzuwarten, ob es bei der vom Bundesgerichtshof kreierten Verfahrensweise verbleibt (vgl. oben).

☞ Der Verteidiger wird daher nicht nur zu prüfen haben, ob die im Bundesgebiet verfolgte Tat Gegenstand eines ausländischen Strafverfahrens war, sondern daneben auch, ob der Abschluss des Verfahrens im Ausland ein Verfahrenshindernis begründet. In Zweifelsfällen sollte zu diesem Zwecke ein Rechtsgutachten – z.B. beim Max-Planck-Institut für ausländisches und internationales Strafrecht[612] – eingeholt werden.

334 **3.** Liegen die Voraussetzungen des Art. 54 SDÜ vor, hat der Verteidiger schließlich die gemäß Art. 55 SDÜ erklärten Vorbehalte zu beachten; danach findet Art. 54 SDÜ – in der Bundesrepublik Deutschland – keine Anwendung, wenn ...

– ... die Tat, die dem ausländischen Urteil zugrunde lag, ganz oder teilweise im Hoheitsgebiet der Bundesrepublik Deutschland begangen wurde; in letzterem Fall gilt diese Ausnahme jedoch nicht, wenn diese Tat im Hoheitsgebiet der Vertragspartei begangen wurde, in dem das Urteil ergangen ist;

---

608 Vgl. hierzu *BGH* NStZ 1999, 579, 580, der die Auffassung vertrat, die Entscheidung stehe einer erneuten Strafverfolgung in Deutschland – aufgrund der eingeschränkten Rechtskraft – nicht entgegen; a.A. *Kühne* Ne bis in idem in den Schengener Vertragstaaten, JZ 1998, 876, 879/880; *Bohnert/Lagodny* Art. 54 SDÜ im Licht der nationalen Wiederaufnahmegründe, NStZ 2000, 636 ff.

609 *Stein* Ein Meilenstein für das europäische „ne bis in idem“, NJW 2003, 1162, 1164; *Thym* Anm. zu EuGH NStZ 2003, 334; vgl. auch *Stange/Rilinger* Art. 54 des Schengener Durchführungsübereinkommens (SDÜ) – ne bis in idem?, StV 2001, 540, 541; sowie *OLG Innsbruck* NStZ 2000, 663, 664/665, wonach die einen Klageerzwingungsantrag ablehnende Entscheidung nach deutschem Recht zur Anwendung des Art. 54 SDÜ führt.

610 Zur Rechtslage bei einer Einstellung gem. § 153 StPO, vgl. *Strafgericht Eupen* wistra 1999, 479/480, das aufgrund der Notwendigkeit der richterlichen Zustimmung die Voraussetzungen des Art. 54 SDÜ als erfüllt ansieht.

611 Vgl. *Hecker* „Ne bis in idem“ im *Schengener* Rechtsraum, StV 2001, 306, 307.

612 Max-Planck-Institut für ausländisches und internationales Strafrecht, Günterstalstr. 73, 79100 Freiburg.

- ... die Tat, die dem ausländischen Urteil zugrunde lag, eine gegen die Sicherheit der Bundesrepublik Deutschland oder andere gleichermaßen wesentliche Interessen gerichtete Straftat darstellt[613];
- ... die Tat, die dem ausländischen Urteil zugrunde lag, von einem Bediensteten der Bundesrepublik Deutschland unter Verletzung seiner Amtspflichten begangen wurde.

Findet Art. 54 SDÜ keine Anwendung, kann die im Ausland erfolgte Verurteilung jedoch im Rahmen der Strafzumessung zu berücksichtigen sein (vgl. Rn. 200).

Übersicht: **335**
Die nachfolgend abgedruckte Tabelle enthält eine Aufstellung derjenigen Vertragstaaten, die dem SDÜ beigetreten sind. Soweit einzelne Vertragsparteien Vorbehalte zur Anwendung des „internationalen Strafklageverbrauchs" abgegeben haben, können diese den in der Tabelle genannten Fundstellen entnommen werden (vgl. auch www.verteidigung-von-auslaendern.de).

Ne bis in idem

Vertragsstaat	Art. 54 ff. SDÜ	EG ne bis in idem ÜbK
Belgien	BGBl. II 96, 242	BGBl. II 02, 600
Dänemark	BGBl. II 00, 1108 BGBl. II 02, 627	BGBl. II 02, 601
Deutschland	BGBl. II 93, 1010 BGBl. II 96, 243 BGBl. II 02, 627	BGBl. II 98, 2226 BGBl. II 02, 601
Finnland	BGBl. II 00, 1112 BGBl. II 02, 627	
Frankreich	BGBl. II 96, 248	BGBl. II 02, 602
Griechenland	BGBl. II 96, 2543 BGBl. II 98, 1968, 2951	
Irland		BGBl. II 02, 603
Island	BGBl. II 00, 1120 BGBl. II 02, 628	
Italien	BGBl. II 93, 1904 BGBl. II 98, 969	BGBl. II 02, 603
Luxemburg	BGBl. II 96, 249	
Niederlande	BGBl. II 96, 249	BGBl. II 02, 603

613 Nach der von der Bundesrepublik Deutschland abgegebenen Erklärung soll dies bei Straftaten gegen das AWG und KWKG gelten; ebenso findet Art. 54 SDÜ keine Anwendung, wenn dem ausländischen Urteil ein Verstoß gegen §§ 80a, 81 bis 83, 84 bis 90b, 94 bis 100a, 109 bis 109k, 129, 129a StGB zugrunde liegt; vgl. BGBl. 1994 II, 631.

614 *Nicht belegt.*

Vertragsstaat	Art. 54 ff. SDÜ	EG ne bis in idem ÜbK
Norwegen	BGBl. II 00, 1120 BGBl. II 02, 628	
Österreich	BGBl. II 98, 1969	BGBl. II 02, 604
Portugal	BGBl. II 96, 258	BGBl. II 02, 604
Schweden	BGBl. II 00, 1116 BGBl. II 02, 627	
Spanien	BGBl. II 96, 258	

336 *Übersicht:*
Die nachfolgend abgedruckte Tabelle bietet einen Überblick über die Länderrichtlinien zur Ermessensausübung bei Anwendung des § 154b StPO; der jeweilige Volltext ist auf der Homepage www.verteidigung-von-auslaendern.de abgelegt. Soweit einzelne Länder keine Regelungen getroffen haben, ist auf allgemeine Erwägungen zurückzugreifen, wobei die zu § 456a StPO erlassenen Richtlinien (vgl. Rn. 421 ff.) als Richtschnur dienen können.

Einstellung gemäß § 154b StPO	Voraussetzungen
Baden-Württemberg[615, 616]	• Ein Absehen von der Strafverfolgung kommt auch schon vor Abschluss der Ermittlungen in Betracht, wenn die **wesentlichen Beweise** gesichert sind und die Einstellung des Verfahrens nach anderen Vorschriften ausscheidet. • Gebietet das öffentliche Interesse wegen der Schwere der Tat oder der Gefährlichkeit des Beschuldigten die Durchführung des Strafverfahrens und die Strafvollstreckung, ist § 154b StPO grundsätzlich nicht anzuwenden. Dies gilt insbesondere in Verfahren ... – wegen **Straftaten gegen das Leben**, wegen **Menschenhandels** oder vergleichbarer schwerer Delikte, – wegen **gewerbs- und bandenmäßig** begangener Straftaten, – gegen Beschuldigte, die **nach der Ausweisung unerlaubt** in die Bundesrepublik Deutschland **eingereist** sind, – wegen einer Straftat gemäß **§ 92a AuslG a.F.**[617]. • Der Beschuldigte soll darauf hingewiesen werden, dass das Verfahren wieder aufgenommen werden kann, wenn er in die Bundesrepublik Deutschland zurückkehrt. • Für den Fall der Rückkehr leitet die Staatsanwaltschaft die zur Sicherung der Strafverfolgung zweckmäßigen Fahndungsmaßnahmen ein.

615 Allgemeinverfügung vom 17.10.1996, Die Justiz 1996, 500 ff.
616 Weisung des Bayer. Staatsministeriums des Innern vom 16.5.2002 – IA2 – 2084.21-8 – unveröffentlicht –.
617 Entspricht § 96 AufenthG.

Einstellung gemäß § 154b StPO	Voraussetzungen
Bayern[616]	• In Fällen **„geringer Delinquenz“**
Berlin	• keine besondere Regelung
Brandenburg	• keine besondere Regelung
Bremen	• keine besondere Regelung
Hamburg	• keine besondere Regelung
Hessen	• keine besondere Regelung
Mecklenburg-Vorpommern[618]	• Ein Absehen von der Strafverfolgung kommt auch schon vor Abschluss der Ermittlungen in Betracht, wenn die wesentlichen Beweise gesichert sind und die Einstellung des Verfahrens nach anderen Vorschriften nicht möglich erscheint und die allgemeinen Ziele des Strafrechts nicht beeinträchtigt werden. Die Anwendung der Vorschrift ist namentlich in Betracht zu ziehen bei Verfahren wegen interner Auseinandersetzungen zwischen Ausländern, durch die deutsche Strafverfolgungsinteressen nicht wesentlich berührt werden (z.B. familiäre Streitigkeiten, Auseinandersetzungen zwischen Volksgruppen), aber auch bei weniger gewichtigen Verstößen (z.B. auch gegen das BtMG), falls entsprechende Ausweisungsverfügungen vorliegen oder kurzfristig erwirkt werden können und die Abschiebung ein wirksameres Mittel der Bekämpfung von Straftaten erscheint als die Durchsetzung des deutschen Strafanspruchs. • Gebietet das öffentliche Interesse wegen der Schwere der Tat oder der Gefährlichkeit des Beschuldigten die Durchführung des Strafverfahrens und die Strafvollstreckung, ist § 154b StPO grundsätzlich nicht anzuwenden. Dies gilt insbesondere in Verfahren ... – ... wegen **Straftaten gegen das Leben**, wegen **Menschenhandels** oder vergleichbarer schwerer Delikte, – ... wegen **gewerbs- und bandenmäßig** begangener Straftaten, – ... wegen **Gewalttaten im Verbrechensbereich**, – ... gegen Beschuldigte, die **nach der Ausweisung unerlaubt** in die Bundesrepublik Deutschland **eingereist** sind, – ... wegen einer Straftat gemäß **§ 92a AuslG a.F.**[617], – ... wegen nicht nur unwesentlichen **Straftaten nach dem BtMG**. • Die Entscheidung darüber, ob nach § 154b I, II und III StPO verfahren oder ob ein Antrag nach § 154b IV StPO

618 Dienstanweisung 2/92 (2) vom 9.12.1997 des Generalstaatsanwaltes – unveröffentlicht –.

Einstellung gemäß § 154b StPO	Voraussetzungen
(Mecklenburg-Vorpommern)	gestellt werden soll, trifft der Behördenleiter; ist lediglich mit der Verhängung einer Geldstrafe zu rechnen, entscheidet der Abteilungsleiter. • Der Beschuldigte soll darauf hingewiesen werden, dass das Verfahren wieder aufgenommen werden kann, wenn er in die Bundesrepublik Deutschland zurückkehrt. • Für den Fall der Rückkehr leitet die Staatsanwaltschaft die zur Sicherung der Strafverfolgung zweckmäßigen Fahndungsmaßnahmen ein.
Niedersachsen[619]	• Die Beweise sind zu sichern; erforderlichenfalls ist der Beschuldigte richterlich zu vernehmen, insbesondere dann, wenn er als Zeuge in einem anderen Verfahren benötigt wird. • Die Anwendung kommt nicht in Betracht, wenn die Aburteilung zu einer **Freiheitsstrafe ohne Bewährung** zu erwarten ist oder das öffentliche Interesse die Aburteilung gebietet. Namentlich in Fällen – **organisierter Kriminalität** – **schwerer Betäubungsmittelkriminalität** – **gewerbsmäßiger Straftaten und Bandendelikten** oder – **international** agierender **Straftätergruppen** wird zur Verteidigung der Rechtsordnung oder wegen der Gefährlichkeit der Straftäter in der Regel nicht von der Strafverfolgung abgesehen werden können. • Der Beschuldigte ist über die möglichen Rechtsfolgen im Falle der Rückkehr zu belehren. • Für den Fall der Rückkehr sind die notwendigen Fahndungsmaßnahmen (Suchvermerk, Ausschreibung zur Aufenthaltsermittlung oder Haftbefehl) einzuleiten.
Nordrhein-Westfalen	• keine besondere Regelung
Rheinland-Pfalz[620]	• Ein Absehen von der Strafverfolgung bereits vor Abschluss der Ermittlungen kommt dann in Betracht, wenn die wesentlichen Beweise gesichert sind und eine Einstellung des Verfahrens nach anderen Vorschriften ausscheidet. • Die Anwendung der Vorschrift ist in Betracht zu ziehen bei Verfahren wegen interner Auseinandersetzungen zwischen Ausländern, durch die deutsche Strafverfolgungsinteressen nicht wesentlich berührt werden. Dies gilt auch bei weniger gewichtigen Verstößen gegen Strafgesetze, insbesondere

619 AV d. MdJ v. 5.8.1997 (4300 – 303.93), NdsRpfl 1997, 194 f.

620 Rundschreiben des Ministeriums der Justiz vom 23.4.2001 (4310-4-1), Justizblatt Rheinland-Pfalz 2001, 212 ff.

Einstellung gemäß § 154b StPO	**Voraussetzungen**
(Rheinland-Pfalz)	wenn die Ausweisung oder Auslieferung als ein wirksameres Mittel der Bekämpfung von Straftaten erscheint als die Durchsetzung des deutschen Strafanspruchs. • § 154b StPO ist grundsätzlich nicht anzuwenden, wenn das öffentliche Interesse an der Strafverfolgung die Durchführung des Strafverfahrens und der sich ggf. anschließenden Strafvollstreckung wegen der Schwere der Tat, wegen besonderer Umstände in der Person des Beschuldigten (z.B. besondere Gefährlichkeit) oder besonderer generalpräventiver Gesichtspunkte gebieten. Dies gilt insbesondere bei Strafverfahren ... – ... wegen **Verbrechen**, – ... wegen der in **§ 100a StPO** genannten Straftaten mit Ausnahme von § 20 des Vereinsgesetzes, – ... wegen Straftaten nach **§§ 174 bis 174c, 176, 179 I bis III, 180, 182, 224, 225 I** oder **226 II StGB**, – ... wegen Straftaten nach **§ 323a StGB**, soweit die im Rausch begangene rechtswidrige Tat ein **Verbrechen** oder eine nach **§§ 174 bis 174c, 176, 179 I bis III, 180, 182, 224, 225 I** oder **226 II StGB** strafbare Handlung darstellt, – ... wegen Straftaten, die eine Freiheits- oder Jugendstrafe ohne Strafaussetzung zur Bewährung oder die Anordnung einer freiheitsentziehenden Maßregel der Besserung und Sicherung gemäß § 61 Nr. 1 bis 3 StGB erwarten lassen, – ... gegen Beschuldigte, die **nach der Ausweisung unerlaubt** in die Bundesrepublik Deutschland **eingereist** sind. • Der Beschuldigte soll darauf hingewiesen werden, dass das Verfahren wieder aufgenommen werden kann, wenn er in die Bundesrepublik Deutschland zurückkehrt. • Für den Fall der Rückkehr leitet die Staatsanwaltschaft die zur Sicherung der Strafverfolgung gebotenen Maßnahmen ein.
Saarland[621]	• Bei der Entscheidung nach § 154b StPO dürfen die Funktion und die allgemeinen Ziele des Strafrechts nicht unbeachtet bleiben. Das gilt insbesondere bei solchen Straftätern, bei denen die Verteidigung der Rechtsordnung (generalpräventive Aspekte) oder die Gefährlichkeit des Straftäters (spezialpräventive Aspekte) eine nachhaltige Strafverfolgung gebietet, so z.B. bei Tötungsdelikten in Fällen schwerer Betäubungsmittelkriminalität, bei Angehörigen international agierender Straftätergruppen, bei Angehörigen aus dem Bereich der Organisierten Kriminalität oder bei Personen, die illegal zurückkehren und wiederholt auffällig werden.

621 AV des MdJ Nr. 1/1995 v. 6.1.1995 (4300 – 27) – unveröffentlicht –.

Einstellung gemäß § 154b StPO	Voraussetzungen
Sachsen[622]	• Ein Absehen von der Strafverfolgung bereits vor Abschluss der Ermittlungen kommt dann in Betracht, wenn die wesentlichen Beweise gesichert sind und eine Einstellung des Verfahrens nach anderen Vorschriften ausscheidet. • Gebietet das öffentliche Interesse wegen der Schwere der Tat oder der Gefährlichkeit des Beschuldigten die Durchführung des Strafverfahrens und die Strafvollstreckung, ist § 154b StPO grundsätzlich nicht anzuwenden. Dies gilt insbesondere in Verfahren ... – wegen **Straftaten gegen das Leben**, wegen **Menschenhandels** oder vergleichbarer schwerer Delikte, – wegen **gewerbs- und bandenmäßig** begangener Straftaten, – gegen Beschuldigte, die **nach der Ausweisung unerlaubt** in die Bundesrepublik Deutschland **eingereist** sind, – wegen einer Straftat gemäß **§ 92a AuslG a.F.**[617].
Sachsen-Anhalt[623]	• Ein Absehen von der Strafverfolgung kommt auch schon vor Abschluss der Ermittlungen in Betracht, wenn die **wesentlichen Beweise gesichert** sind, eine Einstellung des Verfahrens nach anderen Vorschriften nicht möglich erscheint und die allgemeinen Ziele des Strafrechts nicht beeinträchtigt werden. • Eine Anwendung der Vorschrift ist namentlich in Betracht zu ziehen – bei Verfahren wegen interner Auseinandersetzungen zwischen ausländischen Staatsangehörigen, wenn deutsche Strafverfolgungsinteressen nicht wesentlich berührt sind (z.B. familiäre Streitigkeiten, Auseinandersetzungen zwischen Volksgruppen u.Ä.) und – in Verfahren wegen eines sonstigen, weniger gewichtigen Verstoßes (z.B. auch gegen das Betäubungsmittelgesetz – etwa bei Straßen-Kleinhandel mit Betäubungsmitteln –), falls entsprechende Ausweisungsverfügungen bereits vorliegen oder kurzfristig erwirkt werden können und die Abschiebung als ein wirksameres Mittel der Bekämpfung von Straftaten erscheint als die Durchsetzung des deutschen Strafanspruchs. • Eine Anwendung der Vorschrift wird regelmäßig nicht in Betracht kommen, wenn das öffentliche Interesse die Verurteilung und Strafvollstreckung gebietet, insbesondere in Verfahren

622 Verwaltungsvorschrift des Sächsischen Staatsministeriums der Justiz vom 25.4.1996, JMBl. 1996, 69 f.

623 AV des MdJ vom. 23.3.2000 (4300 – 207.15).

Einstellung gemäß § 154b StPO	**Voraussetzungen**
(Sachsen-Anhalt)	– wegen einer **Straftat gegen das Leben**, wegen **Menschenhandels** oder einer vergleichbar schweren Straftat, – wegen einer Straftat, die der **Organisierten Kriminalität** zuzurechnen ist, – wegen **schwerer Betäubungsmittelkriminalität**, – wegen einer **gewerbsmäßigen Straftat** oder eines **Bandendelikts**, – gegen Ausländer, bei denen aufgrund bestimmter Tatsachen zu erwarten ist, dass sie (z.B. unter anderer Identität) alsbald **illegal wieder einreisen**, – gegen ausgewiesene Ausländer, die **illegal** in die Bundesrepublik **zurückgekehrt** sind, – wegen **Einschleusens von Ausländern** (§ 92a AuslG a.F.[617]).
Schleswig-Holstein[624]	• Ein Absehen von der Strafverfolgung bereits vor Abschluss der Ermittlungen kommt dann in Betracht, wenn die **wesentlichen Beweise gesichert** sind und eine Einstellung des Verfahrens nach anderen Vorschriften ausscheidet. • Eine Anwendung der Vorschrift scheidet regelmäßig aus, wenn im Hinblick auf die Schwere der Tat und/oder die Gefährlichkeit des Beschuldigten das öffentliche Interesse die Verurteilung und Strafvollstreckung gebietet; dies gilt namentlich in Verfahren – wegen einer **Straftat gegen das Leben**, wegen **Menschenhandels** oder einer vergleichbar schweren Straftat, – wegen **gewerbsmäßiger Straftaten** und **Bandendelikte**, insbesondere wegen **Organisierter Kriminalität**, – gegen ausgewiesene Ausländer, die **illegal** in die Bundesrepublik Deutschland **zurückkehrt** sind.
Thüringen[625]	• Ein Absehen von der Strafverfolgung kommt auch schon vor Abschluss der Ermittlungen in Betracht, wenn die **wesentlichen Beweise gesichert** sind, eine Einstellung des Verfahrens nach anderen Vorschriften nicht möglich erscheint und die allgemeinen Ziele des Strafrechts nicht beeinträchtigt werden. • Eine Anwendung der Vorschrift ist namentlich in Betracht zu ziehen bei Verfahren wegen interner Auseinandersetzungen zwischen ausländischen Staatsangehörigen, wenn deutsche Strafverfolgungsinteressen nicht wesentlich berührt werden (z.B. familiäre Streitigkeiten, Auseinandersetzungen zwischen Volksgruppen u.Ä.), aber auch bei weniger gewichtigen

624 Rundverfügung des Generalstaatsanwalts vom 25.2.1994 StPO (472 – 45); SchlHA 1994, 85.

625 Verwaltungsvorschrift des Thüringer Ministeriums für Justiz und Europaangelegenheiten vom 4.5.1995 (4300-1/92), JMBl. 1995, 31 ff.

Einstellung gemäß § 154b StPO	**Voraussetzungen**
(Thüringen)	Verstößen (z.B. auch gegen das Betäubungsmittelgesetz), falls entsprechende Ausweisungsverfügungen bereits vorliegen oder kurzfristig erwirkt werden können und die Abschiebung als ein wirksameres Mittel der Bekämpfung von Straftaten erscheint als die Durchsetzung des deutschen Strafanspruchs. • Die Anwendung der Vorschrift wird in der Regel nicht in Betracht kommen, wenn es sich bei den zu verfolgenden Straftaten – um Katalogtaten gemäß § **100a StPO**, – um ein **Verbrechen** oder – um Taten, bei denen mit einer **Freiheitsstrafe von mehr als einem Jahr zu rechnen** oder bei denen ein **besonderes öffentliches Interesse** gegeben ist, handelt. • Gegen ausgewiesene Ausländer, die illegal in die Bundesrepublik Deutschland zurückkehrt sind, kommt die Anwendung des § 154b StPO nicht in Betracht.

V. Verteidigung in der Hauptverhandlung

337 Insbesondere im Rahmen der Vorbereitung der Hauptverhandlung muss sich der Verteidiger des besonderen kulturellen Hintergrundes seines Mandanten und des daraus resultierenden anderen Rechtsverständnisses bewusst sein. Fragen nach der Bestechlichkeit von Richtern und Staatsanwälten sollten den Verteidiger nicht überraschen[626]; die Antwort des Verteidigers, dass diese Art der „Regelung“ in Deutschland nicht möglich sei, wird vielfach nicht geglaubt. Der Mandant hat dann oft das Gefühl, dass er den falschen Verteidiger gewählt habe, da dieser nicht über die richtigen „Beziehungen“ verfüge.

In bestimmten Kreisen stellt ein Tateingeständnis eine Schmach dar, die sich auf die gesamte Familie erstrecken kann. Ein noch so eindringlicher Hinweis auf die strafmildernde Wirkung des Geständnisses bewirkt nichts. Der Mandant „geht lieber erhobenen Hauptes unter“. Die Fälle sind nicht selten, in denen der bis ans Ende der Hauptverhandlung – trotz erdrückender Beweislage – bestreitende Mandant eine mehrjährige Freiheitsstrafe erhält, nach der Urteilsverkündung jedoch auf Rechtsmittel verzichtet[627]; bisweilen erhält der Verteidiger sogar überschweng-

626 *Schlothauer/Weider* Untersuchungshaft, Rn. 47; vgl. auch *Zier* Lateinamerikanische Drogenkuriere im Konflikt zwischen Bestechungs- und Schuldbekennungskultur, StV 1990, 475 ff.

627 *Schlothauer/Weider* aaO.

lichen Dank für das „hervorragende Ergebnis". In den Fällen, in denen der Mandant die Tat nicht selbst einräumen will, sollte daher der Vorschlag unterbreitet werden, dass der Verteidiger eine vorbereitete Erklärung abgibt; in der Berufungshauptverhandlung sollte zudem eine Rechtsmittelbeschränkung in Erwägung gezogen werden. Schließlich kann der Mandant auf die Möglichkeit der Verteidigung durch Schweigen verwiesen werden. Insoweit hat der Verteidiger jedoch stets zu bedenken, dass viele ausländischen Mandanten mit großem Unverständnis reagieren, wenn der Verteidiger zu einem – aus Sicht des Mandanten – „schädlichen" Geständnis rät; es entstehen oft Zweifel an der Qualifikation des Verteidigers, die in dem Vorwurf gipfeln können, mit der Staatsanwaltschaft gemeinsame Sache zu machen.

Auf ähnlich großes Unverständnis stoßen die Ausführungen des Verteidigers, dass die Verurteilung aufgrund einer einzigen Zeugenaussage erfolgen könne; auch insoweit begründet sich die Skepsis aus dem abweichenden Rechtsverständnis vieler Mandanten. So setzen z.B. Anklage und Verurteilung in anderen Rechtskreisen oft mindestens zwei belastende Zeugenaussagen und/oder das Vorliegen objektiver Beweismittel, wie z.B. die Festnahme am Tatort oder das Auffinden der Tatbeute, voraus[628]. Vor diesem Hintergrund ist es dem ausländischen Mandanten kaum verständlich, wenn der Verteidiger erklärt, dass eine Verurteilung aufgrund der Aussage eines anonymen Zeugen, der noch nicht einmal in der Hauptverhandlung erscheint, möglich, wenn nicht sogar wahrscheinlich sei.

Bei der Vorbereitung der Hauptverhandlung ist also in erster Linie viel Fingerspitzengefühl gefragt. Wertvolle Hinweise zum kulturellen Hintergrund erhält der Verteidiger von kompetenten Dolmetschern oder Organisationen wie z.B. amnesty international[629], terre des hommes[630], Pro Asyl[631] oder der Gesellschaft für bedrohte Völker[632].

Unter Berücksichtigung des kulturellen Hintergrundes gilt es schließlich auch, das Verteidigungsziel festzulegen; im Falle der Strafmaßverteidigung sind vor allem auch die ausländerrechtlichen Konsequenzen zu beachten. Soll der Verbleib im Bundesgebiet sichergestellt werden, gilt es, bereits im Strafverfahren eine günstige Ausgangsposition für das spätere verwaltungsrechtliche Verfahren zu schaffen (vgl. Rn. 17 ff.); ist dieses Ziel nicht realisierbar oder wünscht der Mandant die baldige Rückkehr in sein Heimatland, ist in der Hauptverhandlung mit Blick auf eine möglichst kurze Vollstreckungszeit zu verteidigen (vgl. Rn. 381 ff.).

628 *Schlothauer/Weider* aaO; vgl. auch *Rüther* Ausländer als Mandanten, MschrKrim Sonderheft 1999, 86, 88.
629 Amnesty international, 53108 Bonn.
630 Terre des hommes, Postfach 4126, 49031 Osnabrück.
631 Pro Asyl, Postfach 101834, 60018 Frankfurt a.M.
632 Gesellschaft für bedrohte Völker, Postfach 2024, 37010 Göttingen.

A. Der Dolmetscher in der Hauptverhandlung

338 Ungenügende Dolmetscherleistungen können insbesondere in der vom Mündlichkeitsprinzip bestimmten Hauptverhandlung zu verhängnisvollen Missverständnissen führen[633]; darüber hinaus werden die Verfahrensrechte des sprachunkundigen Ausländers – z.B. das Frage- oder Beweisantragrecht – erheblich verkürzt, wenn er sich in dem als „Kernstück des Strafverfahrens" bezeichneten Verfahrensabschnitt aufgrund mangelhafter Kommunikation nur unzureichend verteidigen kann. Es ist Aufgabe des Verteidigers, die Arbeit des Dolmetschers einer kritischen Qualitätskontrolle zu unterziehen (vgl. Rn. 208 ff.).

1. Zur Rolle des Dolmetschers

339 Wegen der essentiellen Bedeutung der Aufgabe des Dolmetschers als Sprachmittler insbesondere in der Hauptverhandlung, ist stets darauf zu achten, dass er diesem Rollenverständnis gerecht wird (vgl. Rn. 205 ff.); unter revisionsrechtlichen Gesichtspunkten ist zusätzlich zu prüfen, ob unzulässigerweise ein Verfahrensbeteiligter als Dolmetscher tätig wird (vgl. Rn. 206) oder der zugezogene Dolmetscher sachverständige Hilfestellung – z.B. Übersetzung außerhalb der Hauptverhandlung entstandener Schriftstücke – leistet (vgl. Rn. 205), d.h. als Sachverständiger fungiert.

☞ Kann sich der Angeklagte nur in fremder Sprache hinreichend verständigen, ist der absolute Revisionsgrund des § 338 Nr. 5 StPO gegeben, wenn der Dolmetscher der Hauptverhandlung fernbleibt[634].

☞ Bleibt der Dolmetscher der Hauptverhandlung unentschuldigt fern, findet § 77 StPO hinsichtlich der Verhängung eines Ordnungsgeldes grundsätzlich keine Anwendung[635]; dem ausgebliebenen Dolmetscher können jedoch die durch sein Ausbleiben entstandenen Kosten auferlegt werden[636].

2. Auswahl des Dolmetschers

340 **a)** Die Auswahl des Dolmetschers obliegt – wie bereits ausgeführt – dem Vorsitzenden. Zieht der Vorsitzende keinen bzw. einen ungeeigneten Dolmetscher bei, sollte der Verteidiger – zunächst – dessen Ermessensausübung überprüfen. Insoweit sind u.a. folgende Gesichtspunkte zu beachten:

---

633 Zum Ganzen: *Lakisch* Der Dolmetscher in der Hauptverhandlung.

634 *BGH* StV 2002, 296, 297 = NStZ 2002, 275 f. m.w.N.

635 *LG Hamburg* StV 1985, 500/501; *LG Nürnberg-Fürth* MDR 1978, 508; *AG Tiergarten* StV 1987, 13; *Meyer-Goßner* StPO, § 185 GVG Rn. 7; a.A. *OLG Koblenz* VRS 47, 353.

636 *AG Tiergarten* aaO.; vgl. auch *LG Hamburg* aaO.; a.A. *LG Nürnberg-Fürth* MDR 1978, 508/509; vgl. auch *Wittschier* Unentschuldigtes Ausbleiben eines Dolmetschers im Strafprozeß, NJW 1985, 2873, 2874.

aa) Die Mitwirkung eines Dolmetschers ist bereits dann erforderlich, wenn der Angeklagte die deutsche Sprache zwar ausreichend versteht, sie aber nur gebrochen, d.h. unzureichend, spricht[637]; in welchem Umfang, d.h. für welche Verfahrensteile, der Dolmetscher hinzuzuziehen ist, entscheidet wiederum der Vorsitzende nach seinem pflichtgemäßen Ermessen[638].

bb) Da die Notwendigkeit des Dolmetschers von Amts wegen zu prüfen ist, ist die unterlassene Hinzuziehung bereits dann ermessensfehlerhaft, wenn sich die mangelnde Sprachkenntnis aus dem Akteninhalt – z.B. einem Vernehmungsprotokoll – ergibt[639].

cc) Ein revisionsrechtlich erheblicher Ermessensfehler liegt auch dann vor, wenn der Angeklagte die vom Dolmetscher gesprochene „Drittsprache" nicht ausreichend beherrscht[640].

dd) Wird gegen mehrere sprachunkundige Angeklagte verhandelt, kann es der Grundsatz des fairen Verfahrens gebieten, dass jedem Angeklagten ein eigener Dolmetscher beigeordnet wird, den er mit einem anderen Angeklagten nicht „teilen" muss, da nur so sichergestellt werden kann, dass er vertrauliche Gespräche mit seinem (Pflicht-)Verteidiger führen kann[641].

ee) Die Hinzuziehung des Dolmetschers ist als wesentliche Förmlichkeit zu protokollieren; insoweit ist jedoch zu beachten, dass die Beweiskraft des Protokolls entfallen kann, wenn der Sitzungsniederschrift ein mehrfacher Wechsel des Dolmetschers entnommen werden kann und das Protokoll hinsichtlich der Anwesenheit des Dolmetschers in einem weiteren Fortsetzungstermin schweigt. Die Teilnahme des Dolmetschers ist dann im Freibeweisverfahren zu klären[642].

b) Liegt eine ermessensfehlerhafte Auswahlentscheidung vor, sollte der Verteidiger einen schriftlich begründeten (Ablösungs-)Antrag zu Protokoll reichen. Zwar ist die Frage der fehlerfreien Ermessensausübung auch in der Revisionsinstanz von Amts wegen zu prüfen. Im Rahmen des dann durchzuführenden Freibeweisverfahrens wird es jedoch in ständiger Rechtsprechung als beachtliches Indiz gewertet, wenn weder der Angeklagte noch sein Verteidiger der getroffenen Auswahlentscheidung widersprochen hat[643]; der Verteidiger sollte daher die fehlerhafte Ermessensausübung stets rügen. Daneben kann es ratsam sein, einen zweiten Dolmetscher als Zuschauer hinzuzuziehen, dessen Aussage den (Ablösungs-)Antrag zusätzlich stützen kann[644]. **341**

637 *OLG Frankfurt* NJW 1952, 1310 f.

638 *BGHSt* 3, 285, 286; *BGH* Urt. v. 21.2.1989 – 1 StR 631/88 zitiert bei *Miebach* NStZ 1990, 229; *BGH* Beschl. v. 8.8.1990 – 3 StR 153/90 zitiert bei *Miebach/Kusch* NStZ 1991, 230; *BGH* Beschl. v. 22.9.1993 – 5 StR 448/93 zitiert bei *Kusch* NStZ 1994, 228; kritisch hierzu: *Lakisch* Der Dolmetscher in der Hauptverhandlung, S. 105 ff.

639 OLG Zweibrücken VRS 53, 39.

640 *OLG Karlsruhe* Die Justiz 1980, 285.

641 *OLG Frankfurt* StV 1996, 166; *Jessnitzer* Dolmetscher, S. 86; a.A. LR-*Schäfer/Wickern*, § 185 GVG Rn. 13.

642 *BGH* StV 2002, 530.

643 Vgl. *BGHR* § 185 GVG Auswahl 1.

644 Vgl. hierzu *Sommer* Verteidigung und Dolmetscher, StraFo 1995, 45, 49.

342 **c)** Übersetzt der Dolmetscher lücken- oder fehlerhaft und ist der Wortlaut der Aussage von besonderer Bedeutung, kann ein Antrag auf wörtliche Protokollierung (§ 273 III S. 1 StPO) hilfreich sein. Zwar wird ein entsprechender Antrag im Regelfall abgelehnt; das Gericht muss sich jedoch mit der Aussage und der Dolmetscherleistung inhaltlich auseinander setzen, wenn der Verteidiger – nach Ablehnung des Antrages – die Entscheidung des Gerichts beantragt (§ 238 II StPO). Der Gerichtsbeschluss kann dann wiederum eine wichtige Grundlage für die anschließende Revision sein.

343 **d)** Hält der Vorsitzende trotz aller Bemühungen des Verteidigers an der ursprünglichen Auswahlentscheidung fest, ist im Rahmen der Revision zu beachten, dass der alleinige Vortrag, „das Gericht habe einen ungeeigneten Dolmetscher hinzugezogen", dem Formerfordernis des § 344 II StPO nicht genügt[645]; es bedarf der substantiierten Darlegung, worin das Leistungsdefizit erblickt wird. Rügt die Revision, das Gericht habe die Hinzuziehung eines Dolmetschers ermessensfehlerhaft unterlassen, bedarf es des zusätzlichen Vortrages, dass der Angeklagte der deutschen Sprache nicht (ausreichend) mächtig ist[646].

3. Umfang der Übersetzung

344 **a)** Gemäß § 259 I StPO sind dem der Gerichtssprache nicht mächtigen Angeklagten aus den Schlussvorträgen mindestens die Anträge des Staatsanwalts und des Verteidigers durch den Dolmetscher bekannt zu geben; ein weitergehender Anspruch ist der Strafprozessordnung nicht zu entnehmen[647]. Gleichwohl geht der Bundesgerichtshof in ständiger Rechtsprechung davon aus, dass dem Angeklagten alle wesentlichen Verfahrensteile ihrem Inhalt nach bekannt zu geben sind; die Anklageschrift[648] ist – trotz Übersendung einer Übersetzung – ebenso mitzuteilen, wie der Inhalt von Zeugenaussagen[649]. Gleiches gilt für Beweisanträge[650] und die im Rahmen der Hauptverhandlung ergangenen Gerichtsbeschlüsse[651].

☞ Das Unterlassen der Übersetzung kann die Revision begründen[652].

345 **b)** Da nur die Hinzuziehung des Dolmetschers, nicht jedoch der Umfang der Übersetzung protokollierungspflichtig ist[653], empfiehlt es sich, auch insoweit eine schriftliche Rüge anzubringen, wenn der Dolmetscher entgegen seiner Verpflichtung wesentliche Verfahrensvorgänge nicht übersetzt. Zwar ist auch diese Frage im Revisionsverfahren mittels Freibeweises zu klären; jedoch gilt auch insoweit, dass der unterlassenen Rüge indizielle Bedeutung zukommen kann[654].

645 *RGSt* 76, 177, 178.
646 *BGHR* § 185 GVG Zuziehung 2.
647 Vgl. *BGH* GA 1963, 148, 149.
648 *BGH* StV 1993, 2, 3; vgl. aber auch *BVerfG* NJW 2004, 1443.
649 Vgl. *BGHR* § 185 GVG Zuziehung 1; *RGSt* 36, 355, 356.
650 *RG* aaO.
651 *RGSt* 43, 441, 443.
652 Vgl. *BGH* StV 1993, 2, 3.
653 *BGHR* § 185 GVG Zuziehung 1.
654 Vgl. *BGH* aaO.

c) Übersetzt der Dolmetscher – seiner Pflicht entsprechend – nur die wesentlichen Verfahrensteile, wünscht der Verteidiger aber im Interesse der bestmöglichen Verteidigung die vollständige Übersetzung des gesamten Prozessverkehrs (vgl. Rn. 344), sollte dieser Disput in der Regel nicht über das Gericht ausgetragen werden[655]; eine entsprechende Konfrontation ist aufgrund der abweichenden Rechtsprechung des Bundesgerichtshofes in den seltensten Fällen von Erfolg gekrönt, weshalb der Verteidiger sein Anliegen direkt gegenüber dem Dolmetscher vortragen sollte. Diese sind im Regelfall kooperativ, so dass der Verteidiger sein Ziel in der Regel – ohne größeres Aufsehen – erreichen wird; kann der Dolmetscher den Wunsch des Verteidigers nicht umsetzen, ist auf dessen Ablösung hinzuwirken. **346**

4. Ablehnung des Dolmetschers

Gemäß § 191 GVG sind „auf den Dolmetscher die Vorschriften über die Ausschließung und Ablehnung der Sachverständigen entsprechend anzuwenden“. **347**

a) Ablehnungsgründe

aa) Da das Gesetz die Ausschließung des Sachverständigen nicht vorsieht, beruht § 191 S. 1 GVG nach allgemeiner Ansicht auf einem redaktionellen Versehen, weshalb bei Vorliegen von Ausschlussgründen nur die Ablehnung des Dolmetschers (§ 191 GVG i.V.m. § 74 StPO) in Betracht kommt[656]. **348**

bb) Ebenso begründet die Falschübersetzung, durch die der Beweiswert einer Aussage in belastender Richtung „aufgebessert“ wird, die Besorgnis der Befangenheit[657].

cc) Gleiches gilt, wenn der Dolmetscher bei der Übersetzung „wertende Zusätze“ anbringt und sich damit die Aufgabe der Strafverfolgungsbehörde anmaßt[658].

dd) Im Übrigen können – wie beim Sachverständigen – Umstände in der Person des Dolmetschers die Besorgnis der Befangenheit begründen; politische, ethnische und religiöse Gegnerschaft[659] kommen ebenso als Ablehnungsgründe in Betracht, wie ausländerfeindliche Äußerungen des Dolmetschers; nicht ausreichend ist jedoch der Umstand, dass der Dolmetscher bereits im Vorverfahren im Auftrag der Polizei oder Staatsanwaltschaft tätig geworden ist[660].

---

655 So aber *Rüther* Strafverteidigung von Ausländern, Rn. 237 ff.

656 *Meyer-Goßner* StPO, § 191 GVG Rn. 2; KK-*Diemer* StPO, § 191 GVG Rn. 1.

657 *LG Berlin* StV 1994, 180; s.a. *Meyer-Goßner* aaO.

658 *LG Darmstadt* StV 90, 258; *LG Darmstadt* StV 1995, 239.

659 Vgl. *Tormin* Reform des Dolmetscherwesens, ZRP 1987, 422, 423.

660 *BGH* Beschl. v. 1.8.1967 – 287/67 zitiert bei *Meyer-Goßner* StPO, § 191 GVG Rn. 2; zur Hinzuziehung eines „Vertrauensdolmetschers“ vgl. auch *Sommer* Verteidigung und Dolmetscher, StraFo 1995, 45, 49; *Marten* Stellung, Aufgabe und Rolle von Dolmetscherinnen und Dolmetschern im Strafverfahren, StraFo 1995, 80, 82.

☞ Ob der Verteidiger von einem entsprechenden Ablehnungsantrag Gebrauch macht, ist nicht nur beim befangenen Richter eine Frage der prinzipiellen Haltung zu diesem strafprozessualen Instrument[661]; anders als beim Richter besteht jedoch beim befangenen Dolmetscher die Gefahr, dass dieser die für die Urteilsfindung erheblichen Beweismittel – unbemerkt – „verfälscht", weshalb jedenfalls bei der Gefahr von Falschübersetzungen ein entsprechender Antrag gestellt werden sollte. Einen solchen Antrag zu unterlassen, würde einen schweren Verteidigungsfehler darstellen, der zu irreparablen „Missverständnissen" führen kann.

b) Rechtsfolgen erfolgreicher Ablehnung

349 **aa)** Wird der Dolmetscher erfolgreich abgelehnt, können die unter seiner Mitwirkung vorgenommenen Beweiserhebungen nicht verwertet werden, wenn nicht auszuschließen ist, dass die bisherige Übersetzungstätigkeit ebenfalls mit Mängeln behaftet war[662].

bb) Ob der Dolmetscher nach erfolgreicher Ablehnung als Zeuge vernommen werden kann, ist umstritten; während dies vom BayObLG[663] uneingeschränkt angenommen wird, vertritt das LG Köln[664] die Ansicht, dass die Vernehmung des Dolmetschers als Zeuge nicht in Betracht kommt. Der Dolmetscher stehe begrifflich dem Sachverständigen gleich; zwar dürfe auch dieser nach erfolgreicher Ablehnung als Zeuge vernommen werden, jedoch nur hinsichtlich der Wahrnehmung von Anknüpfungstatsachen. Die Erstellung des Gutachtens sei ihm ebenso verwehrt, wie das Ziehen von Schlussfolgerungen. Dem folgend scheide der abgelehnte Dolmetscher als Zeuge grundsätzlich aus, da die Übertragung der Aussage oder Einlassung der Schlussfolgerung des Sachverständigen gleichzusetzen sei.

5. Vereidigung des Dolmetschers

350 Besondere Bedeutung hat schließlich auch die Vereidigung des Dolmetschers, deren Unterlassen nicht selten die Revision begründet; der Verteidiger sollte daher das Sitzungsprotokoll einer entsprechenden Kontrolle unterziehen.

351 **a)** Gemäß § 189 I GVG ist der hinzugezogene Dolmetscher zu vereidigen; ist er für Übertragungen der betreffenden Art allgemein vereidigt, genügt die Berufung auf den geleisteten Eid[665] (§ 189 II GVG).

aa) Wird der Dolmetscher innerhalb einer laufenden Hauptverhandlung an verschiedenen Sitzungstagen hinzugezogen, ist eine erneute Eidesleistung oder Berufung auf den allgemein geleisteten Eid nicht erforderlich; die am ersten Sitzungstag abgegebene eidliche Bekräftigung bedarf keiner Wiederholung[666].

---

661 Vgl. *Malek* Verteidigung in der Hauptverhandlung, Rn. 86.
662 *LG Berlin* aaO.
663 *BayObLG* NStZ 1998, 270 m. Anm. *Seibert* StV 2001, 264 f.
664 *LG Köln* StV 1992, 460.
665 Der Hinweis auf eine Vereidigung in anderen Verfahren(-sabschnitten) genügt nicht, *BGH* StV 1991, 504.
666 *BGH* GA 1979, 272 vgl. auch *OLG Stuttgart* StV 2003, 661.

bb) Da der Protokollvermerk „allgemein vereidigt“ mehrdeutig ist, kann ihm nicht entnommen werden, dass sich der Dolmetscher – der Vorschrift des § 189 II StPO entsprechend – auf den von ihm allgemein geleisteten Eid berufen und damit eine eigene Erklärung des Inhalts abgegeben hat, dass er die Richtigkeit der Übertragung auf diesen Eid nehme[667]; aufgrund der Mehrdeutigkeit darf jedoch das Revisionsgericht im Wege des Freibeweises klären, ob sich der allgemein beeidigte Dolmetscher auf den geleisteten Eid berufen hat[668]. Der Rechtsverstoß ist nur dann durch das Protokoll bewiesen, wenn diesem keinerlei Hinweis auf die erfolgte Vereidigung entnommen werden kann. Nur in diesem Falle ist die Einholung dienstlicher Erklärung entbehrlich[669].

Übersetzt der Dolmetscher außerhalb der Hauptverhandlung entstandene Schriftstücke, wird er als Sachverständiger tätig und ist auf Antrag zu vereidigen (vgl. Rn. 205).

b) Auf der fehlenden Vereidigung, die durch einen Rügeverzicht nicht geheilt **352**
werden kann[670], wird das Urteil in der Regel beruhen[671].

aa) Das Urteil soll ausnahmsweise auf dem Verfahrensverstoß nicht beruhen, wenn der Dolmetscher aus einer gängigen Fremdsprache – z.B. Englisch – übertragen hat und so die Übersetzungsleistung jederzeit leicht kontrollierbar war[672].

bb) Gleiches soll gelten, wenn ausgeschlossen werden kann, dass sich der Dolmetscher seiner besonderen Verantwortung und Pflicht zur treuen und gewissenhaften Übersetzung nicht bewusst gewesen ist, so z.B. wenn er sich auf einen nicht vorschriftsmäßig geleisteten oder für das vorliegende Verfahren nicht geltenden Eid berufen hat, er und das Gericht aber davon ausgingen, dieser Eid binde den Dolmetscher auch in diesem Verfahren[673].

cc) Ebenso wenig soll das Urteil auf dem Verfahrensverstoß beruhen, wenn sich der Dolmetscher auf seinen für Übertragungen einer bestimmten Art – hier: Tschechisch – geleisteten Eid berufen hatte und zusätzlich Übersetzungen einer anderen Art – hier: Slowakisch – vornimmt[674].

---

667 *BGH* Urt. v. 29. 11. 1977 – 5 StR 75/77 zitiert bei *Holtz* MDR 1978, 279, 280; *BGHSt* 31, 39, 40; *BGH* NStZ 1981, 69; *BGH* NStZ 1981, 190; vgl. auch *BGH* Beschl. v. 23. 11. 1983 – 2 StR 698/83 zitiert bei *Pfeiffer/Miebach* NStZ 1984, 213; *BGH* NStZ 1987, 568.

668 *BGHSt* 31, 39, 40; *BGH NStZ* 1987, 568.

669 *BGH* NStZ 1982, 517; *BGHR* § 189 GVG Beeidigung 1; *BGH* StV 1996, 531; *BGH* StV 1997, 515; *OLG Köln* StV 2003, 662; *OLG Hamm* ZfS 2004, 184.

670 *OLG Hamm* StV 1996, 532; KK-*Diemer* StPO, § 189 GVG Rn. 3; vgl. auch *BGH* NJW 1987, 260.

671 *BGHR* § 189 GVG Beeidigung 3; *OLG Celle* StraFo 2002, 134; *OLG Köln* NStZ-RR 2002, 247; *OLG Stuttgart* NStZ-RR 2003, 88.

672 *BGHR* § 189 GVG Beeidigung 2; *OLG Stuttgart* a.a.O.; *OLG Hamm* ZfS 2004, 184/185.

673 *BGH* NStZ 1984, 328; *BGH* Beschl. v. 4.12.1985 – 1 StR 394/85 zitiert bei *Pfeiffer/Miebach* NStZ 1986, 211; *OLG Stuttgart* a.a.O; vgl. auch *BGHR* § 189 GVG Beeidigung 3; *BGHR* § 189 II GVG Vereidigung 1.

674 *BGHR* § 189 II GVG Übertragung 1.

dd) Schließlich wird die Revisionsrüge mangels Beruhens erfolglos bleiben, wenn der Dolmetscher statt des erforderlichen Voreids einen Nacheid geleistet hat[675].

6. Der Dolmetscher als Zeuge

353 Kommt dem Inhalt einer übersetzten Aussage besondere Bedeutung zu, ist zu beachten, dass der Antrag auf Vernehmung des Dolmetschers grundsätzlich nicht mit der Begründung abgelehnt werden darf, im Ergebnis werde die Auslegung der Aussage beantragt[676]; im Übrigen kann auf die obigen Ausführungen (Rn. 349) verwiesen werden.

B. Beweisaufnahme

354 Bei vielen Strafverfahren gegen Ausländer ist es erforderlich, das Wissen von Auslandszeugen in die Beweisaufnahme einzubringen; darüber hinaus sind weitere – vor allem sprachbedingte – Besonderheiten zu beachten, denen sich der Verteidiger stets bewusst sein sollte.

1. Der Auslandszeuge

355 **a)** Galt früher die Verpflichtung des Gerichts, einen im Ausland befindlichen Zeugen zu laden und dafür die internationale Rechtshilfe bis an die Grenzen des Möglichen in Anspruch zu nehmen, hat dieser Grundsatz durch das Gesetz zur Entlastung der Rechtspflege[677] eine erhebliche Einschränkung erfahren. Die neu eingefügte Vorschrift des § 244 V 2 StPO gestattet dem Gericht einen Beweisantrag abzulehnen, wenn die Ladung des Zeugen im Ausland zu bewirken wäre und die Beweiserhebung „nach pflichtgemäßem Ermessen des Gerichts zur Erforschung der Wahrheit nicht erforderlich ist"; m.a.W. muss das Gericht einem Beweisangebot lediglich in Erfüllung seiner Aufklärungspflicht nachgehen[678].

356 **b)** Ist die Vernehmung erforderlich, hat das Gericht weiter zu prüfen, ob der Zeuge erreichbar ist[679]. Von Unerreichbarkeit ist auszugehen, wenn die bisherigen Bemühungen, den Zeugen zum Erscheinen zu veranlassen, erfolglos geblieben sind und auch in Zukunft nicht damit zu rechnen ist, dass der Zeuge erscheinen wird[680]. Insoweit gilt die bisherige Rechtsprechung fort.

---

675 *BGH* NStZ 1987, 568.
676 *BGH* StV 2001, 97.
677 BGBl. I 1993, 50, 51.
678 Vgl. *BGH* StV 2001, 93, 94/95; *BerlVerfGH* NJW 2004, 1791/1792; KK-*Herdegen* StPO, § 244 Rn. 85 m.w.N.; zur Kritik an der Neuregelung vgl. *Schomburg/Klip* „Entlastung der Rechtspflege" durch weniger Auslandszeugen?, StV 1993, 208 ff.
679 Vgl. *Meyer-Goßner* StPO, § 244 Rn. 63.
680 *BGH* NStZ 1982, 212; *BGH* NStZ 1993, 50; *Meyer-Goßner* StPO, § 244 Rn. 63 m.w.N.

c) Ein Zeuge, der im Verdacht der Tatbeteiligung steht, darf somit nicht von vornherein als unerreichbar angesehen werden[681]; auch die Mitteilung des Zeugen, dass er nicht erscheinen werde, genügt nicht, selbst wenn sie auf Befragen der Polizei oder eines Beamten der Haftanstalt erfolgte[682]. Vielmehr bedarf es zunächst der förmlichen Ladung durch das Gericht. **357**

Soweit entsprechende völkerrechtliche Vereinbarungen bestehen, kann von der vereinfachten Ladungsmöglichkeit des § 37 II StPO Gebrauch gemacht werden[683]; ist dies nicht der Fall, muss versucht werden, den Zeugen im Wege der Rechtshilfe zu laden[684], wobei die dadurch eintretenden Verfahrensverzögerungen hingenommen werden müssen[685]. Diese Verpflichtung entfällt auch dann nicht, wenn ein entsprechendes Rechtshilfeabkommen fehlt, da auch die Möglichkeit der vertragslosen Rechtshilfe auszuschöpfen ist[686]. Schließlich muss der Zeuge in der Ladung auf das durch Art. 12 EuRHÜbK gewährte sichere Geleit hingewiesen werden[687].

Ausnahmsweise kann das Gericht auch ohne vorherigen Ladungsversuch von der Unerreichbarkeit des Zeugen ausgehen, wenn der Tatrichter aufgrund der besonderen Umstände des Falles zu der Überzeugung gelangt, dass der Zeuge auf diese Weise zum Erscheinen nicht bewogen werden kann[688].

d) Befindet sich der Zeuge im Ausland in Haft, ist die zeitweilige Überstellung gemäß Art. 11 I EuRHÜbK zu erwägen[689]; ebenso ist die Möglichkeit der kommissarischen[690] oder audiovisuellen[691] Vernehmung in Betracht zu ziehen. **358**

2. Sachverständigengutachten[692]

a) Insbesondere im Bereich psychologischer und psychiatrischer Sachverständigengutachten sollte sich der Verteidiger der Tatsache bewusst sein, dass die Qualität des Gutachtens in erheblichem Maße von der Ausdrucksfähigkeit seines Mandanten abhängig ist[693]; da der Gutachter – in der Regel – selbst entscheidet, ob bzw. welchen Dolmetscher er hinzuzieht, wird die Güte des Gutachtens nicht selten **359**

681 *BGH* NJW 1982, 2738; *BGH* NJW 1983, 528; *BGH* StV 2002, 507, 408.
682 *BGH* StV 1984, 409.
683 *Meyer-Goßner* StPO, § 244 Rn. 63.
684 Vgl. *BGH* NStZ 1984, 375; *BGH* StV 1984, 408/409.
685 *BGH* StV 1986, 418, 419.
686 *BGH* Urt. v. 20.1.1989 – 2 StR 564/88, zitiert bei *Miebach* NStZ 1990, 27.
687 *BGH* NStZ 1981, 146; *BGH* StV 1982, 57; *BGH* NJW 1982, 2738; *BGH* NJW 1983, 528; *BGHSt* 32, 68, 74; *BGH* NStZ 1985, 281, 282.
688 *BGH* NStZ 1985, 375; *BGH* StV 1992, 216.
689 *BGH* NStZ 1981, 146.
690 *BGH* NJW 1991, 186; *BGH* StV 1992, 548.
691 *BGH* NJW 1999, 3788; vgl. aber auch *BGH* NJW 2000, 2517, 2518; s.a. *Rose* Auslandszeugen im Strafprozeß, wistra 2001, 290, 291 ff.
692 Vgl. auch *Tondorf* Pschologische und psychiatrische Sachverständige im Strafverfahren, Rn. 329 ff.
693 Vgl. *Wulff* Sprachbarrieren als Hindernisse psychiatrischer Forschung, in: Psychiatrie und Klassengesellschaft, S. 269 ff.

durch schlechte oder fehlende Dolmetscherdienste beeinträchtigt. So ist z.B. immer wieder zu beobachten, dass dem nur mäßig deutsch sprechenden Ausländer sprachgebundene (Intelligenz-)Teste vorgelegt werden, die mangelnden Sprachkenntnisse bei der Auswertung jedoch unberücksichtigt bleiben. Spätestens im Rahmen der Hauptverhandlung gilt es also die „Entstehungsgeschichte" des Gutachtens aufzuklären; in geeigneten Fällen sollte der Dolmetscher als Zeuge vorgeladen und/oder die Einholung eines weiteren Sachverständigengutachtens beantragt werden.

360 **b)** Ebenso häufig werden bestimmte psychische Erkrankungen übersehen, die aus dem Spannungsfeld unterschiedlicher Kulturkreise und Wertvorstellungen resultieren können. Sog. „Entwurzelungsneurosen" bleiben oft unberücksichtigt[694], weshalb der Verteidiger in geeigneten Fällen klären sollte, ob sich der Gutachter dieser Problematik bewusst war.

361 **c)** Problematisch kann daneben auch die Anwendung des allgemein anerkannten ICD-10 sein; obwohl dieser zwischenzeitlich als einer der bestabgesicherten psychiatrischen Diagnoseschlüssel gilt, bleibt die Tatsache oft unberücksichtigt, dass die Anwendung im transkulturellen Bereich erheblichen Einschränkungen unterworfen ist[695]. Kulturspezifische Störungen können in der Regel schwer bzw. gar nicht einer ICD-10 Codierung zugeordnet werden, so dass entsprechende Feststellungen häufig unterbleiben, obwohl der Proband erhebliche psychische Defizite aufweist, d. h. eine verminderte Schuldfähigkeit nahe liegt. Auch insoweit empfiehlt sich die kritische Befragung des Gutachters.

362 **d)** Spielen bei der strafrechtlichen Wertung der Tat abweichende Wertvorstellungen eine Rolle, sollte die Einholung eines ethnologischen Sachverständigengutachtens beantragt werden, um die im Heimatland des Beschuldigten geltenden Sitten, Gebräuche und Moralvorstellungen zu ermitteln (vgl. Rn. 118, 123 und 193).

3. Fremdsprachige Schriftstücke als Beweismittel

363 Da die Gerichtssprache deutsch ist (§ 184 GVG), können fremdsprachige Schriftstücke nicht im Wege des Urkundsbeweises verwertet werden[696]; besitzt das Gericht keine eigene Sachkunde, muss es also einen Übersetzer als Sachverständigen[697] hinzuziehen. Dagegen soll nach h.M.[698] die Verlesung zulässig sein, sofern sich eine schriftliche Übersetzung bei den Akten befindet und sich das Gericht von der Richtigkeit der Übersetzung überzeugt hat. Dem ist jedenfalls dann entgegenzutreten, wenn die Richtigkeit der Übersetzung zweifelhaft ist oder Interpreta-

---

694 *Pfefferer-Wolf/Lazarides* Zur Problematik des medizinischen Sachverständigen in Gerichtsverfahren mit Ausländern, Recht und Psychiatrie 1984, 174 ff.

695 Vgl. Anhang II zum ICD-10.

696 *Meyer-Goßner* StPO, § 249 Rn. 5 m.w.N.; a.A. LR-*Gollwitzer* StPO, § 249 Rn. 32.

697 Vgl. *BGHSt* 1, 4, 6/7.

698 *BGHSt* 27, 135, 137; *Meyer-Goßner* StPO, § 249 Rn. 5 m.w.N.; a.A. *Alsberg/Nüse/ Meyer* Der Beweisantrag im Strafprozeß, S. 246.

tionsspielräume zulässt, da in diesem Falle die Qualität der Übersetzung nur durch Hinzuziehung des Dolmetschers geklärt werden kann.

4. Berufungshauptverhandlung

Hat der Angeklagte nach erfolgter Ausweisung das Bundesgebiet verlassen, ist sein Ausbleiben in der Berufungshauptverhandlung entschuldigt, wenn er keine Ausnahmeerlaubnis zur Wiedereinreise besitzt; der Ausländer ist nicht verpflichtet, eine kurzzeitige Betretenserlaubnis zum Zwecke der Durchführung des Strafverfahrens zu beantragen; „es ist Sache der Strafverfolgungsbehörde in Absprache mit der Verwaltungsbehörde, zu klären, ob der Durchsetzung des staatlichen Strafanspruchs oder dem öffentlichen Interesse an einem Aufenthalt des Ausländers außerhalb des Bundesgebiets der Vorrang einzuräumen ist (...)“[699]. **364**

C. Verwertungsverbote

Besondere Beachtung verdienen auch die Verwertungsverbote, die aufgrund der zahlreichen Sonderbestimmungen im Bereich der Verteidigung von Ausländern – z.B. Rechtshilfeabkommen[700] – leicht übersehen werden können. **365**

Da Verwertungsverbote oftmals nur eingreifen, sofern der Angeklagte der Verwertung – bis zu dem in § 257 StPO genannten Zeitpunkt – widersprochen hat[701], sollte der Verteidiger das Vorliegen etwaiger Verfahrensfehler bereits im Vorfeld der Hauptverhandlung prüfen, um diese rechtzeitig rügen zu können. ☞

1. Unterlassene Dolmetschervereidigung

a) Die Niederschrift über die richterliche Vernehmung eines Zeugen darf in der Hauptverhandlung nicht nach § 251 I StPO verlesen werden, wenn der zur Vernehmung zugezogene Dolmetscher entgegen der Vorschrift des § 189 GVG unvereidigt geblieben ist. Die Vereidigung des Dolmetschers ist eine wesentliche und unverzichtbare Förmlichkeit des Verfahrens, so dass ihre Nichtbeachtung dazu führt, dass die Niederschrift jedenfalls nicht als richterliche Vernehmung (§ 251 I StPO) verlesen werden kann[702]. **366**

b) Ist die Vereidigung des Dolmetschers unterblieben, kann die Vernehmungsniederschrift jedoch – nach h.M. – gemäß § 251 II StPO verlesen werden[703]; will das Gericht die Verlesungsgrundlage umstellen, bedarf es jedoch eines rechtlichen Hinweises (§ 265 I StPO)[704].

---

699 *BayObLG* StV 2001, 339.
700 Vgl. Rn. 369 f.
701 Vgl. *BGH* NStZ 1992, 294, 295; *Meyer-Goßner* StPO, § 136 Rn. 25 m.w.N.
702 *BGHSt* 22, 118, 120.
703 *BGH* aaO.
704 *BGH* NStZ 1998, 312, 313.

2. Unterlassene Belehrung in Ermittlungsverfahren

367 Ist der Vernehmung des Beschuldigten nicht der Hinweis vorausgegangen, dass es ihm freistehe, sich zur Sache zu äußern, darf die Einlassung nur verwertet werden, wenn feststeht, dass der Angeklagte sein Recht zu schweigen auch ohne Belehrung kannte, der Angeklagte der Verwertung zustimmt oder ihr nicht rechtzeitig widersprochen hat[705]. Der fehlenden Belehrung steht die nicht (ausreichend) verständliche Belehrung gleich, weshalb ein Verwertungsverbot gegeben ist, sofern die Vernehmung trotz unzureichender Sprachkenntnisse des Beschuldigten ohne Dolmetscher durchgeführt worden ist[706].

3. Verbotene Vernehmungsmethoden (§ 136a StPO)

368 Nach h.M.[707] können nur Maßnahmen staatlicher Vernehmungsorgane der Bundesrepublik Deutschland zur Anwendung des § 136a StPO führen, so dass ein Verwertungsverbot grundsätzlich nicht gegeben ist, sofern der Dolmetscher gesetzwidrige Vorteile verspricht; etwas anderes soll nur gelten, wenn der Dolmetscher im ausdrücklichen Einvernehmen mit der Verhörsperson gehandelt hat[708]. Dies erscheint zweifelhaft, da der Dolmetscher – in der Regel – im Auftrag des Staates tätig wird. Was dem Richter, Staatsanwalt oder Polizeibeamten verwehrt ist, muss in gleicher Weise für deren Hilfspersonen gelten[709]. Somit dürfte § 136a StPO jedenfalls beim gerichtlich bestellten Dolmetscher uneingeschränkte Anwendung finden.

4. Verstoß gegen Art. VII Abs. 9b Natotruppenstatut

369 Art. VII Abs. 9b NTS gewährt Mitgliedern der Stationierungsstreitkräfte und den ihnen gleichgestellten Personen das Recht, dem Belastungszeugen gegenübergestellt zu werden.

Ob ein Verstoß gegen dieses Recht der Verlesung von Zeugenaussagen entgegensteht, ist im Einzelnen umstritten. Während der 1.[710] und 2.[711] Strafsenat des Bundesgerichtshofes die Auffassung vertreten, dass das Truppenstatut keine über die Strafprozessordnung hinausgehenden Rechte verleihe, geht der 4. Senat[712] davon

---

705 *BGH* NStZ 1992, 294; vgl. auch KK-*Boujong* StPO, § 136 Rn. 26 ff.

706 So auch *Rüther* Strafverteidigung von Ausländern, Rn. 276; *Kiehl* Neues Verwertungsverbot bei unverstandener Beschuldigtenbelehrung, NJW 1994, 1267, 1268; einschränkend offenbar BGH wistra 2002, 186.

707 Vgl. KK-*Boujong* StPO, § 136a Rn. 3 m.w.N.

708 *BGH* Beschl. v. 21.4.1978 – 2 StR 712/77, zitiert bei KK-*Boujong* StPO, § 136a Rn. 3.

709 So für den Sachverständigen *BGHSt* 11, 211, 212; vgl. auch KK-*Boujong* StPO, § 136a Rn. 2.

710 *BGHSt* 26, 18, 19/20.

711 *BGH* Urt. v. 24.4.1974 – 2 StR 89/74, zitiert bei *BGHSt* 26, 18, 19.

712 *BGH* Urt. v. 8.3.1973 – 4 StR 37/73, MDR 1973, 729 bei *Dallinger*; so auch *Marenbach* Aktuelle Probleme des Nato-Truppenstatuts, NJW 1974, 1070, 1072.

aus, dass die Vorschrift dem Schutz der Verfahrensbefugnisse des anglo-amerikanischen Rechtskreises dient. Folgt man der letztgenannten Ansicht, kann das Vernehmungsprotokoll nur verlesen werden, sofern der Angeklagte zustimmt oder die Gelegenheit hatte, an der Vernehmung teilzunehmen (§ 224 StPO) und Fragen zu stellen[713]; Gleiches soll gelten, wenn der Belastungszeuge verstorben oder unbekannten Aufenthalts ist[714] und die Gegenüberstellung aus diesem Grunde unmöglich ist.

5. Verwertung ausländischer Vernehmungsniederschriften

a) Vernehmungsniederschriften aus dem Gebiet einer fremden Rechtsordnung **370** können grundsätzlich als richterliche verlesen werden, wenn die am Vernehmungsort geltenden Zuständigkeits- und Verfahrensvorschriften beachtet worden sind[715]; folglich können auch Vernehmungsprotokolle der Staatsanwaltschaft, Polizei oder anderer Behörden verlesen werden, wenn diese nach dem ausländischen Recht zur Vernehmung ermächtigt sind[716]. Dies gilt selbst dann, wenn die Vernehmung nicht im Wege der Rechtshilfe, sondern im Rahmen eines von den ausländischen Behörden eigenständig geführten Verfahrens erfolgt ist[717].

b) Auch das Recht auf Anwesenheit richtet sich nach den am Vernehmungsort geltenden Vorschriften[718]. Ist die Anwesenheit nach der maßgebenden Verfahrensordnung gestattet, muss der ersuchende deutsche Richter darauf hinwirken, dass die Verfahrensbeteiligten rechtzeitig von dem Vernehmungstermin benachrichtigt werden[719]; unterbleibt eine entsprechende Bitte des Vorsitzenden, kann das Vernehmungsprotokoll gegen den Widerspruch des Angeklagten weder nach § 251 I StPO noch nach § 251 II StPO verlesen werden[720].

c) Dagegen kann die ausländische Vernehmungsniederschrift nicht verlesen werden, wenn die nach deutschem Recht erforderliche Belehrung über ein dem Zeugen zustehendes Zeugnisverweigerungsrecht unterblieben ist; aufgrund des Rechtsgedankens des § 252 StPO gilt dies selbst dann, wenn das ausländische Recht ein solche Belehrung nicht vorsieht[721].

---

713 *BGHSt* 26, 18, 21; *Marenbach* aaO.; KK-*Diemer* StPO, § 251 Rn. 29; LR-*Gollwitzer* StPO, § 251 Rn. 4.

714 *Marenbach* aaO.; KK-*Diemer* aaO.; LR-*Gollwitzer* aaO.

715 *BGH* NStZ 1996, 609; *BGH* wistra 2000, 390; *OLG Düsseldorf* StV 1992, 558, 559; KK-*Diemer* StPO, § 251 Rn. 18; sind die Verfahrensvorschriften am Vernehmungsort strenger als die entsprechenden deutschen, so hindert ihre Verletzung die Verlesung nicht, wenn die geringeren Anforderungen des deutschen Rechts erfüllt sind (*BGH*, Beschl. v. 19.12. 1975 – 2 StR 480/73, zitiert bei KK-*Diemer* StPO, § 251 Rn. 18).

716 *BGHSt* 7, 15, 16; *BGH* GA 1982, 40; *BGH* NStZ 1983, 181; *Meyer-Goßner* StPO, § 251 Rn. 20.

717 *BGH* NJW 1994, 3364 f.; KK-*Diemer* StPO, § 251 Rn. 18.

718 *BGH* MDR 1977, 461 bei *Holtz*; KK-*Diemer* StPO, § 251 Rn. 18.

719 *BGH* Urt. v. 15. 12. 1976 – 3 StR 380/76, MDR 1977, 461 bei *Holtz*; *BGHSt* 35, 82, 84; *BayObLG* MDR 1985, 164; KK-*Diemer* StPO, § 251 Rn. 18.

720 *OLG Celle* StV 1995, 179; KK-*Diemer* StPO, § 251 Rn. 18.

721 *BGH* StV 1992, 403; LR-*Gollwitzer* StPO, § 251 Rn. 24; *Meyer-Goßner* StPO, § 251 Rn. 21a.

Ob diese Ansicht auch auf die unterbleibende Beschuldigtenbelehrung übertragbar ist, ist umstritten[722]; wegen des hohen Ranges des Schweigerechts dürfte dies jedoch – entgegen der Ansicht des Bundesgerichtshofs[723] – anzunehmen sein.

d) Führen wesentliche Abweichungen vom deutschen Recht nicht zur Unverwertbarkeit der Vernehmungsniederschrift, können diese gleichwohl im Rahmen der Beweiswürdigung zu berücksichtigen sein[724]. So ist es beispielsweise dem deutschen Gericht verwehrt, die verlesene Zeugenaussage als eidliche zu werten, wenn die ausländische Verfahrensordnung die Ableistung eines Voreides vorschreibt[725].

e) Wird das Rechtshilfeersuchen ausnahmsweise nach deutschem Recht durchgeführt – vgl. Art. III des Zusatzvertrages zum Europäischen Rechtshilfeübereinkommen zwischen der BR Deutschland und der Schweiz[726]; Art. V des Ergänzungsvertrages zwischen der BR Deutschland und den Niederlanden[727] –, ist die Frage der Verwertbarkeit allein anhand des deutschen Strafprozessrechts zu beantworten[728].

6. Verwertung von Angaben im Asylantragsverfahren

371 Von grundsätzlicher Bedeutung ist schließlich auch die Frage, ob Angaben, die ein Asylbewerber im Rahmen seiner Anhörung nach § 8 II AsylVfG zu den Modalitäten seiner Einreise macht, in einem gegen ihn gerichteten Strafverfahren verwertet werden dürfen.

Während eine weit verbreitete Ansicht[729] die Verwertung entsprechender Angaben unter Hinweis auf die vorhandene Konfliktsituation ablehnt, geht der BGH[730] von deren Verwertbarkeit aus. Ein Verwertungsverbot sei weder spezialgesetzlich geregelt noch lasse sich dieses aus allgemeinen, übergeordneten Rechtsgrundsätzen herleiten[731]. Ein Verstoß gegen das „nemo-tenetur-Prinzip" liege im Falle der Verwertung nicht vor, da die Mitwirkungspflicht des Asylbewerbers nicht erzwungen werden könne, d.h. ein rechtlicher Zwang nicht bestehe. Dem Asylbewerber stehe es frei, wahrheitsgemäße Angaben zu machen. Verweigere er diese, könne das Bundesamt gleichwohl über die Frage der Anerkennung entscheiden, wobei es

722 Vgl. *BGH* StV 1992, 404; *BGH* NJW 1994, 3364, 3365; *BGH* StV 2001, 663; LR-*Gollwitzer* StPO, aaO.; *Rogall* Über die Folgen der rechtswidrigen Beschaffung des Zeugenbeweises im Strafprozeß, JZ 1996, 944, 954.
723 *BGH* StV 2001, 663.
724 *BGHSt* 2, 300, 304; LR-*Gollwitzer* aaO.; KK-*Diemer* StPO, § 251 Rn. 18.
725 *BGH* wistra 2000, 390, 391.
726 BGBl. II 1975, 1171.
727 BGBl. II 1981, 1158.
728 *BGHSt* 42, 86; *BGH* NStZ 1996, 609 f.; KK-*Diemer* StPO, § 251 Rn. 18.
729 *OLG Hamburg* JR 1986, 167 ff. m. Anm. *Meyer*; *Ventzke* Strafverfolgung als Konsequenz der Asylantragsbegründung?, StV 1990, 279 ff. m.w.N.
730 *BGH* StV 1990, 243 ff.; vgl. auch *OLG Düsseldorf* StV 1992, 503 ff.; *OLG Hamm* NStZ 1989, 187 f.
731 *BGH* StV 1990, 243.

auf die Modalitäten der Einreise nicht ankommt[732]. Unmittelbare Nachteile entstünden ihm nicht; dass sein Schweigen im Rahmen der Glaubhaftmachung gewürdigt werde und somit die Anerkennung als Asylbewerber gefährdet sei, müsse von ihm als „Beweisrisiko" hingenommen werden. Da Vorschriften anderer Rechtsgebiete – z.B. §§ 30, 393 AO – auf das Asylverfahren nicht übertragbar seien, könne ein Verwertungsverbot schließlich auch nicht aus dem Verstoß der Behörde gegen eine ihr obliegende Geheimhaltungspflicht hergeleitet werden[733].

Die Rechtsprechung des BGH hat zu Recht Kritik erfahren[734]; zwar trifft es zu, dass Angaben über die Einreise die tatsächlichen Voraussetzungen des Asylanspruchs nicht unmittelbar berühren. Entsprechende Angaben können jedoch ein wichtiges Indiz für die asylrechtliche Verfolgungsprognose darstellen[735], weshalb es zumindest bedenklich erscheint, wenn der Asylbewerber im Hinblick auf die Rechtsprechung des BGH zum Schweigen „gezwungen" wird und daher Gefahr läuft, seinen Asylanspruch zu verlieren.

☞ Drohen dem ausländischen Mandanten in Folge wahrheitsgemäßer Angaben strafrechtliche Konsequenzen, sollte bereits vor Einleitung eines Ermittlungsverfahrens der Versuch unternommen werden, mit der Staatsanwaltschaft Kontakt aufzunehmen und unter Hinweis auf die Konfliktsituation des Mandanten die Einstellung des Verfahrens – §§ 153, 153a StPO – anzuregen. Dabei sollte gegebenenfalls auch darauf hingewiesen werden, dass der Mandant im Falle der frühzeitigen Offenbarung der Straftat(en) mit Straffreiheit hätte rechnen können (vgl. § 31 GK)[736].

7. Unterlassene Belehrung nach dem Wiener Übereinkommen über konsularische Beziehungen (WÜK)

Die Rechte beschuldigter Ausländer aus Art. 36 WÜK stehen seit der Hinrichtung 372
des Paraguayers Briard sowie der deutschen Brüder LaGrande im Zentrum internationaler Aufmerksamkeit.

Im Kern geht es um die Frage, ob der unterlassene Hinweis auf Rechte nach dem WÜK zur Unverwertbarkeit erfolgter Angaben im Rahmen einer (polizeilichen) Beschuldigtenvernehmung führen können. Der Bundesgerichtshof[737] hat dies abgelehnt, da das WÜK keinen über § 136 StPO hinausgehenden Schutz gewähre. Zudem sei nach deutschem Recht allein der Richter berufen, Dritte von der Fest-

732 *BGH* StV 1990, 243, 244.
733 *BGH* StV 1990, 243, 244/245.
734 *Ventzke* Strafverfolgung als Konsequenz der Asylantragsbegründung?, StV 1990, 279 ff. m.w.N; vgl. auch *Bärlein/Pananis/Rehmsmeier* Spannungsverhältnisse zwischen der Aussagefreiheit im Strafverfahren und den Mitwirkungspflichten im Verwaltungsverfahren, NJW 2002, 1825 ff.
735 *Ventzke* Strafverfolgung als Konsequenz der Asylantragsbegründung?, StV 1990, 279, 281 m.w.N.
736 Vgl. oben Rn. 119.
737 *BGH* StV 2003, 57 m. Anm. *Paulus*; ebenso KK-*Boujong* StPO § 114 b Rn. 10; zurückhaltend *Meyer-Goßner* StPO § 114 b Rn. 9.

nahme zu informieren, so dass dieser – nicht jedoch die Polizei – als zuständige Behörde i.S.d. WÜK anzusehen sei.

Die Entscheidung ist zu Recht auf Kritik gestoßen[738]. Ausländer sind oftmals mit dem Strafverfahrensrecht des Gastlandes nicht vertraut, so dass die Betreuung durch das Konsulat über das Schließen von Verständigungslücken weit hinausgeht. So soll z. B. der Beschuldigte im Fall Briard geglaubt haben, durch ein Geständnis die Chancen auf Vermeidung der Todesstrafe zu erhöhen, obwohl dieses Verhalten nach amerikanischen Gepflogenheiten im wahrsten Sinne des Wortes tödlich gewesen ist.

Die besseren Gründe sprechen somit dafür, eine Überprüfung im Revisionsverfahren zuzulassen, wobei allerdings im Regelfall das Urteil auf dem Verfahrensfehler nicht beruhen dürfte[739].

VI. Besonderheiten bei der Verteidigung jugendlicher Ausländer

373 Besondere Probleme wirft auch die Verteidigung von jugendlichen Ausländern auf. Die Kriminalitätsbelastung bei jugendlichen Ausländern ist laut der polizeilichen Kriminalitätsstatistik zwei- bis dreimal höher als bei gleichaltrigen deutschen Jugendlichen[740]. Zwar gilt es zwischenzeitlich als Binsenweisheit, dass der aus der Statistik resultierende Eindruck, ausländische Jugendliche würden generell häufiger straffällig, fragwürdig ist[741]; denn die polizeiliche Kriminalitätsstatistik enthält zu einem nicht unerheblichen Teil solche Straftaten, die nur von Ausländern begangen werden können, wie z.B. Verstöße gegen das AufenthG und AsylVfG. Auch werden von der Statistik alle ausländischen Straftäter erfasst, also auch solche, die in der Bundesrepublik Deutschland keinen Wohnsitz haben – z.B. Touristen – oder sich illegal im Bundesgebiet aufhalten; demnach verzerrt die Statistik die tatsächlichen Gegebenheiten, wenn die Anzahl der ausländischen Straftäter in Relation zum Anteil der ausländischen Wohnbevölkerung gesetzt wird. Gleichwohl stellt diese Argumentation nur einen Erklärungsansatz dar. Sie vermag jedoch an der Tatsache nichts zu ändern, dass der Strafverteidiger insbesondere im Bereich der Verteidigung jugendlicher Ausländer ein breites Betätigungsfeld findet, so dass es auch insoweit die Besonderheiten hervorzuheben gilt.

---

738 Vgl. *Paulus* Anm. zu *BGH* StV 2003, 57 ff.

739 Sowohl auch *Paulus* Anm. zu *BGH* StV 2003, 57, StV 2003, 59/60.

740 *Schaffstein/Beulke* Jugendstrafrecht, S. 16 f. m.w.N.

741 *Zieger* Verteidigung in Jugendstrafsachen, Rn. 19.

A. Allgemeines

1. Bereits die Frage der Strafmündigkeit oder die der Anwendung von Jugend- 374
strafrecht kann aufgrund der starren Altersgrenzen des JGG erheblichen Klärungsbedarf auslösen; bei ausländischen Mandanten besteht oft Anlass, das tatsächliche Lebensalter zu hinterfragen, insbesondere dann, wenn als Geburtsdatum der 1. Januar eines Jahres angegeben wird oder der Mandant einen Zwillingsbruder oder eine Zwillingsschwester zu haben scheint, obwohl bereits vom äußeren Anschein her ein deutlicher Altersunterschied besteht[742]. In vielen Ländern hat das Geburtsdatum eine weit geringere Bedeutung als im hiesigen Kulturkreis; oft wird es daher nicht präzise erfasst. Insbesondere in ländlichen, abgelegenen Gebieten wird die Geburt oft erst Jahre später angezeigt. Aus Bequemlichkeit werden dann oft mehrere Kinder „gleichzeitig“ in das Geburtenregister eingetragen; ebenso können Erinnerungslücken zu Fehlern hinsichtlich des Geburtsdatums führen. Schließlich wird von Fällen berichtet, in denen die Kinder bewusst „älter gemacht worden sind“, um den früheren Eintritt in das Berufsleben oder eine frühzeitige Hochzeit zu ermöglichen[743].

Ist das tatsächliche Alter fraglich, kann neben der Ladung von Zeugen – z.B. Eltern und Verwandten – die Erstattung eines Sachverständigengutachtens – zahnmedizinisches Gutachten, Begutachtung des Verknöcherungsgrades der Mittelhandknochen – erforderlich werden[744]. Will der Verteidiger die Hinzuziehung eines Sachverständigen beantragen, hat er jedoch zu beachten, dass die Beweisbehauptung, der Angeklagte sei „jünger als 21 Jahre“, grundsätzlich nicht ausreicht; vielmehr bedarf es der bestimmten Behauptung, wie alt der Angeklagte zum Tatzeitpunkt gewesen ist[745].

2. Daneben sind stets die vielfältigen Probleme junger Ausländer zu beachten, die 375
nicht nur im Rahmen der Tatbewertung, sondern vor allem auch im Umgang mit dem Mandanten eine erhebliche, nicht zu unterschätzende Rolle spielen. Junge Ausländer befinden sich oft in einem Konflikt zwischen verschiedenen Kulturen und Identitäten. Zum einen sind sie den traditionellen Werten ihrer Familie verpflichtet, zum anderen müssen sie aber den Anforderungen der deutschen Gesellschaft, z.B. im Umgang mit Freunden und Behörden, gerecht werden. Dieser Konflikt führt oft dazu, dass sie sich weder in ihrer Mutter- noch in der deutschen Sprache wirklich fehlerfrei ausdrücken können; das Fehlen einer Schul- und Berufsausbildung ist eine häufige Folge, wodurch die Integration junger Ausländer zusätzlich erschwert wird.

Ein Sonderproblem stellen schwere Gewaltdelikte dar, die zur Verteidigung der Familienehre begangen worden sind. Junge Ausländer werden oft von den übrigen Familienmitgliedern „vorgeschoben“, um die verletzte Familienehre wiederherzu-

---

742 *Zieger* Verteidigung in Jugendstrafsachen, Rn. 181.
743 Vgl. *Rüther* Strafverteidigung von Ausländern, Rn. 444.
744 *Zieger* aaO.
745 *BGH* StV 1997, 623.

stellen. Wirtschaftliche Gründe – der zum Handeln berufene Vater ist Alleinverdiener – spielen hierbei ebenso eine Rolle, wie die Kenntnis um die Existenz eines eigenen Jugendstrafrechts[746]. Der junge Ausländer wird sich dem Anspruch der Familie nicht entziehen können. Folglich wird er den Tatbeitrag seiner Angehörigen dem Gericht gegenüber stets bestreiten; nur selten offenbart er sich seinem Verteidiger. Die Problematik kann schließlich in der Honorierung des Verteidigers gipfeln, die nicht selten durch die übrigen Familienmitglieder getragen wird. Mitunter wird der Verteidiger mit Wünschen und Anregungen bedrängt. Einerseits soll die bestmögliche Verteidigung sichergestellt werden, anderseits wird aber – stillschweigend – die Nichtaufklärung weiterer Tatbeiträge erwartet. Hier ist es besonders wichtig, die Moral- und Wertvorstellungen des Herkunftslandes herauszuarbeiten und die daraus resultierenden „Handlungspflichten" männlicher Familienmitglieder darzulegen[747]. Auch insoweit sollte die Beantragung eines Sachverständigengutachtens in Erwägung gezogen werden.

376 **3.** Nicht zuletzt sind drohende ausländerrechtliche Maßnahmen zu beachten, die jugendliche Ausländer oft besonders hart treffen; insbesondere junge Ausländer der zweiten oder dritten Generation haben oft keinerlei Bindungen zum Herkunftsland, sprechen oft nur die deutsche Sprache und werden im Falle der Ausweisung nicht selten in einen völlig fremden Kulturkreis abgeschoben; in der Regel ist die Abschiebung auch mit dem Verlust sämtlicher sozialer Kontakte verbunden, so dass insbesondere die Abschiebung junger Ausländer einer „sozialen Hinrichtung" gleicht. Auch hier gilt es also bereits im Strafverfahren den Grundstein für eine gute bzw. bessere Ausgangsposition im verwaltungsrechtlichen Verfahren zu legen. Insoweit darf auf die obige Darstellung (Rn. 79 ff.) verwiesen werden.

B. Verantwortungsreife und Reifeverzögerung

377 **1.** Die schwierige Lebenssituation junger Ausländer, insbesondere vorhandene Kulturkonflikte und abweichende Wertvorstellungen, ist vor allem auch im Rahmen der Persönlichkeitsentwicklung des jungen Ausländers zu beachten. Die aus den divergierenden Kultursystemen resultierende Normenunsicherheit kann somit die sorgfältige Prüfung der Verantwortungsreife i.S.d. § 3 JGG erforderlich machen[748]; ebenso können entsprechende Sozialisationsdefizite ein wichtiges Indiz für das Vorliegen einer Reifeverzögerung i.S.d. § 105 I Nr. 1 JGG darstellen[749].

2. Daneben bleibt es in der Praxis weitestgehend unbeachtet, dass allein die selbständige Einreise oder der eigenständige Aufenthalt kein Anzeichen von Reife ist[750]; ebenso wenig kann eine frühe Heirat als Indiz für einen abgeschlossenen

746 *Zieger* Verteidigung in Jugendstrafsachen, Rn. 20.

747 So auch *Zieger* aaO.

748 *Eisenberg* JGG, § 3 Rn. 30 m.w.N.; *Ostendorf* JGG, § 3 Rdnr 7.

749 *Zieger* Verteidigung in Jugendstrafsachen, Rn. 101.

750 *BGH* Beschl. v. 26. 6. 1990 – 1 StR 303/90, zitiert bei *Böhm* NStZ 1990, 530; *OLG Bremen* StV 1993, 536; *Eisenberg* JGG, § 105 Rn. 22 m.w.N.

Reifeprozess gewertet werden, wenn der junge Ausländer – wie so oft – in den Familienverbund eingebunden und der Autorität des Familienoberhauptes unterstellt bleibt[751].

C. Jugendgerichtshilfe

Die Doppelfunktion der Jugendgerichtshilfe, einerseits Entscheidungshilfe für das Gericht zu leisten, anderseits aber den Jugendlichen zu unterstützen, führt in der Praxis oft zu Spannungen und Problemen. Kommen Sprachschwierigkeiten oder fehlende kulturelle Hintergrundinformationen hinzu, wird die Kontaktaufnahme zusätzlich erschwert, so dass die Berichte der Jugendgerichtshilfe bei jugendlichen Ausländern oft spärlich ausfallen[752]. Hier gilt es in erster Linie dem Missstand entgegenzuwirken, dass oft kein Dolmetscher hinzugezogen wird oder Freunde, Bekannte oder Verwandte als Sprachmittler fungieren; ist – trotz Intervention – die Erstellung eines sorgfältigen Berichtes nicht gewährleistet, sollte auch die Möglichkeit in Erwägung gezogen werden, erst in der Hauptverhandlung Angaben zur Sache zu machen. Andernfalls drohen dem Mandanten durch einen stereotypen Bericht zusätzliche Gefahren. **378**

D. Notwendige Verteidigung

Gemäß § 68 Nr. 1 JGG ist dem Jugendlichen ein Pflichtverteidiger beizuordnen, wenn auch einem Erwachsenen ein Verteidiger zu bestellen wäre. Obwohl die Reichweite dieser Vorschrift im Einzelnen umstritten ist[753], ergeben sich für die Beiordnung bei jugendlichen Ausländern grundsätzlich keine weiteren Besonderheiten. Auch insoweit darf also auf die obige Darstellung (Rn. 247 ff.) und die einschlägige Kommentarliteratur[754] verwiesen werden. **379**

E. Strafvollzug und Strafvollstreckung

Trotz großer Unterschiede zwischen dem Jugend- und Erwachsenenstrafvollzug werden junge Ausländer im Vollzug und in der Strafvollstreckung nahezu mit den gleichen Problemen konfrontiert wie erwachsene Strafgefangene[755]. Insoweit sei also ebenfalls auf die dortigen Ausführungen (Rn. 381 ff., 438 ff.) verwiesen. **380**

---

751 *Zieger* Verteidigung in Jugendstrafsachen, Rn. 181.
752 *Eisenberg* JGG, § 38 Rn. 37.
753 Vgl. auch *Beulke* Die notwendige Verteidigung in Jugendstrafverfahren, FS-Böhm S. 647 ff. m.w.N.
754 *Eisenberg* JGG, § 68 Rn. 21 ff.
755 Vgl. VVJug Nr. 6 Abs. 9 b), c) und Abs. 12 d); Nr. 8 Abs. 7 b), c) und Abs. 10 e).

Teil 5
Verteidigung in Strafvollstreckung und Strafvollzug

I. Verteidigung in der Strafvollstreckung

381 Im Vollstreckungsverfahren ist der Verurteilte in der Regel auf sich allein gestellt; hatte er im Erkenntnisverfahren anwaltlichen Beistand, zieht sich dieser nicht selten nach Rechtskraft des Urteils zurück. Die Gründe hierfür sind vielfältig. Zum Teil mangelt es an fundierten Kenntnissen im Vollstreckungsrecht. Das bislang geltende Gebührenrecht[756] (vgl. § 91 BRAGO a.F.) sowie die auffallende Zurückhaltung bei der Beiordnung eines Pflichtverteidigers (vgl. Rn. 265) tun ihr Übriges.

Diese missliche Ausgangslage trifft verurteilte Ausländer besonders hart, da in ihrem Falle verschiedene Vollstreckungsalternativen offen stehen, deren (richtige) Wahl entscheidenden Einfluss auf die tatsächliche Länge der Haftzeit haben kann; darüber hinaus sind die maßgeblichen Vorschriften auf eine Vielzahl von Gesetzen, bilateraler Abkommen und völkerrechtlicher Verträge verteilt, so dass selbst der kundige Jurist Schwierigkeiten hat, den gesetzlichen status quo zu ermitteln[757]. Es bedarf keiner weiteren Ausführungen, dass es dem unverteidigten Ausländer somit faktisch unmöglich ist, seine Interessen sachgerecht wahrzunehmen. Auf diesen Umstand gilt es hinzuweisen, wenn der Verteidiger seine Beiordnung im Vollstreckungsverfahren anstrebt.

Unabhängig von dieser Problematik und den bei jedem inhaftierten Mandanten zu beachtenden Grundsätzen[758] ist bei verurteilten Ausländern auf folgende Besonderheiten hinzuweisen:

---

756 Vgl. zum neuen Gebührenrecht (VV 4200 ff.), welches eine erhebliche Verbesserung gebracht hat, *Madert* Rechtsanwaltsvergütung in Straf- und Bußgeldsachen, Rn. 170 ff. m.w.N.

757 *Schomburg* Die Rolle des Individuums in der internationalen Kooperation in Strafsachen, StV 1998, 153, 154.

758 Vgl. *Volckart* Verteidigung in der Strafvollstreckung und im Vollzug.

A. Vorüberlegungen

Auch im Vollstreckungsverfahren gilt es, zunächst die Interessenlage des Mandanten genau zu ermitteln, um daran das Verteidigungsziel – im Rahmen des Machbaren (!) – auszurichten[759]. 382

1. Ist Freiheitsstrafe zu vollstrecken[760], ist der Mandant zunächst zu fragen, ob er im Anschluss an die Haftentlassung in sein Heimatland zurückkehren oder im Bundesgebiet bleiben will.

2. Will er im Bundesgebiet bleiben, kann dieses Ziel nur über den Weg der Strafaussetzung (§§ 57, 57a StGB, § 88 JGG) realisiert werden, da diese die einzige Vollstreckungsalternative darstellt, die das Verlassen des Bundesgebietes nicht voraussetzt.

Insoweit ist jedoch sorgfältig zu prüfen, ob diese Zielvorgabe überhaupt erreicht werden kann. Ist mit der Ausweisung zu rechnen, kann sich die Strafaussetzung als kontraproduktiv erweisen, da diese nicht selten zu einer erheblichen Verlängerung der effektiven Haftzeit führt (vgl. Rn. 384), ohne das eigentliche Verteidigungsziel – Verbleib in Deutschland – zu erreichen. Vor Festlegung der Verteidigungsstrategie ist also stets das Risiko einer Ausweisung sorgfältig abzuwägen (vgl. dazu Rn. 18 ff.).

3. Verschiedene Vollstreckungsalternativen stehen dem verurteilten Ausländer offen, sofern er sich zur Rückkehr in sein Heimatland entschließt bzw. die Ausweisung unvermeidbar ist.

Zum einen kann gemäß § 456a StPO von der (weiteren) Vollstreckung abgesehen werden (s. dazu B. 2.); zum anderen kann der Verurteilte im Wege der Vollstreckungshilfe ins Ausland überstellt werden (s. dazu B. 3.). Während die erste Alternative durch die deutsche Strafvollstreckungsbehörde – einseitig – verfügt werden kann, setzt die Überstellung das Einvernehmen beider Staaten voraus. Die Vollstreckungshilfe führt somit – anders als § 456a StPO – auch im Heimatland des verurteilten Ausländers zum Strafklageverbrauch[761], weshalb diese Vollstreckungsalternative grundsätzlich den Vorzug verdient; droht jedoch auch im Falle des Absehens von der Vollstreckung keine Doppelbestrafung (vgl. Rn. 332 ff.), ist sorgfältig zu prüfen, welche der beiden Alternativen die kürzestmögliche Haftzeit garantiert (vgl. hierzu im Einzelnen Rn. 384 ff.). Unabhängig davon sind schließlich auch sonstige Vor- und Nachteile, wie z.B. die Dauer des jeweiligen Verfahrens[762] und die Haftbedingungen im Ausland, in die Überlegungen einzubeziehen.

---

759 Vgl. *Bammann* Die Unterbrechung der Strafvollstreckung bei Auslieferung oder Ausweisung, MschrKrim 2001, 91, 103/104.

760 Zur Vollstreckungshilfe bei Geldstrafen vgl. Rn. 412.

761 Vgl. Rn. 407, 417.

762 Ein Vollstreckungshilfeersuchen dauert in der Regel 6 bis 12 Monate!!!

B. Die einzelnen Vollstreckungsalternativen

383 Wie bereits dargestellt, stehen dem verurteilten Ausländer verschiedene Vollstreckungsalternativen offen; neben der Strafaussetzung zur Bewährung besteht die Möglichkeit der Vollstreckungshilfe sowie die des Absehens von der (weiteren) Vollstreckung.

Während die Strafaussetzung zur Bewährung selbst dann angeordnet werden kann, wenn eine der anderen Vollstreckungsalternativen bereits vollzogen worden ist[763], ist das Konkurrenzverhältnis der übrigen Vollstreckungsalternativen umstritten. Teils wird der Vollstreckungshilfe[764], teils dem Absehen von der Vollstreckung[765] der Vorzug eingeräumt; die ganz überwiegende Vollstreckungspraxis[766] geht jedoch davon aus, dass die einzelnen Möglichkeiten selbständig nebeneinander stehen. Im Zweifel sollte der Verteidiger die in seinem Bundesland vorherrschende Ansicht zugrunde legen.

1. Strafaussetzung zur Bewährung (§§ 57, 57a StGB)

384 Die Strafaussetzung zur Bewährung stellt die einzige Vollstreckungsalternative dar, die den Verbleib im Bundesgebiet sicherstellen kann (vgl. oben).

Im Gegensatz zu den anderen Vollstreckungsalternativen setzt sie jedoch die Verbüßung von mindestens der Hälfte der verhängten Strafe voraus, so dass sich in der Regel eine deutlich längere Haftzeit ergibt. Da die Strafaussetzung den Strafanspruch des Heimatstaates unberührt lässt, kann sich die effektive Haftzeit zusätzlich verlängern, wenn trotz Strafaussetzung die Ausweisung vollzogen und im Heimatland eine weitere Sanktion verhängt wird. Dies gilt es zu berücksichtigen, sofern der Mandant den Wunsch äußert, in Deutschland zu bleiben. Die Chance, die Ausweisung über ein positives Prognosegutachten (§ 454 II StPO) zu vermeiden[767], ist sorgfältig gegen das Risiko der längeren Haftzeit abzuwägen.

☞ Insoweit kann es ratsam sein, möglichst frühzeitig ein Prognosegutachten einzuholen; steht dem die Vorschrift des § 454 II StPO entgegen oder lehnt das Gericht einen entsprechenden Antrag ab, sollte – in geeigneten Fällen – ein Privatgutachten eingeholt werden, um so das Risiko des Mandanten kalkulierbar zu ma-

---

763 Vgl. *OLG Frankfurt* StV 1985, 23, 24/25; *OLG Köln* MDR 1991, 276; *OLG Karlsruhe* Die Justiz 1993, 233; *OLG Stuttgart* StV 2003, 677; LR-*Wendisch* StPO, § 456a Rn. 12.

764 *Meyer-Goßner* StPO, § 456a Rn. 1; *Schomburg/Lagodny* IRG, § 71 Rn. 17; *Groß* Zum Absehen von der Strafvollstreckung, StV 1987, 36, 39; vgl. auch die Richtlinien der Länder Bremen (Rn. 425) und Nordrhein-Westfalen (Rn. 430).

765 *Giehring* Das Absehen von der Strafvollstreckung, StASchlH-FS, S. 469, 500.

766 Vgl. Richtlinien der Länder Baden-Württemberg, Brandenburg, Hamburg, Hessen, Mecklenburg-Vorpommern, Niedersachsen, Rheinland-Pfalz, Saarland, Sachsen, Sachsen-Anhalt, Schleswig-Holstein, Thüringen (vgl. Rn. 421 ff.) so auch KK-*Fischer* StPO, § 456a Rn. 1; *Wilkitzki* in Grützner/Pötz IRG, § 71 Rn. 3.

767 Vgl. oben Rn. 70.

chen. Stehen dem – wie so oft – Kostengründe entgegen, sollte der Versuch unternommen werden, über den Anstaltspsychologen eine entsprechende Einschätzung zu erhalten[768].

Ebenfalls zu berücksichtigen ist, dass eine bedingte Entlassung oft erst nach der vorherigen Gewährung von Vollzugslockerungen in Betracht kommt; da diese bei ausländischen Strafgefangenen nicht selten abgelehnt werden (vgl. Rn. 448 ff.), sollte der Verteidiger zusätzlich prüfen, ob der Gewährung von Vollzugslockerungen Hinderungsgründe entgegenstehen. ☞

Sinn und Zweck der Strafvollstreckung besteht nicht darin, die Abschiebung sicherzustellen, so dass die bedingte Entlassung auch dann anzuordnen ist, wenn ein „Untertauchen" des Verurteilten droht; der ggfs. bestehenden Gefahr darf allein mit ausländerrechtlichen Maßnahmen notfalls mit Abschiebehaft begegnet werden[769]. ☞

2. Absehen von der Vollstreckung (§ 456a StPO)

Gemäß § 456a StPO kann die Vollstreckungsbehörde von der Vollstreckung einer Freiheitsstrafe, einer Ersatzfreiheitsstrafe oder einer Maßregel der Besserung und Sicherung absehen, wenn der Verurteilte wegen einer anderen Tat ausgeliefert oder aus dem Geltungsbereich der Strafprozessordnung ausgewiesen wird. **385**

a) Normzweck

§ 456a StPO gestattet – als Gegenstück zu § 154b II, III StPO – von der Vollstreckung freiheitsentziehender Strafen und Maßregeln abzusehen; auf andere Strafen, Nebenstrafen und Nebenfolgen findet § 456a StPO keine Anwendung[770]. **386**

Die Vorschrift dient in erster Linie der Entlastung des deutschen Strafvollzuges[771]. Neben diesen fiskalischen Erwägungen sollen aber auch die persönlichen Interes-

768 Vgl. hierzu Weisung des Bayer. Staatsministeriums des Innern v. 16.5.2002 – IA2-2084.21-8 – unveröffentlicht – in der es u.a. wörtlich heißt: „Die Justizvollzugsanstalten können wichtige Erkenntnisse für das Ausweisungsverfahren liefern und sind bei der Abwicklung ausländerrechtlicher Verfahren behilflich. Die Justizvollzugsanstalten äußern sich auf Anfrage der Ausländerbehörde zu den persönlichen Verhältnissen des Gefangenen, seinem bisherigen Verhalten soweit sich aus der Behandlung des Gefangenen im Vollzug dafür Erkenntnisse ergeben. Die Ausländerbehörden sollen ggf. ihre Anfragen an die Justizvollzugsanstalten möglichst konkret unter Angabe der benötigten entscheidungserheblichen Informationen formulieren und nicht nur eine allgemeine Stellungnahme erbitten".

769 *OLG Hamm* StraFo 2001, 394, 395.

770 LR-*Wendisch* StPO, § 456a Rn. 1; a.A. *Groß* Zum Absehen von der Strafvollstreckung, StV 1987, 36, 37, der die analoge Anwendung bei der Durchsetzung der Herausgabe des Führerscheins zulassen will.

771 *OLG Düsseldorf* MDR 1991, 889; KK-*Fischer* StPO, § 456a Rn. 1; *Meyer-Goßner* StPO, § 456a Rn. 1; *Groß* Zum Absehen von der Strafvollstreckung, StV 1987, 36; vgl. auch BT-Drucks. 10/2720, S. 16.

sen des Verurteilten geschützt werden[772]; besondere Nachteile im Vollzug, die durch die schleichende Entfremdung von der Heimat, Sprachschwierigkeiten[773], mangelnde private Kontakte und Besuche[774] oder die fehlende Gewährung von Vollzugslockerungen[775] entstehen, sollen ebenso ausgeglichen werden, wie eine im Heimatland zu erwartende Doppelbestrafung[776]. Schließlich trägt die Norm dem Umstand Rechnung, dass die allgemeinen Vollzugsziele der Resozialisierung und Sicherung bei Ausländern oftmals ins Leere gehen[777], da die Wiedereingliederung in die deutsche Gesellschaft nach der erfolgten Ausweisung oder Auslieferung ohnehin nicht erreicht werden kann.

b) Voraussetzungen

387 **aa)** Die Anwendung der Vorschrift setzt zunächst das Vorliegen einer bestandskräftigen Ausweisung oder Auslieferung voraus; dem stehen die Abschiebung (§ 58 AufenthG)[778], die Zurückschiebung (§ 57 AufenthG)[779] und die Pflicht zur Ausreise (§ 50 II AufenthG)[780] gleich.

☞ Nicht ausreichend ist dagegen, dass die Voraussetzungen der Ausweisung oder Auslieferung vorliegen[781]. Dies gilt es zu beachten, sofern das Absehen von der Vollstreckung angestrebt wird. Viele Ausländerbehörden erfahren erst spät vom Ausgang des Strafverfahrens; oft wird die Ausweisung im Hinblick auf die Vollzugspraxis vieler Staatsanwaltschaften erst kurz vor dem Zweidritteltermin verfügt. Der Verteidiger sollte daher frühzeitig Kontakt mit der zuständigen Ausländerbehörde aufnehmen, um diese über den Ausgang des Strafverfahrens zu informieren und eine Beschleunigung des Verfahrens herbeizuführen; zu diesem Zwecke sollte eine Urteilsausfertigung übersandt und das persönliche Gespräch gesucht werden.

☞ Liegen Erkenntnisse vor, dass gegen den Mandanten im Heimatland ein weiteres Strafverfahren anhängig ist, sollte der Versuch unternommen werden, die im Ausland zuständige Behörde zur Durchführung eines Auslieferungsverfahrens zu bewegen; zu diesem Zwecke sollte ein ausländischer Kollege eingeschaltet werden, der ebenfalls zur Verfahrensbeschleunigung beitragen kann.

---

772 Vgl. *Groß* aaO. m.w.N.; vgl. auch die Einführungen der Länderrichtlinie Brandenburg, JMBl. 1997, 38.
773 Vgl. Richtlinie des Landes Brandenburg.
774 *Groß* Zum Absehen von der Strafvollstreckung, StV 1987, 36.
775 Vgl. Richtlinie des Landes Brandenburg.
776 Vgl. Richtlinien der Länder Baden-Württemberg, Brandenburg, Bremen, Hessen, Mecklenburg-Vorpommern, Nordrhein-Westfalen, Rheinland-Pfalz, Sachsen und Sachsen-Anhalt (Rn. 421 ff.); vgl. zur Problematik der Doppelbestrafung *Aksoy* Zur Ausweisung straffällig gewordener Türken, InfAuslR 1981, 76 ff.
777 *Groß* Zum Absehen von der Strafvollstreckung, StV 1987, 36; vgl. auch Richtlinie des Landes Brandenburg.
778 KK-*Fischer* StPO, § 456a Rn. 2.
779 KK-*Fischer* StPO, § 456a Rn. 2.
780 *OLG Hamm* NStZ 1983, 524.
781 LR-*Wendisch* StPO, § 456a Rn. 6.

Kann im Falle der Strafaussetzung zur Bewährung die Ausweisung vermieden werden (vgl. Rn. 384), sollte die Ausweisungsverfügung angefochten werden, um so die Anwendung des § 456a StPO zu blockieren.

Nachdem Art. 16 Abs. 2 S. 2 GG nun auch die Auslieferung Deutscher zulässt, kommt eine Anordnung auch bei deutschen Staatsangehörigen in Betracht[782].

bb) Nicht erforderlich ist die Zustimmung des Verurteilten[783]; dies erscheint be- 388
denklich, da auch im Absehen von der Vollstreckung eine besondere Härte liegen kann. Berechtigte Interessen sind daher jedenfalls im Rahmen der Ermessensausübung zu berücksichtigen.

Diesen oder vergleichbaren Erwägungen folgend, schreiben einige Länderrichtlinien[784] die Zustimmung des Justizministers vor, sofern der Verurteilte der beabsichtigten Maßnahme (§ 456a StPO) nicht zustimmt.

cc) Die Entscheidung der Vollstreckungsbehörde ergeht von Amts wegen oder 389
auf Antrag des Verurteilten[785]; sie steht im Ermessen der Behörde[786] und ist mit Gründen zu versehen[787]. Dabei sind die Interessen des Verurteilten gegen die Gründe abzuwägen, die gegen ein Absehen von der Vollstreckung sprechen. Zu diesem Zwecke haben die einzelnen Bundesländer Richtlinien erlassen, die der am Ende dieses Kapitels dargestellten Übersicht entnommen werden können (Rn. 421 ff.).

Obwohl die Länderrichtlinien insoweit weitestgehend übereinstimmen, als sie das Absehen von der Vollstreckung in der Regel erst nach Verbüßung der Hälfte einer zeitigen Freiheitsstrafe zulassen, ergeben sich im Übrigen – zum Teil erhebliche – Abweichungen.

Besonders evident sind diese im Bereich der lebenslangen Freiheitsstrafe; die Skala der Mindestverbüßungsdauer – von der nur in Ausnahmefällen abgewichen werden soll – reicht hier von 8 bis zu 15 Jahren[788]. Ist Jugendstrafe zu vollstrecken, sehen einige Länder[789] bereits nach der Vollstreckung eines Drittels der verhängten Strafe das Absehen von der weiteren Vollstreckung vor. Eine ähnliche Vergünstigung enthält die Richtlinie des Landes Baden-Württemberg, sofern eine zeitige Freiheitsstrafe von nicht mehr als zwei Jahren zu vollstrecken ist[790].

782 *BVerfG* NJW 2004, 356.

783 *Giehring* Das Absehen von der Strafvollstreckung, StA SchlH-FS, S. 469, 495; *Bammann* Die Unterbrechung der Strafvollstreckung bei Auslieferung oder Ausweisung, MschrKrim 2001, 91, 96.

784 Vgl. Richtlinien der Länder Brandenburg und Mecklenburg-Vorpommern (Rn. 395 und 399).

785 KK-*Fischer* StPO, § 456a Rn. 3a; *Meyer-Goßner* StPO, § 456a Rn. 5.

786 *OLG Bremen* StV 1989, 27; *Meyer-Goßner* StPO, § 456a Rn. 5; LR-*Wendisch* StPO, § 456a Rn. 7; *Walter/Geiter/Fischer* Halbstrafenaussetzung, NStZ 1989, 405, 415.

787 *OLG Celle* NStZ 1981, 405; *Meyer-Goßner* aaO.; LR-*Wendisch* StPO, § 456a Rn. 17.

788 Vgl. Rn. 421 ff.

789 Vgl. Richtlinien der Länder Brandenburg (Rn. 424), Rheinland-Pfalz (Rn. 431) und Sachsen (Rn. 433).

790 Vgl. Rn. 421.

Ähnlich große Schwankungen sind hinsichtlich der Detailregelungen zu verzeichnen. Während die Richtlinie des Landes Schleswig-Holstein[791] lediglich allgemein gehaltene Ausführungen enthält, verfügen die Länder Brandenburg[792], Mecklenburg-Vorpommern[793] und Rheinland-Pfalz[794] über außerordentlich detailreiche Regelungen.

Der Verteidiger sollte sich jedoch nicht scheuen, auf Detailregelungen anderer Bundesländer Bezug zu nehmen, den Normzweck der Vorschrift zu erwähnen und allgemein geltende Erwägungen in seine Argumentation einfließen zu lassen. So sind z.B. unabhängig von der konkreten Ausgestaltung der einzelnen Richtlinie stets die Umstände der Tat, die Schwere der Schuld und das öffentliche Interesse an einer nachhaltigen Vollstreckung zu berücksichtigen[795]. Auch die familiäre und soziale Lage des Verurteilten ist zu beachten[796].

Der Verteidiger sollte daher stets die aus der Haftsituation resultierenden Nachteile detailliert darlegen, sofern er einen von der Regel abweichenden Ausnahmefall geltend machen will.

Insoweit sei jedoch auch darauf hingewiesen, dass es oftmals schwer fällt, die emotional sehr tiefsitzende Zurückhaltung der Praktiker gegen die Anwendung des § 456a StPO aufzubrechen. Manch ein Richter empfindet den Vollstreckungsverzicht als eine nachträgliche Korrektur oder Missachtung seines wohlüberlegten Richterspruchs; manch ein Staatsanwalt ist frustriert, wenn nach aufwendigen Ermittlungen die „angemessene" Sanktion nicht vollstreckt wird. Auch fürchten viele Vollstreckungsbehörden den sog. „Drehtüreffekt", d.h. die illegale Rückkehr des Verurteilten unter anderem Namen[797].

Neben einer ausgewogenen Argumentation ist also vor allem auch viel Fingerspitzengefühl und diplomatisches Geschick gefragt, so dass es sich jedenfalls in Grenzfällen empfiehlt, vor einer schriftlichen Formulierung des Antrages mit dem zuständigen Staatsanwalt das persönliche Gespräch zu suchen; insoweit gilt es jedoch auch zu beachten, dass einzelne Länderrichtlinien – in bestimmten Fällen – die Zustimmung des LOStA, Generalstaatsanwalts oder Justizministers vorschreiben[798].

---

791 Vgl. Rn. 435.
792 Vgl. Rn. 424.
793 Vgl. Rn. 428.
794 Vgl. Rn. 431.
795 *OLG Hamm* NStZ 1983, 524, 525; *Hamann* Neuordnung der Strafaussetzung, Rpfleger 1986, 354, 358; *Meyer-Goßner* StPO, § 456a Rn. 5; vgl. auch *OLG Stuttgart* StV 1993, 259 und *OLG Celle* NStZ 1981, 405, wonach die Anwendung von § 456a StPO bei bestimmten Deliktstypen oder besonders hoher Schuld nicht von vornherein ausgeschlossen ist.
796 *OLG Celle* NStZ 1981, 405; *Meyer-Goßner* StPO, § 456a Rn. 5.
797 Vgl. *Groß* Zum Absehen von der Strafvollstreckung, StV 1987, 36, 40.
798 Vgl. Richtlinien der Länder Brandenburg (Rn. 424), Hessen (Rn. 427), Mecklenburg-Vorpommern (Rn. 428), Saarland (Rn. 432), Sachsen (Rn. 433), Sachsen-Anhalt (Rn. 434) und Thüringen (Rn. 436).

dd) Wird von der Vollstreckung einer lebenslangen Freiheitsstrafe – trotz Antrages – nicht abgesehen, bedarf es keiner Festlegung, bis wann die Vollstreckung fortzusetzen ist[799].

c) Nachholen der Vollstreckung

aa) Das Absehen von der Vollstreckung stellt eine nur vorläufige Maßnahme **390**
dar[800]; die Vollstreckung kann daher – bis zum Eintritt der Vollstreckungsverjährung[801] – nachgeholt werden, sofern der Verurteilte freiwillig in das Bundesgebiet zurückkehrt[802]. Dass der Ausländer nach Ablauf der Befristung gemäß § 11 I AufenthG legal in das Bundesgebiet einreist, steht der weiteren Vollstreckung nicht entgegen[803]. Auch insoweit ist der vorherige Eintritt der Vollstreckungsverjährung erforderlich, so dass sich das effektive „Einreiseverbot" trotz erfolgter Befristung erheblich verlängern kann[804].

Das Nachholen der Vollstreckung kann schon bei der Anordnung gemäß § 456a I StPO verfügt werden; zugleich eröffnet § 456a II 3 StPO die Möglichkeit, einen Haftbefehl zu erlassen, der im Falle der Rückkehr des Verurteilten ohne weiteres vollstreckt werden kann.

bb) Über die Möglichkeit der Nachholung ist der Verurteilte – in einer ihm ver- **391**
ständlichen Sprache – zu belehren; ist die (ordnungsgemäße) Belehrung[805] unterblieben, ist das Nachholen der Vollstreckung unzulässig[806].

Gleichwohl sollte auch der Verteidiger seinen Mandanten „belehren"; andernfalls drohen im Falle der Rückkehr des Verurteilten unnötige „Missverständnisse".

cc) Über das Nachholen der Vollstreckung entscheidet die Vollstreckungsbehörde **392**
nach pflichtgemäßem Ermessen[807]. Die Anordnung kann somit unterbleiben, wenn sie aus wichtigen Gründen unangemessen erscheint. Liegen solche Gründe nicht vor, erstarkt das Vollstreckungsrecht zu einer Vollstreckungspflicht[808].

---

799 *OLG Frankfurt* NStZ 1993, 303/304.

800 *OLG Karlsruhe* Die Justiz 1993, 233; LR-*Wendisch* StPO, § 456a Rn. 12.

801 KK-*Fischer* StPO, § 456a Rn. 4; *Meyer-Goßner* StPO, § 456a Rn. 6.

802 *LG Berlin* StV 1987, 258; KG StraFo 2004, 361/362; *Meyer-Goßner* aaO.; KK-*Fischer* aaO.

803 Vgl. Allgemeinverfügung Nr. 1/1995 des Saarländischen Justizministeriums vom 6.1. 1995, unter VIII.; *Bammann* Die Unterbrechung der Strafvollstreckung bei Auslieferung oder Ausweisung, MschrKrim 2001, 91, 101/102; vgl. auch Rn. 527, 528.

804 *Bammann* aaO.

805 Zum Wortlaut der Belehrung vgl. *Bammann* Die Unterbrechung der Strafvollstreckung bei Auslieferung oder Ausweisung, MschrKrim 2001, 91, 96.

806 *OLG Stuttgart* Die Justiz 1981, 217; *OLG Karlsruhe* NStZ-RR 1999, 222; BT-Drucks. 10/ 2720, S. 16; *Meyer-Goßner* StPO, § 456a Rn. 8 m.w.N.; vgl. aber auch *OLG Karlsruhe* NStZ 1994, 254.

807 *OLG Karlsruhe* aaO.; LR-*Wendisch* StPO, § 456a Rn. 12; *Bammann* Die Unterbrechung der Strafvollstreckung bei Auslieferung oder Ausweisung, MschrKrim 2001, 91, 96.

808 LR-*Wendisch* aaO.

d) Strafklageverbrauch

393 Das Absehen von der Vollstreckung stellt eine einseitige Anordnung der deutschen Vollstreckungsbehörde dar; da die Maßnahme also nicht das Einvernehmen mit dem Heimatstaat des Verurteilten voraussetzt, ist mit der Anordnung grundsätzlich kein Strafklageverbrauch verbunden. Ist das Verbot der Doppelbestrafung auch nicht anderweitig geregelt, muss der Verurteilte nach dem Absehen von der Vollstreckung mit einer weiteren Sanktion durch seinen Heimatstaat rechnen[809]. Die Teilverbüßung in Deutschland sowie das anschließende Absehen von der Vollstreckung kann also zu einer (erheblichen) Verlängerung der effektiven Haftzeit führen.

e) Anrechnung von Haftzeiten

394 Wird von der (weiteren) Vollstreckung abgesehen, ist schließlich zu beachten, dass die im Anschluss vollzogene Abschiebungshaft – im Falle des Nachholens der Vollstreckung – nach bislang einhelliger Ansicht auf die verbleibende Reststrafe nicht angerechnet werden konnte[810]. Obwohl diese Ansicht zwischenzeitlich überholt sein dürfte[811], sollte dem Staatsanwalt gegenüber angeregt werden, die Verfügung auf das Datum der Ausreise oder Abschiebung zu datieren, da so der drohende Streit über die Anrechnungsfähigkeit von vornherein vermieden werden kann.

☞ Unterbleibt eine entsprechende Verständigung und kann auch eine Anrechnung nicht erreicht werden, dürfte die fehlende Anrechnungsfähigkeit gleichwohl im Rahmen der Ermessensausübung zu berücksichtigen sein; zusätzlich verbüßte (Abschiebungs-)Haft dürfte nämlich einen „wichtigen Grund" darstellen, der das Nachholen der Vollstreckung unangemessen erscheinen lassen kann (vgl. oben Rn. 392).

f) Rechtsbehelfe

395 **aa)** Wird der Antrag auf Absehen von der Vollstreckung abgelehnt, steht dem Verurteilten der Rechtsweg nach §§ 23 ff. EGGVG offen[812]; die Entscheidung der Vollstreckungsbehörde wird jedoch ausschließlich auf Ermessensfehler hin überprüft.

☞ Im Verfahren nach §§ 23 ff. EGGVG kann dem Verurteilten gemäß § 29 III EGGVG i.V.m. § 115 I Nr. 3 ZPO Prozesskostenhilfe bewilligt werden.

396 **bb)** Ordnet die Vollstreckungsbehörde das Absehen von der Vollstreckung an, ist diese Entscheidung – nach h.M.[813] – mangels Beschwer unanfechtbar. Dies er-

---

809 Die drohende Doppelbestrafung rechtfertigt oft die Anordnung der Vollstreckungsbehörde (vgl. Fußn. 665).

810 Vgl. *Rüther* Strafverteidigung von Ausländern, Rn. 310.

811 Vgl. Rn. 331.

812 *OLG Hamburg* NJW 1975, 1132, 1133; *OLG Hamm* MDR 1990, 465; *KG* StV 1992, 428; *OLG Frankfurt* NStZ 1993, 303; *OLG Stuttgart* StV 1993, 259; *OLG Koblenz* NStZ 1996, 255.

813 *OLG Frankfurt* NStZ-RR 1999, 126/127; vgl. KK-*Fischer* StPO, § 456a Rn. 5 m.w.N.

scheint zweifelhaft, sofern der Verurteilte ein berechtigtes Interesse an der vollständigen Verbüßung der Haftstrafe darlegen kann (vgl. oben). Jedenfalls in diesem Fall muss die gerichtliche Nachprüfung der behördlichen Ermessensausübung möglich sein.

cc) Gegen die Anordnung der Vollstreckungsbehörde, die Vollstreckung nachzuholen, kann der Verurteilte Einwendungen erheben, über die gemäß §§ 458 II, 462, 462a I, II StPO das Gericht entscheidet; gegen die gerichtliche Entscheidung ist die sofortige Beschwerde zulässig (§ 462 III StPO). **397**

Davon unberührt bleibt die Möglichkeit der Strafaussetzung zur Bewährung[814]; bei Vorliegen „besonderer Umstände" kommt darüber hinaus ein erneutes Absehen von der Vollstreckung in Betracht[815]. Entsprechende Anträge sollten also formuliert werden, sofern anderweitige Bemühungen, die Vollstreckung zu beenden, fehlschlagen. ☜

3. Vollstreckungshilfe

Unter den Begriff der Vollstreckungshilfe wird die Durchführung der Vollstreckung im Heimatland des Verurteilten subsumiert; die Vollstreckung des inländischen Urteils wird im Wege des internationalen Rechtshilfeverkehrs auf den Heimatstaat übertragen, in dem die Sanktion nach dem dortigen Recht vollstreckt wird[816]. Mit der Übertragung erlischt zugleich der Strafanspruch des Heimatlandes[817], so dass das Risiko einer erneuten Bestrafung und der Verlängerung der Haftzeit weitestgehend ausgeschlossen wird. Nicht nur aus diesem Grunde besteht in der Praxis ein erhebliches Bedürfnis an der Überstellung des Verurteilten[818]; gleichwohl lässt sie sich oft nicht realisieren[819]. Der Verteidiger muss daher in hohem Maße aktiv werden, sofern die Möglichkeit der Vollstreckungshilfe nicht nur auf dem Papier stehen bleiben soll[820]. **398**

a) Allgemeines

aa) Angesichts der permanenten Änderungen der vertraglichen Rechtshilfebeziehungen ist es oft schwer, die einschlägige Regelung ausfindig zu machen. **399**

Zu unterscheiden ist zwischen bilateralen und multilateralen Verträgen; existieren mehrere Abkommen, haben multilaterale Vereinbarungen Vorrang. Insoweit sind jedoch auch Ergänzungsverträge, Zusatzprotokolle und Vorbehalte der einzelnen ☜

814 Vgl. *OLG Frankfurt* StV 1985, 23, 24/25; *OLG Köln* MDR 1991, 276; *OLG Karlsruhe* Die Justiz 1993, 233; LR-*Wendisch* StPO, § 456a Rn. 12.
815 *OLG Frankfurt* NStZ-RR 2001, 93, 94 m.w.N.
816 Art. 9 III ÜberstÜbK.
817 Vgl. Rn. 407, 417.
818 Vgl. *Wilkitzki* Rechtshilfe durch Vollstreckung, JR 1983, 227, 231/232.
819 Vgl. zum Problem der praktischen Umsetzung *Stange/Rilinger* Überstellung Strafgefangener in Theorie und Praxis, StV 2002, 109 f.
820 *Schomburg/Lagodny* Richtlinien für den Strafverteidiger, StV 1992, 239, 241.

Vertragstaaten zu berücksichtigen, die die Anwendbarkeit des multilateralen Abkommens im Verhältnis einzelner Vertragsstaaten ausschließen können.

400 **bb)** Vertragliche Regelungen enthalten u.a. das ÜberstÜbk/ÜAG und das Schengener Abkommen. Ist der Heimatstaat des Verurteilten keinem der vorgenannten Abkommen beigetreten, findet allein § 71 IRG Anwendung. Ausgangspunkt jeder Prüfung ist daher die Frage nach vorhandenen, vertraglichen Rechtshilfebeziehungen.

☞ Tabellen oder Übersichten finden sich – neben der hier abgedruckten (Rn. 437) – u.a. im Fundstellennachweis B des Bundesgesetzblatts II, dem Anhang II (Länderteil) oder den Richtlinien für den Verkehr mit dem Ausland in strafrechtlichen Angelegenheiten (RiVASt)[821]. Besonders erwähnenswert ist die Homepage des Bundesgerichtshofes – http://www.bundesgerichtshof.de/bibliothek/rechtshilfe.php –, auf der monatlich eine aktualisierte Fassung der Rechtshilfebeziehungen Deutschlands erscheint. Insoweit empfiehlt es sich der besseren Übersichtlichkeit halber die Excel-Version aufzurufen.

b) Die einzelnen (vertraglichen) Regelungen

aa) Übereinkommen über die Überstellung verurteilter Personen *(ÜberstÜbK)*

401 Mit Wirkung vom 1. März 1992 ist das Überstellungsabkommen auch für die Bundesrepublik Deutschland in Kraft getreten; das Abkommen findet Anwendung, sofern eine freiheitsentziehende Strafe oder Maßnahme[822] zu vollstrecken ist und der Verurteilte Staatsangehöriger eines Vertragsstaates ist.

402 **(1) Voraussetzungen.** Die weiteren Anwendungsvoraussetzungen sind in Art. 3 ÜberstÜbK geregelt, auf den insoweit verwiesen werden darf.

Art. 3 ÜberstÜbK
Voraussetzungen für die Überstellung

(1) Eine verurteilte Person kann nach diesem Übereinkommen nur unter den folgenden Voraussetzungen überstellt werden:

a) dass sie **Staatsangehöriger des Vollstreckungsstaates** ist;
b) dass das **Urteil rechtskräftig** ist;
c) dass zum Zeitpunkt des Eingangs des Ersuchens um Überstellung **noch mindestens sechs Monate** der gegen die verurteilte Person verhängten Sanktion **zu vollziehen** sind oder dass die Sanktion von unbestimmter Dauer ist;
d) dass **die verurteilte Person** oder, sofern einer der beiden Staaten es in Anbetracht ihres Alters oder ihres körperlichen oder geistigen Zustands für erforderlich erachtet, ihr gesetzlicher Vertreter **ihrer Überstellung zustimmt**;
e) dass die Handlungen oder Unterlassungen, derentwegen die Sanktion verhängt worden ist, **nach dem Recht des Vollstreckungsstaates eine Straftat darstellen** oder, wenn sie in seinem Hoheitsgebiet begangen worden wäre, darstellen würde;

---

821 Vgl. auch *Schomburg* Internationale vertragliche Rechtshilfe in Strafsachen, NJW 1998, 1044, 1046/1047; *ders.*, Internationale Rechtshilfe in Strafsachen, NJW 2001, 801 ff.

822 Bei der Vollstreckung von Geldstrafen findet das ÜberstÜbK keine Anwendung (vgl. Rn. 384).

f) dass sich der **Urteils- und der Vollstreckungsstaat** auf die Überstellung **geeinigt** haben.

(2) In **Ausnahmefällen** können sich die Vertragsparteien auch dann auf eine Überstellung einigen, wenn die Dauer der an der verurteilten Person noch zu vollziehenden Sanktion **kürzer** ist **als** die in **Absatz 1 Buchstabe c** vorgesehene.

(3) Jeder Staat kann bei der Unterzeichnung oder bei der Hinterlegung seiner Ratifikations-, Annahme-, Genehmigungs- oder Beitrittsurkunde durch eine an den Generalsekretär des Europarats gerichtete Erklärung seine Absicht bekanntgeben, in seinen Beziehungen zu den anderen Vertragsparteien die Anwendung eines der in Artikel 9 Absatz 1 Buchstabe a und b vorgesehenen Verfahren auszuschließen.

(4) Jeder Staat kann jederzeit durch eine an den Generalsekretär des Europarats gerichtete Erklärung für seinen Bereich den Begriff „Staatsangehöriger" im Sinne dieses Übereinkommens bestimmen.

Wird die Prüfung erforderlich, ob die abgeurteilte Tat auch im Vollstreckungsstaat mit Strafe bedroht ist (Art. 3 Ie ÜberstÜbK), kann es zum Zwecke der Verfahrensbeschleunigung (vgl. Rn. 405) sinnvoll sein, eine entsprechende Rechtsauskunft – z.B. beim Max-Planck-Institut für ausländisches und internationales Strafrecht[823] – einzuholen.

Dass nach dem Recht des Vollstreckungsstaates Verfolgungsverjährung eingetreten ist, steht der Überstellung nicht entgegen[824].

Gemäß § 2 ÜAG ist die Zustimmung des Verurteilten (Art. 3 Id ÜberstÜbK) nach Belehrung zu Protokoll eines Richters zu erklären; sie ist unwiderruflich und sollte daher nur nach vorheriger eingehender Beratung abgegeben werden.

(2) Verfahrensgang. **(a)** Das Überstellungsersuchen bedarf der Schriftform **403**
(Art. 5 I ÜberstÜbK); gemäß Art. 5 II ÜberstÜbK ist es vom Justizministerium des ersuchenden Staates an das Justizministerium des ersuchten Staates zu richten. Insoweit hat die Bundesrepublik Deutschland jedoch von der Ermächtigung des Art. 5 III ÜberstÜbK Gebrauch gemacht und die Zuständigkeit auf die einzelnen Bundesländer übertragen; entsprechende Ersuchen können somit auch von den Justizministerien der Länder gestellt oder an diese gerichtet werden.

(b) Das ÜberstÜbK billigt dem Verurteilten kein eigenes Antragsrecht zu; er kann **404**
lediglich einen Überstellungswunsch äußern, über dessen Möglichkeit der Verurteilte zu informieren ist (Art. 4 ÜberstÜbK). Der Wunsch kann an die Justizvollzugsanstalt oder Vollstreckungsbehörde gerichtet werden[825]. Die Vollstreckungsbehörde entscheidet dann nach pflichtgemäßem Ermessen[826], ob sie ihrerseits einen entsprechenden Antrag des Justizministeriums anregt.

823 Max-Planck-Institut für ausländisches und internationales Strafrecht, Günterstalstr. 73, 79100 Freiburg.

824 *OLG Stuttgart* NStZ 2004, 407, 408.

825 Vgl. Merkblatt zum Übereinkommen über die Überstellung verurteilter Personen, abgedruckt bei *Schomburg/Lagodny* Richtlinien für den Strafverteidiger, StV 1992, 239, 244.

826 BVerfG NJW 1997, 3013, 3014.

☞ Im Rahmen der Ermessensentscheidung sind die Interessen des Verurteilten gegen das öffentliche Interesse der deutschen Strafrechtspflege abzuwägen, so dass es grundsätzlich ermessensfehlerfrei sein soll[827], wenn die Vollstreckungsbehörde die Überstellung ablehnt, da der Verurteilte im Heimatland mit einer weit früheren Haftentlassung zu rechnen habe und diese dem deutschern Strafzweck zuwiderlaufe; dies gilt es zu beachten, da die praktische Umsetzung des ÜberstÜbK oftmals an unterschiedlichen Strafmaßvorstellungen der beteiligten Staaten scheitert[828].

☞ In geeigneten Fällen sollte der Verteidiger darauf drängen, dass bereits im Urteil eine Empfehlung zur Vollstreckung im Heimatstaat ergeht[829]; entsprechende Ausführungen können das Vollstreckungsverfahren erheblich erleichtern.

☞ Will man die Möglichkeiten des Übereinkommens voll ausschöpfen, kann es zudem ratsam sein, sich an beide beteiligte Staaten parallel zu wenden[830]; Art. 2 III ÜberstÜbK sieht nämlich vor, dass sowohl der Urteils- als auch der Vollstreckungsstaat um Überstellung des Verurteilten ersuchen können. Entsprechende „Anregungen" können an das zuständige Konsulat oder die zuständige Botschaft gerichtet werden; diese übernehmen oftmals auch die dem Verurteilten entstehenden Übersetzungskosten.

405 **(c)** Wird um Überstellung ersucht, stellt der Urteilsstaat dem Vollstreckungsstaat folgende Unterlagen zur Verfügung (Art. 6 II ÜberstÜbK):

- eine beglaubigte Abschrift des Urteils und der angewendeten Rechtsvorschriften,
- eine Erklärung, aus der hervorgeht, welcher Teil der Sanktion bereits vollzogen wurde, einschließlich einer Mitteilung über Untersuchungshaft, Strafermäßigung und alle weiteren für die Vollstreckung der Sanktion wesentlichen Umstände,
- eine Erklärung, welche die in Artikel 3 Id bezeichnete Zustimmung zur Überstellung enthält,
- gegebenenfalls Berichte von Ärzten oder Sozialarbeitern über die verurteilte Person, Mitteilungen über ihre Behandlung im Urteilsstaat und Empfehlungen für ihre weitere Behandlung im Vollstreckungsstaat.

☞ Obwohl die Beibringung der vorgenannten Unterlagen nicht Aufgabe des Verurteilten ist, sollten sie dem „Antrag" an die Vollstreckungsbehörde beigefügt werden; andernfalls droht zusätzlicher Zeitverlust, der durch die Aktivität des Verteidigers vermieden werden kann. Aus diesem Grunde sollte auch frühzeitig die Anhörung vor dem zuständigen Richter „beantragt" werden, um dem Formerfordernis der Zustimmungserklärung – zu Protokoll eines Richters – Genüge zu tun. Auch kann es sich empfehlen, eine Rechtsauskunft einzuholen, um den Nachweis

827 *OLG Hamburg* ZfStrVo 1999, 50, 52; vgl. auch *OLG Hamm* StV 2001, 523.
828 Vgl. *Stange/Rilinger* Überstellung Strafgefangener in Theorie und Praxis, StV 2002, 109 f.
829 *Schomburg/Lagodny* Richtlinien für den Strafverteidiger, StV 1992, 239, 242; *Schlothauer* Vorbereitung der Hauptverhandlung, Rn. 117d.
830 *Schomburg/Lagodny* aaO.

zu erbringen, dass die abgeurteilte Tat auch im Vollstreckungsstaat mit Strafe bedroht ist (vgl. oben Rn. 399).

(3) Wirkungen der Überstellung und Strafklageverbrauch. (a) Hinsichtlich der Wirkungen der Überstellung darf auf den Wortlaut des ÜberstÜbK verwiesen werden: **406**

Artikel 8
Wirkungen der Überstellung für den Urteilsstaat

(1) Durch die Übernahme der verurteilten Person durch die Behörden des Vollstreckungsstaates wird die Vollstreckung der Sanktion im Urteilsstaat ausgesetzt.

(2) Der Urteilsstaat darf die Sanktion nicht weiter vollstrecken, wenn der Vollstreckungsstaat die Vollstreckung der Sanktion für abgeschlossen erachtet.

Artikel 9
Wirkungen der Überstellung für den Vollstreckungsstaat

(1) Die zuständigen Behörden des Vollstreckungsstaates

a) setzen die Vollstreckung der Sanktion unmittelbar oder aufgrund einer Gerichts- oder Verwaltungsentscheidung unter den in Artikel 10 enthaltenen Bedingungen fort oder

b) wandeln die Entscheidung, durch welche die Sanktion verhängt wurde, unter den in Artikel 11 enthaltenen Bedingungen in einem Gerichts- oder Verwaltungsverfahren in eine Entscheidung dieses Staates um, wobei sie die im Urteilsstaat verhängte Sanktion durch eine nach dem Recht des Vollstreckungsstaates für dieselbe Straftat vorgesehene Sanktion ersetzen.[831]

(2) Der Vollstreckungsstaat setzt den Urteilsstaat auf dessen Ersuchen vor Überstellung der verurteilten Person davon in Kenntnis, welches dieser Verfahren er anwenden will.

(3) Die Vollstreckung der Sanktion richtet sich nach dem Recht des Vollstreckungsstaates, und dieser Staat allein ist zuständig, alle erforderlichen Entscheidungen zu treffen.

(4) Jeder Staat, der nach seinem innerstaatlichen Recht sich nicht eines der in Absatz 1 bezeichneten Verfahren bedienen kann, um Maßnahmen zu vollstrecken, die im Hoheitsgebiet einer anderen Vertragspartei gegen Personen verhängt worden sind, die aufgrund ihres geistigen Zustands hinsichtlich der Begehung der Tat für strafrechtlich nicht zurechnungsfähig erkannt worden sind, und der bereit ist, solche Personen zur weiteren Behandlung zu übernehmen, kann in einer an den Generalsekretär des Europarates gerichteten Erklärung die Verfahren bezeichnen, die er in solchen Fällen anwenden will.

Artikel 10
Fortsetzung der Vollstreckung

(1) Im Fall einer Fortsetzung der Vollstreckung ist der Vollstreckungsstaat an die rechtliche Art und die Dauer der Sanktion, wie sie vom Urteilsstaat festgelegt worden sind, gebunden[832].

---

831 Sog. Exquaturverfahren.

832 Zur Vollstreckbarkeitserklärung bei befristeter Unterbringung in einem psychiatrischen Krankenhaus vgl. *OLG Schleswig* NStZ 2004, 406/407.

(2) Ist die Sanktion jedoch nach Art oder Dauer mit dem Recht des Vollstreckungsstaates nicht vereinbar oder schreibt dessen Recht dies vor, so kann dieser Staat die Sanktion durch eine Gerichts- oder Verwaltungsentscheidung an die nach seinem eigenen Recht für eine Straftat derselben Art vorgesehene Strafe oder Maßnahme anpassen. Diese Strafe oder Maßnahme muss ihrer Art nach soweit wie möglich der Sanktion entsprechen, die durch die zu vollstreckende Entscheidung verhängt worden ist. Sie darf nach Art oder Dauer die im Urteilsstaat verhängte Sanktion nicht verschärfen und das nach dem Recht des Vollstreckungsstaates vorgesehene Höchstmaß nicht überschreiten.

Artikel 11
Umwandlung der Sanktion

(1) Im Fall einer Umwandlung der Sanktion ist das nach dem Recht des Vollstreckungsstaats vorgesehene Verfahren anzuwenden. Bei der Umwandlung

a) ist die zuständige Behörde an die tatsächlichen Feststellungen gebunden, soweit sie sich ausdrücklich oder stillschweigend aus dem im Urteilsstaat ergangenen Urteil ergeben;
b) darf die zuständige Behörde eine freiheitsentziehende Sanktion nicht in eine Geldstrafe oder Geldbuße umwandeln;
c) hat die zuständige Behörde die Gesamtzeit des an der verurteilten Person bereits vollzogenen Freiheitsentzugs anzurechnen;
d) darf die zuständige Behörde die strafrechtliche Lage der verurteilten Person nicht erschweren und ist an ein Mindestmaß, das nach dem Recht des Vollstreckungsstaats für die begangene Straftat oder die begangenen Straftaten gegebenenfalls vorgesehen ist, nicht gebunden.

(2) Findet das Umwandlungsverfahren nach der Überstellung der verurteilten Person statt, so hält der Vollstreckungsstaat diese in Haft oder gewährleistet auf andere Weise ihre Anwesenheit im Vollstreckungsstaat bis zum Abschluss dieses Verfahrens.

407 **(b)** Bei der Hinterlegung der Ratifikationsurkunde hat Deutschland u.a. die Erklärung abgegeben, dass die Vollstreckung nur dann auf andere Mitgliedstaaten übertragen wird, wenn gewährleistet ist, dass im Vollstreckungsstaat wegen der Tat, die dem Urteil zugrunde liegt, keine erneute Strafverfolgung oder -vollstreckung durchgeführt wird[833]; wird die Überstellung bewilligt, ist somit die Gefahr einer Doppelbestrafung weitestgehend ausgeschlossen.

☞ Die Gefahr einer erneuten Strafverfolgung kann jedoch nur durch eine zwischenstaatliche Vereinbarung mit dem Vollstreckungsstaat ausgeschlossen werden[834]; es empfiehlt sich daher – neben der Überstellung des Verurteilten –, den Abschluss einer entsprechenden Vereinbarung anzuregen.

408 **(4) Nachholen der Vollstreckung.** Zu Art. 8 I ÜberstÜbK hat die Bundesrepublik Deutschland die Erklärung abgegeben, dass sie Maßnahmen zur Fortsetzung der Vollstreckung ergreifen werde, sofern die verurteilte Person vor Abschluss der Vollstreckung aus der Haft flieht oder sich sonst dem Vollzug entzieht[835].

833 BGBl. II 1992, 98, 99.
834 Vgl. *Grotz* in Grützner/Pötz IRG, § 71 Rn. 20.
835 BGBl. II 1992, 98, 100.

(a) Zu diesem Zwecke kann die verurteilte Person festgenommen werden, sofern sie vor Ablauf der Hälfte der verhängten Strafzeit im Bundesgebiet angetroffen wird, ohne einen Entlassungsschein oder ein Dokument gleichen Inhalts vorweisen zu können (vgl. § 4 ÜAG).

(b) Die Festhalteanordnung kann bereits vor Übergabe der verurteilten Person an die Behörden des Vollstreckungsstaats verfügt werden; zudem ist der Verurteilte – zu richterlichem Protokoll – zu belehren (§ 5 ÜAG). Ist die Belehrung unterblieben, ist der spätere Erlass der Festhalteanordnung nur zulässig, wenn dem Verurteilten im Vollstreckungsstaat zuvor eine Belehrung zugestellt worden ist[836].

(c) Zuständig ist das Gericht des ersten Rechtszuges, sofern sich der Verurteilte auf freiem Fuß oder in Untersuchungshaft befindet; wird eine freiheitsentziehende Sanktion vollstreckt, ist die Strafvollstreckungskammer zuständig. § 462a I 1, 2, III und VI StPO gelten entsprechend (§ 5 II ÜAG).

(d) Die Festhalteanordnung ist gemäß § 6 ÜAG aufzuheben, sobald

- eine Mitteilung des Vollstreckungsstaates nach Art. 15a ÜberstÜbK vorliegt oder sonst ersichtlich ist, dass der Vollstreckungsstaat die Vollstreckung der Sanktion für abgeschlossen erachtet oder die Vollstreckung des Restes der Sanktion zur Bewährung ausgesetzt hat,
- die Hälfte der verhängten Strafzeit abgelaufen ist,
- der Verurteilte seit dem Tag der Ergreifung insgesamt 18 Tage festgehalten ist, ohne dass eine Mitteilung nach Art. 15b ÜberstÜbK vorliegt oder sonst feststeht, dass er sich vor Abschluss der Vollstreckung dem Vollzug der Sanktion entzogen hat.

Wird die Festhalteanordnung aufgehoben, ist dem Verurteilten eine Abschrift der Entscheidung auszuhändigen; diese steht einem Entlassungsschein nach § 4 ÜAG gleich.

(e) Das übrige Verfahren nach der Ergreifung des Verurteilten (§§ 7, 8 ÜAG) ist den Bestimmungen der §§ 115, 115a StPO nachgebildet. Abweichend von § 115a II 4 StPO sieht § 8 IV ÜAG vor, dass etwaige Bedenken nicht dem zuständigen Richter, sondern der Staatsanwaltschaft als vormaliger Vollstreckungsbehörde mitzuteilen sind.

(5) Rechtsbehelfe. (a) Stellt die Vollstreckungsbehörde keinen Antrag, kann diese **409**
ablehnende Entscheidung auf Ermessensfehler hin – gerichtlich – überprüft werden[837]; nach der wohl h.M.[838] ist hierfür – mangels anderweitiger Rechtsbehelfsmöglichkeiten – der Rechtsweg nach §§ 23 ff. EGGVG eröffnet.

---

836 *Schomburg/Lagodny* IRG, § 5 ÜAG Rn. 1.

837 *BVerfG* NJW 1997, 3013, 3014; *BVerfG* NStZ 2003, 335; *OLG Hamburg* ZfStrVo 1999, 50; *OLG Hamm* StV 2001, 523, 524; a.A. *OLG Bamberg* NStZ 1985, 224.

838 *OLG Hamm* StV 2001, 523; a.A *Schomburg/Lagodny* Richtlinien für den Strafverteidiger, StV 1992, 239, 242 m.w.N., wonach der Verwaltungsrechtsweg (§ 40 VwGO) eröffnet ist.

410 **(b)** Dagegen soll dem Verurteilten der Rechtsweg verschlossen bleiben, wenn die Bewilligungsbehörde die Anregung der Vollstreckungsbehörde, einen Antrag zu stellen, zurückweist. Während die Vollstreckungsbehörde auch die Interessen des Verurteilten zu berücksichtigen habe, orientiere sich die Entscheidung der Bewilligungsbehörde allein an allgemein-, insbesondere außenpolitischen Belangen; ihr Entscheidungsprogramm sei nicht auf das rechtliche Interesse des Verurteilten ausgerichtet[839].

Diese Ansicht ignoriert die Subjektstellung des Verurteilten[840]; es bleibt zu hoffen, dass sie die notwendige Korrektur erfährt.

bb) Schengener Abkommen

411 Das ÜberstÜbK wird durch Vorschriften des Schengener Abkommens ergänzt.

Danach kann eine Vertragspartei um Vollstreckung eines strafrechtlichen Urteils ersucht werden, sofern sich der Verurteilte der Vollstreckung durch Flucht in sein Heimatland entzogen hat; die Übertragung der Strafvollstreckung bedarf – in Abweichung zum ÜberstÜbK – nicht der Zustimmung des Verurteilten. Im Übrigen darf auf den Wortlaut des Abkommens verwiesen werden:

Kapitel 5
Übertragung der Vollstreckung von Strafurteilen

Artikel 67

Für die Vertragsparteien, die dem Übereinkommen des Europarates vom 21. März 1983 über die Überstellung verurteilter Personen beigetreten sind, gilt die nachstehende Regelung als Ergänzung jenes Übereinkommens.

Artikel 68

(1) Eine Vertragspartei, in deren Hoheitsgebiet ein Staatsangehöriger einer anderen Vertragspartei rechtskräftig zu einer Freiheitsstrafe oder eine die Freiheit beschränkenden Maßregel der Sicherung und Besserung verurteilt wurde, kann, wenn der Betroffene sich durch Flucht in sein eigenes Land der Vollstreckung oder der weiteren Vollstreckung der Strafe oder Maßregel entzogen hat, ein Ersuchen um Übernahme der Vollstreckung an die Vertragspartei, in deren Hoheitsgebiet der Flüchtling angetroffen wird, richten.

(2) Die ersuchte Vertragspartei kann auf Ersuchen der ersuchenden Vertragspartei in Erwartung der Schriftstücke, die das Ersuchen um Übernahme der Vollstreckung der Strafe oder der Maßnahme oder des Restes der Strafe begründen und der dazu zu treffenden Entscheidung, den Verurteilten in Gewahrsam nehmen oder andere Maßnahmen zur Gewährleistung seiner Anwesenheit in dem Hoheitsgebiet der ersuchten Vertragspartei treffen.

---

839 *BVerfG* aaO.

840 *Schomburg/Lagodny* Neuere Entwicklungen der internationalen Rechtshilfe, NStZ 1992, 353, 359.

Artikel 69

Die Übertragung der Strafvollstreckung nach Maßgabe des Artikels 68 bedarf nicht der Zustimmung der Person, gegen die eine Strafe oder eine Maßnahme verhängt wurde. Die anderen Bestimmungen des Übereinkommens über die Überstellung verurteilter Personen vom 21. März 1993 finden sinngemäß Anwendung.

cc) Ersuchen um Vollstreckung gemäß § 71 IRG

Bi- und multilaterale zwischenstaatliche Vereinbarungen gehen § 71 IRG vor[841]; Abs. 3 und 4 der Vorschrift finden daher nur Anwendung, sofern der verurteilte Ausländer einem Staat angehört, der dem ÜberstÜbK nicht beigetreten ist (vgl. § 1 ÜAG); in gleicher Weise kann der Heimatstaat des Verurteilten um Vollstreckungshilfe ersucht werden, wenn der zugrunde liegende Lebenssachverhalt – z.B. die Vollstreckung einer Geldstrafe[842] – vom ÜberstÜbK nicht erfasst wird (vgl. Art. 1a ÜberstÜbK). 412

(1) Voraussetzungen. (a) Ein ausländischer Staat kann um die Vollstreckung einer im Bundesgebiet verhängten Sanktion ersucht werden, wenn 413

- der verurteilte Ausländer seinen Lebensmittelpunkt im ersuchten Staat hat oder
- sich dort aufhält und nicht ausgeliefert wird, weil ein Auslieferungsersuchen nicht gestellt oder abgelehnt wird oder die Auslieferung undurchführbar ist (§ 71 I Nr. 1 IRG).

(b) Ebenso kann um Vollstreckungshilfe ersucht werden, wenn

- die Vollstreckung in dem ersuchten Staat im Interesse des Verurteilten oder im öffentlichen Interesse liegt (§ 71 I Nr. 2 IRG).

(c) Die Überstellung gemäß § 71 I IRG setzt – anders als § 71 II IRG, Art. 3 ÜberstÜbK – die Einwilligung des Verurteilten grundsätzlich nicht voraus[843]; ein Ersuchen um Vollstreckungshilfe ohne Zustimmung des Verurteilten dürfte allerdings die Ausnahme darstellen, da das fehlende Einverständnis jedenfalls im Rahmen der Ermessensausübung zu berücksichtigen ist[844]. 414

(d) Ein Vollstreckungshilfeersuchen ist schließlich unzulässig, wenn die Gefahr einer politischen Verfolgung besteht; ebenso muss der Spezialitätsgrundsatz[845] gewahrt bleiben (§ 71 I 3 IRG). 415

(2) Verfahrensgang[846]. (a) Die Vollstreckungsbehörde prüft zunächst in eigener Zuständigkeit die Zulässigkeit des Ersuchens anhand der soeben dargestellten Zulässigkeitskriterien. Zu diesem Zwecke holt sie – in der Regel – die Stellungnahme der Justizvollzugsanstalt ein; der Verurteilte ist grundsätzlich anzuhören (Nr. 106 II RiVASt). 416

841 *Schomburg/Lagodny* IRG, § 71 Rn. 15.
842 Vgl. *Schomburg/Lagodny* IRG, § 71 Rn. 35; *Grotz* in Grützner/Pötz IRG, § 71 Rn. 7.
843 *Grotz* in Grützner/Pötz IRG, § 71 Rn. 26.
844 Vgl. *Schomburg/Lagodny* IRG, § 71 Rn. 22.
845 Vgl. Rn. 477 ff.
846 Vgl. auch Nr. 105 ff. RiVASt.

(b) Hält die Vollstreckungsbehörde das Ersuchen für zulässig, beantragt sie über die Zulässigkeit gerichtlich zu entscheiden; zuständig ist die Strafvollstreckungskammer des Landgerichts (§ 462a I 1, 2 StPO). Auch insoweit steht dem Verurteilten – über eine Anregung hinaus – kein eigenes Antragsrecht zu[847].

(c) Hat das Landgericht die Vollstreckungshilfe für unzulässig erklärt, ist das Verfahren beendet[848]; ist hingegen ein rechtskräftiger Zulässigkeitsbeschluss ergangen, berichtet die Vollstreckungsbehörde der nach § 74 IRG zuständigen Behörde, die über die Stellung des Vollstreckungshilfeersuchens abschließend entscheidet; dem Vollstreckungshilfebericht (vgl. Nr. 111 RiVASt) sind die in Nr. 112 RiVASt genannten Unterlagen – u.a. beglaubigte Abschrift des Urteils und der angewendeten Rechtsvorschriften – beizufügen.

☞ Auch insoweit sollten die erforderlichen Unterlagen dem „Antrag" beigefügt werden[849].

417 **(3) Vollstreckungs- und Strafklageverbrauch. (a)** Die deutsche Vollstreckungsbehörde sieht von der (weiteren) Vollstreckung ab, soweit sie der ersuchte Staat übernommen und durchgeführt hat (§ 71 V IRG).

(b) Auch im Rahmen eines Ersuchens nach § 71 IRG kann die Gefahr einer Doppelbestrafung nur durch Abschluss einer zwischenstaatlichen Vereinbarung ausgeschlossen werden[850]; insoweit darf auf die obigen Ausführungen (Rn. 407) verwiesen werden.

418 **(4) Nachholen der Vollstreckung.** Hat der ersuchte Staat die übernommene Vollstreckung nicht zu Ende geführt, kann diese bzgl. des verbleibenden Rests wieder aufgenommen oder fortgesetzt werden (§ 71 V 2 IRG); insoweit bedarf es jedoch einer Anordnung der deutschen Vollstreckungsbehörde[851].

Im Übrigen dürften – mangels ausdrücklicher Regelung – allein die Vorschriften der Strafprozessordnung Anwendung finden, so dass ein Haftbefehl ausschließlich auf § 457 II StPO gestützt werden darf.

419 **(5) Rechtsbehelfe.** Hinsichtlich der gerichtlichen Nachprüfbarkeit vollstreckungsrechtlicher Entscheidungen darf auf die obigen Ausführungen (Rn. 409 ff.) verwiesen werden.

---

847 S.o. Rn. 404; *Schomburg/Lagodny* IRG, § 71 Rn. 12.
848 *Schomburg/Lagodny* IRG, § 71 Rn. 40.
849 Vgl. Rn. 377.
850 *Grotz* in Grützner/Pötz IRG, § 71 Rn. 20.
851 *Grotz* in Grützner/Pötz IRG, § 71 Rn. 34.

C. Zurückstellung der Strafvollstreckung gem. § 35 BtMG

Besondere Probleme wirft auch die Strafvollstreckung im Bereich betäubungsmittelabhängiger Ausländer auf. Oftmals scheitert eine Rückstellung der Strafvollstreckung (§ 35 BtMG), da dem betroffenen Ausländer die Ausweisung droht[852]; ist mit Maßnahmen nach dem Aufenthaltsgesetz ausnahmsweise nicht zu rechnen, treten regelmäßige weitere Hinderungsgründe hinzu, so z.B. mangelnde Sprachkenntnisse. Die Durchführung einer (stationären) Therapie wird häufig als nicht sinnvoll angesehen, wenn der Verurteilte aufgrund mangelnder Deutschkenntnisse nicht in der Lage ist, an Therapiegesprächen teilzunehmen. Insoweit sind jedoch in der jüngeren Vergangenheit positive Änderungen zu verzeichnen. Immer mehr Therapieeinrichtungen bieten fremdsprachige Therapien an, so dass im Einzelfall sorgfältig geprüft werden sollte, ob geeignete Einrichtungen vorhanden sind. Wertvolle Hilfe bietet in der Regel die örtliche Drogenberatung oder die Homepage des Vereins Jugend hilft Jugend e.V.[853]. **420**

Die mit der Aufnahme in eine Therapieeinrichtung wirksam gewordene Rückstellung (§ 35 BtMG) beendet die Strafvollstreckung nicht, so dass die Abschiebung des Verurteilten der Zustimmung der Vollstreckungsbehörde (§ 72 IV AufenthG) bedarf[854]. ☜

Übersicht:
Die nachfolgend abgedruckte Tabelle bietet einen Überblick über die Länderrichtlinien zur Ermessensausübung bei Anwendung des § 456a StPO; der jeweilige Volltext ist auf Homepage www.verteidigung-von-auslaendern.de abgelegt. **421**

Absehen von der Vollstreckung gemäß § 456a StPO

	Baden-Württemberg[855]
zeitige Freiheitsstrafe	• bei **Freiheitsstrafen von bis zu zwei Jahren** soll grundsätzlich bereits nach Verbüßung von **einem Drittel** von der weiteren Vollstreckung abgesehen werden; dies gilt nicht, wenn aus besonderen, in der Tat und in der Person des Verurteilten liegenden Gründen eine längere Vollstreckung geboten ist. • **ausnahmsweise** vorher bzw. völliges **Absehen von der Vollstreckung**, wenn neben der Verurteilung eine im Verfahren erlittene Freiheitsentziehung, die Auslieferung oder Ausweisung zur Einwirkung auf den Verurteilten und zur Verteidigung der Rechtsordnung ausreichend erscheinen. Dabei ist auch zu berücksichtigen, ob der Verurteilte für die abgeurteilte Tat im Ausland eine weitere Strafe zu erwarten hat. Ein Absehen von der Vollstreckung vor Verbüßung der Hälfte kommt insbesondere in Betracht, wenn ...

852 Vgl. *OLG Hamm* NStZ 1999, 591 m.w.N.
853 www.jugend-hilft-jugend.de/tr/fremdsprachliche2.shtml.
854 *OLG Karlsruhe* StV 2001, 467.
855 Allgemeinverfügung vom 17.10.1996, Die Justiz 1996, 500 ff.

	– ... bei Fortsetzung der Vollstreckung mit bedingter Entlassung zum **Halbstrafenzeitpunkt** zu rechnen wäre oder – ... die **Freiheitsstrafe zur Bewährung ausgesetzt war** und der Bewährungswiderruf allein auf der Verletzung von Auflagen und Weisungen oder einer neuen Straftat beruht, die nicht zu Verhängung einer Freiheitsstrafe geführt hat. • ausnahmsweise soll über den **Halbstrafenzeitpunkt hinaus** vollstreckt werden, wenn aus **besonderen**, in der Tat oder der Person des Verurteilten liegenden **Gründen** oder zur Verteidigung der Rechtsordnung eine nachhaltige Vollstreckung geboten ist. In diesen Fällen kann jedoch nach Verbüßung von zwei Dritteln der Strafzeit von der weiteren Vollstreckung abgesehen werden.
lebenslange Freiheitsstrafe	• **in der Regel** nicht vor Verbüßung von **15 Jahren** • **ausnahmsweise** vor diesem Zeitpunkt, insbesondere ... – ... wenn der Verurteilung eine **Konfliktat** zugrunde lag – ... der **Gesundheitszustand** des Verurteilten schwerwiegend beeinträchtigt ist oder – ... nicht sicher ist, dass eine vollziehbare **Ausweisungsverfügung** auch zu einem späteren Zeitpunkt **durchgesetzt** werden kann.
Ersatzfreiheitsstrafe	• von der Vollstreckung einer **Ersatzfreiheitsstrafe** soll **in der Regel** abgesehen werden
Jugendstrafe	• **keine** weiteren **Besonderheiten**
Maßregeln der Besserung und Sicherung	• Bei freiheitsentziehenden Maßregeln der Besserung und Sicherung ist in jedem Einzelfall möglichst frühzeitig zu prüfen, ob von der Vollstreckung abgesehen werden kann, da Besserungs- und Sicherungsinteressen dem Heimatstaat des Verurteilten überlassen bleiben können.
verfahrensrechtliche Besonderheiten	• Die Vollstreckungsbehörde prüft bei Einleitung der Vollstreckung **von Amts wegen**, ob von der Vollstreckung abgesehen wird. • Mit der Entscheidung über das Absehen von der Vollstreckung soll ein **Vollstreckungshaftbefehl** beantragt werden. • Die **Regelungen** – über das **Absehen von der Vollstreckung** – für die Vollstreckungshilfe nach **§ 71 IRG** – über die Möglichkeiten der Überstellung nach dem Übereinkommen vom 21. März 1983 über die **Überstellung verurteilter Personen** stehen **rechtlich selbständig** nebeneinander. Sind sowohl die Voraussetzungen des § 456a StPO als auch die der Vollstreckungshilfe gegeben, entscheidet die Vollstreckungsbehörde nach **pflichtgemäßem Ermessen**, welche Maßnahme in Betracht kommt.

	Bayern[856]
zeitige Freiheitsstrafe	• **in der Regel** zum Halbstrafenzeitpunkt • **sofern nicht bereits der Halbstrafenzeitpunkt** abgesehen werden kann, wird der maßgebliche Zeitpunkt **zwischen der Hälfte und dem Beginn des letzten Drittels** der Strafzeit liegen. • sofern nicht **besondere Umstände die vollständige Verbüßung** der Strafe erforderlich machen, ist die Abschiebung jedenfalls vor dem Zeitpunkt durchzuführen, in dem das gerichtliche Verfahren zur Prüfung der Aussetzung des Strafrestes nach § 57 I StGB einzuleiten ist, also regelmäßig **mindestens sechs Wochen vor Beginn des letzten Strafdrittels**.
lebenslange Freiheitsstrafe	• **keine Regelung** vorhanden
Ersatzfreiheitsstrafe	• **keine** weiteren **Besonderheiten**
Jugendstrafe	• **keine** weiteren **Besonderheiten**
Maßregeln der Besserung und Sicherung	• **keine** weiteren **Besonderheiten**
verfahrensrechtliche Besonderheiten	• **keine** weiteren **Besonderheiten**

422

	Berlin
	• **keine** besondere Regelung

423

	Brandenburg[857]
zeitige Freiheitsstrafe	• **in der Regel** zum Halbstrafenzeitpunkt; insbesondere, wenn ... – ... bei Fortsetzung der Vollstreckung mit bedingter Entlassung zum **2/3-Zeitpunkt** zu rechnen wäre, – ... der Verurteilung ein **weniger gewichtiger Verstoß** gegen die Strafgesetze zugrunde liegt. • **ausnahmsweise vor diesem Zeitpunkt**, wenn neben der Verurteilung eine im Verfahren erlittene Freiheitsentziehung, insbesondere die Auslieferung selbst, zur Einwirkung auf den Verurteilten und zur Verteidigung der Rechtsordnung ausreichend erscheint; dies ist insbesondere der Fall, wenn ...

424

856 Weisung des Bayer. Staatsministeriums des Innern v. 16.5.2002 – IA2-2084.21-8 – unveröffentlicht –.

857 Allgemeine Verfügung des Ministers der Justiz und für Bundes- und Europaangelegenheiten vom 20.3.1997, JMBl. 1997, 38 ff.

	– ... Erkenntnisse vorliegen, dass der Verurteilte wegen der Straftat(en), für die er die Freiheitsstrafe verbüßt, in seinem **Heimatland** eine **weitere Strafe** zu erwarten hat, deren Dauer dem nicht verbüßten Strafrest jedenfalls gleichkommt, – ... bei Fortsetzung der Vollstreckung mit bedingter Entlassung zum **Halbstrafenzeitpunkt** zu rechnen wäre oder – ... die **Freiheitsstrafe zur Bewährung ausgesetzt war** und der Bewährungswiderruf allein auf der Verletzung von Auflagen und Weisungen oder einer neuen Straftat beruht, die nicht zu Verhängung einer Freiheitsstrafe geführt hat. • ausnahmsweise soll über den **Halbstrafenzeitpunkt hinaus** vollstreckt werden, wenn aus **besonderen**, in der Tat oder der Person des Verurteilten liegenden **Gründen** oder zur Verteidigung der Rechtsordnung eine nachhaltige Vollstreckung geboten ist. Dies gilt insbesondere, – ... bei Verurteilungen wegen **besonders schwerwiegender Delikte**, – ... wenn unabhängig vom Gegenstand der Verurteilung Anhaltspunkte für eine Zugehörigkeit des Verurteilten zum Bereich der **Organisierten Kriminalität** oder der schweren **Betäubungsmittelkriminalität** vorliegen.
lebenslange Freiheitsstrafe	• **in der Regel** nicht vor Verbüßung von **12 Jahren**
Ersatzfreiheitsstrafe	• **in der Regel** soll von Vollstreckung abgesehen werden. • ist neben der Ersatzfreiheitsstrafe eine weitere Freiheitsstrafe zu vollstrecken, ist diese maßgebend.
Jugendstrafe	• **in der Regel** nach Verbüßung von **1/3 der Strafe**, insbesondere wenn bei Fortsetzung der Vollstreckung mit bedingter Entlassung gemäß § 88 JGG zu rechnen wäre. • **ausnahmsweise** vor diesem Zeitpunkt, wenn die in dem Verfahren erlittene Freiheitsentziehung oder die Auslieferung oder Ausweisung zur erzieherischen Einwirkung ausreichend erscheint, insbesondere, wenn ... – ... Erkenntnisse vorliegen, dass der Verurteilte für die abgeurteilte oder eine andere Tat **im Ausland eine weitere, erhebliche Strafe** zu erwarten hat, – ... bei Fortsetzung der Vollstreckung mit der **bedingten Entlassung zum Zeitpunkt** der Verbüßung von **einem Drittel** der Jugendstrafe zu rechnen wäre oder – ... die **Jugendstrafe zur Bewährung ausgesetzt war** und der Bewährungswiderruf allein auf der Verletzung von Auflagen und Weisungen oder einer neuen Straftat beruht, die nicht zu Verhängung einer Jugendstrafe geführt hat. • **über den 1/3-Zeitpunkt hinaus** soll nur vollstreckt werden, wenn wegen der schädlichen Neigungen des Verurteilten und im Hinblick auf dessen Entwicklung eine nachhaltige Vollstreckung geboten ist.

Maßregeln der Besserung und Sicherung	• Bei untergebrachten Personen, die für die Allgemeinheit gefährlich sind, kommt ein Absehen von der Vollstreckung nur in Betracht, wenn ausreichende Vorsorge für deren Sicherung oder Behandlung im Ausland getroffen worden ist.
verfahrensrechtliche Besonderheiten	• Die Vollstreckungsbehörde prüft ... – ... bei **Einleitung** der Vollstreckung – ... zum **Halbstrafenzeitpunkt** und – ... zum **2/3-Zeitpunkt** ... – ... unabhängig von den genannten Zeitpunkten **bei Eingang der vollziehbaren Auslieferungs- oder Ausweisungsentscheidung** – ... bei freiheitsentziehenden **Maßregeln der Besserung und Sicherung** ... – ... bei **Einleitung** der Vollstreckung – ... danach **jährlich von Amts wegen**, ob von der Vollstreckung abgesehen wird. • Der Vollstreckungsleiter prüft ... – ... bei **Einleitung** der Vollstreckung – ... zum **1/3-Zeitpunkt** – ... zum **Halbstrafenzeitpunkt** und – ... zum **2/3-Zeitpunkt** ... – ... unabhängig von den genannten Zeitpunkten **bei Eingang der vollziehbaren Auslieferungs- oder Ausweisungsentscheidung** – **von Amts wegen**, ob von der Vollstreckung abgesehen wird. • Die **Zustimmung des Justizministeriums** ist erforderlich, wenn ... – ... von der Vollstreckung einer **lebenslangen Freiheitsstrafe** abgesehen werden soll. – ... ein Fall **nicht geringfügiger politischer Bedeutung** vorliegt. – ... der **Verurteilte** der Abschiebung oder dem Absehen von der Vollstreckung **widerspricht**. – ... der Verurteilte eine Maßnahme nach dem **Übereinkommen** vom 21. März 1983 **über die Überstellung verurteilter Personen** oder nach **§ 71 IRG** ablehnt und stattdessen um ein Absehen von der Vollstreckung bittet. – ... es aus **sonstigen Gründen** geboten erscheint. • **Vollstreckungshaftbefehl** soll in der Regel beantragt werden. • Die **Regelungen** – über das **Absehen von der Vollstreckung** – für die Vollstreckungshilfe nach **§ 71 IRG** – über die Möglichkeiten der Überstellung nach dem Übereinkommen vom 21. März 1983 über die **Überstellung verurteilter Personen** stehen **rechtlich selbständig** nebeneinander.

	Sind sowohl die Voraussetzungen des § 456a StPO als auch die der Vollstreckungshilfe gegeben, gibt die Vollstreckungsbehörde der jeweils **am schnellsten** zu verwirklichenden Maßnahme den Vorzug.
425	**Bremen**[858]
zeitige Freiheitsstrafe	• **in der Regel** zum Halbstrafenzeitpunkt • **ausnahmsweise vor diesem Zeitpunkt**, wenn die bislang im Verfahren erlittene Freiheitsstrafe, die Auslieferung oder Ausweisung zur Einwirkung auf den Verurteilten ausreichend erscheinen. Dabei ist auch zu berücksichtigen, ob der Verurteilte im Ausland wegen dieser oder anderer Straftaten eine weitere Strafe zu erwarten hat. • eine **über den Halbstrafenzeitpunkt** hinausgehende Vollstreckung kommt nur dann in Betracht, wenn dies aus besonderen, in der Tat oder in der Person des Verurteilten liegenden Gründen oder zur Verteidigung der Rechtsordnung erforderlich ist.
lebenslange Freiheitsstrafe	• **in der Regel** nicht vor Verbüßung von **8 Jahren**
Ersatzfreiheitsstrafe	• **keine** weiteren **Besonderheiten**
Jugendstrafe	• für die Vollstreckung von Jugendstrafen gelten die Ausführungen zur zeitigen Freiheitsstrafe entsprechend; • zusätzlich ist zu prüfen, ob das Erziehungsziel bereits erreicht ist oder noch erreicht werden kann. • Bei Jugendstrafen von unbestimmter Dauer muss die Hälfte der Mindeststrafe, zumindest aber ein Jahr, verbüßt werden.
Maßregeln der Besserung und Sicherung	• **keine** weiteren **Besonderheiten**
verfahrensrechtliche Besonderheiten	• Die Vollstreckungsbehörde prüft ... – ... bei **Einleitung** der Vollstreckung – ... vor dem **Halbstrafenzeitpunkt** und – ... vor dem **2/3-Zeitpunkt** – ... **von Amts wegen**, ob von der Vollstreckung abgesehen wird. • In „geeigneten Fällen“ kann ein **Vollstreckungshaftbefehl** beantragt werden. • Soweit Vollstreckungshilfe nach § 71 IRG in Betracht kommt, hat diese Vorrang.

858 Allgemeine Verfügung des Senators für Justiz und Verfassung vom 25.9.1992 – unveröffentlicht.

	Hamburg[859]	426
zeitige Freiheitsstrafe	• **in der Regel** zum Halbstrafenzeitpunkt • **ausnahmsweise** vorher bzw. völliges **Absehen von der Vollstreckung**, wenn neben der Verurteilung eine im Verfahren erlittene Freiheitsentziehung, die Auslieferung oder Ausweisung zur Einwirkung auf den Verurteilten und zur Verteidigung der Rechtsordnung ausreichend erscheinen. • eine **über den Halbstrafenzeitpunkt** hinausgehende Vollstreckung kommt nur in Betracht, wenn dies aus besonderen, in der Tat oder in der Person des Verurteilten liegenden Gründen eine nachhaltige Vollstreckung geboten ist oder eine solche zur Verteidigung der Rechtsordnung erforderlich erscheint.	
lebenslange Freiheitsstrafe	• **in der Regel** nicht vor Verbüßung von **12 Jahren**	
Ersatzfreiheitsstrafe	• **keine** weiteren **Besonderheiten**	
Jugendstrafe	• **keine** weiteren **Besonderheiten**	
Maßregeln der Besserung und Sicherung	• **keine** weiteren **Besonderheiten**	
Verfahrensrechtliche Besonderheiten	• Die Vollstreckungsbehörde prüft ... – ... bei **Einleitung** der Vollstreckung – ... vor dem **Halbstrafenzeitpunkt** und – ... vor dem **2/3-Zeitpunkt** – ... **von Amts wegen**, ob von der Vollstreckung abgesehen wird. • Soll von der Vollstreckung einer lebenslangen Freiheitsstrafe abgesehen werden, ist der **Justizbehörde** vorab zu **berichten**.	
	Hessen[860]	427
zeitige Freiheitsstrafe	• **in der Regel** zum Halbstrafenzeitpunkt • **ausnahmsweise** vorher bzw. völliges **Absehen von der Vollstreckung**, wenn neben der Verurteilung eine im Verfahren erlittene Freiheitsentziehung, die Auslieferung oder Ausweisung zur Einwirkung auf den Verurteilten und zur Verteidigung der Rechtsordnung ausreichend erscheinen. Dabei ist auch zu berücksichtigen, ob der Verurteilte für die abgeurteilte Tat im Ausland eine weitere Strafe zu erwarten hat. • eine **über den Halbstrafenzeitpunkt** hinausgehende Vollstreckung kommt nur dann in Betracht, wenn dies aus besonderen, in der Tat oder in der Person des Verurteilten liegenden Gründen oder zur Verteidigung der Rechtsordnung erforderlich ist.	

859 Schreiben der Justizbehörde vom 27.1.1992 – unveröffentlicht –.
860 Rderl. d. MdJ v. 9.12.1994 (4725 – III/7 – 395/94), JMBl. 1995, 4.

lebenslange Freiheitsstrafe	• **in der Regel** nicht vor Verbüßung von **13 Jahren**
Ersatzfreiheitsstrafe	• **keine** weiteren **Besonderheiten**
Jugendstrafe	• **keine** weiteren **Besonderheiten**
Maßregeln der Besserung und Sicherung	• **keine** weiteren **Besonderheiten**
verfahrensrechtliche Besonderheiten	• Der Staatsanwalt prüft ... – ... bei **Einleitung** der Vollstreckung – ... vor dem **Halbstrafenzeitpunkt** und – ... vor dem **2/3-Zeitpunkt** – ... **von Amts wegen**, ob von der Vollstreckung abgesehen wird. • Die **Zustimmung des LOStA** ist erforderlich, wenn ... – ... von der Vollstreckung einer zeitigen Freiheitsstrafe **völlig oder vor Verbüßung der Hälfte** abgesehen oder – ... **über den Halbstrafenzeitpunkt** hinaus vollstreckt werden soll. • Die **Zustimmung des Generalstaatsanwaltes** ist erforderlich, wenn **über den 2/3-Zeitpunkt** hinaus vollstreckt werden soll. • Die **Zustimmung des Justizministeriums** ist erforderlich, wenn ... – ... von der Vollstreckung einer **lebenslangen Freiheitsstrafe** abgesehen werden soll. – ... ein Fall **nicht geringfügiger politischer Bedeutung** vorliegt. – ... der Verurteilte eine Maßnahme nach dem **Übereinkommen** vom 21. März 1983 **über die Überstellung verurteilter Personen** oder nach **§ 71 IRG** ablehnt und stattdessen um ein Absehen von der Vollstreckung bittet. – ... es aus **sonstigen Gründen** geboten erscheint. • In „geeigneten Fällen" kann ein **Vollstreckungshaftbefehl** beantragt werden. • Die **Regelungen** – über das **Absehen von der Vollstreckung** – für die Vollstreckungshilfe nach **§ 71 IRG** – über die Möglichkeiten der Überstellung nach dem Übereinkommen vom 21. März 1983 über die **Überstellung verurteilter Personen** stehen **rechtlich selbständig** nebeneinander. Sind sowohl die Voraussetzungen des § 456a StPO als auch die der Vollstreckungshilfe gegeben, gibt die Vollstreckungsbehörde der jeweils **am schnellsten** zu verwirklichenden Maßnahme den Vorzug.

	Mecklenburg-Vorpommern[861]	428
zeitige Freiheitsstrafe	• **in der Regel** zum Halbstrafenzeitpunkt; insbesondere, wenn ... – ... bei Fortsetzung der Vollstreckung mit bedingter Entlassung zum **2/3-Zeitpunkt** zu rechnen wäre oder – ... der Verurteilung ein **weniger gewichtiger Verstoß** gegen die Strafgesetze zugrunde liegt. • **ausnahmsweise vor diesem Zeitpunkt**, wenn neben der Verurteilung eine im Verfahren erlittene Freiheitsentziehung, insbesondere die Auslieferung selbst, zur Einwirkung auf den Verurteilten und zur Verteidigung der Rechtsordnung ausreichend erscheint; dies ist insbesondere der Fall, wenn ... – ... Erkenntnisse vorliegen, dass der Verurteilte wegen der Straftat(en), für die er die Freiheitsstrafe verbüßt, in seinem **Heimatland** eine **weitere Strafe** zu erwarten hat, deren Dauer dem nicht verbüßten Strafrest jedenfalls gleichkommt, – ... bei Fortsetzung der Vollstreckung mit bedingter Entlassung zum **Halbstrafenzeitpunkt** zu rechnen wäre oder – ... die **Freiheitsstrafe zur Bewährung ausgesetzt war** und der Bewährungswiderruf allein auf der Verletzung von Auflagen und Weisungen oder einer neuen Straftat beruht, die nicht zu Verhängung einer Freiheitsstrafe geführt hat. • ausnahmsweise soll über den **Halbstrafenzeitpunkt hinaus** vollstreckt werden, wenn aus **besonderen**, in der Tat oder der Person des Verurteilten liegenden **Gründen** oder zur Verteidigung der Rechtsordnung eine nachhaltige Vollstreckung geboten ist. Dies gilt insbesondere, – ... bei Verurteilungen wegen **besonders schwerwiegender Delikte**, – ... wenn unabhängig vom Gegenstand der Verurteilung Anhaltspunkte für eine Zugehörigkeit des Verurteilten zum Bereich der **Organisierten Kriminalität** oder der schweren **Betäubungsmittelkriminalität** vorliegen; jedoch ist bei Erstverbüßern ein Absehen von der Vollstreckung im letzten Strafdrittel zu prüfen, ggfs. sogar so rechtzeitig, dass sich eine absehbar positive Entscheidung nach § 57 I StGB erübrigt.	
lebenslange Freiheitsstrafe	• **in der Regel** nicht vor Verbüßung von **15 Jahren** • bei Vorliegen der Voraussetzungen des § 57a StGB ist das Absehen von der Vollstreckung bereits nach 10 Jahren zulässig	

861 Dienstanweisung 2/92 (2) des Generalstaatsanwaltes vom 9.12.1997 – unveröffentlicht –.

Ersatzfreiheitsstrafe	• **in der Regel** soll von Vollstreckung abgesehen werden • ist neben der Ersatzfreiheitsstrafe eine weitere Freiheitsstrafe zu vollstrecken, ist diese maßgebend
Jugendstrafe	• für die Vollstreckung von Jugendstrafen gelten die Ausführungen zur zeitigen Freiheitsstrafe entsprechend; • zusätzlich ist zu prüfen, ob das Erziehungsziel bereits erreicht ist oder noch erreicht werden kann. • Bei Jugendstrafen von unbestimmter Dauer muss die Hälfte der Mindeststrafe, zumindest aber ein Jahr, verbüßt werden.
Maßregeln der Besserung und Sicherung	• Bei freiheitsentziehenden Maßregeln der Besserung und Sicherung ist in jedem Einzelfall möglichst frühzeitig zu prüfen, ob von der Vollstreckung abgesehen werden kann, da Besserungs- und Sicherungsinteressen dem Heimatstaat des Verurteilten überlassen werden können. Bei untergebrachten Personen, die für die Allgemeinheit gefährlich sind, kommt ein Absehen von der Vollstreckung nur in Betracht, wenn deren Sicherung im Ausland gewährleistet erscheint.
verfahrensrechtliche Besonderheiten	• Die Vollstreckungsbehörde prüft ... – ... bei **Einleitung** der Vollstreckung – ... vor dem **Halbstrafenzeitpunkt** und – ... vor dem **2/3-Zeitpunkt** ... – ... unabhängig von den genannten Zeitpunkten **bei Eingang der vollziehbaren Auslieferungs- oder Ausweisungsentscheidung** – ... **von Amts wegen**, ob von der Vollstreckung abgesehen wird. • Soll von der Vollstreckung abgesehen werden, ist die **Zustimmung des LOStA** erforderlich. • Die **Zustimmung des Generalstaatsanwalts** ist erforderlich, wenn ... – ... von der Vollstreckung einer **lebenslangen Freiheitsstrafe** abgesehen werden soll. – ... ein Fall **nicht geringfügiger politischer Bedeutung** vorliegt. – ... der **Verurteilte** der Abschiebung oder dem Absehen von der Vollstreckung **widerspricht**. – ... es aus **sonstigen Gründen** geboten erscheint. • In der Regel soll ein **Vollstreckungshaftbefehl** beantragt werden. • Die **Regelungen** – über das **Absehen von der Vollstreckung** – für die Vollstreckungshilfe nach § **71 IRG** – über die Möglichkeiten der Überstellung nach dem Übereinkommen vom 21.3.1983 über die **Überstellung verurteilter Personen** stehen **rechtlich selbständig** nebeneinander.

	Sind sowohl die Voraussetzungen des § 456a StPO als auch die der Vollstreckungshilfe gegeben, gibt die Vollstreckungsbehörde der jeweils **am schnellsten** zu verwirklichenden Maßnahme den Vorzug.	
	Niedersachsen[862]	**429**
zeitige Freiheitsstrafe	• **in der Regel** zum Halbstrafenzeitpunkt • **ausnahmsweise** kann bereits **vor der Verbüßung der Hälfte** einer zeitigen Freiheitsstrafe von der Vollstreckung abgesehen werden, wenn die bisherige Freiheitsentziehung in dem Verfahren bei anschließender Auslieferung oder Ausweisung zur Einwirkung auf den Verurteilten ausreichend erscheint. Dies gilt namentlich, wenn ... – ... bei Fortsetzung der Vollstreckung mit bedingter Entlassung zum **Halbstrafenzeitpunkt** zu rechnen wäre oder – ... die **Freiheitsstrafe zur Bewährung ausgesetzt war** und der Bewährungswiderruf allein auf der Verletzung von Auflagen und Weisungen oder einer neuen Straftat beruht, die nicht zu Verhängung einer Freiheitsstrafe geführt hat. • eine **über den Halbstrafenzeitpunkt** hinausgehende Vollstreckung kommt nur dann in Betracht, wenn dies aus besonderen, in der Tat oder in der Person des Verurteilten liegenden Gründen geboten ist; die Gründe sind aktenkundig zu machen.	
lebenslange Freiheitsstrafe	• **in der Regel** nicht vor Verbüßung von **8 Jahren** • dagegen ist nach **Verbüßung von 12 Jahren** in jedem Falle zu prüfen, ob von der weiteren Vollstreckung abgesehen werden kann.	
Ersatzfreiheitsstrafe	• **keine** weiteren **Besonderheiten**	
Jugendstrafe	• **keine** weiteren **Besonderheiten**	
Maßregeln der Besserung und Sicherung	• Bei freiheitsentziehenden Maßregeln der Besserung und Sicherung ist stets zu prüfen, ob von der Vollziehung abgesehen werden kann, da Besserungs- und Sicherungsinteressen dem Heimatstaat des Verurteilten überlassen bleiben können.	
verfahrensrechtliche Besonderheiten	• Die Vollstreckungsbehörde prüft ... – ... bei **Einleitung** der Vollstreckung – ... vor dem **Halbstrafenzeitpunkt** und – ... vor dem **2/3-Zeitpunkt** ... – ... **auf Anregung** der Justiz- oder Maßregelvollzugsanstalt, ob von der Vollstreckung abgesehen wird.	

862 AV d. MdJ v. 5.8.1997 (4300 – 303.93), NdsRpfl 1997, 194 f.

	Die **Regelungen** – über das **Absehen von der Vollstreckung** – für die Vollstreckungshilfe nach **§ 71 IRG** – über die Möglichkeiten der Überstellung nach dem Übereinkommen vom 21. März 1983 über die **Überstellung verurteilter Personen** stehen **rechtlich selbständig** nebeneinander. Sind sowohl die Voraussetzungen des § 456a StPO als auch die der Vollstreckungshilfe gegeben, entscheidet die Vollstreckungsbehörde nach **pflichtgemäßem Ermessen**, welche Maßnahme in Betracht kommt.
430	**Nordrhein-Westfalen**[863]
zeitige Freiheitsstrafe	• **in der Regel** zum Halbstrafenzeitpunkt • **ausnahmsweise** vorher bzw. völliges **Absehen von der Vollstreckung**, wenn neben der Verurteilung eine im Verfahren erlittene Freiheitsentziehung, die Auslieferung oder Ausweisung zur Einwirkung auf den Verurteilten und zur Verteidigung der Rechtsordnung ausreichend erscheinen. Dabei ist auch eine im Heimatland zu erwartende weitere Bestrafung zu berücksichtigen. • eine **über den Halbstrafenzeitpunkt** hinausgehende Vollstreckung kommt nur in Betracht, wenn dies aus besonderen, in der Tat oder in der Person des Verurteilten liegenden Gründen oder zur Verteidigung der Rechtsordnung unabweisbar geboten ist.
lebenslange Freiheitsstrafe	• **in der Regel** nicht vor Verbüßung von **10 Jahren**
Ersatzfreiheitsstrafe	• **keine** weiteren **Besonderheiten**
Jugendstrafe	• für die Vollstreckung von Jugendstrafen gelten die Ausführungen zur zeitigen Freiheitsstrafe entsprechend; • zusätzlich ist zu prüfen, ob das Erziehungsziel bereits erreicht ist oder noch erreicht werden kann. • Bei Jugendstrafen von unbestimmter Dauer muss die Hälfte der Mindeststrafe, zumindest aber ein Jahr, verbüßt werden.
Maßregeln der Besserung und Sicherung	• **keine** weiteren **Besonderheiten**
verfahrensrechtliche Besonderheiten	• Die Vollstreckungsbehörde prüft ... – ... bei **Einleitung** der Vollstreckung – ... vor dem **Halbstrafenzeitpunkt** und – ... vor dem **2/3-Zeitpunkt**

863 RV d. JM v. 20.8.1985 (9174 – III A. 2) – unveröffentlicht –.

	– ... **von Amts wegen**, ob von der Vollstreckung abgesehen wird. • Soweit Vollstreckungshilfe nach § 71 IRG in Betracht kommt, hat diese Vorrang
	Rheinland-Pfalz[864]
zeitige Freiheitsstrafe	• **in der Regel** zum Halbstrafenzeitpunkt • **ausnahmsweise** vor diesem Zeitpunkt, wenn neben der Verurteilung eine im Verfahren erlittene Freiheitsentziehung, die Auslieferung oder Ausweisung zur Einwirkung auf den Verurteilten und zur Verteidigung der Rechtsordnung ausreichend erscheinen. Dies gilt insbesondere, wenn ... – ... Erkenntnisse vorliegen, dass der Verurteilte für die abgeurteilte Tat im **Ausland** eine **weitere, erhebliche Strafe** zu erwarten hat, – ... bei Fortsetzung der Vollstreckung mit bedingter Entlassung zum **Halbstrafenzeitpunkt** zu rechnen wäre oder – ... die **Freiheitsstrafe zur Bewährung ausgesetzt war** und der Bewährungswiderruf allein auf der Verletzung von Auflagen und Weisungen oder einer neuen Straftat beruht, die nicht zu Verhängung einer Freiheitsstrafe geführt hat. • ausnahmsweise soll über den **Halbstrafenzeitpunkt hinaus** vollstreckt werden, wenn eine nachhaltige Vollstreckung zur Verteidigung der Rechtsordnung oder aufgrund besonderer Umstände, die in der Tat oder der Person des Verurteilten liegen, geboten erscheint. In Betracht kommt dies insbesondere, wenn ... – ... unabhängig vom Gegenstand der Verurteilung Anhaltspunkte für eine Zugehörigkeit der verurteilten Person zur Organisierten Kriminalität oder zur schweren Betäubungsmittelkriminalität bestehen, – ... wegen ungünstiger Sozialprognose mit der vollständigen Verbüßung der Strafe zu rechnen ist, – ... der Verurteilung Verbrechen, erhebliche Sexual- oder Gewaltstraftaten oder sonstige schwere banden- oder gewerbsmäßig begangene Straftaten zugrunde liegen oder durch Straftaten ein besonders gravierender Schaden verursacht wurde, oder – bei Personen, die nach vorangegangener Abschiebung oder Ausweisung illegal in die Bundesrepublik Deutschland zurückgekehrt sind.
lebenslange Freiheitsstrafe	• **in der Regel** nicht vor Verbüßung von **15 Jahren** • **ausnahmsweise** bereits nach **14 Jahren**, wenn **keine besondere Schwere der Schuld** vorliegt. Dies kommt insbesondere in Betracht, wenn ...

431

864 Rundschreiben des Ministeriums der Justiz vom 23.4.2001 (4310-4-1), Justizblatt Rheinland-Pfalz 2001, 212 ff.

	– ... mit der **bedingten Entlassung gemäß § 57a StGB** zum Zeitpunkt der Verbüßung von 15 Jahren zu rechnen ist, – ... der **Gesundheitszustand** des Verurteilten schwerwiegend beeinträchtigt ist, vor allem wenn die medizinische Versorgung oder Pflege in der Justizvollzugsanstalt nur mit einem unverhältnismäßig hohen Aufwand erfolgen kann, oder – ... der Verurteilung eine **Konflikttat** zugrunde lag. • in Fällen, in denen eine **besondere Schwere der Schuld** vorliegt, darf frühestens ein Jahr vor einer bedingten Strafentlassung von der weiteren Vollstreckung abgesehen werden.
Ersatzfreiheitsstrafe	• **in der Regel** soll von der (weiteren) Vollstreckung abgesehen werden, im Falle der Ausweisungsverfügung jedoch nur, wenn die tatsächliche Ausreise in Kürze erfolgen soll.
Jugendstrafe	• **in der Regel** nach Verbüßung mind. **1/3 Strafe**, insbesondere, wenn bei Fortsetzung der Vollstreckung mit bedingter Entlassung gemäß § 88 JGG zu rechnen wäre. • **ausnahmsweise** vor diesem Zeitpunkt, wenn die in dem Verfahren erlittene Freiheitsentziehung oder die Auslieferung oder Ausweisung zur erzieherischen Einwirkung ausreichend erscheint, insbesondere, wenn ... – ... Erkenntnisse vorliegen, dass der Verurteilte für die abgeurteilte oder eine andere Tat **im Ausland eine weitere, erhebliche Strafe** zu erwarten hat, – ... bei Fortsetzung der Vollstreckung mit der **bedingten Entlassung zum Zeitpunkt** der Verbüßung von **einem Drittel** der Jugendstrafe zu rechnen wäre oder – ... die **Jugendstrafe zur Bewährung ausgesetzt war** und der Bewährungswiderruf allein auf der Verletzung von Auflagen und Weisungen oder einer neuen Straftat beruht, die nicht zu Verhängung einer Jugendstrafe geführt hat. • **über den 1/3-Zeitpunkt hinaus** soll nur vollstreckt werden, wenn wegen der schädlichen Neigungen des Verurteilten und im Hinblick auf dessen Entwicklung eine nachhaltige Vollstreckung geboten ist. • bei der Entscheidung ist jeweils zu berücksichtigen, ob das angestrebte Erziehungsziel bereits erreicht ist oder noch erreicht werden kann.
Maßregeln der Besserung und Sicherung	• Ob und zu welchem Zeitpunkt gemäß § 456a StPO von der (weiteren) Vollstreckung einer freiheitsentziehenden Maßregel der Besserung und Sicherung abgesehen werden kann, ist unter Abwägung aller maßgebenden Umständen des Einzelfalls zu prüfen. Dabei sind insbesondere die von einer untergebrachten Person ausgehende Gefahr für die Allgemeinheit und etwaige Möglichkeiten der Sicherung und Behandlung im Heimatstaat zu bedenken.

verfahrensrechtliche Besonderheiten	• Die Vollstreckungsbehörde prüft ... – ... bei **Einleitung** der Vollstreckung – ... vor Verbüßung der **Hälfte** einer **zeitigen Freiheitsstrafe** bzw. **1/3** einer **Jugendstrafe** – ... vor dem **2/3-Zeitpunkt** – ... unabhängig von den vorgenannten Zeitpunkten, sobald Kenntnis von einer vollziehbaren Auslieferungs- oder Ausweisungsverfügung erlangt wird, sowie – ... bei freiheitsentziehenden Maßregeln der Besserung und Sicherung auch vor Ablauf der Fristen gemäß § 67e II bis IV StGB, – ... **von Amts wegen**, ob von der Vollstreckung abgesehen wird. • Die **Zustimmung des Justizministeriums** ist erforderlich, wenn bei lebenslanger Freiheitsstrafe entgegen dem Regelzeitpunkt – 15 Jahre – von der weiteren Vollstreckung (nicht) abgesehen werden soll. • In der Regel soll ein **Vollstreckungshaftbefehl** beantragt werden. • Die **Regelungen** – über das **Absehen von der Vollstreckung** – für die Vollstreckungshilfe nach **§ 71 IRG** – über die Möglichkeiten der Überstellung nach dem Übereinkommen vom 21. März 1983 über die **Überstellung verurteilter Personen** stehen **rechtlich selbständig** nebeneinander.
	Saarland[865] 432
zeitige Freiheitsstrafe	• **in der Regel** zum Halbstrafenzeitpunkt; insbesondere, wenn ... – ... bei Fortsetzung der Vollstreckung mit bedingter Entlassung zum **2/3-Zeitpunkt** zu rechnen wäre, – ... der Verurteilung ein **weniger gewichtiger Verstoß** gegen die Strafgesetze zugrunde liegt. • von der Vollstreckung **kann** bereits bei **Einleitung der Vollstreckung**, nach Verbüßung **eines Drittels** oder **vor Verbüßung der Hälfte** abgesehen werden, insbesondere wenn anrechenbare Untersuchungshaft vollzogen worden ist und/oder die Tatsache der Verurteilung und die Auslieferung oder Ausweisung als solche zur Einwirkung auf den Verurteilten, zur Erfüllung der Strafzwecke und zur Verteidigung der Rechtsordnung ausreichend erscheinen. Dies gilt insbesondere, wenn ... – ... Ersatzfreiheitsstrafe vollstreckt wird oder – bei Fortsetzung der Vollstreckung mit einer Entlassung zum Halbstrafenzeitpunkt zu rechnen wäre.

865 AV des MdJ Nr. 1/1995 v. 6.1.1995 (4300 – 27) – unveröffentlicht –.

	• ausnahmsweise soll über den **Halbstrafenzeitpunkt hinaus** vollstreckt werden, wenn aus **besonderen**, in der Tat oder der Person des Verurteilten liegenden **Gründen** eine nachhaltige Vollstreckung geboten ist. Dies gilt insbesondere, wenn der Verurteilte dem Bereich der **Schwerkriminalität** zuzurechnen ist.
lebenslange Freiheitsstrafe	• **in der Regel** nicht vor Verbüßung von **13 Jahren** • ausnahmsweise vor diesem Zeitpunkt, insbesondere wenn ... – ... der Verurteilung eine **Konflikttat** zugrunde lag oder – ... der **Gesundheitszustand** des Verurteilten schwerwiegend beeinträchtigt ist, insbesondere, wenn die medizinische Versorgung und Pflege im Strafvollzug einen unverhältnismäßigen Aufwand erfordern würde.
Ersatzfreiheitsstrafe	• vgl. zeitige Freiheitsstrafe
Jugendstrafe	• **keine** weiteren **Besonderheiten**
Maßregeln der Besserung und Sicherung	• **keine** weiteren **Besonderheiten**
verfahrensrechtliche Besonderheiten	• Die Vollstreckungsbehörde prüft ... – ... bei **Einleitung** der Vollstreckung – ... vor dem **1/3-Zeitpunkt** ... – ... vor dem **Halbstrafenzeitpunkt** und – ... vor dem **2/3-Zeitpunkt** – ... **von Amts wegen**, ob von der Vollstreckung abgesehen wird. • Soll von der Vollstreckung einer lebenslangen Freiheitsstrafe abgesehen werden, ... – ... bedarf dies der **Zustimmung des Generalstaatsanwalts** – ... ist dem **Justizminister** vorab zu **berichten**. • Die **Regelungen** – über das **Absehen von der Vollstreckung** – für die Vollstreckungshilfe nach § **71 IRG** – über die Möglichkeiten der Überstellung nach dem Übereinkommen vom 21. März 1983 über die **Überstellung verurteilter Personen** stehen **rechtlich selbständig** nebeneinander. Sind sowohl die Voraussetzungen des § 456a StPO als auch die der Vollstreckungshilfe gegeben, entscheidet die Vollstreckungsbehörde nach **pflichtgemäßem Ermessen**, welche Maßnahme in Betracht kommt.

433

	Sachsen[866]
zeitige Freiheitsstrafe	• **in der Regel** zum Halbstrafenzeitpunkt • **ausnahmsweise** kann von der Vollstreckung **ganz oder vor Verbüßung der Hälfte** abgesehen werden, wenn neben der Verurteilung eine in dem Verfahren erlittene Freiheitsentziehung oder die Auslieferung oder Ausweisung selbst zur Einwirkung auf den Verurteilten und zur Verteidigung der Rechtsordnung ausreichend erscheinen. Dabei ist auch zu berücksichtigen, ob der Verurteilte für die abgeurteilte oder für eine andere Tat im Ausland eine weitere Strafe zu erwarten hat. Ein Absehen von der Vollstreckung vor Verbüßung der Hälfte kommt insbesondere in Betracht, wenn ... – ... bei Fortsetzung der Vollstreckung mit bedingter Entlassung zum **Halbstrafenzeitpunkt** zu rechnen wäre oder – ... die **Freiheitsstrafe zur Bewährung ausgesetzt war** und der Bewährungswiderruf allein auf der Verletzung von Auflagen und Weisungen oder einer neuen Straftat beruht, die nicht zu Verhängung einer Freiheitsstrafe geführt hat. • ausnahmsweise soll über den **Halbstrafenzeitpunkt hinaus** vollstreckt werden, wenn aus **besonderen**, in der Tat oder der Person des Verurteilten liegenden **Gründen** oder zur Verteidigung der Rechtsordnung eine nachhaltige Vollstreckung geboten ist. In diesen Fällen kann jedoch nach Verbüßung zum Zwei-Drittel-Zeitpunkt von der weiteren Vollstreckung abgesehen werden.
lebenslange Freiheitsstrafe	• **in der Regel** nicht vor Verbüßung von **15 Jahren** • **ausnahmsweise** vor diesem Zeitpunkt, insbesondere ... – ... wenn der Verurteilung eine **Konflikttat** zugrunde lag – ... der **Gesundheitszustand** des Verurteilten schwerwiegend beeinträchtigt ist oder – ... nicht sicher ist, dass eine vollziehbare **Ausweisungsverfügung** auch zu einem späteren Zeitpunkt **durchgesetzt** werden kann.
Ersatzfreiheitsstrafe	• **in der Regel** soll von der Vollstreckung abgesehen werden, im Falle der Ausweisungsverfügung jedoch nur, wenn die tatsächliche Ausreise demnächst erfolgen soll.
Jugendstrafe	• **keine** weiteren **Besonderheiten**
Maßregeln der Besserung und Sicherung	• Bei freiheitsentziehenden Maßregeln der Besserung und Sicherung ist in jedem Einzelfall möglichst frühzeitig zu prüfen, ob von der Vollstreckung abgesehen werden kann.

866 Verwaltungsvorschrift des Sächsischen Staatsministeriums der Justiz vom 25.4.1996, JMBl. 1996, 69 f.

verfahrensrechtliche Besonderheiten	• Das Absehen von der Vollstreckung einer lebenslangen Freiheitsstrafe bedarf der **Zustimmung des Generalstaatsanwalts**, wenn die Mindestverbüßungszeit von 15 Jahren noch nicht erreicht ist. • In „geeigneten Fällen“ kann ein **Vollstreckungshaftbefehl** beantragt werden. • Die **Regelungen** – über das **Absehen von der Vollstreckung** – für die Vollstreckungshilfe nach **§ 71 IRG** – über die Möglichkeiten der Überstellung nach dem Übereinkommen vom 21. März 1983 über die **Überstellung verurteilter Personen** stehen **rechtlich selbständig** nebeneinander.
434	**Sachsen-Anhalt**[867]
zeitige Freiheitsstrafe	• **in der Regel** zum Halbstrafenzeitpunkt • **ausnahmsweise** vor, in weniger schwer wiegenden Fällen auch wesentlich **vor diesem Zeitpunkt**, wenn die im Verfahren bereits erlittene Freiheitsentziehung und insbesondere die Auslieferung oder Ausweisung als solche zur Einwirkung auf den Verurteilten und zur Verteidigung der Rechtsordnung ausreichend erscheinen. Dies gilt insbesondere, wenn ... – ... Erkenntnisse vorliegen, dass der Verurteilte für die abgeurteilte oder eine andere Tat **im Ausland eine weitere, erhebliche Strafe** zu erwarten hat, – ... bei Fortsetzung der Vollstreckung mit bedingter Entlassung zum **Halbstrafenzeitpunkt** zu rechnen wäre oder – ... die **Freiheitsstrafe zur Bewährung ausgesetzt war** und der Bewährungswiderruf allein auf der Verletzung von Auflagen und Weisungen oder einer neuen Straftat beruht. • ausnahmsweise soll über den **Halbstrafenzeitpunkt hinaus** vollstreckt werden, wenn aus **besonderen**, in der Tat oder der Person des Verurteilten liegenden **Gründen** oder zur Verteidigung der Rechtsordnung eine längere Vollstreckung geboten ist. Ist in solchen Fällen mit der bedingten Entlassung zum Zwei-Drittel-Zeitpunkt zu rechnen, soll so rechtzeitig von der Vollstreckung abgesehen werden, dass zuvor die Abschiebung erfolgen kann.
lebenslange Freiheitsstrafe	• **in der Regel** nicht vor Verbüßung von **15 Jahren** • ausnahmsweise vor diesem Zeitpunkt, insbesondere, wenn ... – ... der **Gesundheitszustand** des Verurteilten schwer beeinträchtigt ist,

867 AV des MdJ vom 23.3.2000 (4300 – 207.15) – unveröffentlicht –.

	– ... Anhaltspunkte vorliegen, dass eine vollziehbare **Ausweisungsverfügung** zu einem späteren Zeitpunkt **nicht** mehr **durchgesetzt werden** kann oder – ... mit einer bedingten Entlassung gemäß § 57a StGB zu rechnen ist.
Ersatzfreiheitsstrafe	• **in der Regel** soll von der Vollstreckung abgesehen werden, im Falle der Ausweisungsverfügung jedoch nur, wenn die tatsächliche Ausreise demnächst erfolgen soll.
Jugendstrafe	• **in der Regel** nach Verbüßung von **1/3 der Strafe**, insbesondere, wenn bei Fortsetzung der Vollstreckung mit bedingter Entlassung gemäß § 88 JGG zu rechnen wäre. • **ausnahmsweise** vor diesem Zeitpunkt, wenn die in dem Verfahren erlittene Freiheitsentziehung oder die Auslieferung oder Ausweisung zur erzieherischen Einwirkung ausreichend erscheint, insbesondere, wenn ... – ... Erkenntnisse vorliegen, dass der Verurteilte für die abgeurteilte oder eine andere Tat **im Ausland eine weitere, erhebliche Strafe** zu erwarten hat, – ... bei Fortsetzung der Vollstreckung mit der **bedingten Entlassung zum Zeitpunkt** der Verbüßung von **einem Drittel** der Jugendstrafe zu rechnen wäre oder – ... die **Jugendstrafe zur Bewährung ausgesetzt war** und der Bewährungswiderruf allein auf der Verletzung von Auflagen und Weisungen oder einer neuen Straftat beruht, die nicht zu Verhängung einer Jugendstrafe geführt hat. • bei der Entscheidung ist stets zu berücksichtigen, ob das angestrebte Erziehungsziel bereits erreicht ist oder noch erreicht werden kann.
Maßregeln der Besserung und Sicherung	• Bei freiheitsentziehenden Maßregeln der Besserung und Sicherung ist in jedem Einzelfall zu prüfen, ob von vornherein oder zu einem frühen Zeitpunkt von der (weiteren) Vollstreckung abgesehen werden kann, da Besserungs- und Sicherungsinteressen dem Heimatstaat des Verurteilten überlassen werden können. Bei untergebrachten Personen, die für die Allgemeinheit gefährlich sind, kommt ein Absehen von der Vollstreckung nur in Betracht, wenn ausreichende Vorsorge für deren Sicherung oder Behandlung im Ausland getroffen worden ist.
verfahrensrechtliche Besonderheiten	• Die Vollstreckungsbehörde prüft ... – ... bei **Einleitung** der Vollstreckung – ... vor dem **Halbstrafenzeitpunkt** und – ... vor dem **2/3-Zeitpunkt** – ... **von Amts wegen**, ob von der Vollstreckung abgesehen wird. • Die Vollstreckungsbehörde kann einen **Vollstreckungshaftbefehl** beantragen.

	• Wird ein Antrag auf Absehen von der Vollstreckung abgelehnt, sind die maßgebenden **Ermessensgesichtspunkte im Bescheid** darzulegen. • Soll von der Vollstreckung einer lebenslänglichen Freiheitsstrafe vor Verbüßung von 15 Jahren abgesehen werden, bedarf die Entscheidung der **Zustimmung des Justizministeriums**. • Die **Regelungen** – über das **Absehen von der Vollstreckung** – für die Vollstreckungshilfe nach **§ 71 IRG** – über die Möglichkeiten der Überstellung nach dem Übereinkommen vom 21. März 1983 über die **Überstellung verurteilter Personen** stehen **rechtlich selbständig** nebeneinander. Sind sowohl die Voraussetzungen des § 456a StPO als auch die der Vollstreckungshilfe gegeben, entscheidet die Vollstreckungsbehörde nach **pflichtgemäßem Ermessen**, welche Maßnahme in Betracht kommt.

435

	Schleswig-Holstein[868]
zeitige Freiheitsstrafe	**Einzelfallprüfung** im Hinblick auf die Schwere der Tat und/oder die Gefährlichkeit des Verurteilten; insbesondere zu berücksichtigen sind die bisherigen Wirkungen des Strafverfahrens.
lebenslange Freiheitsstrafe	
Ersatzfreiheitsstrafe	
Jugendstrafe	
Maßregeln der Besserung und Sicherung	
verfahrensrechtliche Besonderheiten	• Der Staatsanwalt prüft ... – ... bei **Einleitung** der Vollstreckung – ... vor Verbüßung **eines Drittels** der Strafe bzw. Maßregel – ... vor Verbüßung **der Hälfte** der Strafe bzw. Maßregel und – ... vor Verbüßung von **zwei Dritteln** der Strafe bzw. Maßregel **von Amts wegen**, ob von der Vollstreckung abgesehen wird. • Die **Regelungen** – über das **Absehen von der Vollstreckung** – für die Vollstreckungshilfe nach **§ 71 IRG** – über die Möglichkeiten der Überstellung nach dem Übereinkommen vom 21. März 1983 über die **Überstellung verurteilter Personen** stehen **rechtlich selbständig** nebeneinander.

868 Rundverfügung des Generalstaatsanwalts vom 25.2.1994 StPO (472 – 45); SchlHA 1994, 85.

	Sind sowohl die Voraussetzungen des § 456a StPO als auch die der Vollstreckungshilfe gegeben, entscheidet die Vollstreckungsbehörde nach **pflichtgemäßem Ermessen**, welche Maßnahme in Betracht kommt.
	Thüringen[869] 436
zeitige Freiheitsstrafe	• **in der Regel** zum Halbstrafenzeitpunkt; insbesondere, wenn ... – ... bei Fortsetzung der Vollstreckung mit bedingter Entlassung zum **2/3-Zeitpunkt** zu rechnen wäre, – ... der Verurteilung ein **weniger gewichtiger Verstoß** gegen die Strafgesetze zugrunde liegt. • **ausnahmsweise** kann bereits **vor der Verbüßung der Hälfte** einer zeitigen Freiheitsstrafe von der (weiteren) Vollstreckung abgesehen werden, wenn die in dem Verfahren erlittene Freiheitsentziehung und insbesondere die Auslieferung oder Ausweisung als solche zur Einwirkung auf den Verurteilten und zur Verteidigung der Rechtsordnung ausreichend erscheinen. Dies gilt insbesondere, wenn ... – ... bei Fortsetzung der Vollstreckung mit bedingter Entlassung zum **Halbstrafenzeitpunkt** zu rechnen wäre oder – ... die **Freiheitsstrafe zur Bewährung ausgesetzt war** und der Bewährungswiderruf allein auf der Verletzung von Auflagen und Weisungen oder einer neuen Straftat beruht, die nicht zu Verhängung einer Freiheitsstrafe geführt hat. • ausnahmsweise soll über den **Halbstrafenzeitpunkt** hinaus vollstreckt werden, wenn aus **besonderen**, in der Tat oder der Person des Verurteilten liegenden **Gründen** oder zur Verteidigung der Rechtsordnung eine nachhaltige Vollstreckung geboten ist. Dies gilt insbesondere, – ... bei **Tötungsdelikten**, – ... wenn der Verurteilte dem Bereich der **Organisierten Kriminalität** bzw. der schweren **Betäubungsmittelkriminalität** zuzurechnen ist, – ... wenn der Verurteilte aufgrund **ungünstiger Sozialprognose** mit der vollständigen Verbüßung der Strafe rechnen muss; bei guter Führung im Vollzug kann jedoch von der weiteren Vollstreckung zum 2/3-Zeitpunkt abgesehen werden, – ... bei **Rohheitsdelikten**, d.h. solchen Straftaten, die sich gegen Personen richten und in denen eine besonders rohe und rücksichtslose Gesinnung zum Ausdruck kommt, – ... bei **gewerbs- und bandenmäßiger Begehungsweise** oder wenn **ein besonders hoher Schaden** verursacht worden ist.

869 Verwaltungsvorschrift des Thüringer Ministeriums für Justiz und Europaangelegenheiten vom 4.5.1995 (4300-1/92), JMBl. 1995, 31 ff.

lebenslange Freiheitsstrafe	• **in der Regel** nicht vor Verbüßung von **15 Jahren** • ausnahmsweise vor diesem Zeitpunkt, insbesondere wenn ... – ... der Verurteilung eine **Konflikttat** zugrunde lag oder – ... der **Gesundheitszustand** des Verurteilten schwerwiegend beeinträchtigt ist, insbesondere wenn die medizinische Versorgung und Pflege im Strafvollzug einen unverhältnismäßigen Aufwand erfordern würde.
Ersatzfreiheitsstrafe	• **keine** weiteren **Besonderheiten**
Jugendstrafe	• **keine** weiteren **Besonderheiten**
Maßregeln der Besserung und Sicherung	• Bei freiheitsentziehenden Maßregeln der Besserung und Sicherung ist in jedem Einzelfall von Amts wegen zu prüfen, ob von vornherein gemäß § 456a StPO von der Vollstreckung abgesehen werden kann, wenn Besserungs- und Sicherungsinteressen dem Heimatstaat des Verurteilten überlassen bleiben können.
verfahrensrechtliche Besonderheiten	• Die Vollstreckungsbehörde prüft ... – ... bei **Einleitung** der Vollstreckung – ... vor dem **Halbstrafenzeitpunkt** und – ... vor dem **2/3-Zeitpunkt** – ... **von Amts wegen**, ob von der Vollstreckung abgesehen wird. • Wird ein Antrag auf Absehen von der Vollstreckung abgelehnt, sind die maßgebenden **Ermessensgesichtspunkte im Bescheid** darzulegen. • Soll von der Vollstreckung abgesehen werden, ist die **Zustimmung des LOStA** erforderlich. • Soll von der Vollstreckung einer lebenslänglichen Freiheitsstrafe vor Verbüßung von 15 Jahren abgesehen werden, bedarf die Entscheidung der **Zustimmung des Justizministeriums**. • Die **Regelungen** – über das **Absehen von der Vollstreckung** – für die Vollstreckungshilfe nach **§ 71 IRG** – über die Möglichkeiten der Überstellung nach dem Übereinkommen vom 21. März 1983 über die **Überstellung verurteilter Personen** stehen **rechtlich selbständig** nebeneinander. Sind sowohl die Voraussetzungen des § 456a StPO als auch die der Vollstreckungshilfe gegeben, entscheidet die Vollstreckungsbehörde nach **pflichtgemäßem Ermessen**, welche Maßnahme in Betracht kommt.

Übersicht: 437

Die nachfolgend abgedruckte Tabelle enthält die aktuellen Rechtshilfebeziehungen der Bundesrepublik Deutschland im Bereich der Vollstreckungshilfe; Vorbehalte, die die Anwendung einschränken können, sind den angegebenen Fundstellen (BGBl. II) zu entnehmen, welche im Volltext auch auf der Homepage www.verteidigung-von-auslaendern.de abgelegt sind.

Vollstreckungshilfe

Vertragsstaat	ÜberstÜbK	ZP ÜberstÜbK	Art. 67 ff. SDÜ	EG Vollstr ÜbK
Albanien	01, 751			
Andorra	01, 751			
Armenien	01, 1227			
Aserbaidschan	01, 752			
Australien	02, 2854			
Bahamas	92, 1049			
Belgien	92, 98		96, 242	
Bulgarien	95, 39			
Chile	99, 58			
Costa Rica	98, 1622			
Dänemark	92, 98	1.1.2002	00, 1108 02, 627	
Deutschland	91, 1006; 92, 98 BGBl. I 91, 1954	02, 2866, 2867 **noch nicht hinterlegt**	93, 1010; 96, 243; 02, 627; BGBl. I 97, 1606	97, 1350 98, 896
Estland	97, 1677	1.6.2000		
Finnland	92, 98	1.8.2001	00, 1112 02, 627	
Frankreich	92, 98 01, 753		96, 248	
Georgien	98, 1622	1.8.2000		
Griechenland	92, 98		96, 2543 98, 1968, 2951	
Irland	96, 467			
Island	94, 385	1.9.2000	00, 1120 02, 628	
Israel	98, 2952			
Italien	92, 98		93, 1904 98, 1969	

Vertragsstaat	ÜberstÜbK	ZP ÜberstÜbK	Art. 67 ff. SDÜ	EG Vollstr ÜbK
Japan	03, 560			
Kanada	92, 98			
Kroatien	95, 397			
Lettland	97, 1810			
Liechtenstein	98, 1623	1.11.2003		
Litauen	96, 2652	1.5.2001		
Luxemburg	92, 98	1.11.2003	96, 249	
Malta	92, 98			
Mazedonien	00, 785	1.6.2001		
Niederlande	92, 98 96, 1456	1.10.2002	96, 249	98, 896
Norwegen	93, 696	1.1.2001	00, 1120 02, 628	
Österreich	92, 98	1.4.2001	98, 1969	
Panama	99, 964 01, 753			
Polen	95, 528	1.6.2000		
Portugal	94, 385		96, 258	
Rumänien	98, 1622	1.4.2002		
Schweden	92, 98 01, 753	1.3.2001	00, 1116 02, 627	
Schweiz	92, 98			
Serbien und Montenegro	1.8.2002	1.1.2003		
Slowakei	93, 696 96, 468			
Slowenien	94, 385			
Spanien	92, 98		96, 258	
Thailand	96, 1220[870]			
Tonga	01, 751			
Trinidad und Tobago	94, 663			
Tschechien	93, 696	1.2.2003		
Türkei	92, 98			

870 Bilateraler Vertrag.

Vertragsstaat	ÜberstÜbK	ZP ÜberstÜbK	Art. 67 ff. SDÜ	EG Vollstr ÜbK
Ukraine	96, 468	1.9.2003		
Ungarn	94, 385	1.9.2001		
Venezuela		1.10.2003		
Vereinigte Staaten	92, 98 98, 1624			
Vereinigtes Königreich	92, 98 02, 2854			
Zypern	92, 98 01, 1227	1.10.01		

II. Verteidigung im Strafvollzug

Gemessen am Anteil der Wohnbevölkerung sind Ausländer im deutschen Strafvollzug stark überrepräsentativ vertreten; hält man sich vor Augen, dass der Ausländeranteil in deutschen Justizvollzugsanstalten 24,6%[871] beträgt, wird schnell deutlich, dass Ausländer auch im Strafvollzug erheblichen Beratungs- und Verteidigungsbedarf haben. Abgesehen von den alltäglichen Problemen, denen ausländische Gefangene ausgesetzt werden, gilt es auch im Strafvollzug eine Verteidigungsstrategie zu erarbeiten, die geeignet ist, die effektive Haftzeit zu verkürzen. **438**

A. Zur allgemeinen Situation ausländischer Gefangener

Die Lebenssituation eines Strafgefangenen beinhaltet – über den bloßen Freiheitsentzug hinaus – zahlreiche Nachteile, die durch die Vollzugsgestaltung nur unvollständig kompensiert werden können; dies gilt in besonderem Maße für ausländische Gefangene, die mit zusätzlichen Einschränkungen rechnen müssen. Die vorhandene Sprachbarriere, fehlende Besuche, die restriktive Gewährung von Vollzugslockerungen und die häufig empfundene Diskriminierung stellen nur einige Punkte dar, die den Vollzugsalltag des ausländischen Gefangenen schwieriger gestalten können als bei Inhaftierten deutscher Staatsangehörigkeit. **439**

Hinzu kommt die drohende Ausweisung, die insbesondere bei „ausländischen Inländern" einer „sozialen Hinrichtung"[872] gleichkommen kann. Insoweit gerät der Gefangene oft in einen „Teufelskreislauf", der, wenn überhaupt, nur schwer durchbrochen werden kann. Droht die Ausweisung, wird der Ausländer – in der Regel – von Vollzugslockerungen ausgeschlossen. Da eine positive Sozialprognose oft die

871 *Feest-Baumann/Feest* StVollzG, Exkurs II vor § 5 Rn. 1.
872 Vgl. *Schober* Gerechte u. menschliche Behandlung straffälliger junger Ausländer, ZfStrVo 1984, 299, 301.

Gewährung vorheriger Lockerungen voraussetzt, sinkt zugleich die Chance auf die bedingte Entlassung, wodurch die Gefahr der Ausweisung (weiter) steigt. Anders als der deutsche Gefangene, der – in der Regel – mit Rechtskraft des Urteils „Planungssicherheit“ gewinnt, befindet sich der ausländische Gefangene somit den gesamten Strafvollzug über in einer Art „Schwebezustand“[873]. Dieser führt oft zu Verhaltensunsicherheiten, fehlender Motivation und Zukunftsängsten, die das Erreichen des Vollzugszieles zusätzlich erschweren. Ohne fachkundigen Beistand eines Verteidigers gelingt es nur den wenigsten Ausländern, diesen Teufelskreislauf zu durchbrechen.

Begründet die Ausweisung ausnahmsweise keine zusätzliche Belastung, handelt es sich in der Regel um Ausländer, die zum hiesigen Kulturkreis allenfalls geringe Bindungen haben; insbesondere „reisende Straftäter“ – z.B. Drogenkuriere – sind in der Regel an der schnellstmöglichen Rückkehr in ihr Heimatland interessiert. Diese Gefangenen beherrschen nur selten die deutsche Sprache und sind aufgrund des vorhandenen Sprachdefizits und des abweichenden Rechtsverständnisses nicht selten völlig desorientiert. Hier gilt es in erster Linie, die Rechte des Gefangenen aufzuzeigen und die besonderen Möglichkeiten der Strafvollstreckung auszuschöpfen.

1. Besuchs-, Schrift- und Telefonverkehr

440 Da ausländische Gefangene in der Regel von Vollzugslockerungen ausgeschlossen sind, stellen der Besuchs-, Schrift- oder Telefonverkehr oft den einzigen Kontakt zur Außenwelt dar; in diesen Fällen gilt es also, die Kommunikationsmöglichkeiten des Gefangenen unter Hinweis auf die „Empfehlungen des Europarates[874]“ auszuweiten.

a) Die Erteilung einer Telefonerlaubnis sollte ebenso selbstverständlich sein, wie die Ausweitung der Besuchszeiten[875]. Auch insoweit gilt, dass die Erteilung der Erlaubnis nicht von der vorherigen Erstattung notwendiger Dolmetscherkosten abhängig gemacht werden darf; ebenso wenig darf der Gefangene im Anschluss an seine Haftentlassung mit den entstandenen Dolmetscherkosten belastet werden[876].

☞ Wird eine Telefonerlaubnis erteilt, ist auf die bundeseinheitlichen Verwaltungsvorschriften § 32 StVollzG zu verweisen, wonach die Kosten der Gefangene zu tragen hat; ist die Anwahl sog. „Billig-Nummern“ – wie so oft – aus technischen Gründen ausgeschlossen, können z.T. erhebliche Kosten entstehen, so dass zu prüfen bleibt, ob ein in den Verwaltungsvorschriften genannter Ausnahmefall vorliegt, wonach die Justizvollzugsanstalt die Kosten zu übernehmen hat.

---

873 Vgl. *Bukowski* Benachteiligung im Jugendstrafvollzug, ZfStrVo 1996, 225, 229.

874 Vgl. Empfehlungen des Europarates über die ausländischen Gefangenen, ZfStrVo 1985, 92, 94; Nr. 13 lautet: „Jene ausländische Gefangenen, die normalerweise nicht in den Genuss der für einheimische Gefangene üblichen Erleichterungen kommen und deren Haftbedingungen allgemein erschwert sind, sollten derart behandelt werden, dass diese Nachteile so weit als möglich ausgeglichen werden.“

875 Vgl. auch Nr. 23 Empfehlungen des Europarates über die ausländischen Gefangenen, ZfStrVo 1985, 92, 94; vgl. *OLG Koblenz* NStZ 1993, 58.

876 Vgl. *OLG Düsseldorf* MDR 1991, 1079; vgl. auch Rn. 294 ff.

b) Wenn in § 31 I Nr. 6 StVollzG geregelt ist, dass Schreiben durch die Anstaltsleitung angehalten werden können, sofern sie „ohne zwingenden Grund" in einer fremden Sprache abgefasst sind, wird der Schriftverkehr sprachunkundiger Ausländer davon nicht erfasst[877]; ob dem Gefangenen auferlegt werden darf, seinen Briefwechsel in deutscher Sprache zu führen, wenn sowohl er als auch der Empfänger die deutsche Sprache beherrscht, ist umstritten. Während die wohl h.M.[878] davon ausgeht, dass eine entsprechende Einschränkung zulässig ist, wird die Anstaltsleitung von einer anderen Ansicht[879] auf eine bloße Missbrauchskontrolle verwiesen[880]. Die letztgenannte Meinung erscheint vorzugswürdig, da das Recht in seiner Muttersprache zu korrespondieren, ein Teil der persönlichen Kommunikation darstellt und daher geeignet ist, die erschwerten Haftbedingungen, denen ausländische Gefangene ausgesetzt sind, auszugleichen.

2. Literatur

§ 67 StVollzG gewährt dem Gefangenen das Recht, eine Bücherei zu benutzen; **441** mangels fremdsprachiger Literatur läuft dieses Recht jedoch in den meisten Fällen leer. Da der sprachunkundige Ausländer auch aus dem Gemeinschaftsfernsehen und Gemeinschaftsrundfunkprogramm keinerlei Nutzen ziehen kann, wird er nicht nur in seinen Rechten aus § 67 StVollzG, sondern auch in den aus Art. 5 GG garantierten Informationsrechten beschnitten[881].

Insoweit sollte das Gespräch mit der Anstaltsleitung gesucht werden; daneben ist ☞ der ausländische Mandant auf die Möglichkeit der Zusendung ausländischer Zeitungen und Zeitschriften[882] und den Besitz eines Radiogerätes – sog. Weltempfänger – hinzuweisen.

3. Aus- und Weiterbildung

Ein besonderes Problem stellt die Aus- und Weiterbildung ausländischer Gefange- **442** ner dar; auch die Förderung von Schulungsmaßnahmen wird nicht selten unter Hinweis auf die drohende Ausweisung verwehrt. Nach der Durchführungsanweisung zu § 77.1.9 SGB III – so die Argumentation vieler Justizvollzugsanstalten – sei die Förderung einer beruflichen Bildungsmaßnahme nur möglich, wenn sichergestellt sei, dass nach der Maßnahme die objektive Möglichkeit der Arbeitsaufnahme auf dem allgemeinen Arbeitsmarkt der Bundesrepublik Deutschland bestehe; aus-

---

877 *Callies/Müller-Dietz* Strafvollzugsgesetz, § 31 Rn. 2; vgl. auch *OLG Karlsruhe* NStZ 1991, 509.

878 *Callies/Müller-Dietz* Strafvollzugsgesetz, § 31 Rn. 2; a.A. *Rüther* Strafverteidigung von Ausländern, Rn. 358 m.w.N.; *Feest-Joester/Wagner* StVollzG, § 31 Rn. 11.

879 *Rüther* Strafverteidigung von Ausländern, Rn. 358.

880 Vgl. auch Rn. 295.

881 *Feest-Baumann/Feest* StVollzG, Exkurs II vor § 5 Rn. 15; *Rüther* Strafverteidigung von Ausländern, Rn. 356.

882 Vgl. *OLG Celle* ZfStrVo 1986, 377.

ländische Gefangene, denen die Ausweisung drohe, seien daher für die Teilnahme an Fortbildungsmaßnahmen generell ungeeignet[883].

☞ Aufgrund des europäischen Integrationsprozesses werden Strafgefangene aus EU-Staaten zwischenzeitlich häufig auch im Fall einer drohenden Ausweisung zu Fort- und Weiterbildung zugelassen, da sie nach ihrer Abschiebung jedenfalls dem europäischen Arbeitsmarkt zur Verfügung stehen.

☞ Im Übrigen bleibt zu prüfen, ob der drohenden Ausweisung mit Erfolg entgegengetreten werden kann; kann durch die Teilnahme an der Fortbildungsmaßnahme eine positive Sozialprognose begründet und dadurch die drohende Ausweisung vermieden werden, läuft die Argumentation der Justizvollzugsanstalt ins Leere[884]. Daneben sollte auf die dazu ergangenen „Empfehlungen des Europarates"[885] und die einschlägige Rechtsprechung[886] verwiesen werden, wonach allein der Umstand, dass gegen den Gefangenen ein Ausweisungsverfahren anhängig ist, dessen Eignung (§ 38 I StVollzG) nicht in Frage stellt. So können z.B. Aus- und Fortbildung auch im Heimatland von großem Nutzen sein und somit die Integration des ausländischen Gefangenen – auch im Falle der Ausweisung – erheblich fördern[887].

4. Sprachkurse

443 Anders als die Aus- und Weiterbildung wird die Teilnahme an Deutschkursen in der Regel genehmigt; wird der Antrag ausnahmsweise abgelehnt, sollte auf den allgemeinen Wert entsprechender Sprachkenntnisse hingewiesen werden. Zunehmende Sprachkenntnisse ermöglichen die Teilnahme am Anstaltsleben, durchbrechen die Isolation des Gefangenen und erhöhen somit auch das psychische Wohlbefinden des Gefangenen[888]. Nicht zuletzt können im Falle der erfolgreichen Teilnahme Dolmetscherkosten eingespart werden.

5. Religionsausübung

444 **a)** Die Religionsausübung ist im sechsten Abschnitt des Strafvollzugsgesetzes (§§ 53 ff.) geregelt; die Vorschriften sollen den Erhalt der verfassungsrechtlich garantierten Glaubensfreiheit sicherstellen und die Einhaltung religiöser Vorschriften – z.B. das Fasten im moslemischen Ramadan – ermöglichen. Gleichwohl werden die Rechte des Gefangenen immer wieder eingeschränkt, so dass er auch insoweit eines fachkundigen Beistands bedarf.

---

883 Vgl. auch *Schmülling/Walter* Resozialisierung junger Straftäter unter den Bedingungen des Ausländerrechts, StV 1998, 313, 319.

884 *Feest-Baumann/Feest* StVollzG, Exkurs II vor § 5 Rn. 14.

885 Empfehlungen des Europarates über die ausländischen Gefangenen, ZfStrVo 1985, 92, 93.

886 *OLG Frankfurt* ZfStrVo 1981, 247.

887 Vgl. *Schmülling/Walter* aaO.

888 *Rüther* Strafverteidigung von Ausländern, Rn. 354; vgl. auch Empfehlungen des Europarates über die ausländischen Gefangenen, ZfStrVo 1985, 92, 93.

b) Insbesondere die Einhaltung bestimmter Speisevorschriften wird vielfach erschwert, da § 21 StVollzG – nach h.M.[889] – nur das Recht regele, sich mit den notwendigen Speisen selbst zu versorgen; gebe es für den Inhaftierten die Möglichkeit, seinen Nahrungsbedarf – unter Beachtung der Speisevorschriften – im Rahmen der Anstaltsverpflegung zu decken und den fehlenden Rest beim Anstaltseinkauf zu erwerben, dürfe die Justizvollzugsanstalt die Selbstversorgung durch externe Lieferanten ablehnen[890]. Eine Ausnahme gelte nur dann, sofern eine größere Gruppe einer bestimmten Glaubensgemeinschaft inhaftiert sei und daher die Zubereitung der Nahrung nicht außer Verhältnis zum entsprechenden Aufwand stünde[891].

Dieser Ansicht dürfte zu folgen sein, sofern der Nahrungsbedarf durch den Anstaltseinkauf gedeckt werden kann und dem Gefangenen keine sonstigen Nachteile entstehen; so sind z.B. finanzielle Nachteile, die der Gefangene beim Kauf von „Grundnahrungsmitteln" erleidet, bei der Berechnung des Taschen- oder Hausgeldes auszugleichen.

c) Das Recht des Gefangenen auf Teilnahme an religiösen Veranstaltungen seines Bekenntnisses stellt dagegen eine Mindestgarantie dar, die auch aus vollzugsorganisatorischen Gründen nicht in ihrem Wesensbestand angetastet werden darf[892].

6. Wohngruppenvollzug

Ausländische Gefangene befinden sich aufgrund fehlender in- und externer Kon- **445**
takte nicht selten in einer konfliktgeladenen „Isolationshaft"; zum Abbau dieser Isolation wird daher zu Recht der Wohngruppenvollzug, d.h. die Zusammenlegung mehrerer ausländischer Gefangener des gleichen Sprachraumes empfohlen[893]. In der Praxis werden jedoch entsprechende „Anregungen" zumeist unter Hinweis auf „organisatorische Zwänge" zurückgewiesen. In solchen Fällen sollte auch die Verlegung in eine andere Vollzugsanstalt (§ 8 StVollzG) in Erwägung gezogen werden[894].

7. Pfändungsschutz

Das Überbrückungsgeld (§ 51 StVollzG) soll den Lebensunterhalt des Gefange- **446**
nen unmittelbar nach seiner Entlassung sichern. Aus diesem Grunde ist der Anspruch auf Auszahlung des Überbrückungsgelds unpfändbar; Gleiches gilt – innerhalb der ersten vier Wochen nach der Entlassung – für das an den Gefangenen ausgezahlte Bargeld.

---

889 *OLG Hamm* ZfStrVo 1984, 174/175; *LG Straubing* ZfStrVo 1979, 124; *Callies/Müller-Dietz* Strafvollzugsgesetz, § 21 Rn. 5.

890 OLG Hamm aaO.; LG Straubing aaO.; Callies/Müller-Dietz aaO.

891 Vgl. *OLG Hamm* ZfStrVo 1984, 174, 175.

892 Vgl. *OLG Celle* ZfStrVo 1991, 247 m.w.N.

893 *Rüther* Strafverteidigung von Ausländern, Rn. 355 m.w.N; *Nährich* Zur Situation ausländischer Strafgefangener in deutschen Vollzugsanstalten, ZfStrVo 1975, 145, 151.

894 Vgl. Empfehlungen des Europarates über die ausländischen Gefangenen, ZfStrVo 1985, 92, 93.

☞ Somit kommt auch eine Pfändung zur Begleichung der voraussichtlichen Ausweisungskosten nicht in Betracht, so dass dem Ausländeramt der Zugriff auf das Überbrückungsgeld verwehrt bleibt.

8. Hausordnung

447 Viele ausländische Gefangene haben auch hinsichtlich der jeweiligen Hausordnung ein erhebliches Informationsdefizit; hier gilt es darauf hinzuwirken, dass dem Mandanten die Hausordnung in einer ihm verständlichen Sprache ausgehändigt wird (vgl. Rn. 296).

B. Vollzugslockerungen bei ausländischen Gefangenen

448 Obwohl die Unterbringung im offenen Vollzug die Regelvollzugsform darstellt, wird die gesetzgeberische Intention in der Praxis ins Gegenteil verkehrt. Angesichts fehlender Haftplätze und der zu strengen Anwendung von Sicherheitskriterien werden die Vorschriften des Strafvollzugsgesetzes faktisch außer Kraft gesetzt, so dass die Gewährung von Vollzugslockerungen für jeden Gefangenen eine erhebliche Vergünstigung darstellt; in besonderem Maße gilt dies für ausländische Gefangene, da die Gewährung von Vollzugslockerungen oft mit der Frage der Ausweisung verknüpft ist (vgl. oben Rn. 439). Droht die Ausweisung, werden Lockerungen nur in seltenen Ausnahmefällen bewilligt.

1. Allgemeines

449 **a)** Der Ausgangspunkt allen Übels sind die zum Strafvollzugsgesetz ergangenen Verwaltungsrichtlinien; obwohl diese nur den „Regelfall" normieren, werden sie von der Vollzugspraxis oft als zwingende Rechtssätze angesehen. Hier gilt es in erster Linie, den Rechtscharakter der Verwaltungsrichtlinien herauszustellen. Diese stellen kein „zwingendes Recht" dar, sondern dienen allein der Förderung einer einheitlichen Verwaltungspraxis[895]. Folglich ist der Behörde der Verzicht auf eine Ermessensausübung ebenso verwehrt, wie die lediglich pauschale Prüfung der Voraussetzungen[896]. Gleichwohl wird die erforderliche Einzelfallprüfung nur selten vorgenommen, so dass abweichende Entscheidungen fast immer erkämpft werden müssen. Dabei gilt es auch, einem weiteren weit verbreiteten Irrtum entgegenzutreten. Stellt der ausländische Gefangene einen Lockerungsantrag, wird zunächst die zuständige Ausländerbehörde angeschrieben und um Stellungnahme gebeten. Erklärt das Ausländeramt, dass es nunmehr ein Ausweisungsverfahren einleite, bleiben dem Gefangenen Vollzugslockerungen regelmäßig verwehrt. Hierbei wird

895 *LG Hamburg* StV 2001, 33, 34; *Feest-Baumann/Feest* StVollzG, Exkurs II vor § 5 Rn. 12.
896 *OLG Frankfurt* ZfStrVo 1981, 122, 123; *OLG Celle* ZfStrVo 1984, 251/252; *Feest-Baumann/Feest* StVollzG, Exkurs II vor § 5 Rn. 12.

jedoch fast immer übersehen, dass die Gewährung von Vollzugslockerungen nicht von der vorherigen „Zustimmung“ der Ausländerbehörde abhängig ist[897]. Für die diesbezügliche Entscheidung braucht verwaltungsintern kein „Einvernehmen“ hergestellt werden; nach der geänderten VV Nr. 1 II 2 bedürfen Ausnahmen nur noch des „Benehmens“ mit der zuständigen Ausländerbehörde[898].

b) Da Lockerungen regelmäßig erkämpft werden müssen, d.h. der „Weg durch die Instanzen“ erforderlich werden kann, empfiehlt es sich, möglichst frühzeitig – im Idealfall vor Erstellung des Vollzugsplanes – auf die Gewährung von Vollzugslockerungen hinzuarbeiten.

Ist die Ausweisung unwahrscheinlich oder kann sie im Falle einer positiven Sozialprognose vermieden werden, sollte bereits vor Erstellung des Vollzugsplanes darauf hingewiesen werden, dass im Falle der bedingten Entlassung mit einer Ausweisung nicht zu rechnen ist (vgl. Rn. 600); auch ein persönliches Gespräch mit dem zuständigen Sozialarbeiter, der die Erstellung des Vollzugsplanes vorbereitet, kann sinnvoll sein. Insbesondere dann, wenn die Ausweisung nicht auf generalpräventive Gründe gestützt werden kann[899], sollte die besondere Bedeutung der Vollzugslockerungen dargelegt werden; in solchen Fällen geht sie nämlich über eine bloße Vergünstigung weit hinaus, da sie der Förderung einer positiven Prognose, d.h. der Vermeidung ausländerrechtlicher Maßnahmen und damit der Resozialisierung des (ausländischen) Gefangenen dient.

Wird die Gewährung von Lockerungen abgelehnt, sollte eine frühzeitige Begutachtung angestrebt werden, wobei neben einem Privatgutachten auch die interne Begutachtung durch den Anstaltspsychologen in Betracht kommt; insoweit kann selbst ein „negatives“ Gutachten wertvolle Hinweise zum weiteren Vorgehen liefern, so z.B. die Voraussetzungen aufzeigen, unter denen eine positive Sozialprognose angenommen werden kann.

Bleiben auch diese Bemühungen ohne Erfolg, kann – im Einzelfall – auch mit dem fehlenden Sicherungsinteresse seitens der Ausländerbehörde argumentiert werden. Sieht diese eine Ausreisefrist vor, zeigt schon diese Entscheidung, dass auch die Ausländerbehörde kein Risiko sieht, dass sich der Gefangene der Ausweisung entziehen wird[900]. Im Regelfall ist jedoch eine Ausreisefrist nur durch eine intensive Auseinandersetzung mit der Ausländerbehörde zu erreichen; hierbei sollte auch auf die „Empfehlungen des Europarates“[901] hingewiesen werden, in denen es u.a. wörtlich heißt: „Urlaube und andere Ausgänge ausländischer Gefangener sollten normalerweise nach den auch für Einheimische geltenden Regelungen ge-

---

897 *OLG Celle* Beschl. v. 30.5.1990 – 1 Ws 117/90, zitiert bei *Bungert* NStZ 1992, 373, 374; *OLG Celle* ZfStrVo 1992, 261; *Feest-Baumann/Feest* StVollzG, Exkurs II vor § 5 Rn. 10; vgl. auch *Schmülling/Walter* Resozialisierung junger Straftäter unter den Bedingungen des Ausländerrechts, StV 1998, 313, 318.

898 *LG Hamburg* StV 2001, 33, 34.

899 Vgl. Rn. 74.

900 *Rüther* Strafverteidigung von Ausländern, Rn. 366.

901 Vgl. auch Empfehlungen des Europarates über die ausländischen Gefangenen, ZfStrVo 1985, 92, 93.

stattet werden. Das Risiko, dass sich ein ausländischer Gefangener dem Strafvollzug durch Flucht außer Landes entziehen könnte, sollte von Fall zu Fall beurteilt werden."

☞ Schließlich empfiehlt es sich, zulässige Ausnahmeentscheidungen durch parallele Ansprache bei der Aufsichts- und der Ausländerbehörde zu beschleunigen (vgl. Rn. 600); andernfalls kann eine Entscheidung mehrere Monate dauern.

c) Kommen Vollzugslockerungen in Betracht, gilt es schließlich zu beachten, dass diese nach ständiger Rechtsprechung nur innerhalb des Geltungsbereichs des Strafvollzugsgesetzes gewährt werden können; da die Überwachung des Gefangenen und der hoheitliche Zugriff jederzeit möglich sein müsse, sei auch die Gewährung von Vollzugslockerungen für einen Aufenthalt im benachbarten EU-Ausland aus Rechtsgründen ausgeschlossen[902].

2. Die einzelnen Lockerungsmaßnahmen

450 Als Lockerungsmaßnahmen kommen neben dem Urlaub (§ 13 StVollzG) und der Verlegung in den offenen Vollzug (§ 10 StVollzG) vor allem Außenbeschäftigung, Freigang, Ausführung und Ausgang in Betracht (vgl. § 11 StVollzG).

Bei ausländischen Gefangenen sind insoweit jedoch die einschlägigen Verwaltungsvorschriften zu beachten. Soweit diese den Ausschluss einzelner Lockerungen vorsehen, sofern Auslieferungs- oder Abschiebungshaft angeordnet ist, ist dies nicht zu beanstanden, da es widersprüchlich wäre, einerseits Fluchtgefahr anzunehmen, anderseits jedoch vom Fehlen einer Missbrauchsgefahr auszugehen[903]. Soweit jedoch Gefangene, gegen die eine vollziehbare Ausweisungsverfügung vorliegt, von entsprechenden Lockerungen „grundsätzlich" und im Falle eines anhängigen Ausweisungs- oder Auslieferungsverfahrens „in der Regel" ausgeschlossen sind, sind neben den oben dargestellten allgemeinen Erwägungen folgende Einzelheiten zu beachten:

a) Außenbeschäftigung, Freigang, Ausführung und Ausgang (§ 11 StVollzG)

451 § 11 StVollzG nennt – exemplarisch – verschiedene Lockerungen; danach können insbesondere Außenbeschäftigung, Freigang, Ausführung und Ausgang angeordnet werden.

452 **aa)** Die Ausführung als „bewachter Ausgang" unterliegt bei ausländischen Gefangenen keinerlei Einschränkungen[904], weshalb diese insbesondere dann anzustreben ist, wenn weitergehende Lockerungen (noch) ausgeschlossen sind.

---

902 *OLG Celle* StV 2002, 323; *OLG Frankfurt* NStZ 1995, 208; krit. *Szcekalla* Anm. zu *OLG Celle* StV 2002, 324 ff.

903 Vgl. *Feest-Baumann/Feest* StVollzG, Exkurs II vor § 5 Rn. 11; *OLG Celle* ZfStrVo 1992, 261; vgl. auch 62.0.4 Anwendungshinweise zum AufenthG.

904 *Feest-Baumann/Feest* StVollzG, Exkurs II vor § 5 Rn. 9; *Rüther* Strafverteidigung von Ausländern, Rn. 371.

Hierbei gilt es zu beachten, dass ein entsprechender Antrag nicht mit der Begründung abgelehnt werden darf, dass Ausführungen nur zur Vorbereitung einer Beurlaubung in Frage kommen, diese aber bei Ausländern, deren Abschiebung vorgesehen sei, nicht in Frage komme[905]. ☜

bb) Im Rahmen der Beantragung von Außenbeschäftigung ist – neben den allgemeinen Erwägungen – vor allem auch § 5 ArGV zu beachten, wonach eine Arbeitserlaubnis nur erteilt werden darf, wenn der Ausländer im Besitz einer gültigen Aufenthaltsgestattung oder eines gültigen Aufenthaltstitels ist; aufgrund dieser gesetzlichen Regelung lehnt nämlich das zuständige Arbeitsamt die Erteilung einer Arbeitserlaubnis regelmäßig ab, so dass im Ergebnis auch die Gewährung der angestrebten Lockerungsmaßnahme hinfällig wird. **453**

Wird die Erteilung einer Arbeitserlaubnis abgelehnt, sollte auf die ermutigende Entscheidung des LAG Berlin-Brandenburg[906] hingewiesen werden, wonach der Widerspruch zwischen dem Resozialisierungsgedanken des StVollzG einerseits und dem Wortlaut der ArGV andererseits dadurch gelöst werden müsse, dass der Aufenthalt eines ausländischen Gefangenen kraft Gesetzes als erlaubt angesehen wird; insoweit verdient auch die Tatsache Beachtung, dass das Musterverfahren die Unterstützung der Berliner Senatsverwaltung fand, so dass von einer einheitlichen „Berliner Praxis" gesprochen werden kann. ☜

Da auch eine Arbeitstätigkeit, die der Resozialisierung dient, eine ordnungsgemäße Beschäftigung darstellt, dürfte eine mehr als einjährige Freigangstätigkeit eines türkischen Strafgefangenen einen Anspruch auf Erteilung eines Aufenthaltstitels begründen; da der Aufenthaltstitel wiederum entscheidenden Einfluss auf die Frage der Ausweisung haben kann (vgl. oben Rn. 108 ff.), kann auf diesem Weg – in Einzelfällen – auch auf die Ausweisungsentscheidung eingewirkt werden[907]. ☜

b) Urlaub (§ 13 StVollzG)

Der Urlaub ist eine Behandlungs- und Resozialisierungsmaßnahme i.S.d. § 7 StVollzG; zugleich verfolgt er den Zweck, den Gefangenen unter den alltäglichen Lebensbedingungen zu erproben[908], so dass er oft als Vorstufe zum offenen Vollzug und/oder der bedingten Entlassung angeordnet wird. Gerade diese weitreichende Vergünstigung bleibt jedoch ausländischen Gefangenen aufgrund der zu engen Auslegung der einschlägigen Verwaltungsrichtlinien regelmäßig verwehrt. **454**

Daher sollte bereits bei der Antragstellung auf die Rechtsprechung verwiesen werden, wonach Urlaub selbst bei Vorliegen einer vollziehbaren Ausweisungs- ☜

---

905 *OLG Hamm* Beschl. v. 8.11.1984 – 1 Vollz (Ws) 179/84, zitiert bei *Feest-Baumann/Feest* StVollzG, Exkurs II vor § 5 Rn. 12.

906 *LAG Berlin-Brandenburg* zitiert bei *Zieger* StV 1992, 41; *Zieger* Arbeitstätigkeit ausländischer Strafgefangener, StV 2002, 341/342; vgl. auch *Feest-Baumann/Feest* StVollzG, Exkurs II vor § 5 Rn. 12.

907 *Zieger* aaO.

908 *Callies/Müller-Dietz* Strafvollzugsgesetz, § 13 Rn. 1 m.w.N.

verfügung angeordnet werden kann[909]; erst recht gilt dies, wenn bei der Ausländerbehörde nicht mehr als die bloße Absicht aufenthaltsbeendender Maßnahmen vorhanden ist[910]. Ob Versagungsgründe vorliegen, bedarf also auch bei ausländischen Gefangenen einer umfassenden Prüfung, wobei starke familiäre Bindungen im Bundesgebiet ebenso zu berücksichtigen sind wie das bisherige Verhalten im Vollzug[911]. Bei dieser Abwägung darf die in VV Nr. 3 II, Ic enthaltene Ausnahmeregelung nicht zu einem im Gesetz nicht vorgesehenen Versagungsgrund umgewandelt werden[912].

c) Offener Vollzug (§ 10 StVollzG)

455 Obwohl der offene Vollzug die Regelvollzugsform darstellt, kommen nur wenige Gefangene in den Genuss dieser wichtigen Behandlungsmaßnahme; droht dem Gefangenen die Ausweisung, wird die Verlegung in den offenen Vollzug so gut wie nie angeordnet.

☞ Auch hier wird regelmäßig übersehen, dass selbst ausländische Gefangene, gegen die eine vollziehbare Ausweisungsverfügung besteht, in den offenen Vollzug verlegt werden können[913]. VV Nr. 1 Abs. 1c besagt lediglich, dass das Vorliegen einer vollziehbaren Ausweisungsverfügung häufig die Annahme von Fluchtgefahr begründen wird[914]. Die Verwaltungsvorschrift entbindet jedoch nicht von der erforderlichen Einzelfallprüfung, bei der alle wesentlichen Gesichtspunkte zu ermitteln und gegeneinander abzuwägen sind. Auch hier empfiehlt es sich also, frühzeitig auf die Möglichkeit der Verlegung in den offenen Vollzug hinzuweisen.

d) Verlegung in eine sozialtherapeutische Anstalt

456 Für die Verlegung in eine sozialtherapeutische Anstalt gelten im Prinzip die gleichen Erwägungen; gleichwohl scheitert die Verlegung meist am Fehlen von Behandlungsmethoden zur Wiedereingliederung des ausländischen Gefangenen in seinem Heimatland. Da die Vollzugsbehörde das Fehlen geeigneter therapeutischer Mittel im Rahmen der Ermessensausübung berücksichtigen darf[915], bleibt dem von Ausweisung und Abschiebung bedrohten Ausländer die Verlegung in eine sozialtherapeutische Anstalt oftmals verwehrt. Dies ist ein allgemeiner Mangel, auf den hier nur hingewiesen werden kann.

---

909 *OLG Hamm* NStZ 1985, 382; vgl. auch *Joester/Quensel/Hoffmann/Feest* Lockerungen des Vollzuges, ZfStrVo 1977, 93, 102.

910 *OLG Frankfurt* ZfStrVo 1991, 372/373; vgl. auch *LG Hannover* NStZ 1981, 367; *Callies/Müller-Dietz* Strafvollzugsgesetz, § 11 Rn. 19.

911 *OLG Frankfurt* ZfStrVo 1991, 372, 373.

912 *OLG Hamm* NStZ 1985, 382; *OLG Celle* Beschl. v. 30.5.1990 – 1 Ws 117/90, zitiert bei *Bungert* NStZ 1992, 373, 374.

913 *LG Hamburg* StV 2001, 33/34; *OLG Celle* ZfStrVo 1984, 251/252.

914 *LG Hamburg* StV 2001, 33, 34.

915 *OLG Celle* NStZ 2000, 167/168 m.w.N.

3. Rechtsmittel

a) Obwohl vielfältige Benachteiligungen im Vollzug Anlass zur Ausübung der Beschwerderechte geben sollten, werden diese bereits von deutschen Gefangenen nur selten in Anspruch genommen; erst recht gilt dies für ausländische Gefangene, die oft aus Unkenntnis oder sprachlichen Gründen die juristische Auseinandersetzung scheuen[916]. Auch hier wird deutlich, dass ausländische Gefangene in besonderem Maße eines fachkundigen Rechtsbeistands bedürfen. **457**

b) Da der gerichtliche Rechtsschutz (§§ 109 ff. StVollzG) seiner Struktur nach dem Verwaltungsgerichtsprozess nachgebildet ist[917], wird – in der Regel – lediglich eine Überprüfung der behördlichen Ermessensentscheidung vorgenommen. Ist die ablehnende Entscheidung ermessensfehlerhaft, wird sie aufgehoben; zugleich wird die Vollzugsbehörde angewiesen, den Antragsteller nach Maßgabe der Entscheidungsgründe neu zu bescheiden. Lediglich im Falle der Reduzierung des Beurteilungs- oder Ermessensspielraumes auf Null ist das Gericht ausnahmsweise befugt, an Stelle der Vollzugsbehörde eine abschließende Entscheidung zu treffen[918]. Im gerichtlichen Verfahren gilt es daher in erster Linie, Ermessensfehler aufzudecken. **458**

Diese liegen einmal vor, wenn die Entscheidung auf unrichtigen oder unvollständigen tatsächlichen Grundlagen beruht[919]; Gleiches gilt, wenn die Entscheidung die gesetzlich gebotene Abwägung vermissen lässt oder rechtsfehlerhaft eine Bindung an die einschlägigen Verwaltungsrichtlinien angenommen wird[920].

Fehlerhaft ist die Entscheidung schließlich auch dann, wenn sich die Vollzugsanstalt aufgrund des Votums der Ausländerbehörde[921] gebunden fühlt und aus diesem Grunde die gebotene Gesamtwürdigung aller relevanter Umstände unterlässt[922]. Gerade diese Begründung wird häufig Anlass geben, gerichtlichen Rechtsschutz in Anspruch zu nehmen.

Hilfreich ist oft auch die Einsicht in die Gefangenenakte, die wertvolle Hinweise auf eine fehlerhafte Ermessensausübung enthalten kann[923]; wird die Akteneinsicht – unter Hinweis auf die bislang vorherrschende Ansicht[924] – abgelehnt, sollte im gerichtlichen Verfahren die Beiziehung beantragt werden. Das Akteneinsichts-

916 *Feest-Baumann/Feest* StVollzG, Exkurs II vor § 5 Rn. 7.
917 *Callies/Müller-Dietz* Strafvollzugsgesetz, § 109 Rn. 5.
918 *Vgl. Callies/Müller-Dietz* Strafvollzugsgesetz, § 115 Rn. 24.
919 *Callies/Müller-Dietz* Strafvollzugsgesetz, § 115 Rn. 24 m.w.N.
920 *Callies/Müller-Dietz* aaO.
921 Verweigert die Ausländerbehörde ihre „Zustimmung", ist diese Entscheidung isoliert nicht anfechtbar; dem Gefangenen bleibt die Möglichkeit des gerichtlichen Verfahrens nach § 109 StVollzG, in dessen Rahmen die Ermessensausübung vollumfänglich überprüft werden kann, *OVG Berlin* StV 1986, 261.
922 *OLG Celle* Beschl. v. 30.5.1990 – 1 Ws 117/90, zitiert bei *Bungert* NStZ 1992, 373, 374; *OLG Celle* ZfStrVo 1992, 261; *Feest-Baumann/Feest* StVollzG, Exkurs II vor § 5 Rn. 10.
923 So auch *Rüther* Strafverteidigung von Ausländern, Rn. 381.
924 Vgl. *Callies/Müller-Dietz* Strafvollzugsgesetz, § 115 Rn. 6 m.w.N.

recht erstreckt sich nämlich auf alle vom Gericht beigezogenen Akten, so dass dann auch die Gefangenenakte vom Einsichtsrecht erfasst wird[925]. Dies gilt selbst dann, wenn das Gericht lediglich eine Überprüfung vorgenommen hat, ob die Akten verfahrensrelevante Unterlagen enthalten[926].

459 **c)** Gegen die Entscheidung der Strafvollstreckungskammer ist die Rechtsbeschwerde zulässig (vgl. § 116 StVollzG), deren Verfahren dem Revisionsverfahren nachgebildet ist[927].

C. Beratungs- und Prozesskostenhilfe im Strafvollzug

460 **1.** Im Strafvollzugsverfahren ist die Beiordnung eines Pflichtverteidigers nicht möglich; § 120 II StVollzG verweist den Gefangenen vielmehr auf die Regelungen der Prozesskostenhilfe, die nur gewährt wird, wenn die beabsichtigte Rechtsverfolgung hinreichende Erfolgsaussichten bietet und nicht mutwillig erscheint (vgl. § 114 ZPO). Da die Tätigkeit des Rechtsanwalts im Strafvollzug – nach h.M.[928] – dem Bereich des Verwaltungsrechts zugerechnet wird, kann der Gefangene zudem Beratungshilfe in Anspruch nehmen; wird die Hinzuziehung eines Dolmetschers erforderlich, sind auch diese Kosten erstattungsfähig[929].

☞ Darüber hinaus sollte zu Beginn des gerichtlichen Verfahrens stets beantragt werden, dass das Gericht die Zuziehung eines Rechtsanwaltes im Vorverfahren für notwendig erklärt. Nach Ansicht des OLG Celle[930] gilt nämlich § 162 II VwGO in einem nach § 109 III StVollzG vorgesehenen Vorverfahren entsprechend, so dass die dort entstandenen notwendigen Auslagen ebenfalls erstattungsfähig sind, sofern eine entsprechende Kostenentscheidung ergeht.

2. Der Antrag auf Prozesskostenhilfe ist beim Prozessgericht zu stellen; er kann zu Protokoll der Geschäftsstelle erklärt werden (§ 117 I ZPO). Dem Antrag sind eine Erklärung über die persönlichen und wirtschaftlichen Verhältnisse sowie die entsprechenden Belege beizufügen (§ 117 II ZPO).

---

925 *BGHSt* 30,131; *Callies/Müller-Dietz* aaO.

926 *Callies/Müller-Dietz* aaO.

927 Vgl. im Einzelnen *Volckart* Verteidigung in der Strafvollstreckung und im Vollzug, Rn. 581 ff.

928 *LG Berlin* StV 1986, 166; *LG Lübeck* StV 1989, 405; *AG Osnabrück* AnwBl. 1982, 496; *AG Braunschweig* AnwBl. 1984, 517; *AG Frankfurt* StV 1993, 146.

929 *AG Köln* AnwBl. 1984, 517; *AG Bochum* AnwBl. 1983, 477 m.w.N.

930 *OLG Celle* NStZ 1982, 439.

Teil 6
Auslieferung

Das Auslieferungsrecht hat nach Verabschiedung des EuHbG[931] grundlegende Änderungen erfahren. **461**

Durch Einführung des „Europäischen Haftbefehls" (s. hierzu unter II.) ist die Auslieferung zwischen den Mitgliedstaaten der Europäischen Union erheblich vereinfacht worden; ob das neue Instrumentarium eine Unterart der Auslieferung regelt oder eine selbständig daneben stehende Regelung der Zusammenarbeit schafft, ist zwar umstritten[932], dürfte aber letztlich keinerlei praktische Bedeutung haben, da der Europäische Haftbefehl ebenso wie das „klassische Auslieferungsrecht" (s. hierzu unter I.) als Bestandteil des Rechtshilferechts anzusehen ist; es dient der Unterstützung einer ausländischen Strafverfolgung und regelt zugleich die Voraussetzungen, nach denen der Verfolgte der ausländischen Gerichtsbarkeit überstellt wird. Aus dem Rechtscharakter des Auslieferungsrechts bzw. des Europäischen Haftbefehls resultiert ein stark formalisiertes Verfahren, das bei (ausländischen) Mandanten häufig auf Unverständnis stößt; dass beispielsweise der Tatverdacht – in der Regel – ungeprüft bleibt, vermag fast kein Verfolgter nachzuvollziehen. Ebenso schwierig gestaltet sich der Weg zur richtigen Rechtsquelle; auch hier sind die einschlägigen Vorschriften auf eine Vielzahl von Gesetzen, bi- und multilateralen Verträgen verteilt. Sowohl die Unübersichtlichkeit der Rechtsquellen als auch das formal gehaltene Verfahren setzen somit erhebliches Detailwissen voraus, sofern der von Auslieferung bedrohte Mandant sachgerecht verteidigt werden soll.

I. Das „klassische" Auslieferungsrecht

Ist der am Auslieferungsverfahren beteiligte Staat (bislang) nicht Mitglied der EU, findet das bisherige Auslieferungsrecht uneingeschränkte Anwendung. **462**

Der Europäische Haftbefehl findet in Mitgliedstaaten des EWR – z.B. Island – keine Anwendung (vgl. § 1 IV IRG), so dass auch insoweit das klassische Auslieferungsrecht fortgilt; da einzelne EWR-Staaten vertragliche Vereinbarungen der EU – vor Neuregelung des Gesetzes – beigetreten sind, können einzelne Verträge fortgelten, obwohl diese durch Einführung des Europäischen Haftbefehls als überholt anzusehen wären (vgl. auch Rn. 513). ☜

931 BGBl. I 2004, 1748 ff.
932 BT-Drucks. 15/1718 S. 13.

A. Das Auslieferungsverfahren

463 **1.** Das Auslieferungsverfahren beginnt mit dem Eingang des ausländischen Auslieferungsersuchens; nach Eingang des Ersuchens prüft die Bewilligungsbehörde (vgl. § 74 I IRG), ob der Bewilligung rechtliche oder politische Gründe entgegenstehen. Stehen entsprechende Gründe entgegen, findet ein förmliches Auslieferungsverfahren nicht statt; bei grundsätzlicher Auslieferungsbereitschaft wird das Ersuchen an die zuständige Generalstaatsanwaltschaft weitergeleitet.

464 **2.** Das förmliche Auslieferungsverfahren gliedert sich in das gerichtliche Zulässigkeitsverfahren (vgl. §§ 29 ff. IRG) und das sich anschließende Bewilligungsverfahren. Über die Zulässigkeit entscheidet das zuständige Oberlandesgericht; die Bewilligung erteilt – in der Regel – der Bundesminister der Justiz als Bewilligungsbehörde.

☞ Den Schwerpunkt der Tätigkeit des Beistands sollte stets das gerichtliche Zulässigkeitsverfahren bilden. Nur in diesem Verfahren hat der Verfolgte Beteiligungsrechte, insbesondere den Anspruch auf rechtliches Gehör. Während die gerichtliche Zulässigkeitsentscheidung mit der Verfassungsbeschwerde anfechtbar ist, gilt dies nicht für die Entscheidung der Bewilligungsbehörde (§ 74 b IRG), da diese einen nicht justitiablen Hoheitsakt darstellt[933], so dass dem Verfolgten dann allein der Weg der Gegenvorstellung verbleibt. Einwendungen sollten daher stets im gerichtlichen Zulässigkeitsverfahren erhoben werden.

465 **3.** Neben dem Zulässigkeits- und Bewilligungsverfahren ist ein Haftverfahren (vgl. §§ 15 ff. IRG) vorgesehen, dessen Einzelheiten unter F. (Rn. 496 ff.) dargestellt sind.

466 **4.** Der Verfolgte kann sich in jeder Lage des Verfahrens eines Beistands bedienen (vgl. § 40 IRG); hat der Verfolgte keinen Beistand gewählt, ist ihm unter den in § 40 II IRG genannten Voraussetzungen ein Pflichtbeistand beizuordnen (vgl. hierzu Rn. 268 ff.).

467 **5.** Bedeutsam ist schließlich auch die Verweisung auf das Akteneinsichtsrecht gemäß § 147 StPO (vgl. § 40 III IRG), das auch im Auslieferungsverfahren alle Akten umfasst, die dem Gericht vorliegen oder im Auslieferungsverfahren vorzulegen wären[934].

---

933 So bereits nach altem Recht *BVerfGE* 63, 215, 226; vgl. *Graßhof/Backhaus* Verfassungsrechtliche Gewährleistungen im Auslieferungsverfahren, EuGRZ 1996, 445, 446/447; a.A. *OVG Berlin* StV 2002, 87, 88, das im Fall willkürlichen Handelns der Bewilligungsbehörde die Anfechtbarkeit der Entscheidung annahm.

934 *Schomburg/Lagodny* IRG, § 40 Rn. 29 m.w.N.

B. Der Weg zu den Rechtsquellen

Bereits im Rahmen der Vollstreckungshilfe (vgl. Rn. 399 f.) wurde dargestellt, dass der Weg zur richtigen Rechtsquelle oftmals beschwerlich ist; auch im Auslieferungsrecht hat der Beistand zunächst die Frage zu prüfen, ob zwischen den beteiligten Staaten ein völkerrechtliches Übereinkommen existiert. Auch insoweit ist auf die einschlägigen Tabellen und Übersichten[935] (vgl. Rn. 546) zu verweisen. Existiert kein derartiges Abkommen, gilt allein das IRG. Finden sich ein oder mehrere Übereinkommen, ist zunächst ein multilaterales zu beachten. **468**

Auch insoweit gilt es, Ergänzungsverträge, Zusatzprotokolle und Vorbehalte der einzelnen Vertragstaaten zu beachten, die die Anwendbarkeit des multilateralen Abkommens im Verhältnis einzelner Vertragstaaten ausschließen können; treffen die zwischenstaatlichen Rechtshilfebeziehungen keine abschließende Regelung, ist das IRG – in aller Regel – lückenfüllend heranzuziehen.

C. Prüfungsumfang

1. Das Auslieferungsrecht ist Bestandteil des Völkerrechts und dient der Unterstützung eines ausländischen Strafverfahrens; aus dem Rechtscharakter des Auslieferungsverfahrens folgt zugleich, dass der hinreichende Tatverdacht in der Regel unüberprüft bleibt. Der ersuchte Staat darf regelmäßig darauf vertrauen, dass der Vertragstaat das Vorliegen des hinreichenden Tatverdachts zu Recht angenommen hat. **469**

2. Von diesem Grundsatz kann nur bei Vorliegen „besonderer Umstände" abgewichen werden (vgl. § 10 II IRG)[936]. Dem zwingenden Verfassungsrecht folgend wird eine Prüfung des hinreichenden Tatverdachts ausnahmsweise vorgenommen, wenn ...

- ... nicht völlig substanzlose Anhaltspunkte für den Tatbestand der politischen Verfolgung gegeben sind[937];
- ... Widersprüchlichkeiten vorliegen, die auf einen Missbrauch der Auslieferungsvereinbarung schließen lassen. Sind Tatvorwürfe nur vorgeschoben, um des Verfolgten aus Gründen habhaft zu werden, die von der Auslieferungsvereinbarung nicht gedeckt sind, ist eine Prüfung des Tatverdachts angezeigt[938]; Gleiches gilt,

935 Besonders erwähnenswert ist die Homepage des Bundesgerichtshofes – http://www.bundesgerichtshof.de/bibliothek/rechtshilfe.php – auf der monatlich eine aktualisierte Fassung der aktuellen Rechtshilfebeziehungen Deutschlands erscheint. Insoweit empfiehlt es sich der besseren Übersichtlichkeit halber, die Excel-Version aufzurufen.

936 *BVerfG* NJW 2004, 141, 145 m.w.N.

937 *OLG Koblenz* GA 1982, 506; *OLG Hamburg* GA 1980, 31, 32; *BVerfGE* 60, 348, 356/357.

938 *BGHSt* 32, 314 ff.; *OLG Schleswig* E/L/W U 110; vgl. auch *BVerfG* NStZ 2001, 203, 203.

wenn die Täterschaft des Verfolgten unmöglich oder doch in höchstem Maße unwahrscheinlich erscheint[939];

- ... das Verfassungs- und Rechtssystem des ersuchenden Staates – insbesondere im Bereich des Straf- und Strafprozessrechts – gravierende, für einen Rechtsstaat inakzeptable Defizite aufweist oder allgemein Anhaltspunkte bestehen, dass der Verfolgte im ersuchenden Staat einem rechtsstaatswidrigen Verfahren ausgesetzt wird[940];
- ... es sich um Taten aus dem Bereich der politischen oder militärischen Delikte handelt[941];
- ... in einem förmlichen Ermittlungsverfahren der Bundesrepublik Deutschland oder eines Drittstaats der hinreichende Tatverdacht verneint worden ist[942], im ersuchenden Staat ein freisprechendes Urteil ergangen ist[943], das internationale Verbot der Doppelbestrafung[944] oder eine sonstige das Verfahren abschließende Sachentscheidung der Auslieferung[945] entgegensteht;
- ... das Ersuchen in wesentlichen Punkten der Sachverhaltsschilderung unschlüssig ist[946];
- ... mit präsenten Beweismitteln, die keiner speziellen Beweiswürdigung bedürfen, sondern für sich allein genommen die Unschuld des Verfolgten ergeben, der Alibibeweis geführt werden kann[947]. Befand sich der Verfolgte z.B. zur Tatzeit in der Bundesrepublik in Haft, kann der Entlastungsbeweis durch Vorlage einer amtlichen Bescheinigung geführt werden[948]. Nicht ausreichend ist indes die einfache Behauptung, „nicht am Tatort gewesen zu sein“[949], oder die Benennung eines Alibizeugen. Da der Wahrheitsgehalt von Zeugenaussagen jedenfalls angezweifelt werden kann, werden in der Regel weitere Ermittlungen notwendig sein, die der Prüfung des hinreichenden Tatverdachts entgegenstehen[950];
- ... Zweifel an der Identität zwischen der im Ersuchen bezeichneten Person und dem Auszuliefernden bestehen[951]; entsprechende Zweifel können jedoch auch nach § 30 I IRG behandelt werden, da die Identität der vom ersuchenden Staat gesuchten Person mit der in Deutschland angetroffenen eine allgemeine Zulässigkeitsvoraussetzung darstellt[952].

---

939 *OLG Koblenz* NJW 1984, 1314.
940 *OLG München* E/L/W U 87.
941 *Schomburg/Lagodny* IRG, § 10 Rn. 41.
942 *OLG Karlsruhe* MDR 1990, 571; vgl. aber auch *OLG Karlsruhe* Die Justiz 1985, 451; die Einstellung mangels Tatnachweises rechtfertigt die Tatverdachtsprüfung selbst im Auslieferungsverkehr nach dem EuAlÜbK (vgl. *OLG Karlsruhe* NStZ 1988, 135).
943 *OLG Karlsruhe* Die Justiz 1984, 347, 348.
944 *Schomburg/Lagodny* IRG, § 10 Rn. 42a.
945 *Schomburg/Lagodny* IRG, § 10 Rn. 42.
946 *Schomburg/Lagodny* IRG, § 10 Rn. 43; vgl. *OLG Karlsruhe* NJW 1991, 2225.
947 *OLG Karlsruhe* GA 1985, 516; *OLG Hamm* E/L/W U 165.
948 *OLG Karlsruhe* MDR 1985, 871.
949 Vgl. *OLG Karlsruhe* NJW 1974, 1632, 1633.
950 Vgl. *OLG Karlsruhe* aaO.
951 *OLG Schleswig* E/L/W U 156.
952 *Schomburg/Lagodny* aaO.

Im Auslieferungsverkehr nach dem EuAlÜbK wird die Prüfung des hinreichenden Tatverdachts eher fern liegen; gleichwohl gelten die vorgenannten Fallgruppen entsprechend[953].

D. Voraussetzungen der Auslieferung

Liegt ein schlüssiges Auslieferungsersuchen vor, ist weiter zu prüfen, ob die materiellen Auslieferungsvoraussetzungen gegeben sind. **470**

1. Gegenseitigkeit

471

	Gegenseitigkeit
IRG	§ 5
EuAlÜbK	Art. 2 VII
2. ZP-EuAlÜbK	
SDÜ	
EU-AuslÜbK	
EU-VereinfAuslÜbK	

a) § 5 IRG (vgl. auch Art. 2 VII EuAlÜbK) normiert den im Völkerrecht geltenden Grundsatz der Gegenseitigkeit; die Auslieferung ist danach nur zulässig, wenn auf Grund einer vom ersuchenden Staat gegebenen Zusicherung erwartet werden kann, dass dieser einem vergleichbaren deutschen Ersuchen entsprechen würde.

b) Die Gegenseitigkeit ist stets zu prüfen, sofern die Bundesrepublik Deutschland mit dem ersuchenden Staat keinen vertraglichen Auslieferungsverkehr unterhält; die Zusicherung der Gegenseitigkeit ist dagegen nicht erforderlich, sofern sich die Auslieferung nach den Bestimmungen des EuAlÜbK richtet. Anders als bei § 5 IRG liegt es dort im Ermessen des Vertragstaates, ob der ersuchte Staat auch ohne Gegenseitigkeitszusage ausliefern will (vgl. Art. 2 VII EuAlÜbK)[954].

c) Die Zusicherung erfolgt – in der Regel – mit dem Ersuchen; erforderlich ist eine ausdrückliche Erklärung des ersuchenden Staates, so dass in der Stellung des Ersuchens grundsätzlich keine „konkludente Zusicherung" gesehen werden kann[955].

---

953 Vgl. *BVerfG* NStZ 2001, 203, 204; *OLG Karlsruhe* NStZ 1988, 135; *OLG Saarbrücken* Beschl. v. 31.8.1999 – Ausl. 47/99; *Schomburg/Lagodny* IRG, Rn. 7 zu Art. 1 EuAlÜbK.

954 *BGH* NJW 1985, 570, 572; *Gillmeister* Auslieferung und Auslieferungshaft, NJW 1991, 2245, 2247.

955 *Schomburg/Lagodny* IRG, § 5 Rn. 9.

d) Fehlt es an Tatsachen zur Beurteilung der Gegenseitigkeit, holt das Gericht eine Auskunft der Bundesregierung ein, ohne an diese jedoch gebunden zu sein[956].

2. Beiderseitige Strafbarkeit

472

	Beiderseitige Strafbarkeit
IRG	§ 3
EuAlÜbK	Art. 2 I, 25
2. ZP-EuAlÜbK	
SDÜ	Art. 61, 63, 95
EU-AuslÜbK	Art. 1–4
EU-VereinfAuslÜbK	

Als weitere Auslieferungsvoraussetzung ist die beiderseitige Strafbarkeit erforderlich. Danach ist eine Auslieferung nur zulässig, wenn die Tat auch nach deutschem Recht eine rechtswidrige Tat darstellt; darüber hinaus wird eine Mindestsanktion vorausgesetzt. Die Auslieferung zum Zwecke der Strafverfolgung ist nur zulässig, sofern die Tat nach deutschem Recht im Höchstmaß mit Freiheitsstrafe von mindestens einem Jahr bedroht ist (vgl. § 3 II IRG). Wird die Auslieferung zum Zwecke der Vollstreckung begehrt, muss die noch zu vollstreckende freiheitsentziehende Sanktion oder die Summe der noch zu vollstreckenden freiheitsentziehenden Sanktionen mindestens vier Monate betragen (vgl. § 3 III IRG).

473 **a)** Als „Tat" i.S.d. Auslieferungsrechts ist die Tat im prozessrechtlichen Sinne (§ 264 StPO) zu verstehen, d.h. der einheitliche geschichtliche Lebensvorgang, innerhalb dessen der Täter den Straftatbestand verwirklicht hat[957]; auf den gesetzlichen Tatbestand der ausländischen Strafbestimmung kommt es demnach nicht an.

474 **b)** Enthält der ausländische Sachverhalt Elemente, die in ihrer konkreten Ausgestaltung nur im Rechtskreis des ersuchenden Staates auftreten, ist der Sachverhalt „sinngemäß umzustellen", so dass z.B. ein Verstoß gegen das englische Linksfahrgebot so betrachtet werden muss, als läge ein Verstoß gegen das deutsche Rechtsfahrgebot vor[958].

475 **c)** Für die Beurteilung der „Rechtswidrigkeit einer Tat" gilt die Legaldefinition des § 11 Nr. 5 StGB, wonach das Verhalten tatbestandsmäßig und rechtswidrig, nicht jedoch schuldhaft zu sein braucht[959]; zugleich folgt daraus, dass die Auslie-

956 *Gillmeister* aaO.
957 *BGHSt* 27, 168, 172; *Schomburg/Lagodny* IRG, § 3 IRG Rn. 6.
958 Vgl. *Vogler* in Grützner/Pötz IRG, § 3 Rn. 17 mit zahlreichen weiteren Beispielen.
959 *Schomburg/Lagodny* IRG, § 3 IRG Rn. 15; *Gillmeister* aaO.

ferung wegen einer Tat, die nach deutschem Recht lediglich als Ordnungswidrigkeit geahndet werden kann, am Grundsatz der beiderseitigen Strafbarkeit scheitert[960].

d) Nicht erforderlich ist, dass die strafrechtliche Beurteilung nach deutschem Recht der Subsumtion des ausländischen Strafrechts entspricht; ausreichend ist vielmehr, dass der mitgeteilte Sachverhalt irgendeine Strafnorm des deutschen Kern- oder Nebenstrafrechts verletzt[961]; wird z.B. die Auslieferung begehrt, da sich der Verfolgte dem ausländischen Strafvollzug durch Flucht entzogen habe, ist diese trotz der fehlenden Strafbarkeit der „Selbstbefreiung"[962] (vgl. § 120 StGB) nicht unzulässig, wenn der Verfolgte anlässlich der Flucht weitere Straftaten begangen hat, so z.B. die Gitterstäbe des Zellenfensters durchgesägt – Sachbeschädigung (!) – hat. Eine Identität der materiell-rechtlichen Beurteilung wird demnach nicht gefordert[963]. **476**

Der in den Auslieferungsunterlagen mitgeteilte Sachverhalt ist somit stets einer umfassenden materiell-rechtlichen Prüfung zu unterziehen. Gerade der Grundsatz der beiderseitigen Strafbarkeit bietet eine Vielzahl möglicher Einwendungen; tatbestandsausschließende Umstände lassen die „beiderseitige Strafbarkeit" ebenso entfallen wie das Vorliegen von Rechtfertigungs-[964] oder Strafaufhebungsgründen[965].

Zivil- oder verwaltungsrechtliche Vorfragen, so z.B. die Eigentumsverhältnisse bei Eigentumsdelikten, sind ebenfalls aus der Sichtweise des deutschen Rechts zu beantworten[966]; bei Vorfragen des internationalen Privatrechts kann das ausländische Privatrecht Anwendung finden, soweit dieses nicht mit der deutschen Privatrechtsordnung völlig unvereinbar ist[967].

Wird die Beantwortung ausländischer Rechtsfragen erforderlich, empfiehlt es sich einen ausländischen Korrespondenzanwalt einzuschalten oder eine anderweitige Rechtsauskunft, z.B. beim Max-Planck-Institut für ausländisches und internationales Strafrecht[968], einzuholen.

960 *Gillmeister* Auslieferung und Auslieferungshaft, NJW 1991, 2245, 2247.

961 *Schomburg/Lagodny* IRG, § 3 IRG Rn. 13.

962 Vgl. *Tröndle/Fischer* StGB, § 120 Rn. 9 m.w.N.

963 *OLG Stuttgart* GA 1966, 188; *Vogler* in Grützner/Pötz IRG, § 3 Rn. 2; *Schomburg/Lagodny* IRG, § 3 IRG Rn. 13.

964 *Gillmeister* Auslieferung und Auslieferungshaft, NJW 1991, 2245, 2247; vgl. auch *OLG Stuttgart* GA 1986, 563; *KG* E/L/W U 2.

965 *OLG Karlsruhe* MDR 1991, 560 (strafbefreiender Rücktritt); *Schomburg/Lagodny* IRG, § 3 IRG Rn. 16; *Vogler* in Grützner/Pötz IRG, § 3 Rn. 10 ff.

966 *Schomburg/Lagodny* IRG, § 3 IRG Rn. 19.

967 *OLG Schleswig* GA 1990, 318 zu den Eigentumsverhältnissen an einem griechischen Schatzfund.

968 Max-Planck-Institut für ausländisches und internationales Strafrecht, Günterstalstr. 73, 79100 Freiburg.

☞ Maßgeblicher Prüfungszeitpunkt ist der, in dem über das Auslieferungsersuchen entschieden wird[969]; dem steht das Rückwirkungsverbot nicht entgegen, da die Auslieferung keine Strafe darstellt[970].

☞ Ist der vom ersuchenden Staat mitgeteilte Sachverhalt – wie so oft – derart dürftig, dass er eine verantwortungsvolle Überprüfung nicht zulässt, sollte der Beistand auf einer Sachverhaltskonkretisierung bestehen. Zwar kann diese durch „Beweisanträge" nicht erzwungen werden; eine eigene Sachverhaltsschilderung kann jedoch im Einzelfall hilfreich sein, das zuständige Oberlandesgericht zu weiteren Ermittlungen zu veranlassen (vgl. § 30 I IRG)[971]. Dabei gilt es auch zu beachten, dass die lückenhafte Darstellung des mitgeteilten Sachverhalts die Unzulässigkeit der (vorläufigen) Auslieferungshaft nach sich ziehen kann[972].

3. Grundsatz der Spezialität

477

	Grundsatz der Spezialität
IRG	§ 11
EuAlÜbK	Art. 14
2. ZP-EuAlÜbK	
SDÜ	Art. 66 II
EU-AuslÜbK	Art. 10 f.
EU-VereinfAuslÜbK	Art. 9

Der Grundsatz der Spezialität soll sicherstellen, dass der Ausgelieferte vom ersuchenden Staat ausschließlich wegen solcher Taten verfolgt wird, derentwegen die Auslieferung bewilligt wurde oder zu deren Verfolgung der ersuchte Staat nachträglich seine Zustimmung gegeben hat.

☞ Als allgemein anerkannte Regel des völkerrechtlichen Auslieferungsrechts ist diese Verpflichtung selbst dann zu beachten, wenn der konkrete Auslieferungsvertrag keine entsprechende Regelung enthält[973].

969 *OLG Karlsruhe* NJW 1985, 2096; *OLG Stuttgart* NJW 2002, 3343; *Vogler* in Grützner/Pötz IRG, § 3 Rn. 21; *Köberer* Beck'sches Formularbuch für den Strafverteidiger, S. 1018 m.w.N.

970 *Schomburg/Lagodny* aaO.; *Gillmeister* Auslieferung und Auslieferungshaft, NJW 1991, *2245*, 2248 m.w.N.

971 Gillmeister aaO.

972 Vgl. *SchlHOLG* StV 2001, 525.

973 *V. Bubnoff* Auslieferung, Verfolgungsübernahme, Vollstreckungshilfe, S. 30; zur Beachtung des Spezialitätsgrundsatzes im Rahmen der Strafvollstreckung vgl. auch *OLG Oldenburg* NStZ 2004, 405 f.

a) Die „Gewähr“ setzt eine rechtliche Bindung des ersuchenden Staates voraus, die im vertraglichen Bereich in der Regel ohnehin besteht (vgl. Art. 14 EuAlÜbK)[974]; im Übrigen liegt sie vor, wenn die ausländische Regierung die Einhaltung des Grundsatzes – auf den konkreten Einzelfall bezogen – zugesichert hat *und* zu erwarten ist, dass diese Zusicherung eingehalten wird[975]. **478**

Aus diesem Grunde ist bereits im Zulässigkeitsverfahren darauf zu achten, dass das Oberlandesgericht die Prüfung nicht auf die rechtliche Bindung der Erklärung beschränkt; vielmehr hat es – auch im vertraglichen Bereich[976] – seine Prüfung auch auf die tatsächliche Zuverlässigkeit der erklärten Zusicherung zu erstrecken[977]. Hierzu kann das Gericht – neben anderen Beweismitteln i.S.d. § 30 IRG – eine Stellungnahme der Bundesregierung einholen[978], ohne allerdings an diese gebunden zu sein[979]. In Zweifelsfällen kann es darüber hinaus ratsam sein, einen ausländischen Kollegen hinzuziehen, um das bisherige Verhalten des ersuchenden Staates einer kritischen Prüfung zu unterziehen. ☞

b) Unter „Tat“ ist auch insoweit der dem Ersuchen zugrunde liegende Lebensvorgang zu verstehen (vgl. § 264 StPO)[980], so dass es der Spezialitätsbindung nicht entgegensteht, wenn der ersuchende Staat den Lebenssachverhalt nach der erfolgten Auslieferung rechtlich anders würdigt; zu beachten ist jedoch, dass die abweichende rechtliche Bewertung zum Vorliegen von Auslieferungshindernissen führen kann, so z.B. wenn dem Verfolgten aufgrund der geänderten Subsumtion die Todesstrafe droht (vgl. § 8 IRG)[981]. **479**

Auch insoweit ist also eine genaue materiell-rechtliche Prüfung des in den Auslieferungsunterlagen mitgeteilten Lebenssachverhalts erforderlich (vgl. Rn. 476). ☞

c) Zu beachten ist schließlich auch, dass der Grundsatz der Spezialität u.a. entfällt, wenn der Verfolgte im Rahmen des vereinfachten Verfahrens (vgl. § 41 IRG) auf die Einhaltung der rechtlichen Bindung verzichtet (vgl. Rn. 507); ebenso entfällt die Bindung, wenn der Verfolgte den ersuchenden Staat innerhalb eines Monats – vgl. auch Art. 14 I 1b EuAlÜbK (45 Tage Frist) – nach endgültigem Abschluss des Verfahrens, dessentwegen seine Auslieferung bewilligt worden ist, nicht verlassen hat, obwohl er dazu das Recht und die tatsächliche Möglichkeit[982] hatte (vgl. § 11 II IRG). **480**

Über diese Rechtsfolgen ist der Verfolgte aufzuklären[983]. ☞

974 *Schomburg/Lagodny* IRG, § 11 IRG Rn. 9.
975 *Schomburg/Lagodny* aaO.; *Gillmeister* Auslieferung und Auslieferungshaft, NJW 1991, 2245, 2248 m.w.N.; vgl. auch *OLG Celle* StraFo 2001, 196 ff.; *BVerfG* NJW 2001, 3112, 3113.
976 Vgl. *Schomburg/Lagodny* IRG, § 11 IRG Rn. 10.
977 *Gillmeister* aaO.; vgl. auch *Schomburg/Lagodny* aaO.
978 *Schomburg/Lagodny* aaO.; *Gillmeister* aaO.
979 Vgl. *BVerfGE* 63, 215, 228.
980 Vgl. auch *BGH* StraFo 2004, 144.
981 Vgl. aber auch § 14 III EuAlÜbK.
982 Vgl. *Schomburg/Lagodny* IRG, § 11 IRG Rn. 30 m.w.N.
983 Vgl. *Schomburg/Lagodny* IRG, § 11 IRG Rn. 35; einschränkend *Vogler* in Grützner/Pötz IRG, § 11 Rn. 30; vgl. § 41 II IRG.

E. Auslieferungshindernisse

481 Sind die Voraussetzungen der Auslieferung erfüllt, ist diese dennoch unzulässig, wenn dem ausländischen Ersuchen Auslieferungshindernisse entgegenstehen. Entsprechende Ausnahmetatbestände ergeben sich aus den völkerrechtlichen Auslieferungsverträgen; für den vertragslosen Auslieferungsverkehr gelten die §§ 6–9, 73 IRG, die im Regelfall mit den vertraglichen Regelungen und Vorbehalten übereinstimmen.

1. Beachtung des „ordre public"

482

	„ordre public"
IRG	§ 73
EuAlÜbK	
2. ZP-EuAlÜbK	Art. 3
SDÜ	
EU-AuslÜbK	
EU-VereinfAuslÜbK	
EuRHÜbK	

Die Auslieferung ist unzulässig, wenn sie wesentlichen Grundsätzen der deutschen Rechtsordnung, d.h. deutschem Verfassungsrecht, widersprechen würde.

483 **a)** Dies ist insbesondere dann der Fall, wenn im ersuchenden Staat die Verhängung einer grausamen, unmenschlichen oder erniedrigenden Strafe – z.B. Prügelstrafe[984] oder Folter[985] – droht; auch die Gefahr der politischen Verfolgung[986] oder einer „unerträglich schweren Strafe" kann dem Auslieferungsersuchen entgegenstehen[987], so z.B., wenn dem Verfolgten wegen der Abgabe von 0,05 Gramm Heroin eine Freiheitsstrafe von mindestens 10 Jahren droht[988]. Nicht ausreichend ist dage-

984 *Vogler* in Grützner/Pötz IRG, § 73 Rn. 12; *Schomburg/Lagodny* IRG, § 73 IRG Rn. 96 m.w.N.

985 *Vogler* in Grützner/Pötz aaO.; *Schomburg/Lagodny* IRG, § 73 IRG Rn. 90 m.w.N.; vgl. auch *BVerfG* NJW 1994, 2883; *KG* StV 1996, 103; *OLG München* StV 1996, 100, 102; *OLG Karlsruhe* StV 2004, 442, 443.

986 Vgl. *OLG Celle* NStZ-RR 2003, 152, 153 m.w.N.

987 *OLG Hamm* StV 2001, 527, 528; *Schomburg/Lagodny* IRG, § 73 IRG Rn. 60; *Hackner/Lagodny/Schomburg/Wolf* Internationale Rechtshilfe in Strafsachen, Rn. 122 jeweils m.w.N.

988 *OLG Zweibrücken* StV 1996, 105; vgl. auch *OLG Stuttgart* NStZ-RR 2002, 180, 181; vgl. auch *OLG Köln* E/L/W U 187; *OLG Karlsruhe* MDR 1997, 188; *OLG Hamm* wistra 2001, 157 ff.

gen, dass die zu vollstreckende Strafe „als in hohem Maße hart" anzusehen ist[989], so dass selbst eine drohende lebenslange Freiheitsstrafe die Auslieferung nicht hindert, wenn dem Ersuchen der Erwerb von 3 kg Kokain zugrunde liegt[990].

b) Dass sich der Verfolgte im ersuchenden Staat vor einem „Sondergericht" zu verantworten hat, steht der Auslieferung grundsätzlich nicht entgegen, sofern ein rechtlich geordnetes Gerichtsverfahren garantiert ist[991]. **484**

c) Die Auslieferung strafunmündiger Kinder ist aufgrund des darin liegenden Verstoßes gegen das Schuldprinzip (Art. 1 i.V.m. Art. 2 I, II GG) selbst dann unzulässig, wenn das ausländische Strafrecht eine strafrechtliche Verantwortlichkeit vorsieht[992]. **485**

d) Ein Auslieferungsverbot ist auch dann gegeben, wenn der ausländische Straftatbestand nicht hinreichend bestimmt ist[993] oder die Auslieferung wegen einer Tat begehrt wird, die nach dem Recht des ersuchenden Staates verjährt[994] oder zum Zeitpunkt ihrer Begehung noch nicht strafbar war[995]. **486**

e) Auch das Verbot doppelter Strafverfolgung begründet ein Auslieferungsverbot, sofern sich der Strafklageverbrauch auch auf den ersuchenden Staat erstreckt (vgl. Art. 54 SDÜ)[996]; im Übrigen steht der Grundsatz „ne bis in idem" der Auslieferung nicht entgegen[997]. **487**

f) Wird die Auslieferung zum Zwecke der Vollstreckung eines Abwesenheitsurteils begehrt, ist stets zu prüfen, ob der Anspruch auf rechtliches Gehör und die Mindestrechte einer angemessenen Verteidigung gewahrt bleiben[998]. **488**

aa) Der Verfolgte muss im Rahmen der von der Verfahrensordnung aufgestellten Regeln die tatsächliche Möglichkeit haben, sich persönlich oder durch einen (gewählten) Verteidiger zu den gegen ihn erhobenen Vorwürfen zu äußern, entlastende Umstände vorzutragen und deren umfassende und erschöpfende Nachprüfung

---

989 *OLG Hamm* NStZ-RR 2001, 315 m.w.N.; *Schomburg/Lagodny* IRG, § 73 IRG Rn. 60.
990 *BVerfG* NJW 1994, 2884; vgl. auch *OLG Frankfurt* E/L/W U 126.
991 *BVerfG* NStZ-RR 2004, 179, 180.
992 *Schomburg/Lagodny* IRG, § 73 IRG Rn. 61 m.w.N.; zur Auslieferung Jugendlicher oder Heranwachsender vgl. *OLG Stuttgart* NStZ-RR 2004, 345.
993 Vgl. *OLG Koblenz* GA 1987, 232; *Schomburg/Lagodny* IRG, § 73 IRG Rn. 64.
994 *Gillmeister* Auslieferung und Auslieferungshaft, NJW 1991, 2245, 2249 m.w.N.; vgl. auch *BGH* JZ 2002, 1173, 1174 m.w.N.; zur Verlängerung der Vollstreckungsverjährungsfrist während des laufenden Auslieferungsverfahrens vgl. *OLG Stuttgart* NStZ 2004, 404/405.
995 *OLG Karlsruhe* Beschl. v. 16. 1. 1987 – 1 AK 23/86, zitiert bei *Gillmeister* Auslieferung und Auslieferungshaft, NJW 1991, 2245, 2248; hiervon zu trennen ist die verfahrensrechtliche Frage, ob das Rückwirkungsverbot auch für auslieferungsrechtliche Vorschriften gilt (vgl. Rn. 476).
996 Vgl. *OLG Düsseldorf* NStZ 2001, 613; *Schomburg/Lagodny* IRG, § 73 IRG Rn. 94a.
997 Vgl. *Gillmeister* Auslieferung und Auslieferungshaft, NJW 1991, 2245, 2248 m.w.N.
998 Vgl. auch *OLG Karlsruhe* NStZ-RR 1999, 92, 93 f.; *OLG Karlsruhe* StV 2004, 547, 549, wonach die Auslieferung insgesamt unzulässig sein kann, wenn aus mehreren Urteilen ein der deutschen Gesamtstrafe vergleichbarer Kumulationsbeschluss gebildet wird und lediglich eines der Urteile in Abwesenheit ergangen ist.

zu erreichen. Erforderlich ist demnach, dass der Verfolgte von dem gegen ihn gerichteten Strafverfahren Kenntnis erhalten hat[999]; nicht ausreichend ist die nur theoretische Möglichkeit[1000] – z.B. bei öffentlicher Zustellung[1001] – oder die Bestellung eines Pflichtverteidigers ohne Wissen des Verfolgten[1002].

bb) Hatte der Verfolgte keine Möglichkeit, zu den erhobenen Vorwürfen Stellung zu nehmen, ist weiter zu prüfen, ob der darin liegende Verstoß durch die nachträglich eingeräumte Möglichkeit rechtlichen Gehörs geheilt werden kann; insoweit muss es sich jedoch um einen Rechtsbehelf handeln, der dem Betroffenen keine besondere Darlegungs- oder Beweislast auferlegt[1003]. Ein Rechtsbehelf, dessen Durchführung in das Ermessen des Gerichts gestellt wird[1004], genügt diesen Anforderungen ebenso wenig, wie die nach italienischem Recht mögliche „verspätete Berufung", die aufgrund der beschränkten Prüfungskompetenz des Gerichts eine nur unvollkommene Nachholung rechtlichen Gehörs garantiert[1005].

☞ Die Frage, ob dem ausländischen Rechtsbehelf mängelheilende Wirkung beizumessen ist, ist oft nicht einfach zu beantworten; auch insoweit kann es sich empfehlen, einen ausländischen Korrespondenzanwalt hinzuzuziehen.

cc) Die mangelnde Gewährung rechtlichen Gehörs kann schließlich auch dadurch geheilt werden, dass der ersuchende Staat zusichert, dem Verfolgten ein neues Gerichtsverfahren zu ermöglichen, in dem die Rechte der Verteidigung gewahrt werden (vgl. Art. 3 I 2 2. ZP-EuAlÜbK)[1006].

489 **g)** Im Einzelfall können auch sehr schwere, vom europäischen Mindeststandard abweichende Haftbedingungen ein Auslieferungshindernis begründen[1007].

---

999 *BVerfG* 63, 332, 337f.; *BVerfG* DVBl. 2004, 695, 696; *OLG Karlsruhe* NStZ 1983, 225; *OLG München* E/L/W U 112; weiter gehend *OLG Düsseldorf* NJW 1987, 2172; *KG* StV 1993, 207, 208; *OLG Schleswig* StV 1996, 102, 103; *OLG Hamm* NStZ 1997, 194, 195, die verlangen, dass der Verfolgte amtlich vom gegen ihn gerichteten Verfahren Kenntnis erhalten hat.

1000 *OLG Düsseldorf* StV 1994, 31; *OLG Braunschweig* NStZ 2001, 667, 668.

1001 *Schomburg/Lagodny* IRG, § 73 IRG Rn. 80a.

1002 *OLG Stuttgart* E/L/W U 146; *Schomburg/Lagodny* IRG, § 73 IRG Rn. 84.

1003 *KG* StV 1993, 207, 208; *OLG Düsseldorf* NStZ-RR 1996, 30; *OLG Braunschweig* NStZ 2001, 667, 668.

1004 *OLG Karlsruhe* NStZ-RR 1999, 92, 94.

1005 *BGH* NStZ 2002, 166, 167; *OLG Karlsruhe* NStZ-RR 1999, 92, 94; *OLG Hamm* StV 1997, 364, 365; *OLG Nürnberg* StV 1997, 648/649; *KG* StV 1993, 207, 208; einschränkend *OLG Frankfurt* NStZ-RR 2002, 180; a.A. *OLG Hamm* NStZ-RR 2001, 62 (Italien); vgl. auch *OLG Karlsruhe* StV 2004, 444/445 (Belgien); *OLG Düsseldorf* OLGSt IRG § 15 Nr. 6, S. 3 (Frankreich); *OLG Düsseldorf* NStZ-RR 1996, 30; *OLG Braunschweig* NStZ 2001, 667 (Griechenland); *OLG Düsseldorf* NStZ 1987, 466 (Niederlande); *OLG Braunschweig* E/L/W U 149 (Türkei).

1006 *OLG Karlsruhe* NStZ-RR 1999, 92, 94; *Schomburg/Lagodny* IRG, § 73 IRG Rn. 72.

1007 Vgl. *BVerfG* NStZ 2001, 100/101; *OLG Koblenz* StV 2002, 87; *Schomburg/Lagodny* IRG, § 73 IRG Rn. 99a m.w.N.; vgl. auch *BVerfG* StV 2004, 440, 442, wonach die Prüfung der Haftbedinungen bereits im Zulässigkeitsverfahren zu erfolgen hat, d.h. der Verfolgte nicht auf eine Prüfung im Bewilligungsverfahren verwiesen werden darf.

h) Ob schließlich ein Auslieferungshindernis gegeben ist, wenn der Verfolgte unter Anwendung von List aus seinem Heimatland gelockt worden ist, hat das Bundesverfassungsgericht[1008] ausdrücklich offen gelassen; die Auslieferung sei nämlich jedenfalls dann zulässig, wenn der Ausreise des Verfolgten ein freier Willensentschluss zugrunde liegt. **490**

2. Deutsche Staatsangehörigkeit

491

	Deutsche Staatsangehörigkeit
IRG	§ 2
EuAlÜbK	Art. 1, 6, 25
2. ZP-EuAlÜbK	Art. 2
SDÜ	Art. 59 ff., 95
EU-AuslÜbK	Art. 1, 7
EU-VereinfAuslÜbK	
EU-FinIntÜbK-Betrug	Art. 5

Wegen des grundrechtlichen Auslieferungsverbots für Deutsche (Art. 16 II GG) dürfen nur Ausländer aus- oder durchgeliefert werden (vgl. aber auch Rn. 536 ff.). Besitzt ein Ausländer auch die deutsche Staatsangehörigkeit, ist die Auslieferung ebenso abzulehnen[1009] wie bei Zweifeln über die Staatsangehörigkeit[1010]. Staatenlose sind auslieferungsrechtlich als Ausländer zu behandeln[1011]. Ein Einbürgerungsverfahren steht der Auslieferung nur dann entgegen, wenn der Verfolgte einen Einbürgerungsanspruch hat[1012]; in diesem Fall ist das Zulässigkeitsverfahren analog § 77 IRG i.V.m. § 260 StPO auszusetzen und das Ergebnis des Einbürgerungsverfahrens abzuwarten[1013].

1008 *BVerfG* NJW 2004, 141, 144 m.w.N.
1009 *Baier* Die Auslieferung von Bürgern der Europäischen Union, GA 2001, 427, 432/433 m.w.N.
1010 Vgl. *BVerfG* NJW 1990, 2193; *Schomburg/Lagodny* IRG, § 2 IRG Rn. 21; *Gillmeister* Auslieferung und Auslieferungshaft, NJW 1991, 2245, 2249 m.w.N.
1011 *Schomburg/Lagodny* IRG, § 2 IRG Rn. 18.
1012 *Schomburg/Lagodny* IRG, § 2 IRG Rn. 22 m.w.N.
1013 Schomburg/Lagodny IRG, aaO.

3. Politische Straftaten

492

	Politische Straftaten
IRG	§ 6
EuAlÜbK	Art. 3
2. ZP-EuAlÜbK	
SDÜ	vgl. Art. 55
EU-AuslÜbK	Art. 2, 5
EU-VereinfAuslÜbK	
EuTerrÜbK	Art.1 ff.

a) Das Verbot der Auslieferung wegen politischer Straftaten berücksichtigt primär staatliche Belange, insbesondere das Interesse des deutschen Staates, nicht in innerstaatliche Auseinandersetzungen eines anderen Staates hineingezogen zu werden[1014].

Ob die Straftat politischer Natur ist oder mit einer solchen im Zusammenhang steht, ist zunächst nach deutschem Recht zu beurteilen[1015]; die Tat muss sich unmittelbar gegen das Bestehen oder wesentliche Funktionen und Institutionen des Staates richten[1016]; allein die politische Motivation genügt nicht, die Tat als „politische" zu qualifizieren[1017]. Ist danach das Vorliegen einer politischen Tat zu verneinen, ist weiter zu prüfen, ob sie vom ersuchenden Staat als solche bewertet wird[1018].

b) Abweichend von diesem Grundsatz ist die Auslieferung gleichwohl zulässig, wenn der Verfolgte wegen vollendeten oder versuchten Völkermordes, Mordes oder Totschlags oder wegen der Beteiligung hieran verfolgt wird oder verurteilt worden ist (vgl. § 6 I 2 IRG).

493 **c)** Die Auslieferung ist schließlich auch dann unzulässig, wenn ernstliche Gründe für die Annahme bestehen, dass dem Verfolgten im Fall seiner Auslieferung politische Verfolgung droht (vgl. § 6 II IRG)[1019].

1014 *Schomburg/Lagodny* IRG, § 6 IRG Rn. 1.
1015 *BGH* NJW 1982, 531; *Schomburg/Lagodny* IRG, § 6 IRG Rn. 22a.
1016 *OLG Düsseldorf* NJW 1984, 2052; *OLG Karlsruhe* Die Justiz 1984, 347, 348.
1017 *Gillmeister* Auslieferung und Auslieferungshaft, NJW 1991, 2245, 2249.
1018 *BGHSt* 30, 199; *OLG Zweibrücken* MDR 1991, 788; *Schomburg/Lagodny* aaO.; a.A. *Vogler* in Grützner/Pötz IRG, § 6 Rn. 89 ff.
1019 Vgl. auch *OLG Karlsruhe* StV 2004, 445, 446.

4. Militärische Straftaten

	Militärische Straftaten
IRG	§ 7
EuAlÜbK	Art. 4
2. ZP-EuAlÜbK	
SDÜ	
EU-AuslÜbK	
EU-VereinfAuslÜbK	

494

Ein weiteres Auslieferungshindernis besteht bei rein militärischen Straftaten; „militärisch" ist eine Straftat, wenn das Handeln einen Verstoß gegen Militärstrafrecht – z.B. Befehlsverweigerung oder Fahnenflucht – darstellt[1020]. Da auch der Dienst ohne Waffe „Wehrpflicht" ist, stehen dem Straftaten nach dem Zivildienstgesetz gleich[1021]. Werden dem Verfolgten neben der militärischen Straftat weitere nicht militärische Taten zur Last gelegt, ist die Auslieferung wegen der nicht militärischen Taten zulässig, sofern der Grundsatz der Spezialität gewährleistet ist[1022].

5. Drohende Todesstrafe

	Drohende Todesstrafe
IRG EuAlÜbK	§ 8 Art. 11
2. ZP-EuAlÜbK	
SDÜ	
EU-AuslÜbK	
EU-VereinfAuslÜbK	

495

Ist die Tat nach dem Recht des ersuchenden Staates mit der Todesstrafe bedroht, ist die Auslieferung nur zulässig, wenn der ersuchende Staat zusichert, dass die Todesstrafe nicht verhängt oder nicht vollstreckt werden wird (vgl. § 8 IRG).

1020 *KG* E/L/W U 2; *Schomburg/Lagodny* IRG, § 7 IRG Rn. 5.
1021 *Schomburg/Lagodny* IRG, § 7 IRG Rn. 5; *Vogler* in Grützner/Pötz IRG, § 7 Rn. 7.
1022 *Gillmeister* Auslieferung und Auslieferungshaft, NJW 1991, 2245, 2249.

☞ Die Todesstrafe ist nach wie vor in vielen Rechtsordnungen als Sanktion vorgesehen; da sie zum Teil auch wegen verhältnismäßig geringfügiger Delikte – z.B. Steuerhinterziehung (China) oder Drogenbesitz (Malaysia) – verhängt wird, sollte stets geprüft werden, ob der ersuchende Staat die Todesstrafe als Sanktion vorsieht. Eine gute Schnellorientierung bietet die Homepage – http://www.todesstrafe.de –; ist die Verhängung der Todesstrafe möglich, sollte eine Detailprüfung durchgeführt werden.

☞ Die Zuverlässigkeit der Zusicherung ist bereits im Zulässigkeitsverfahren zu prüfen; die Beurteilung darf nicht dem Ermessen der Bewilligungsbehörde überlassen bleiben[1023]. Verbleiben Zweifel, ist die Auslieferung ausgeschlossen[1024].

☞ Droht dem Verfolgten die Todesstrafe, bedarf es der Zusicherung auch dann, wenn das Auslieferungsersuchen ausschließlich auf eine Norm gestützt wird, die die Verhängung der Todesstrafe nicht vorsieht[1025] (vgl. oben Rn. 479).

F. Auslieferungshaft

496 Im Auslieferungsverfahren wird in der Regel Auslieferungshaft angeordnet; diese soll die Durchführung des Verfahrens ermöglichen und zugleich verhindern, dass sich der Verfolgte der Auslieferung entzieht. Neben den materiellrechtlichen Voraussetzungen der Auslieferung gilt es also vor allem auch, die Besonderheiten des Haftverfahrens zu beachten.

1. Allgemeines

497 Das Auslieferungsrecht unterscheidet zwischen vorläufiger und (endgültiger) Auslieferungshaft.

a) Auslieferungshaft

498 Die (endgültige) Auslieferungshaft (§ 15 IRG) darf nur angeordnet werden, wenn das Auslieferungsersuchen einschließlich der notwendigen Auslieferungsunterlagen eingegangen ist, Haftgründe vorliegen (vgl. unten Rn. 502 ff.) und die Auslieferung nicht von vornherein unzulässig erscheint (§ 15 II IRG). Erforderlich ist eine summarische Prüfung, ob die Voraussetzungen für eine Auslieferung gegeben sein können bzw. alsbald gegeben sein werden[1026].

1023 *BGH* NStZ 1987, 414; *Schomburg/Lagodny* IRG, § 8 IRG Rn. 19 ff. m.w.N.

1024 *Schomburg/Lagodny* IRG, § 8 IRG Rn. 16; *Vogler* in Grützner/Pötz IRG, § 7 Rn. 7.

1025 *OLG Hamm* E/L/W U 107.

1026 *OLG Düsseldorf* MDR 1973, 956/957; *Schomburg/Lagodny* IRG, § 15 IRG Rn. 31 m.w.N.; zur Verfassungsmäßigkeit der Auslieferungshaft vgl. *BVerfG* DVBl. 2001, 796/797.

Auch insoweit gilt es also, die Voraussetzungen und Hindernisse der Auslieferung zu prüfen; erweist sich die Auslieferung als offensichtlich unzulässig, ist auch der damit korrespondierende Haftbefehl aufzuheben.

b) Vorläufige Auslieferungshaft

499

	vorläufige Auslieferungshaft
IRG	§ 16
EuAlÜbK	Art. 16
2. ZP-EuAlÜbK	vgl. Art. 3
SDÜ	Art. 64
EU-AuslÜbK	Art. 13
EU-VereinfAuslÜbK	
EG-Fax-ÜbK	Art. 1 ff.

Bereits vor Eingang der Auslieferungsunterlagen kann Auslieferungshaft angeordnet werden, wenn ein angekündigtes oder zu erwartendes Auslieferungsersuchen ohne die Inhaftierung des Ausländers vereitelt würde (vorläufige Auslieferungshaft).

aa) Die Anordnung der vorläufigen Auslieferungshaft verlangt zunächst die Voraussetzungen der Auslieferungshaft (§ 15 IRG); zusätzlich setzt sie voraus, dass eine zuständige Stelle des ausländischen Staates um die Auslieferung ersucht oder der Verfolgte aufgrund bestimmter Tatsachen einer Straftat dringend verdächtig ist, die zu einer Auslieferung Anlass geben kann (vgl. § 16 I Nr. 1, 2 IRG).

bb) Das Ersuchen der ausländischen Stelle muss nicht von einem Gericht oder einer Justizbehörde ausgehen; es genügt, wenn das Ersuchen von einer allgemeinen und unmittelbar mit der Strafverfolgung oder Strafvollstreckung befassten Stelle des ausländischen Staates oder einer vorgesetzten Dienststelle ausgeht[1027].

Formell handelt es sich um ein Festnahmeersuchen, welches im Geltungsbereich des EuAlÜbk eine konkrete Umschreibung des dem Verfolgten vorgeworfenen Verhaltens voraussetzt[1028]; das Ersuchen wird von Regierung zu Regierung erklärt, wobei die sog. Zirkularausschreibung oder das Fahndungsersuchen der Internationalen Kriminalpolizeilichen Organisation (Interpol) genügt[1029].

1027 *Schomburg/Lagodny* IRG, § 16 IRG Rn. 19; *Gillmeister* Auslieferung und Auslieferungshaft, NJW 1991, 2245, 2250.

1028 Vgl. *OLG Düsseldorf* NStZ-RR 2003, 151; *OLG Stuttgart* NStZ-RR 2003, 276, 277.

1029 *Schomburg/Lagodny* aaO.

cc) Liegt weder ein Ersuchen um Auslieferung noch ein Ersuchen um Anordnung der vorläufigen Auslieferungshaft vor, kann die vorläufige Auslieferungshaft nur angeordnet werden, wenn der Verfolgte aufgrund bestimmter Tatsachen einer Tat dringend verdächtig ist, die zu einer Auslieferung Anlass geben kann (§ 16 I Nr. 2 IRG). Die Ausnahmeregelung betrifft in erster Linie „Zufallsfunde", wie z.B. ein unerwartetes Geständnis eines ausländischen Straftäters[1030]. Da die gesetzliche Regelung das Vorliegen „bestimmter Tatsachen" verlangt, aufgrund derer der Verfolgte „dringend verdächtig" ist, müssen in einem solchen Fall ausnahmsweise Feststellungen zum dringenden Tatverdacht getroffen werden[1031].

500 **dd)** Aufgrund des vorläufigen Charakters der Freiheitsentziehung ist deren Aufrechterhaltung an zeitliche Höchstgrenzen gebunden. Im vertraglosen Bereich ist die Höchstgrenze mit zwei Monaten, bei Vorliegen eines Ersuchens durch einen außereuropäischen Staat mit drei Monaten angesetzt (§ 16 II IRG); eine Ausdehnung über diesen Zeitraum hinaus ist in jedem Fall unzulässig[1032].

☞ Die Frist beginnt mit der Freiheitsentziehung zu laufen, wobei der Tag der Festnahme einzubeziehen ist[1033]; die Frist endet mit dem Eingang der Unterlagen bei der in § 16 II IRG bezeichneten Stelle[1034]. Im Geltungsbereich des EuAlÜbK ist darüber hinaus die Entscheidung des Gerichtes erforderlich, so dass der Verfolgte freizulassen ist, sofern die Entscheidung nicht innerhalb der geltenden Höchstfrist ergeht[1035].

☞ Im vertraglichen Bereich gelten – zum Teil – erheblich kürzere Fristen; nach Art. 16 IV EuAlÜbK beträgt z.B. die zulässige Höchstfrist lediglich 40 Tage. Da der Verfolgte nach Ablauf der Frist ohne weitere Prüfung freizulassen ist, ist stets sorgfältig zu prüfen, von welcher Frist auszugehen ist[1036].

1030 *Gillmeister* Auslieferung und Auslieferungshaft, NJW 1991, 2245, 2250.

1031 *Schomburg/Lagodny* IRG, § 16 IRG Rn. 22.

1032 *BGHSt* 33, 310, 316; *Schomburg/Lagodny* IRG, § 16 IRG Rn. 24; vgl. auch *BGH* NStZ 2003, 336, wonach das Überschreiten der Höchstfristen durch den ausliefernden Staat der weiteren Strafverfolgung in Deutschland nicht entgegensteht.

1033 *OLG Hamm* StV 1997, 372; *Schomburg/Lagodny* IRG, § 16 IRG Rn. 27; a.A. *KG* GA 1982, 130 ff.; *OLG Düsseldorf* E/L/W U 138, das den Fristbeginn auf den Zeitpunkt der „rechtlichen Verhaftung" durch Erlass des Auslieferungshaftbefehls abstellt.

1034 *Schomburg/Lagodny* IRG, § 16 IRG Rn. 34; tritt nach Eingang der Unterlagen eine weitere Verzögerung ein, ist der Verfolgte ebenfalls freizulassen (*OLG Karlsruhe* GA 1987, 366).

1035 *BGHSt* 28, 31 ff; a.A. *v. Bubnoff* Auslieferung, Verfolgungsübernahme, Vollstreckungshilfe, S. 40 ff.

1036 Vgl. auch *OLG Düsseldorf* NStZ-RR 2003, 151, 152, wonach die Auslieferungsunterlagen dem OLG so rechtzeitig vorgelegt werden müssen, dass über die Haftfrage noch vor Fristablauf ohne unzumutbaren Zeitdruck ordnungsgemäß entschieden werden kann.

c) Durchführungshaft

Befindet sich der Verfolgte nach der Bewilligung der Auslieferung auf freiem Fuß und ist die Durchführung der Auslieferung nicht auf andere Weise gewährleistet[1037], kann gem. § 34 IRG „Durchführungshaft" angeordnet werden; § 34 IRG ist lex specialis zu § 15 IRG, so dass für ein Wahlrecht kein Raum bleibt[1038]. **501**

Übersicht über abweichende Fristen

Staat	(Erst-)Frist	Höchstfrist	Rechtsgrundlage
Argentinien	30 Tage	40 Tage	vertraglos
Australien	–	2 Monate	BGBl. II 90, 121, 716
Bosnien-Herzegowina	30 Tage	45 Tage	BGBl. II 74, 1258; BGBl. II 75, 1725
Brasilien	–	90 Tage	BGBl. II 53, 129
(Rest-)Jugoslawien	30 Tage	45 Tage	BGBl. II 74, 1258; BGBl. II 75, 1725
Kanada	45 Tage	**ohne:** richterlich im Rahmen von § 16 II IRG	BGBl. II 77, 665, 1049
Mazedonien	30 Tage	45 Tage	BGBl. II 74, 1258; BGBl. II 75, 1725
Mexiko	–	60 Tage	BGBl. II 57, 500
Monaco	40 Tage	40 Tage	BGBl. II 64, 1298; BGBl. II 65, 405
Paraguay	–	3 Monate	RGBl. 1915, 571, 582
Thailand	2 Monate	gerichtlich verlängerbar	vertraglos
Tunesien	20 Tage	40 Tage	BGBl. II 69, 1158; BGBl. II 70, 127
Vereinigte Staaten	40 Tage	60 Tage	BGBl. II 80, 646

1037 Vgl. hierzu *OLG Stuttgart* NStZ-RR 2003, 277, 278, wonach ein Vorführungsbefehl zum Zwecke der Durchführung der Auslieferung – als mildere Maßnahme – durch § 34 IRG nicht ausgeschlossen wird.

1038 *OLG Nürnberg* NStZ-RR 2002, 248, 249 m.w.N.

2. Haftgründe

502 Nach Eingang des Auslieferungsersuchens kann gegen den Verfolgten Auslieferungshaft angeordnet werden, wenn die Gefahr besteht, dass er sich dem Auslieferungsverfahren oder der Durchführung der Auslieferung entziehen werde (Fluchtgefahr), oder aufgrund bestimmter Tatsachen der dringende Verdacht begründet ist, dass der Verfolgte die Ermittlung der Wahrheit im ausländischen Verfahren oder im Auslieferungsverfahren erschweren werde (Verdunklungsgefahr).

503 **a)** Abweichend von §§ 112, 112a StPO wird für den Haftgrund der Fluchtgefahr (§ 15 I Nr. 1 IRG) nicht verlangt, dass die Gefahr auf „bestimmte Tatsachen" gestützt ist; es kommt also allein auf die Überzeugung des Gerichts an, das die Tatsachen, aus denen sich der Haftgrund ergibt, im Auslieferungshaftbefehl niederzulegen hat[1039].

504 **b)** Der Haftgrund der Verdunklungsgefahr ist der Strafprozessordnung (§ 112 II Nr. 3 StPO) nachgebildet, wenn auch auf eine Aufzählung der dortigen Handlungsweisen verzichtet worden ist; auf die zu dieser Norm entwickelte Rechtsprechung darf verwiesen werden[1040].

505 **c)** Auch wenn der Verhältnismäßigkeitsgrundsatz gesetzlich nicht verankert ist, besteht Einigkeit[1041], dass dieser als Ausfluss des Verfassungsrechts auch im Rahmen der Auslieferungshaft berücksichtigt werden muss; aufgrund der gesetzlich geforderten Mindestsanktion (vgl. § 3 II IRG) wird die Unverhältnismäßigkeit der Auslieferungshaft ein seltener Ausnahmefall bleiben.

3. Haftverfahren

a) Allgemeines

506 Wird der Verfolgte festgenommen, ist er unverzüglich, spätestens am Tag nach der Ergreifung, dem Richter des nächsten Amtsgerichts vorzuführen (§§ 21, 22 IRG).

aa) Der Amtsrichter hat – nach h.M.[1042] – lediglich die Identität des Verfolgten festzustellen; erfolgte die Festnahme aufgrund eines Auslieferungshaftbefehls, hat er darüber hinaus das Bestehen eines vollziehbaren Auslieferungshaftbefehls zu prüfen. Eine weitergehende Prüfungskompetenz ist ihm nach h.M. verwehrt, so dass er selbst beim Vorliegen von offensichtlichen Auslieferungshindernissen die Entscheidung dem Oberlandesgericht überlassen muss.

1039 *Schomburg/Lagodny* IRG, § 15 IRG Rn. 17; vgl. auch *OLG Hamm* StV 2001, 527.

1040 *Schomburg/Lagodny* IRG, § 15 IRG Rn. 23.

1041 *OLG Düsseldorf* NJW 1991, 3105 f.; *OLG Düsseldorf* NJW 1995, 1369; vgl. auch *OLG Hamm* StV 2001, 526; *Schomburg/Lagodny* IRG, § 15 IRG Rn. 26; *Vogler* in Grützner/Pötz IRG, § 15 Rn. 17a.

1042 *BVerfG* Beschl. v. 25.11.1991 – 2 BvR 1634/91, zitiert bei *Schomburg/Lagodny* Richtlinien für den Strafverteidiger, StV 1992, 239, 240; *BGHSt* 2, 44, 47 f.

bb) Besteht kein Auslieferungshaftbefehl, vernimmt der Amtsrichter den Verfolgten lediglich zu seinen persönlichen Verhältnissen, insbesondere seiner Staatsangehörigkeit. Er weist ihn darauf hin, dass er sich in jeder Lage des Verfahrens eines Beistands bedienen kann und es ihm freistehe, sich zu der ihm zur Last gelegten Tat zu äußern. Zwar darf er auch Einwendungen entgegennehmen, eine Entscheidung der Haftfrage ist dem Amtsrichter jedoch verwehrt. Ist der Ergriffene die im Ersuchen bezeichnete Person, ordnet er – als Alibirichter zur Fristwahrung[1043] – an, „dass der Verfolgte bis zur Entscheidung des Oberlandesgerichts festzuhalten ist". Das Oberlandesgericht seinerseits braucht den Verfolgten vor einer Haftentscheidung nicht zu hören. Da die Anhörung auch im Zulässigkeitsverfahren nur fakultativ vorgesehen ist (§ 30 III IRG), führt dies in der Praxis nicht selten dazu, dass der Verfolgte ein einziges Mal persönlich durch einen Richter angehört wird, der aufgrund seiner rechtlichen Stellung keinerlei Entscheidungsbefugnis hat (sog. „amputierter Richter"); so kann es passieren, dass sich der vorläufig Festgenommene (§ 22 IRG) zehn Tage in Haft befindet, ohne dass ein richterlicher Haftbefehl vorliegt. Dieser wird am 11. Tag – ohne (nochmalige) Anhörung – erlassen und dem Verfolgten am 20. Tag in seiner Zelle zugestellt[1044].

Diese merkwürdige Konstruktion wird damit begründet, dass Art. 104 III GG im Auslieferungsverfahren keine Anwendung finde[1045]. Das deutsche Auslieferungsverfahren, dass allein der Unterstützung eines ausländischen Strafverfahrens diene, sei kein „Strafverfahren", sondern „ein Verfahren eigener Art"; Art. 104 III GG setze aber voraus, dass der Verdacht einer strafbaren Handlung erörtert werde; folglich finde dieser nur im deutschen Strafverfahren, nicht aber im Auslieferungsverfahren Anwendung.

Zwar ist es zutreffend, dass die Überprüfung des Tatverdachts im Auslieferungsverfahren die Ausnahme darstellt (§ 10 II IRG); gleichwohl übersieht die h.M., dass auch einem Ersuchen zur Strafverfolgung der „Verdacht einer strafbaren Handlung" zugrunde liegt, für die ein Richter den Freiheitsentzug legitimieren muss[1046]. Zudem wird verkannt, dass „Einwendungen" i.S.v. Art. 104 III GG nicht nur solche sind, die den Tatverdacht betreffen. Im Rahmen der Untersuchungshaft können sich Einwendungen auch auf das Vorliegen von Haftgründen erstrecken[1047]; im Auslieferungsrecht sind darüber hinaus auch die materiellrechtlichen Voraussetzungen – z.B. das Drohen der Todesstrafe – zu prüfen[1048].

Die besseren Gründe sprechen also dafür, dem Amtsrichter im Wege einer verfassungskonformen Auslegung auch eine Prüfungskompetenz bzgl. offensichtlicher Auslieferungshindernisse – z.B. zweifelsfreier Nachweis der deutschen Staatsangehörigkeit – zu eröffnen[1049].

1043 *Schomburg/Lagodny* Richtlinien für den Strafverteidiger, StV 1992, 239, 240.
1044 *Schomburg/Lagodny* Richtlinien für den Strafverteidiger, StV 1992, 239.
1045 *BVerfG* Beschl. v. 25.11.1991 – 2 BvR 1634/91, zitiert bei *Schomburg/Lagodny* Richtlinien für den Strafverteidiger, StV 1992, 239, 240; *BGHSt* 2, 44, 47 f.
1046 *Schomburg/Lagodny* Richtlinien für den Strafverteidiger, StV 1992, 239, 240.
1047 *Schomburg/Lagodny* aaO.
1048 *Schomburg/Lagodny* aaO.
1049 *Schomburg/Lagodny* aaO.

☞ Hat das Oberlandesgericht über die Zulässigkeit der Auslieferung zu entscheiden, sollte stets auf eine mündliche Verhandlung und die Vernehmung des Verfolgten gedrängt werden; es liegt auf der Hand, dass ein Richter nach Aktenlage leichter die Zulässigkeit der Auslieferung anordnet, als wenn er dem Verfolgten gegenübersteht[1050].

b) Vereinfachte Auslieferung

507

	vereinfachte Auslieferung
IRG	§ 41
EuAlÜbK	
2. ZP-EuAlÜbK	
SDÜ	Art. 66
EU-AuslÜbK	Art. 10
EU-VereinfAuslÜbK	Art. 1 ff.
EG-Fax-ÜbK	

Die Auslieferung eines Ausländers, gegen den ein Auslieferungshaftbefehl besteht, kann auch ohne Durchführung eines förmlichen Auslieferungsverfahrens bewilligt werden, wenn sich der Verfolgte nach Belehrung zu richterlichem Protokoll mit der vereinfachten Auslieferung einverstanden erklärt (vgl. § 41 I IRG). Der Verzicht, der unwiderruflich ist (vgl. § 41 III IRG), kann zudem die Beachtung des Spezialitätsgrundsatzes umfassen (vgl. § 42 II IRG).

☞ Ob der Verzicht auf ein förmliches Auslieferungsverfahren sinnvoll ist, ist stets eine Frage des konkreten Einzelfalls[1051]; hierbei ist zu berücksichtigen, dass das Auslieferungsverfahren das international geführte Strafverfahren erheblich in die Länge ziehen kann. Gerade in Fällen, in denen der Verfolgte auf eine schnelle Prüfung des aus seiner Sicht unberechtigten Tatverdachts besonderen Wert legt, wird der Verzicht auf das formal gehaltene Auslieferungsverfahren nahe liegen. Dabei sind jedoch auch Risiken und Chancen des Verfolgten im ausländischen Strafverfahren zu beachten, die insbesondere bei vorhandenen Auslieferungshindernissen den Ausschlag für das förmliche Verfahren geben können. Vor einer abschließenden Beratung des Verfolgten sollte daher stets eine umfassende Prüfung der in- und ausländischen Rechtslage durchgeführt werden. Auch insoweit wird es sich oftmals empfehlen, einen ausländischen Kollegen hinzuziehen, der die Perspektiven im ausländischen Verfahren in der Regel weit besser beurteilen kann.

1050 *Schomburg/Lagodny* Richtlinien für den Strafverteidiger, StV 1992, 239, 244.
1051 So auch *Schomburg/Lagodny* Richtlinien für den Strafverteidiger, StV 1992, 239, 243.

c) Einwendungen

a) Einwendungen gegen die Haftentscheidung können gemäß § 23 IRG dem Oberlandesgericht vorgetragen werden; ergeben sich neue sachliche oder rechtliche Gesichtspunkte, können Einwendungen wiederholt geltend gemacht werden[1052]. Damit hat das Einwendungsrecht eine ähnliche Funktion wie ein Rechtsbehelf gegen die Anordnung der Untersuchungshaft, obwohl die Beschwerde gegen Entscheidungen des Oberlandesgerichts im Auslieferungsverfahren gerade ausgeschlossen ist (§ 13 I 2 IRG). **508**

bb) Die Anordnung einer mündlichen Verhandlung i.S.d. §§ 118, 118a StPO ist im Auslieferungsverfahren nicht vorgesehen. Da sie aber auch nicht ausgeschlossen ist, sollte der Beistand stets eine solche „anregen“[1053].

cc) § 26 IRG sieht schließlich eine periodische Haftprüfung vor, die erstmals zwei Monate nach der Ergreifung von Amts wegen durchzuführen ist; die Prüfung ist jeweils nach zwei weiteren Monaten zu wiederholen, wobei das zuständige Oberlandesgericht kürzere Prüfungsfristen anordnen kann. Die periodischen Haftprüfungstermine entbinden jedoch das Oberlandesgericht nicht von einer „laufenden Überwachung“[1054]; fehlt es an den Haftvoraussetzungen oder wird die Auslieferung für unzulässig erklärt, ist der Haftbefehl aufzuheben und die Freilassung des Verfolgten anzuordnen (§ 24 IRG). Kommt die Freilassung nicht in Betracht, ist in gleicher Weise zu prüfen, ob der Verhältnismäßigkeitsgrundsatz die – jederzeit mögliche – Außervollzugsetzung des Auslieferungshaftbefehls gebietet (§ 25 IRG).

4. Verhältnis zur Untersuchungshaft

a) Für den Vollzug der (vorläufigen) Auslieferungshaft gelten die Vorschriften der Strafprozessordnung bzw. des Jugendgerichtsgesetzes über den Vollzug der Untersuchungshaft (§ 27 IRG) **509**

b) Da Auslieferungs- und Untersuchungshaft einander nicht ausschließen, können diese parallel angeordnet werden[1055]; welche Haft vorrangig vollzogen wird, ist eine Frage des Einzelfalls, wobei dem deutschen Verfahren, d.h. dem Vollzug der Untersuchungshaft, in der Regel der Vorrang gebühren wird[1056].

c) Wird ausnahmsweise wegen derselben Tat Untersuchungs- und Auslieferungshaft angeordnet, handelt es sich in der Regel um eine nur vorübergehende Konkur-

---

1052 *BVerfG* NJW 2001, 3110, 3111; *Schomburg/Lagodny* IRG, § 23 IRG Rn. 7; *Gillmeister* Auslieferung und Auslieferungshaft, NJW 1991, 2245, 2251; vgl. auch *BVerfG* NJW 2003, 3338.

1053 *Schomburg/Lagodny* Richtlinien für den Strafverteidiger, StV 1992, 239, 244; *Gillmeister* aaO.

1054 *Gillmeister* Auslieferung und Auslieferungshaft, NJW 1991, 2245, 2251; *Schomburg/Lagodny* IRG, § 26 IRG Rn. 5.

1055 *OLG Stuttgart* NStZ-RR 2003, 91, 92.

1056 *Wilkitzki* in Grützner/Pötz IRG, § 15 Rn. 53.

renz[1057]. Wird das deutsche Verfahren zu Ende geführt, ist die Auslieferung gemäß § 9 IRG abzulehnen und der Auslieferungshaftbefehl aufzuheben; wird dem ausländischen Verfahren der Vorzug eingeräumt, wird das deutsche Verfahren – in der Regel – gemäß § 154b StPO eingestellt, wodurch die Voraussetzungen der Untersuchungshaft entfallen.

☞ Ist wegen derselben Tat Untersuchungs- und Auslieferungshaft angeordnet, wird der Verteidiger also zu prüfen haben, welche Verfahrensalternative den Vorzug verdient; ist ein Verfahren in Deutschland vorteilhaft, wird er auf eine möglichst zügige Entscheidung der deutschen Strafjustiz drängen; andernfalls wird er das deutsche Verfahren mit dem Ziel der Einstellung (§ 154b StPO) betreiben.

d) Besteht ausschließlich ein Auslieferungshaftbefehl, ist dieser nach Ablehnung der Auslieferung aufzuheben; die Fortsetzung der Haft ist selbst dann ausgeschlossen, wenn die Strafverfolgung aufgrund des Weltrechtsprinzips (vgl. §§ 6, 7 StGB) auch in Deutschland möglich ist. Die Untersuchungshaft darf nur angeordnet werden, wenn deren Voraussetzungen, d.h. auch der dringende Tatverdacht (!), vorliegen[1058].

5. Haftentschädigung und Auslagenentscheidung

510 Wird der Verfolgte zu Unrecht in Auslieferungshaft genommen, ist ein finanzieller Ausgleich der erlittenen Beeinträchtigungen nur in beschränktem Maße vorgesehen.

a) Eine Haftentschädigung ist bei unrechtmäßiger Auslieferungshaft nur zu gewähren, sofern die unberechtigte Verfolgung von den deutschen Behörden zu vertreten ist; andernfalls mangelt es an einem hoheitlichen Handeln der Bundesrepublik Deutschland, so dass eine analoge Anwendung des StrEG nicht in Betracht kommt[1059]. Erforderlich ist ein „schuldhaftes Vertreten", z.B. eine von den deutschen Behörden zu vertretene Personenverwechslung[1060], so dass selbst ein Beitrag im Sinne eines „Mitverursachens" nicht ausreicht, einen Entschädigungsanspruch zu begründen[1061]. Auch hier bleibt zu hoffen, dass diese missliche Rechtslage die notwendige Korrektur erfährt[1062].

511 **b)** Dagegen sind die notwendigen Auslagen gemäß § 77 IRG i.V.m. §§ 467, 467a StPO auch dann der Staatskasse aufzuerlegen, wenn die unberechtigte Verfolgung von den deutschen Behörden nicht zu vertreten ist[1063]; erforderlich ist jedoch, dass

1057 *Wilkitzki* in Grützner/Pötz aaO.
1058 *Wilkitzki* in Grützner/Pötz aaO.
1059 *BGHSt* 32, 221, 225; vgl. auch *BGHSt* 30, 152 ff.; *Schomburg/Lagodny* IRG, vor § 15 IRG Rn. 12.
1060 *BGHSt* 32, 221, 225.
1061 *OLG Hamm* NStZ 1997, 246; *Schomburg/Lagodny* IRG, vor § 15 IRG Rn. 10a.
1062 *Schomburg/Lagodny* IRG, vor § 15 IRG Rn. 16.
1063 *BGHSt* 32, 221 ff.; *OLG Hamm* NStZ-RR 2002, 159, 160; *Schomburg/Lagodny* IRG, vor § 15 IRG Rn. 11.

ein Antrag gem. § 29 IRG gestellt worden ist. Findet das Verfahren vor Antragstellung seine Erledigung, kommt nach Ansicht des Bundesgerichtshofes[1064] eine Kostenerstattung nicht in Betracht.

Nach zutreffender Ansicht[1065] sind auch die Kosten eines ausländischen Verteidigers als notwendige Auslagen i.S.d. §§ 464 II, 464a II StPO anzusehen, da die Tätigkeit des ausländischen Verteidigers letztlich die Verteidigung im deutschen Auslieferungsverfahren stützt. ☞

II. Der Europäische Haftbefehl

Das „klassische Auslieferungsrecht" erwies sich in der Vergangenheit oftmals als **512**
schwerfällig und komplex, so dass insbesondere im Bereich der Europäischen Union nach Wegen der Vereinfachung gesucht worden ist. Nach langer Diskussion ist im Sog des 11. September 2001 ein Rahmenbeschluss[1066] ergangen, der durch das EuHbG vom 21.07.2004[1067] in innerdeutsches Recht umgesetzt worden ist. Der Europäische Haftbefehl soll – im Bereich der EU – die bislang geltenden Abkommen ersetzen und dadurch das Auslieferungsverfahren erheblich erleichtern. Der Gesetzesbegründung[1068] folgend soll dies jedoch nur gelten, sofern die Neuregelung das „günstigere Recht" i.S.d. Auslieferungsersuchens darstellt, so dass es sich letztlich um eine Spezialregelung handelt[1069], die vorrangig zu prüfen ist, sofern auf beiden Seiten Mitgliedstaaten der EU beteiligt sind.

Demnach gilt es im Bereich der Europäischen Union folgende Besonderheiten zu beachten:

A. Anwendungsbereich

1. Der Europäische Haftbefehl ist im Achten Teil (§§ 78 ff.) des Gesetzes über die **513**
Internationale Rechtshilfe in Strafsachen (IRG) geregelt; soweit dort keine besonderen Regelungen enthalten sind, finden die übrigen Bestimmungen des IRG auf die im Zweiten und Dritten Teil geregelten Ersuchen Anwendung (§ 78 IRG).

2. Gemäß § 1 IV IRG dient der Europäische Haftbefehl der Unterstützung im Verfahren einer strafrechtlichen Angelegenheit mit einem Mitgliedstaat der Europäischen Union; der Europäische Haftbefehl geht völkerrechtlichen Vereinbarungen – z.B. EuAlÜbK, 2. ZP EuAlÜbK, EU-VereinfAuslÜbK, EU-AuslÜbK,

---

1064 *BGHSt* 30, 152, 157 ff.; a.A. *OLG Hamm* StraFo 2003, 325.

1065 So auch *OLG Hamburg* NStZ 1988, 370; *Meyer-Goßner* StPO, § 464 a Rn. 13; a.A. *OLG Köln* NStZ-RR 2003, 319/320.

1066 ABl. L 190/1 v. 18.7.2002.

1067 BGBl. I 2004, 1748 ff.

1068 BT-Drucks. 15/1718 S. 13.

1069 Vgl. BT-Drucks. 15/1718 S. 14.

SDÜ – vor, welche jedoch hilfsweise anwendbar bleiben, sofern diese das „günstigere Recht" darstellen.

☞ Obwohl der Europäische Haftbefehl i.d.R. das „günstigere Recht" i.S.d. § 1 IV IRG darstellen wird, ist somit das „klassische Auslieferungsrecht" auch im Auslieferungsverkehr innerhalb der Europäischen Union nicht bedeutungslos geworden, so dass auf die obigen Ausführungen (I.) hilfsweise verwiesen werden darf.

☞ Der Europäische Haftbefehl findet in Mitgliedstaaten des EWR keine Anwendung, so dass auch insoweit das „klassische Auslieferungsrecht" fortgilt; da einzelne EWR-Staaten vertraglichen Vereinbarungen der EU beigetreten sind, gelten diese im Verhältnis zu einem EU-Mitgliedstaat ohne Einschränkung fort.

3. Da das Auslieferungsrecht seiner Natur nach Verfahrensrecht darstellt, d. h. das Rückwirkungsverbot keine Geltung beansprucht, steht der Anwendbarkeit des neuen Rechts nicht entgegen, dass das Verfahren unter Geltung der alten Rechtslage eingeleitet worden ist; das EuHbG enthält keine Übergangsfristen, so dass noch nicht abgeschlossene Verfahren nach neuem Recht zu behandeln sind[1070].

4. Ob der Rahmenbeschluss über den Europäischen Haftbefehl auch im ersuchenden Mitgliedstaat in nationales Recht umgesetzt worden ist, spielt schließlich keine Rolle, da die gesetzliche Neufassung (§§ 78 ff. IRG) nicht den Bestimmungen über die Gegenseitigkeit unterliegt (§§ 5, 82 IRG)[1071].

B. Auslieferungsverfahren

514 **1.** Das Auslieferungsverfahren beginnt mit dem Eingang des Europäischen Haftbefehls, wobei dieser formal nicht ausdrücklich als solcher bezeichnet werden muss[1072]; die Übersetzung in die deutsche Sprache ist entgegen § 184 GVG nicht erforderlich[1073] (vgl. Rn. 522). Dem Europäischen Haftbefehl steht die Ausschreibung zum Zwecke der Auslieferung im SIS gleich, sofern diese die in § 83a I Nr. 1–6 IRG genannten Angaben enthält. Durch die Gleichstellung soll künftig die Notwendigkeit eines förmlichen Festnahme- bzw. Auslieferungsersuchens entfallen, um so das Auslieferungsverfahren zu beschleunigen[1074].

515 **2.** Inhalt und Form des Europäischen Haftbefehls regelt § 83a IRG. Danach soll u.a. die Identität, Staatsangehörigkeit, ausstellende Justizbehörde, Art und rechtliche Würdigung der Straftat einschließlich der gesetzlichen Bestimmungen sowie die Beschreibung der Umstände, unter denen die Straftat begangen worden ist,

---

1070 *OLG Stuttgart* StV 2004, 546; *OLG Braunschweig* NStZ-RR 2005, 18, 19; BT-Drucks. 15/1718 S. 13, 26.
1071 *OLG Karlsruhe* StV 2004, 547, 548; *OLG Karlsruhe* NJW 2004, 3789, 3790; *OLG Karlsruhe* StV 2005, 30.
1072 *OLG Karlsruhe* NJW 2004, 3789, 3790; BT-Drucks. 15/1718 S. 20.
1073 *OLG Stuttgart* StV 2004, 546; BT-Drucks. 15/1718 S. 20.
1074 BT-Drucks. 15/1718 S. 20; *Ahlbrecht* Freier Personenverkehr innerhalb der Europäischen Union in Auslieferungssachen, StV 2005, 40, 42.

angegeben werden. Die Vorschrift ist eine „Soll-Bestimmung“, so dass das Fehlen einzelner Angaben der Zulässigkeit des Ersuchens nicht entgegensteht[1075].

3. Obwohl ursprünglich der durch das „klassische Auslieferungsrecht“ geschaffene zweistufige Verfahrensaufbau durch ein justizielles Verfahren ersetzt werden sollte, verbleibt es bei der gesetzlichen Zweiteilung des Verfahrens in ein Zulässigkeits- und einen Bewilligungsverfahren[1076], so dass auf die bisherige Systematik des IRG verwiesen werden kann (vgl. oben Rn. 464). **516**

4. Bzgl. des Haftverfahrens ergeben sich gegenüber dem „klassischen Auslieferungsverfahren“ geringfügige Abweichungen, die unter G. (Rn. 543 ff.) dargestellt sind. **517**

5. Der vielseits geäußerten Forderung[1077], aufgrund der Komplexität des Verfahrens eine notwendige Verteidigung in beiden beteiligten Mitgliedstaaten vorzusehen – sog. „doppelte (notwendige) Verteidigung“ –, ist der Gesetzgeber nicht gefolgt; gleichwohl hat er die Beistandspflicht erheblich erweitert, wenn dem Ersuchen ein Europäischer Haftbefehl zugrunde liegt (vgl. Rn. 270). Im Übrigen ist bzgl. des Beistands und Akteneinsichtsrechts auf die Ausführungen zum „klassischen Auslieferungsrecht“ zu verweisen. **518**

6. Besondere Ermittlungsmaßnahmen sieht schließlich § 83e IRG vor, wonach dem ersuchenden Mitgliedstaat – noch während des laufenden Auslieferungsverfahrens – das Recht zusteht, die verantwortliche Vernehmung des Verfolgten zu beantragen; auf Ersuchen ist Vertretern des Mitgliedstaates die Anwesenheit zu gestatten. **519**

C. Prüfungsumfang

Bereits im „klassischen Auslieferungsrecht“ war der hinreichende Tatverdacht im Auslieferungsverkehr nach dem EuAlÜbK nur in extremen Ausnahmefällen zu prüfen (vgl. Rn. 469); nachdem der Europäische Haftbefehl Überprüfungen – z. B. im Bereich der beiderseitigen Strafbarkeit (vgl. dort Rn. 522 ff.) – der Mitgliedstaaten weitgehend eingeschränkt hat, dürfte für § 10 II IRG kaum noch Raum bleiben[1078]. **520**

1075 *OLG Stuttgart* StV 2004, 546.

1076 BT-Drucks. 15/1718 S. 15; vgl. auch *Wehnert* Europäischer Haftbefehl, StraFo 2003, 356, 358; Seitz Das Europäische Haftbefehlsgesetz, NStZ 2004, 546, 547; *Heintschel-Heinegg/Rohlff* Der Europäische Haftbefehl, GA 2003, 44, 46; *Wegner* Vorschlag der Europäischen Kommission für einen Europäischen Haftbefehl, StV 2003, 105, 106.

1077 Vgl. *Salditt* Doppelte Verteidigung im einheitlichen Raum, StV 2003, 136/137; *Wehnert* Europäischer Haftbefehl, StraFo 2003, 356, 358.

1078 Offen gelassen *OLG Stuttgart* StV 2004, 546, 547.

D. Voraussetzungen der Auslieferung

521 Liegt ein Europäischer Haftbefehl bzw. eine Ausschreibung zum Zwecke der Auslieferung im SIS vor, sind die materiellen Auslieferungsvoraussetzungen zu prüfen.

1. Beiderseitige Strafbarkeit

522 **a)** Insbesondere die Einschränkung des Grundsatzes der beiderseitigen Strafbarkeit ist im Gesetzgebungsverfahren auf heftige Kritik gestoßen[1079]; künftig bleibt die beiderseitige Strafbarkeit ungeprüft, sofern dem Europäischen Haftbefehl eine in Art. 2 II des Rahmenbeschlusses genannte Straftat zugrunde liegt. Der Katalog, der jederzeit erweitert werden kann[1080], enthält folgende Straftaten:

- Beteiligung an einer kriminellen Vereinigung;
- Terrorismus;
- Menschenhandel;
- sexuelle Ausbeutung von Kindern und Kinderpornographie;
- illegaler Handel mit Drogen und psychotropen Stoffen;
- illegaler Handel mit Waffen, Munition und Sprengstoffen;
- Korruption;
- Betrugsdelikte, einschließlich Betrug zum Nachteil der finanziellen Interessen der Europäischen Gemeinschaft i.S.d. Übereinkommens vom 26. Juli 1995 über den Schutz der finanziellen Interessen der Europäischen Gemeinschaft;
- Wäsche von Erträgen aus Straftaten;
- Geldfälschung, einschließlich der Euro-Fälschung;
- Cyberkriminalität;
- Umweltkriminalität, einschließlich des illegalen Handels mit bedrohten Tierarten und bedrohten Pflanzen- und Baumarten;
- Beihilfe zur illegalen Einreise und zum illegalen Aufenthalt;
- vorsätzliche Tötung, schwere Körperverletzung;
- illegaler Handel mit Organen und menschlichem Gewebe;
- Entführung, Freiheitsberaubung und Geiselnahme;
- Rassismus und Fremdenfeindlichkeit;
- Diebstahl in organisierter Form oder mit Waffen;
- illegaler Handel mit Kulturgütern, einschließlich Antiquitäten und Kunstgegenständen;
- Betrug;
- Erpressung und Schutzgelderpressung;
- Nachahmung und Produktpiraterie;

1079 *Schünemann* Ein Gespenst geht um in Europa – Brüsseler „Strafrechtspflege" intra muros –, GA 2002, 501, 507/508; *ders.* Die Rechte des Beschuldigten im internationalen Ermittlungsverfahren, StraFo 2003, 344, 348; *Wehnert* Europäischer Haftbefehl, StraFo 2003, 356, 358; zustimmend dagegen *Vogel* Abschaffung der Auslieferung?, JZ 2001, 937, 942.

1080 BT-Drucks. 15/1718 S. 18; *Wehnert* Europäischer Haftbefehl, StraFo 2003, 356, 357.

- Fälschung von amtlichen Dokumenten und Handel damit;
- Fälschung von Zahlungsmitteln;
- illegaler Handel mit Hormonen und anderen Wachstumsförderern;
- illegaler Handel mit nuklearen und radioaktiven Substanzen;
- Handel mit gestohlenen Kraftfahrzeugen;
- Vergewaltigung;
- Brandstiftung;
- Verbrechen, die in die Zuständigkeit des internationalen Strafgerichtshofes fallen;
- Flugzeug- und Schiffsentführung;
- Sabotage.

Kritiker[1081] berufen sich – zu Recht – auf die bislang fehlende Harmonisierung der Straftatbestände innerhalb der Europäischen Union. So seien z.B. die Tatbestände der „Cyberkriminalität", „Fremdenfeindlichkeit" oder „Sabotage" nach deutschem Recht völlig unbestimmt[1082]; umgekehrt wird sich daneben z. B. die Frage stellen, ob ein Europäischer Haftbefehl nach deutschem Recht erlassen werden kann, sofern die deutschen Strafverfolgungsbehörden wegen des Verdachts der gefährlichen Körperverletzung ermitteln, Art. 2 II des Rahmenbeschlusses jedoch den Fortfall des Prüfungserfordernisses nur im Fall der „schweren Körperverletzung" vorsieht[1083]. Bedenklich erscheint schließlich, dass der Europäische Haftbefehl grundsätzlich keiner Übersetzung bedarf (vgl. oben Rn. 514), so dass eine Überprüfung der Voraussetzungen oftmals gar nicht möglich sein wird (vgl. aber Rn. 542) ; solange die notwendigen Korrekturen ausbleiben, ist also der Verteidiger im besonderen Maße gefordert, um einer weiteren Einschränkung von Grund- und Verteidigungsrechten entgegenzuwirken.

Liegen Anhaltspunkte vor, die einen Missbrauch des Auslieferungsrechts nahe legen, bleibt auch weiterhin eine Überprüfung gemäß § 10 II IRG zulässig; dies gilt es insb. zu beachten, wenn Zweifel bestehen, ob der mitgeteilte Sachverhalt einen der im Rahmenbeschluss genannten Tatbestände erfüllt[1084]. ☜

b) Soweit dem Grundsatz der beiderseitigen Strafbarkeit folgend Mindestsank- **523**
tionen gefordert werden (vgl. Rn. 472), stellt § 81 Nr. 1 und 2 IRG allein auf das Recht des ersuchenden Mitgliedstaates ab, so dass die Auslieferungsvoraussetzungen vorliegen, sofern die Tat nach dem Recht des ersuchenden Staates mit einer Freiheitsstrafe oder sonstigen Sanktion im Höchstmaß von mind. 12 Monaten bedroht ist bzw. eine freiheitsentziehende Sanktion von mind. 4 Monaten zu vollstrecken ist; soll ein Jugendlicher ausgeliefert werden, ist mangels deliktsbezogener Strafrahmen im deutschen Jugendstrafrecht auf die abstrakte Strafdrohung des allgemeinen Strafrechts abzustellen[1085].

1081 *Schünemann* aaO.
1082 *Schünemann* aaO.
1083 So auch *Ahlbrecht* Freier Personenverkehr innerhalb der Europäischen Union in Auslieferungssachen, StV 2005, 40, 41.
1084 So auch *Ahlbrecht* Freier Personenverkehr innerhalb der Europäischen Union in Auslieferungssachen, StV 2005, 40, 43.
1085 BT-Drucks. 15/1718 S. 16.

524 **c)** Die Auslieferung in Steuer-, Zoll- und Währungsangelegenheiten ist auch dann zulässig, wenn das deutsche Recht keine gleichartigen Steuern vorschreibt oder keine gleichartigen Steuer-, Zoll- und Währungsbestimmungen enthält wie das Recht des ersuchenden Mitgliedstaates (§ 81 Nr. 3 IRG).

2. Grundsatz der Spezialität

525 **a)** § 83h IRG regelt die Spezialität bei ausgehenden (deutschen) Auslieferungsersuchen; die Vorschrift geht von dem im Völkerrecht allgemein anerkannten Grundsatz bei Auslieferungsersuchen aus.

526 **b)** § 83h II Nr. 1 IRG entspricht Art. 14 I b EuAlÜbK, wonach der Grundsatz der Spezialität entfällt, sofern die übergebene Person den räumlichen Anwendungsbereich des Gesetzes innerhalb einer Frist von 45 Tagen nach der endgültigen Freilassung nicht verlässt bzw. nach dem Verlassen in ihn zurückkehrt.

527 **c)** § 83h II Nr. 2 IRG lässt die Spezialität entfallen, wenn die dem Ersuchen zugrunde liegende Tat nicht mit einer Freiheitsstrafe oder eine freiheitsentziehenden Maßregel der Besserung und Sicherung bedroht ist; die Ausnahmeregelung entspricht Art. 10 I a EU-AuslÜbK, wobei auf die abstrakte Strafdrohung, d.h. nicht auf die verhängte oder zu erwartende Strafe abzustellen ist[1086].

528 **d)** § 83h II Nr. 3 IRG stellt dagegen auf die konkrete Straferwartung ab; Absatz 1 findet demnach keine Anwendung, sofern eine freiheitsbeschränkende Maßnahme nicht zu erwarten ist. Die Regelung ist daher unanwendbar, wenn die verwirkte Geldstrafe in eine Gesamtfreiheitsstrafe einbezogen werden soll[1087]. Kommt eine Gesamtstrafenbildung in Betracht, ist daher entweder auf eine gesonderte Geldstrafe zu erkennen (vgl. § 53 II 2 StGB) oder ein Nachtragsersuchen zu stellen.

529 **e)** § 83h Nr. 4 IRG entbindet von der Spezialität, wenn die übergebene Person der Vollstreckung einer Strafe oder Maßregel der Besserung und Sicherung ohne Freiheitsentzug unterzogen wird, selbst wenn diese Strafe oder Maßnahme die persönliche Freiheit einschränken kann. Ein Nachtragsersuchen ist somit insbesondere im Fall einer Ersatzfreiheitsstrafe entbehrlich[1088].

530 **f)** § 83h Nr. 5 IRG regelt schließlich die Fälle, in denen der ersuchte Mitgliedstaat oder die verfolgte Person auf die Einhaltung der Spezialität verzichtet hat. Der Verzicht kann sowohl vor der Übergabe als auch danach erfolgen[1089].

1086 BT-Drucks. 15/1718 S. 25.
1087 BT-Drucks. 15/1718 S. 25.
1088 BT-Drucks. 15/1718 S. 25.
1089 BT-Drucks. 15/1718 S. 25.

E. Auslieferungshindernisse

Sind die Voraussetzungen der Auslieferung erfüllt, ist diese gleichwohl unzulässig, sofern dem Europäischen Haftbefehl Auslieferungshindernisse entgegenstehen. **531**

1. Beachtung des „ordre public"

§ 83 Nr. 1 bis 3 IRG regelt in Ergänzung zu § 73 IRG Auslieferungshindernisse, die durch die obergerichtliche Rechtsprechung zum alten Recht entwickelt worden sind. **532**

a) Die Auslieferung ist danach unzulässig (§ 83 Nr. 1 IRG), wenn der Verfolgte wegen derselben Tat, die dem Ersuchen zugrunde liegt, bereits von einem anderen Mitgliedstaat rechtskräftig abgeurteilt worden ist, vorausgesetzt, dass im Fall der Verurteilung diese Sanktion bereits vollstreckt worden ist, gerade vollstreckt wird oder nach dem Recht des Urteilsstaates nicht mehr vollstreckt werden kann. **533**

Der Wortlaut entspricht Art. 54 SDÜ, so dass die dortigen Ausführungen entsprechend gelten[1090] (vgl. Rn. 332 ff.).

Da eine Einstellung des Verfahrens gemäß § 153a StPO regelmäßig die Rechtsfolgen des Art. 54 SDÜ auslöst, ist insb. im Falle eines Parallelverfahrens im Bundesgebiet die Möglichkeit einer frühzeitigen Einstellung gemäß § 153a StPO zu prüfen, um so ein Auslieferungshindernis zu produzieren; da eine Einstellung mangels hinreichenden Tatverdachts regelmäßig kein Auslieferungshindernis begründet[1091], kann also die Einstellung gemäß § 153a StPO selbst dann sinnvoll sein, wenn nach deutschem Recht eine Strafbarkeit (offensichtlich) nicht gegeben ist. ☞

b) § 83 Nr. 2 IRG schließt die Auslieferung strafunmündiger Kinder aus, wobei bei eingehenden Ersuchen auf die deutsche Rechtslage abzustellen ist[1092]. **534**

Die Auslieferung Jugendlicher ist dagegen möglich, was angesichts der speziellen Regelungen des deutschen Jugendstrafrechts im Einzelfall bedenklich sein kann[1093]. In diesem Fall wird jedoch besonders gründlich zu prüfen sein, ob dem Verfolgten eine „unerträglich schwere Strafe" droht, d.h. die Auslieferung nach allgemeinen Grundsätzen unzulässig ist (vgl. § 73 IRG; Rn. 483).

c) § 83 Nr. 3 IRG übernimmt die obergerichtliche Rechtsprechung zur Auslieferung bei Abwesenheitsurteilen[1094] (vgl. Rn. 488). **535**

Danach ist die Auslieferung unzulässig, sofern das dem Ersuchen zugrundeliegende Urteil in Abwesenheit des Verfolgten ergangen ist und der Verfolgte zu dem

1090 Vgl. BT-Drucks. 15/1718 S. 19; BGH StraFo 2004, 348.
1091 *OLG Karlsruhe* StV 2005, 32.
1092 BT-Drucks. 15/1718 S. 19.
1093 So zu Recht *Schünemann* Die parlamentarische Gesetzgebung als Lakai von Brüssel? Zum Entwurf des Europäischen Haftbefehlsgesetzes, StV 2003, 531, 532.
1094 Vgl. *OLG Karlsruhe* StV 2004, 547, 548.

Termin nicht persönlich geladen oder nicht auf andere Weise von dem Termin, der zu dem Abwesenheitsurteil geführt hat, unterrichtet worden war, es sei denn, dass dem Verfolgten nach seiner Überstellung das Recht auf ein neues Gerichtsverfahren, in dem der gegen ihn erhobenen Vorwurf umfassend überprüft wird, und auf Anwesenheit bei der Gerichtsverhandlung eingeräumt wird.

2. Deutsche Staatsangehörigkeit

536 **a)** Die Auslieferung deutscher Staatsangehöriger ist nach Neuregelung des IRG (nur) zulässig, wenn gesichert ist, dass der ersuchende Mitgliedstaat nach Verhängung einer rechtskräftigen Freiheitsstrafe oder sonstigen Sanktionen anbieten wird, den Verfolgten auf seinen Wunsch zur Vollstreckung in die Bundesrepublik Deutschland zurückzuüberstellen (§ 80 I IRG)[1095]; ein Begleitschreiben der Bewilligungsbehörde soll insoweit eine ausreichende Garantie darstellen[1096], was angesichts der verfahrensrechtlichen Schwierigkeiten im Zusammenhang der Rücküberstellung (vgl. Rn. 398 ff.) bedenklich erscheint. Die Rücküberstellung erfolgt nämlich auf Grundlage der einschlägigen internationalen Übereinkommen zur Vollstreckungshilfe, insbesondere des Übereinkommens des Europarates über die Überstellung verurteilter Personen vom 21. März 1983 (ÜberstÜbK)[1097] (vgl. Rn. 398 ff.).

537 **b)** Die Auslieferung eines Deutschen zum Zwecke der Strafvollstreckung ist zulässig, wenn der Verfolgte nach Belehrung zu richterlichem Protokoll zustimmt (§ 80 II IRG). Die Ausführungen zu § 41 III und IV IRG gelten entsprechend (vgl. Rn. 507).

538 **c)** § 80 I, II IRG ist auf Ausländer entsprechend anzuwenden, die
- im Inland aufgewachsen sind und hier bereits als Minderjährige ihren rechtmäßigen gewöhnlichen Aufenthalt hatten;
- eine Aufenthaltsberechtigung oder seit drei Jahren eine unbefristete Aufenthaltserlaubnis besitzen oder besessen haben[1098];
- eine unbefristete Aufenthaltserlaubnis besitzen oder besessen haben und mit einem der in Nr. 1 oder 2 bezeichneten Ausländer in familiärer Lebensgemeinschaft leben[1098] oder
- mit einem deutschen Staatsangehörigen in familiärer Lebensgemeinschaft leben.

Nachdem § 60 IV AufenthG die Abschiebung trotz förmlichen Auslieferungsverfahren zulässt, findet § 80 III IRG jedoch keine Anwendung, wenn die Abschiebung erfolgreich durchgeführt wird[1099].

1095 Vgl. aber *BVerfG* StV 2005, 29/30; zum Ganzen *Uhle* Auslieferung und Grundgesetz, NJW 2001, 1889 ff.

1096 *OLG Karlsruhe* StV 2005, 32.

1097 BT-Drucks. 15/1718 S. 16.

1098 Anm.: § 80 III IRG entspricht der Fassung in der Bekanntmachung vom 26.07.2004 (BGBl. I 2004, 1748, 1749); aufgrund der Neuregelung des Ausländerrechts ist davon auszugehen, dass in Kürze eine Harmonisierung erfolgen wird.

1099 *Seitz* Das Europäische Haftbefehlsgesetz, NStZ 2004, 546, 548.

3. Politische und militärische Straftaten

Das im „klassischen Auslieferungsrecht" geltende Verbot, wegen politischer oder militärischer Straftaten auszuliefern, findet bei Auslieferungsersuchen innerhalb der Europäischen Union keine Anwendung; aus dem engen Zusammenwachsen der Europäischen Union folge – so die Gesetzesbegründung[1100] –, dass politische sowie militärische Straftaten zukünftig nicht mehr zur Ablehnung der Auslieferung berechtigen, unabhängig davon, ob ein europäischer Haftbefehl dem Auslieferungsverfahren zugrunde liegt oder nicht. **539**

F. Bewilligungshindernisse

1. § 83b IRG konkretisiert die grundsätzliche Pflicht zur Bewilligung eines zulässigen Auslieferungsersuchens (vgl. § 79 IRG). Zulässige Auslieferungsersuchen müssen bewilligt werden, soweit nicht im Einzelfall die Voraussetzungen einer gesetzlich vorgesehenen Ausnahme vorliegen. Die Prüfung obliegt der Bewilligungsbehörde, so dass Bewilligungshindernisse in gerichtlichen Zulässigkeitsverfahren keine Bedeutung haben[1101]. Demnach kann die Bewilligungsbehörde die Auslieferung ablehnen, wenn **540**

- gegen den Verfolgten wegen derselben Tat, die dem Auslieferungsersuchen zugrunde liegt, in der Bundesrepublik Deutschland ein strafrechtliches Verfahren geführt wird (§ 83b Nr. 1 IRG);
- die Einleitung eines strafrechtlichen Verfahrens wegen derselben Tat, die dem Auslieferungsersuchen zugrunde liegt, abgelehnt wurde oder ein bereits eingeleitetes Verfahren eingestellt wurde (§ 83b Nr. 2 IRG);
- dem Auslieferungsersuchen eines dritten Staates Vorrang eingeräumt werden soll (§ 83 b Nr. 3 IRG);
- die dem Ersuchen zugrunde liegende Tat nach dem Recht des ersuchenden Mitgliedstaates mit lebenslanger Freiheitsstrafe oder einer sonstigen lebenslangen freiheitsentziehenden Sanktion bedroht ist oder der Verfolgte zu einer solchen Strafe verurteilt worden war und eine Überprüfung der Vollstreckung der verhängten Strafe oder Sanktion auf Antrag oder von Amts wegen nicht spätestens nach 20 Jahren erfolgt (§ 83b Nr. 4 IRG) oder
- nicht aufgrund einer Pflicht zur Auslieferung nach dem Rahmenbeschluss des Rates vom 13. Juni 2002 über den Europäischen Haftbefehl und die Übergabeverfahren zwischen den Mitgliedstaaten aufgrund einer vom ersuchenden Staat gegebenen Zusicherung oder sonstigen Gründen erwartet werden kann, dass dieser einem vergleichbaren deutschen Ersuchen entsprechen würde (§ 83b Nr. 5 IRG).

2. Obwohl § 83b Nr. 4 IRG die Frage der lebenslangen Freiheitsstrafe besonders regelt, bleibt § 73 S. 2 IRG anwendbar, soweit die Verhältnismäßigkeit der Anord- **541**

1100 BT-Drucks. 15/1718 S. 18.

1101 *OLG Stuttgart* StV 2004, 546, 547; a.A. *OLG Braunschweig* NStZ-RR 2005, 18, 19, dass im Falle der Ermessensreduzierung auf Null die Prüfung im gerichtlichen Verfahren für zulässig erachtet.

nung zu prüfen ist[1102]; auf die obergerichtliche Rechtsprechung zur alten Rechtslage kann insoweit verwiesen werden (vgl. Rn. 483).

542 **3.** Ob § 83b Nr. 2 IRG schließlich anzuwenden ist, d. h. ein Bewilligungshindernis besteht, wenn die verfolgte Tat nach deutschem Recht nicht strafbar ist, d.h. die Einleitung eines entsprechenden Verfahrens abzulehnen wäre, ist umstritten; z.T.[1103] wird dies als Umgehung der Neuregelung zur beiderseitigen Strafbarkeit angesehen, während andere[1104] dies jedenfalls im Einzelfall für zulässig erachten. Die letztgenannte Auffassung verdient den Vorzug, weil nur so Zweifelsfälle im Bereich der beiderseitigen Strafbarkeit adäquat behandelt werden können.

☞ Demnach empfiehlt sich im Falle fehlender beiderseitiger Strafbarkeit einen entsprechenden Sachvortrag der Bewilligungsbehörde gegenüberzuhalten; ist nach deutschem Recht offensichtlich keine Strafbarkeit gegeben, kann daneben eine „Selbstanzeige" gegenüber den deutschen Strafverfolgungsbehörden in Betracht kommen. Insoweit hat der Verteidiger jedoch auch zu beachten, dass die Bewilligungsentscheidung nicht justiziabel ist (§ 74b IRG).

G. Auslieferungshaft

543 Der Achte Teil des Gesetzes über die Internationale Rechtshilfe in Strafsachen (IRG) enthält bzgl. des Haftverfahrens grundsätzlich keine besonderen Regelungen, so dass insoweit auf das „klassische Auslieferungsrecht" verwiesen werden kann (vgl. Rn. 496 ff.).

544 **1.** Zu beachten ist jedoch, dass der Europäische Haftbefehl einem Auslieferungsersuchen gleichsteht, so dass die Anordnung vorläufiger Auslieferungshaft ausgeschlossen ist, d. h. – bei Vorliegen der übrigen Voraussetzungen – sogleich (endgültige) Auslieferungshaft gem. § 15 IRG angeordnet werden kann[1105].

545 **2.** Daneben ist auf § 83c IRG zu verweisen, der eine erhebliche Verkürzung der Fristen vorsieht; da Fristüberschreitungen jedoch die Zulässigkeit der Auslieferung nicht berühren, insbesondere nicht zur Haftentlassung führen (vgl. auch § 83d IRG), d. h. der Verfolgte hieraus keine Rechte herleiten kann[1106], bleibt es anzuzweifeln, ob das ehrgeizige Ziel erreicht werden kann.

546 *Übersicht:*
Die nachfolgend abgedruckte Tabelle enthält die aktuellen Rechtshilfebeziehungen der Bundesrepublik Deutschland im Bereich der Auslieferung (Stand: 31.12.2004); Vorbehalte, die die Anwendung einschränken oder erweitern können, sind den angegebenen Fundstellen (BGBl. II) zu entnehmen, welche im Volltext auch auf der Homepage www.verteidigung-von-auslaendern.de abgelegt sind.

1102 *OLG Stuttgart* StV 2004, 546, 547.
1103 *Seitz* Das Europäische Haftbefehlsgesetz, NStZ 2004, 546, 547/548.
1104 So wohl *Wehnert* Europäischer Haftbefehl, StraFo 2003, 356, 360.
1105 *OLG Stuttgart* StV 2004, 546, 547; *OLG Karlsruhe* NJW 2004, 3789, 3790; vgl. auch *OLG Braunschweig* NStZ-RR 2005, 18, 19.
1106 BT-Drucks. 15/1718 S. 10.

Auslieferung

Vertragsstaat	EuAlÜbK	2. ZP EuAlÜbK	EU-AuslÜbK[1107]	EU-Vereinf. AlÜbK[1108]	EG Fax-ÜbK[1109]	SDÜ Art. 59 ff.
Albanien	98, 2749	98, 2751				
Andorra	01, 704					
Armenien	02, 2300	04, 455				
Aserbaidschan	02, 2827	02, 2828				
Australien	90, 716 [1110]					
Belgien	98, 1027	98, 1031	02, 1653		98, 965	96, 242
Bulgarien	95, 252; 01, 902; 02, 2301; 04, 652	94, 3645				
Dänemark	76, 1778; 86, 471[1111]; 03, 257; 04, 379	90, 118 91, 874	99, 708	99, 358		00, 1108; 02, 627
Deutschland	76, 1778 94, 299	90, 118 91, 874	98, 2253 99, 707	98, 2229 99, 357	95, 969	93, 1010; 96, 243; I 97, 1606
Estland	98, 1028	97, 1516				
Finnland	76, 1778; 02, 2302	91, 874	99, 709	01, 533		00, 1112; 02, 627
Frankreich	86, 631; 94, 586					96, 248
Georgien	03, 257	03, 258				
Griechenland	76, 1778 97, 895					98, 1968, 2951 96, 2543

1107 Vorzeitige Anwendung.
1108 Vorzeitige Anwendung.
1109 Vorzeitige Anwendung.
1110 Bilateraler Vertrag.
1111 Ergänzungsvertrag.

Vertragsstaat	EuAlÜbK	2. ZP EuAlÜbK	EU-AuslÜbK[1107]	EU-Vereinf. AlÜbK[1108]	EG Fax-ÜbK[1109]	SDÜ Art. 59 ff.
Irland	76, 1778 91, 916					
Island	84, 921	91, 874				00, 1120; 02, 628
Israel	76, 1778; 98, 1030; 02, 2302					
Italien	76, 1778; 82, 106 [1112]; 94, 586	91, 874			97, 1689	93, 1904 98, 1969
Kanada	79, 1049[1113]					
Kroatien	95, 448	95, 448				
Lettland	97, 1695	97, 1516				
Liechtenstein	94, 586	03, 957				
Litauen	95, 988	95, 988				
Luxemburg	77, 252 94, 586		02, 1654	01, 1225	95, 969	96, 249
Malta	96, 2600	02, 954				
Mazedonien	01, 706	02, 954				
Moldavien	98, 1029	02, 954				
Niederlande	76, 1778; 81,1153[1114]; 95, 448; 02, 633, 636	91, 874	01, 574	01, 534	95, 969	96, 249

1112 Zusatzvertrag.

1113 Bilateraler Vertrag.

1114 Zusatzvertrag.

Vertragsstaat	EuAlÜbK	2. ZP EuAlÜbK	EU-AuslÜbK[1107]	EU-Vereinf. AlÜbK[1108]	EG Fax-ÜbK[1109]	SDÜ Art. 59 ff.
Norwegen	76, 1778; 85, 1121[1115]; 94, 3645	91, 874				00, 1120; 02, 628
Österreich	75, 1162[1116]; 95, 252; 98, 1031	91, 874	01, 868	01, 534 ; 03, 127	99, 133	98, 1969
Polen	94, 299	94,586				
Portugal	91, 645	91, 874	99, 711			96, 258
Rumänien	98, 1027	98, 1027				
Russland	01, 706	02, 955				
Schweden	76, 1778; 78, 135[1117], 954; 02, 270; 04, 652	91, 874; 02, 955	02, 1656	99, 359	98, 231	00, 1116; 02, 627
Schweiz	75, 1175[1118]; 76, 1778; 94, 586; 01, 946, 961	91, 874				
Serbien und Montenegro	03, 258	03, 956				
Slowakei	93, 239; 97, 895 01, 710	97, 216				
Slowenien	95, 448	95, 448				
Spanien	82, 995 87, 592[1119]	91, 874	99, 711	99, 360	95, 969	96, 258

1115 Ergänzungsvertrag.
1116 Zusatzvertrag.
1117 Ergänzungsvertrag.
1118 Zusatzvertrag.
1119 Ergänzungsvertrag.

Vertragsstaat	EuAlÜbK	2. ZP EuAlÜbK	EU-AuslÜbK[1107]	EU-Vereinf. AlÜbK[1108]	EG Fax-ÜbK[1109]	SDÜ Art. 59 ff.
Südafrika	03, 523 03, 1783	03, 523				
Tschechien	97, 89; 93, 239 01, 726[1120]	97, 799				
Türkei	76, 1778 94, 3645	92, 1092				
Ukraine	98, 2749	98, 2751; 02, 955				
Ungarn	94, 299 99, 693	94, 586				
Vereinigte Staaten	80, 1300[1121]; 88, 1087[1122]; 93, 846[1123]					
Vereinigtes Königreich	91, 916 97, 895	94, 586 03, 956			98, 231	
Zypern	76, 1778; 94, 3645; 01, 902	91, 874				

1120 Zusatzvertrag.
1121 Bilateraler Vertrag.
1122 Zusatzvertrag.
1123 Zusatzvertrag.

Teil 7
Abschiebungshaft

Die Abschiebungshaft setzt als Verwaltungshaft das Vorliegen einer strafbaren Handlung nicht voraus[1124]; sie dient allein dem Zweck, den Zugriff auf einen Ausländer sicherzustellen, dessen Abschiebung ohne seine Inhaftierung erschwert oder vereitelt würde. Gerade dieser „Haftgrund" führt in der Praxis häufig zur Bagatellisierung der Abschiebungshaft, etwa mit der Überlegung, es stehe dem Ausländer frei, sich der Haft durch freiwillige Ausreise zu entziehen[1125]. Abgesehen davon, dass die Ausreise für den betroffenen Ausländer unzumutbar erscheinen kann, ist stets in Erinnerung zu rufen, dass auch die Abschiebungshaft eine Freiheitsentziehung darstellt. Diese wird vom betroffenen Ausländer regelmäßig als besonders einschneidend empfunden, da er den „eigentlichen Grund" seiner Inhaftierung nicht nachvollziehen kann. Auch im Bereich der Abschiebungshaft ist also eine besondere Sensibilität des Verteidigers gefragt. **547**

A. Allgemeines

1. Die Abschiebungshaft ist in § 62 AufenthG geregelt; die Vorschrift normiert die materiellen Voraussetzungen und sieht zwei Arten der Abschiebungshaft vor; die Haft zur Vorbereitung der Ausweisung (Vorbereitungshaft) und die zur Sicherung der Abschiebung (Sicherungshaft). Da die Regelung abschließend ist, darf die Abschiebungshaft zu anderen Zwecken nicht angeordnet werden[1126]. **548**

2. Während das Ausländergesetz die materiell-rechtliche Grundlage der Inhaftierung bildet, richten sich Zuständigkeit und Verfahren nach dem FreihEntzG (§ 106 II AufenthG).

B. Vorbereitungshaft

Ein Ausländer ist zur Vorbereitung der Ausweisung in Haft zu nehmen, wenn über die Ausweisung nicht sofort entschieden werden kann und die Abschiebung ohne die Inhaftnahme wesentlich erschwert oder vereitelt würde (Vorbereitungshaft). **549**

1124 *Erbs/Kohlhaas/Senge* Strafrechtliche Nebengesetze, § 57 AuslG Rn. 1.
1125 GK-AuslG, § 57 Rn. 3.
1126 *OLG Stuttgart* Justiz 1982, 89/90; *Erbs/Kohlhaas/Senge* aaO.

550 **1.** Die Vorbereitungshaft darf also nur angeordnet werden, wenn es unmöglich ist, über die Ausweisung sofort zu entscheiden, so z.B. wenn weitere Ermittlungen durchgeführt, Akten beigezogen oder Auskünfte eingeholt werden müssen[1127].

☞ Zu diesem Zwecke darf die Vorbereitungshaft auch als „Überhaft" notiert werden[1128]; erforderlich ist jedoch stets, dass das Verfahren mit dem Ziel der Ausweisung betrieben wird, so dass die Vorbereitungshaft unzulässig ist, wenn sie vorsorglich angeordnet wird, um der Behörde zu ermöglichen, den Ausgang eines laufenden Ermittlungs- oder Strafverfahrens abzuwarten[1129].

☞ Die Anordnung der Vorbereitungshaft setzt ferner voraus, dass die Abschiebung wahrscheinlich ist; Vorbereitungshaft kann somit nicht angeordnet werden, wenn der Abschiebung dauernde rechtliche oder tatsächliche Hindernisse (§ 69 AufenthG) oder die mangelnde Aufnahmebereitschaft des Empfangsstaates entgegenstehen (vgl. aber auch Rn. 577)[1130].

551 **2.** Ferner muss die Abschiebung ohne die Inhaftierung wesentlich erschwert oder vereitelt werden. Die insoweit anzustellende Prognose erfordert das Vorliegen konkreter Anhaltspunkte, dass die Gefahr des Untertauchens in die Illegalität besteht. Dies ist regelmäßig dann der Fall, wenn ein Ausländer in massiver Weise gegen Strafvorschriften verstoßen hat und daher mit der Verhängung einer langjährigen Freiheitsstrafe rechnen muss[1131]; hat der Ausländer das Bundesgebiet verlassen, kommt die Anordnung der Haft selbst dann nicht in Betracht, wenn er erklärt, alsbald wieder einzureisen[1132].

552 **3.** Gemäß § 62 I 2 AufenthG soll die Dauer der Vorbereitungshaft sechs Wochen nicht übersteigen; die Vorschrift trägt dem Übermaßverbot Rechnung, wonach die Haft ohne Sicherheit der Abschiebung auf ein Minimum beschränkt bleiben soll[1133]. Daraus folgt zugleich, dass die Sechs-Wochen-Frist nur in außergewöhnlichen, atypischen Fällen überschritten werden darf, wobei es regelmäßig nicht ausreicht, dass die Ausländerbehörde kein Verschulden trifft, d.h. das Verfahren mit der gebotenen Beschleunigung betrieben worden ist. Vielmehr bedarf es weiterer Umstände, die eine Überschreitung der Frist rechtfertigen[1134]. Sind solche Umstände von vornherein absehbar, kann bereits im Rahmen der Haftanordnung eine längere Frist festgesetzt werden[1135].

1127 *KG* InfAuslR 1986, 66, 68/69; *Erbs/Kohlhaas/Senge* Strafrechtliche Nebengesetze, § 57 AuslG Rn. 3.

1128 *OLG Frankfurt* OLGZ 1977, 165, 166/167.

1129 *OLG Celle* NdsRpfl. 1972, 278; *Erbs/Kohlhaas/Senge* Strafrechtliche Nebengesetze, § 57 AuslG Rn. 4.

1130 *BayObLG* DVBl. 1960, 814, 815.

1131 *LG Frankfurt* StV 1983, 426; GK-AuslG, § 57 Rn. 114.

1132 *OLG Hamm* NJW 1977, 1021; *Erbs/Kohlhaas/Senge* Strafrechtliche Nebengesetze, § 57 AuslG Rn. 7 m.w.N.; vgl. auch GK-AuslG, § 57 Rn. 116 m.w.N.

1133 GK-AuslG, § 57 Rn. 120.

1134 GK-AuslG, aaO.

1135 *OLG Köln* NJW 1972, 2194; *Erbs/Kohlhaas/Senge* Strafrechtliche Nebengesetze, § 57 AuslG Rn. 5.

4. Die Vorbereitungshaft ist zu beenden, sobald der Haftgrund entfällt. 553

Dies ist u.a. dann der Fall, wenn die Ausländerbehörde von der Ausweisung oder Abschiebung absieht[1136]; Gleiches gilt, sofern der betroffene Ausländer im Strafverfahren freigesprochen oder das Ermittlungsverfahren mangels Tatnachweises eingestellt wird. Insoweit hat der Verteidiger jedoch zu beachten, dass die Beendigung der Untersuchungshaft nicht automatisch zur Aufhebung des Abschiebungshaftbefehls führt. Obwohl mit der Aufhebung des Haftbefehls regelmäßig auch der Grund für die Abschiebungshaft entfällt, bedarf es einer eigenen Entscheidung der Ausländerbehörde. Da diese oft erst geraume Zeit später vom Fortfall der Haftgründe erfährt, ist es dringend geboten, frühzeitig Kontakt mit der Ausländerbehörde aufzunehmen, wenn sich die Aufhebung des Haftbefehls abzeichnet; andernfalls droht dem Mandanten überflüssiger Freiheitsentzug, der besonders ärgerlich ist, wenn der Mandant nach der Aufhebung an einem Freitagnachmittag das Wochenende über in (Abschiebe-)Haft verbringen muss (vgl. Rn. 316).

Demgegenüber bedarf es keiner Aufhebung der Vorbereitungshaft, wenn die Ausweisung während der Vorbereitungshaft verfügt wird. § 62 I 3 AufenthG stellt klar, dass es in einem solchem Falle zur Fortsetzung der Haft keiner erneuten richterlichen Anordnung bedarf. Kann die Abschiebung nicht innerhalb der verbleibenden Frist vollzogen werden, ist in das Sicherungshaftverfahren überzuwechseln, sofern die hierfür erforderlichen Voraussetzungen vorliegen[1137].

C. Sicherungshaft

Anders als die Vorbereitungshaft dient die Sicherungshaft der Durchsetzung einer 554
bestehenden Ausreiseverpflichtung (vgl. § 50 AufenthG). Die Anordnung der Sicherungshaft setzt somit die Verpflichtung zur Ausreise voraus, wobei es keinen Unterschied macht, ob der erforderliche Aufenthaltstitel nicht erteilt, abgelaufen, nach § 51 AufenthG erloschen oder eine Ausweisung erfolgt ist.

Wird der betroffene Ausländer ausgewiesen, ist darüber hinaus die sofortige Vollziehbarkeit der Ausweisungsverfügung erforderlich[1138].

1. Haftgründe

Nach Erlass des Gesetzes zur Neuregelung des Asylverfahrens sieht § 62 II 555
AufenthG insgesamt fünf Haftgründe vor, von denen der Haftgrund des § 62 II Nr. 5 AufenthG der bisherigen Generalklausel des § 57 II 1 AuslG a.F. weitgehend entspricht. Nach h.M. handelt es sich um zwingende Haftgründe, die zur Anord-

1136 *Erbs/Kohlhaas/Senge* Strafrechtliche Nebengesetze, § 57 AuslG Rn. 6.
1137 *BGH* NJW 1980, 891; *BayObLG* NJW 1974, 1619, 1620; *Erbs/Kohlhaas/Senge* aaO.
1138 *BayObLG* BayVBl. 1971, 274/275; *Erbs/Kohlhaas/Senge* Strafrechtliche Nebengesetze, § 57 AuslG Rn. 7 m.w.N.

nung der Abschiebungshaft verpflichten[1139]; die Anordnung der Sicherungshaft unterbleibt daher nur, sofern sie unzulässig (vgl. Rn. 561) oder ausnahmsweise unverhältnismäßig (vgl. Rn. 562) ist.

a) Unerlaubte Einreise und vollziehbare Ausreisepflicht (§ 62 II Nr. 1 AufenthG)

556 Der Haftgrund des § 62 II Nr. 1 AufenthG setzt voraus, dass der Ausländer aufgrund seiner unerlaubten Einreise vollziehbar ausreisepflichtig ist (vgl. §§ 50, 14 I AufenthG). Erforderlich ist ein Kausalzusammenhang, weshalb die unerlaubte Einreise allein nicht ausreicht, die Anordnung der Sicherungshaft zu rechtfertigen[1140]. § 62 II Nr. 1 AufenthG findet somit keine Anwendung, wenn der Aufenthalt eines unerlaubt eingereisten Asylbewerbers in Folge eines Asylantrages gestattet ist (vgl. § 55 AsylVfG)[1141] oder wegen eines Asylfolgeantrages (§ 71 I AsylVfG) ein weiteres Asylverfahren durchgeführt wird (vgl. 62.2.1.1.3 Anwendungshinweise zum AufenthG).

b) Wechsel des Aufenthaltsortes nach abgelaufener Ausreisefrist (§ 62 II Nr. 2 AufenthG)

557 Der Haftgrund des „Untertauchens“ setzt zum einen den Ablauf der Ausreisefrist voraus; zum anderen muss der Ausländer seinen Aufenthaltsort gewechselt haben, ohne bei der Ausländerbehörde eine Anschrift hinterlassen zu haben.

Der Haftgrund entfällt, wenn der Ausländer im Zeitpunkt der Entscheidung über den Haftantrag seine ordnungsgemäße Anmeldung veranlasst hat und zusätzliche Umstände – z.B. Aufenthaltsrecht in Folge einer Eheschließung – gegen die Notwendigkeit der Sicherungshaft sprechen (62.2.1.2 Anwendungshinweise zum AufenthG). Ob der Haftgrund darüber hinaus die Feststellung voraussetzt, dass der Aufenthaltswechsel zum Zwecke des Untertauchens erfolgt ist[1142], ist ebenso streitig wie die Frage, ob der Haftgrund entfällt, wenn der Ausländerbehörde der Aufenthaltsort des untergetauchten Ausländers bekannt ist[1143] oder der Ausländer aufgrund der Umstände des Einzelfalles nicht damit rechnen muss, dass die Behörde seine Abschiebung betreibt[1144]. Keinesfalls aber darf sich die Ausländerbehörde auf den Hinweis beschränken, sie habe keine Anhaltspunkte dafür, dass der Betroffene nach Entlassung aus der Untersuchungshaft einen festen Wohnsitz nehmen und sich zu ihrer Verfügung halten werde[1145].

1139 *BGH* NJW 1993, 3069, 3070; *Erbs/Kohlhaas/Senge* Strafrechtliche Nebengesetze, § 57 AuslG Rn. 8; a.A. *OLG Karlsruhe* NVwZ 1993, 813/814; *Saage/Göppinger* Freiheitsentziehung und Unterbringung, § 1 FreihEntzG Rn. 17; vgl. auch *OLG Köln* NVwZ 1993, 707.

1140 *Erbs/Kohlhaas/Senge* Strafrechtliche Nebengesetze, § 57 AuslG Rn. 9.

1141 Vgl. auch 62.2.1.1.3 Anwendungshinweise zum AufenthG.

1142 *OLG Dresden* InfAuslR 1995, 162, 163; a.A. *Erbs/Kohlhaas/Senge* Strafrechtliche Nebengesetze, § 57 AuslG Rn. 10.

1143 *OLG Frankfurt* InfAuslR 1995, 361; a.A. wohl *Erbs/Kohlhaas/Senge* aaO.

1144 *BayObLG* InfAuslR 1998, 65, 66; a.A. *Erbs/Kohlhaas/Senge* aaO.

1145 *OLG Frankfurt* Hess. JMBl. 1988, 349; GK-AuslG, § 57 Rn. 140.

Ist die Vollziehbarkeit der Ausreisepflicht oder Abschiebungsandrohung aufgrund eines Rechtsbehelfs vor Ablauf der Ausreisefrist entfallen, mangelt es am Merkmal des Ablaufs der Ausreisefrist mit der Folge, dass Sicherungshaft nicht in Betracht kommt[1146]. ☞

c) Erfolgte Entziehung (§ 62 II Nr. 3, 4 AufenthG)

§ 62 II Nr. 3 und 4 AufenthG regelt den Fall der Abschiebungsvereitelung; erforderlich ist, dass dem Ausländer ein bestimmter, konkreter Abschiebungstermin und -ort angekündigt worden ist, er dort aber aus einem von ihm zu vertretenden Grund nicht angetroffen werden konnte. Die Beweislast für eine unverschuldetes Nichterscheinen liegt beim Ausländer (62.2.1.3 Anwendungshinweise zum AufenthG)[1147]. 558

Das Ausschöpfen rechtlicher Möglichkeiten ist kein Haftgrund (62.2.1.4 Anwendungshinweise zum AufenthG). ☞

d) Absicht der Entziehung (§ 62 II Nr. 5 AufenthG)

Gemäß § 62 II Nr. 5 AufenthG ist die Haft anzuordnen, wenn der begründete Verdacht besteht, dass sich der Ausländer seiner Abschiebung entziehen will. 559

Erforderlich ist ein „begründeter Verdacht", so dass die bloße Annahme, der Ausländer werde die Ausreisepflicht nicht befolgen, die Haftanordnung nicht rechtfertigt[1148]. Ebenso wenig kann die Anordnung der Haft auf die bloße Weigerung, freiwillig auszureisen, gestützt werden[1149]; da diese bereits Voraussetzung für die Abschiebung ist, bedarf es zusätzlicher, konkreter Anhaltspunkte dafür, dass sich der Ausländer der Abschiebung entziehen will. Ein solcher begründeter Entziehungsverdacht soll regelmäßig vorliegen, wenn der Ausländer die zur Ausreise erforderlichen Papiere zu verheimlichen sucht[1150], die entsprechenden Papiere vernichtet hat[1151], mit falschen Papieren eingereist war[1152], über seine wahre Identität täuscht[1153], aus einem Hafturlaub nicht zurückkehrt[1154] oder in schwere Straftaten verwickelt ist[1155]. Nicht ausreichend ist dagegen, dass sich der Ausländer im Kir-

1146 GK-AuslG, § 57 Rn. 141.
1147 GK-AuslG, § 57 Rn. 144.
1148 *BGH* NJW 1980, 891, 892; *OLG Frankfurt* InfAuslR 1994, 241/242; *KG* NJW 1966, 1624; *BayObLG* NVwZ 1994, 621.
1149 *BayObLG* InfAuslR 1991, 345.
1150 *BGH* NJW 1980, 891, 892; 62.2.1.6.1 Anwendungshinweise zum AufenthG.
1151 62.2.1.6.2 Anwendungshinweise zum AufenthG.
1152 *BayObLG* NVwZ 1993, 811; 62.2.1.6.2 Anwendungshinweise zum AufenthG.
1153 *OLG Celle* InfAuslR 1994, 149.
1154 62.2.1.6.3 Anwendungshinweise zum AufenthG.
1155 *BayObLG* NVwZ 1992, 814; *LG Frankfurt* InfAuslR 1986, 52; a.A. wohl *OLG Köln* StV 1996, 107.

chenasyl aufhält[1156], die Mitwirkung an der Beschaffung der erforderlichen Ausweispapiere verweigert[1157] oder alle rechtlichen Möglichkeiten ausschöpft[1158]; auch das Fehlen sozialer Bindungen im Bundesgebiet oder die Mittellosigkeit des betroffenen Ausländers rechtfertigen nicht ohne weiteres die Annahme der erforderlichen Entziehungsabsicht (62.2.1.5 Anwendungshinweise zum AufenthG)[1159].

Besteht der begründete Verdacht, der Ausländer werde sich seiner Abschiebung entziehen, wird eine Haftverschonung unter Auflagen regelmäßig nicht in Betracht kommen[1160].

e) Fakultativer Haftgrund (§ 62 II 2 AufenthG)

560 Ist bei vollziehbarer Ausreisepflicht die Ausreisefrist abgelaufen und steht die Durchführung der Abschiebung fest, dürfen Ausländer gemäß § 62 II 2 AufenthG max. zwei Wochen inhaftiert werden. Die Vorschrift soll – insbesondere bei Sammelabschiebungen – die Abschiebung für einen begrenzten Zeitraum sichern.

2. Unzulässigkeit

561 Die Anordnung der Sicherungshaft ist unzulässig, wenn von vornherein feststeht, dass die Abschiebung aus Gründen, die der Ausländer nicht zu vertreten hat – z.B. Reiseunfähigkeit[1161] –, innerhalb der nächsten drei Monate nicht vollzogen werden kann (§ 62 II 4 AufenthG).

☞ Da die 3-Monats-Frist auch bei parallel vollzogener Untersuchungs- oder Strafhaft im Zeitpunkt der Haftanordnung zu laufen beginnt, ist die Abschiebungshaft als „Überhaft" unzulässig, wenn die Dauer der Untersuchungs- oder Strafhaft voraussichtlich drei Monate übersteigt[1162].

1156 *OLG Köln* NVwZ 1993, 707, 708; *Erbs/KohlhaasSenge* Strafrechtliche Nebengesetze, § 57 AuslG Rn. 12; a.A. *BayObLG* NJW 1997, 1713 f.; *AG Wolfratshausen* NJW 1996, 942; vgl. auch *Müller* Abschiebungshaft bei einem „Kirchenasyl", NVwZ 2001, 879 ff.

1157 *OLG Düsseldorf* InfAuslR 1997, 407; *BayObLG* NVwZ 1992, 814; vgl. auch 62.2.1.7 Anwendungshinweise zum AufenthG.

1158 *OLG Frankfurt* InfAuslR 1994, 146, 147; *LG Kleve* InfAuslR 1995, 14.

1159 A.A. *OLG Stuttgart* InfAuslR 1996, 124, 125; *Erbs/Kohlhaas/Senge* Strafrechtliche Nebengesetze, § 57 AuslG Rn. 12.

1160 *BayObLG* NVwZ 1993, 103; *BayObLG* NVwZ 1993, 811.

1161 Vgl. auch *OLG Köln* NVwZ 2004, 896, wonach der Ausländer die verspätete Beschaffung von Ersatzpapieren zu vertreten hat, sofern er seinen Pass bei der illegalen Einreise in das Bundesgebiet einer Schleuserorganisation übergibt und von dieser nicht zurückerhält.

1162 *OLG Frankfurt* InfAuslR 1995, 12, 13; *OLG Düsseldorf* NVwZ-Beilage 1995, 1, 7; einschränkend *Erbs/Kohlhaas/Senge* Strafrechtliche Nebengesetze, § 57 AuslG Rn. 15.

3. Verhältnismäßigkeit

Die Haft zur Sicherung der Abschiebung ist grundsätzlich erforderlich, wenn einer oder mehrere der in § 62 II 1 AufenthG genannten Haftgründe sowie die Voraussetzungen für eine Abschiebung vorliegen; gleichwohl muss von Anordnung der Sicherungshaft abgesehen werden, wenn unter Beachtung des Verhältnismäßigkeitsgrundsatzes weniger einschneidende Maßnahmen – z.B. Anordnung von Auflagen (§ 61 I 2 AufenthG) – ausreichen, die Abschiebung sicherzustellen[1163]. **562**

Macht der Ausländer glaubhaft – z.B. durch Vorlage von Flugtickets –, dass er sich der Abschiebung nicht entziehen will, ist allein das Vorliegen eines Haftgrundes nicht ausreichend, Sicherungshaft anzuordnen (vgl. 57.2.0.1 AuslGVwV)[1164]. ☜

Hat es die Ausländerbehörde im Laufe längerer Strafhaft versäumt, die Abschiebung so vorzubereiten, dass sie während der Strafhaft oder unverzüglich nach ihrem Ende durchgeführt werden kann, kann die Anordnung der Sicherungshaft unverhältnismäßig sein[1165]. ☜

4. Dauer

a) Die erstmalige Anordnung der Sicherungshaft darf sechs Monate nicht übersteigen (§ 62 III AufenthG); aus Gründen der Verhältnismäßigkeit ist sie auf das unbedingt notwendige Maß zu beschränken[1166], so dass sie nur für den Zeitraum angeordnet werden darf, den die Behörde voraussichtlich benötigt, die Abschiebung zu vollziehen[1167]. Eine zuvor vollzogene Vorbereitungshaft wird in die Frist einbezogen (§ 62 III 3 AufenthG). **563**

b) Reicht die Frist nicht aus, kann sie in Fällen, in denen der Ausländer seine Abschiebung verhindert, um höchstens zwölf Monate verlängert werden.

Eine „Verhinderung" i.S.d. § 62 III AufenthG kann nicht allein in dem Umstand gesehen werden, dass der Ausländer keine Ausweispapiere besitzt[1168], oder das Heimatland innerhalb einer angemessenen Frist keine Ersatzpapiere ausstellt[1169]; erforderlich ist vielmehr eine verschuldete „Ausweislosigkeit", so z.B. im Falle der zurechenbaren Vernichtung des Passes[1170]. ☜

1163 *OLG Karlsruhe* NJW 1965, 1141/1142; *Erbs/Kohlhaas/Senge* Strafrechtliche Nebengesetze, § 57 AuslG Rn. 14.
1164 Vgl. *BVerfG* InfAuslR 1994, 342/343.
1165 *BayObLG* InfAuslR 1992, 12/13; *LG Berlin* NStZ-RR 2002, 343; weitergehend *OLG Düsseldorf* NVwZ 1997, 517; vgl. auch 62.3.0.2 Anwendungshinweise zum AufenthG.
1166 *OLG Düsseldorf* InfAuslR 1995, 233; *OLG Jena* NVwZ-Beilage 1996, 32; vgl. auch 62.3.0 Anwendungshinweise zum AufenthG.
1167 *KG* DVBl. 1968, 470, 472; *OLG Stuttgart* Die Justiz 1982, 89.
1168 *OLG Düsseldorf* StV 1996, 106.
1169 *OLG Düsseldorf* InfAuslR 1995, 367, 368.
1170 *OLG Hamm* NVwZ-Beilage 1997, 39.

5. Beginn und Ende der Sicherungshaft

564 Die Sicherungshaft beginnt mit ihrer Anordnung, d.h. nicht erst mit der Ergreifung des betroffenen Ausländers[1171]. Sie endet mit der Ausreise des betroffenen Ausländers[1172] oder dem Ablauf der angeordneten Dauer[1173]; ist die Abschiebung am Ende der Haft noch nicht erfolgt und kann die Haft nicht mehr verlängert werden, muss der Ausländer entlassen werden, auch wenn seiner Abschiebung bisher unüberwindliche Hindernisse entgegenstanden[1174].

☞ Wird die Abschiebungshaft durch die Vollstreckung von Strafhaft unterbrochen, wird der Unterbrechungszeitraum in die für die Abschiebungshaft bestimmte Frist nicht eingerechnet[1175].

☞ Da die Haftanordnung mit der Ausreise „verbraucht“ ist, ist die erneute Verhaftung – nach Wiedereinreise – aufgrund der bisherigen Anordnung unzulässig[1176].

6. Überhaft

565 Die Anordnung der Sicherungshaft ist auch zulässig, wenn sich der Ausländer in Straf- oder Untersuchungshaft befindet und seine Abschiebung für den Fall des Haftendes gesichert werden soll. Die Ausländerbehörde muss jedoch mit der Vorbereitung der Abschiebung vor Ende der Strafhaft begonnen haben; andernfalls kann die Haftanordnung unverhältnismäßig sein[1177].

D. Verfahren

566 Die verfahrensrechtliche Grundlage der Abschiebungshaft bildet das FreihEntzG.

1. Allgemeines

567 **a)** Die Abschiebungshaft ordnet das Amtsgericht auf Antrag der zuständigen Verwaltungsbehörde an (§ 3 S. 1 FreihEntzG); örtlich zuständig ist das Amtsgericht, in dessen Bezirk der Ausländer seinen gewöhnlichen Aufenthalt hat (§ 4 I 1 FreihEntzG), im Falle seiner Inhaftierung auch das Gericht, in dessen Bezirk sich die Justizvollzugsanstalt befindet.

1171 *KG* InfAuslR 1997, 34, 35; *LG Bochum* StV 2001, 528; GK-AuslG; § 57 Rn. 276.

1172 *BayObLGZ* 1968, 296, 297; *Erbs/Kohlhaas/Senge* Strafrechtliche Nebengesetze, § 57 AuslG Rn. 17.

1173 *Erbs/Kohlhaas/Senge* Strafrechtliche Nebengesetze, § 57 AuslG Rn. 16; GK-AuslG, § 57 Rn. 276.

1174 *Erbs/Kohlhaas/Senge* aaO.

1175 *BayObLG* NJW 1973, 1979, 1981; *Erbs/Kohlhaas/Senge* aaO.; GK-AuslG, § 57 Rn. 288.

1176 *BayObLG* NJW 1973, 1979, 1980.

1177 *BayObLG* InfAuslR 1989, 117/118; vgl. auch *BayObLG* NVwZ 1990, 300, 301, das nach Verbüßung von 2/3 Strafhaft eine Dauer von einem Monat für angemessen erachtet.

Zwangsmaßnahmen im Zusammenhang mit der Vollziehung der Abschiebung bedürfen generell der vorherigen richterlichen Anordnung, so dass auch die Durchsuchung zum Zwecke der Festnahme nicht eigenmächtig durch die Ausländerbehörde angeordnet werden darf[1178].

b) Gemäß § 5 FreihEntzG ist der Ausländer vor einer Entscheidung des Gerichts mündlich zu hören. Die Anhörung ist zwingend[1179]; sie soll dem Gericht ein umfassendes und klares Bild von der Persönlichkeit des Betroffenen liefern[1180] und darf daher nur in Ausnahmefällen unterbleiben. In diesem Fall ist sie aber unmittelbar nach Ergreifen des Ausländers nachzuholen[1181], wobei diese auch dann nicht entbehrlich wird, wenn der Freiheitsentzug vor Ablauf der Frist des Art. 104 Abs. 2 Satz 3 GG endet[1182]. **568**

c) Da auch die Anhörung eine „Verhandlung" i.S.d. § 185 GVG darstellt, ist ferner ein Dolmetscher hinzuzuziehen, sofern der betroffene Ausländer der deutschen Sprachen nicht (ausreichend) mächtig ist[1183]; daneben dürfte auch ein Anspruch auf unentgeltliche Hinzuziehung eines Dolmetschers für die vorbereitenden Gespräche mit dem Verfahrensbevollmächtigten bestehen (vgl. Rn. 231). **569**

d) Nicht zuletzt kann sich der Betroffene auch im Abschiebungshaftverfahren eines Rechtsanwaltes bedienen. Der mittellose Ausländer hat jedoch keinen Anspruch auf Beiordnung eines Pflichtverteidigers; gemäß § 3 I S. 2 FreihEntzG i.V.m. § 14 FGG gelten für die Beiordnung eines Rechtsanwaltes die Vorschriften der ZPO über die Bewilligung von Prozesskostenhilfe, die nur im Falle hinreichender Erfolgsaussichten gewährt werden kann. **570**

2. Prüfungsumfang

Ähnlich wie im Auslieferungsrecht hat auch der Amtsrichter im Abschiebungshaftverfahren eine nur begrenzte Prüfungskompetenz[1184]; grundsätzlich hat er nicht zu prüfen, ob die Ausländerbehörde die Abschiebung zu Recht betreibt, denn die Tätigkeit der Ausländerbehörde unterliegt allein der Kontrolle durch die Verwaltungsgerichte[1185]. Eine Ausnahme gilt nur insofern, als die Rechtswidrigkeit des Verwaltungshandelns „klar erkennbar" ist, so z.B. im Falle der Nichtigkeit einer **571**

1178 *OLG Zweibrücken* StV 2002, 309.
1179 *BVerfG* NVwZ-Beilage 1996, 49/50.
1180 GK-AuslG, § 57 Rn. 313 m.w.N.
1181 GK-AuslG, § 57 Rn. 317 m.w.N.
1182 *BVerfG* DVBl. 2002, 1263; vgl. a. *Beichel-Benedetti/Gutmann* Die Abschiebungshaft in der gerichtlichen Praxis, NJW 2004, 3015, 3016.
1183 GK-AuslG, § 57 Rn. 305/306 m.w.N.
1184 Kritisch *Stratmann* Des Haftrichters „Reduzierung auf null" in der Rechtsprechung zur Abschiebehaft, MDR 1979, 184 ff.; *MacLean* Anordnung und Vollzug der Abschiebungshaft, InfAuslR 1987, 69, 70/71; *Beichel-Benedetti/Gutmann* Die Abschiebungshaft in der gerichtlichen Praxis, NJW 2004, 3015, 3017.
1185 *KG* NVwZ-Beilage 1995, 61; *OLG Zweibrücken* NVwZ-Beilage 2001, 46; *OLG Frankfurt* NJW 2004, 3050, 3051.

Ausweisungsverfügung[1186]; daneben hat das mit der Haftfrage befasste Gericht folgende weitere Ausnahmetatbestände zu berücksichtigen:

572 **a)** Neben dem Vorliegen von Haftgründen hat der Amtsrichter insbesondere die Einhaltung des Verhältnismäßigkeitsgrundsatzes zu beachten[1187].

573 **b)** Setzt die Anordnung der Sicherungshaft eine Rechtspflicht zur Ausreise voraus, darf das Haftverfahren erst nach Ablauf der Ausreisefrist betrieben werden. Vor diesem Zeitpunkt ist der Haftantrag durch den Amtsrichter zurückzuweisen, da andernfalls dem ausreisepflichtigen Ausländer die Möglichkeit genommen würde, die Abschiebung durch seine freiwillige Ausreise zu vermeiden[1188].

574 **c)** Die Wirksamkeit einer aufenthaltsbeendenden Maßnahme setzt ferner deren ordnungsgemäße Bekanntgabe voraus; fehlt diese, hat das Gericht den Haftantrag regelmäßig abzulehnen[1189].

☞ Der Verteidiger sollte daher stets prüfen, ob die Zustellung ordnungsgemäß erfolgt ist; hat der betroffene Ausländer trotz ordnungsgemäßer Zustellung – nachweislich – von der Ausweisungsverfügung keine Kenntnis erhalten, dürften der Haftanordnung jedenfalls Erwägungen der Verhältnismäßigkeit entgegenstehen.

575 **d)** Weiter setzt die Haftanordnung das Vorliegen einer vollziehbaren Ausweisungsverfügung voraus; entfaltet ein verwaltungsrechtlicher Rechtsbehelf aufschiebende Wirkung, ist daher vom Haftrichter zu prüfen, ob die sofortige Vollziehbarkeit angeordnet worden ist[1190]. Die Prüfung der Rechtmäßigkeit dieser Anordnung obliegt jedoch wiederum allein den Verwaltungsgerichten[1191].

☞ Ist die Ausweisungsverfügung kraft Gesetzes oder behördlicher Anordnung sofort vollziehbar, hat das Haftgericht jedoch dem betroffenen Ausländer die Möglichkeit einzuräumen, im Wege des vorläufigen Rechtsschutzes eine Überprüfung der behördlichen Maßnahmen zu erlangen[1192].

576 **e)** Ob das Fehlen einer Abschiebungsandrohung gemäß § 59 I AufenthG zu den vom Haftgericht zu prüfenden Voraussetzungen zählt, ist umstritten. Die h.M. lehnt dies unter Hinweis auf die beschränkte Prüfungskompetenz des Amtsrichters ab. Dieser habe allein die Feststellung zu treffen, ob die Abschiebung nach § 58 I AufenthG überhaupt zulässig sei. Im Übrigen obliege es den Verwaltungsgerichten, dem betroffenen Ausländer Rechtsschutz zu gewähren[1193]. Diese Ansicht erscheint zumindest dann nicht unbedenklich, wenn die Voraussetzungen für eine

1186 *BGHZ* 78, 145, 147; *BayObLG* NJW 1974, 1620.
1187 *BayObLG* NJW 1974, 1620; *KG* OLGZ 1980, 183.
1188 *OLG Frankfurt* InfAuslR 1985, 213; *OLG Frankfurt* InfAuslR 1988, 138; GK-AuslG, § 57 Rn. 196.
1189 GK-AuslG, § 57 Rn. 199.
1190 GK-AuslG, § 57 Rn. 187.
1191 *BayObLG* NJW 1974, 1624; *Erbs/Kohlhaas/Senge* Strafrechtliche Nebengesetze, § 57 AuslG Rn. 20; GK-AuslG, § 57 Rn. 188.
1192 *BGHZ* 78, 145, 151.
1193 *KG* NVwZ 1984, 196; *BayObLG* DÖV 1991, 511; *OLG Frankfurt* NJW 2004, 3050, 3051; einschränkend GK-AuslG, § 57 Rn. 210 ff.

Abschiebung ohne vorherige Androhung offensichtlich nicht vorliegen; denn im gestuften Vollstreckungsverfahren setzt die Rechtmäßigkeit der Abschiebung regelmäßig auch eine ordnungsgemäße Androhung voraus[1194].

f) Abschiebungshindernisse[1195] (§ 60 AufenthG) hat der Amtsrichter zu berück- **577**
sichtigen, sofern deren Vorliegen durch eine rechtskräftige Entscheidung des Verwaltungsgerichtes festgestellt worden ist[1196]; ob auch nicht rechtskräftige Entscheidungen zu beachten sind, ist umstritten[1197], dürfte allerdings unter Beachtung des Verhältnismäßigkeitsgrundsatzes zu bejahen seien. Im Übrigen bleiben mögliche Abschiebungshindernisse im Abschiebungshaftverfahren ungeprüft[1198].

g) Ebenso wenig hat der Amtsrichter die Asylberechtigung des betroffenen Aus- **578**
länders zu prüfen[1199].

Davon zu trennen ist die weitere Frage, ob der Aufenthalt in Folge eines Asylantrages gestattet (vgl. § 55 AsylVfG) und der Haftantrag aus diesem Grunde abzulehnen ist (vgl. Rn. 556).

3. Rechtsbehelfe

a) Gegen die Entscheidung des Amtsgerichts ist die sofortige Beschwerde zulässig **579**
(§ 7 I FreihEntzG); da das Amtsgericht als Gericht der freiwilligen Gerichtsbarkeit entscheidet, ist für das Rechtsmittel eine Zivilkammer des Landgerichtes zuständig.

Obwohl die sofortige Beschwerde kraft Gesetzes aufschiebende Wirkung entfaltet (§ 8 I 1 FreihEntzG), ist dies in der Praxis nur selten der Fall; in der Regel wird auf Antrag der Ausländerbehörde die sofortige Wirksamkeit der Entscheidung angeordnet (§ 8 I 2 FreihEntzG). Die Anordnung stellt jedoch keinen „gesetzlichen Automatismus" dar; vielmehr obliegt sie dem Ermessen des Gerichts[1200], so dass sie insbesondere dann zu unterbleiben hat, wenn der sofortigen Vollziehung der Haft Gründe der Verhältnismäßigkeit entgegenstehen.

b) Gegen die Entscheidung des Landgerichts findet die sofortige weitere Be- **580**
schwerde statt (§§ 27, 29 II FGG), in deren Rahmen allerdings nur die Verletzung des formellen oder materiellen Rechts gerügt werden kann; das Beschwerdeverfahren ist somit dem der Rechtsbeschwerde nachgebildet.

1194 So auch GK-AuslG, § 57 Rn. 211 ff.

1195 Zum Ganzen: *Lohmann* Prüfung von Abschiebungshindernissen bei einer Abschiebung durch die Ausländerbehörde, InfAuslR 1998, 327 ff.

1196 Vgl. GK-AuslG, § 57 Rn. 222; Gleiches gilt für die Voraussetzungen einer Duldung gemäß § 60a AufenthG (vgl. GK-AuslG, § 57 Rn. 232 ff.).

1197 Verneinend wohl *Erbs/Kohlhaas/Senge* Strafrechtliche Nebengesetze, § 57 AuslG Rn. 20; bejahend *OLG Köln* InfAuslR 1994, 54.

1198 *BayObLG* NJW 1976, 1594,1596; einschränkend GK-AuslG, § 57 Rn. 226.

1199 *BGH* NJW 1981, 527; *BayObLG* NJW 1974, 1621; *OLG Hamm* OLGZ 1977, 157, 160; *Erbs/Kohlhaas/Senge* aaO.

1200 *Saage/Göppinger* Freiheitsentziehung und Unterbringung, § 8 FreihEntzG Rn. 2.

581 **c)** Die Haftentlassung steht der Zulässigkeit der sofortigen (weiteren) Beschwerde nicht entgegen; im Hinblick auf das bei Freiheitsentziehungen gegebene Rehabilitationsinteresse ist nämlich ein schutzwürdiges Interesse an der Feststellung der Rechtswidrigkeit auch nach Erledigung der Maßnahme gegeben[1201].

582 **d)** Gegen Entscheidungen, die nicht die Freiheitsentziehung selbst zum Gegenstand haben – z.B. die Gewährung von Prozesskostenhilfe –, ist die einfache Beschwerde gegeben[1202].

583 **e)** Rügt der Betroffene, die Haft sei unter unzumutbaren Bedingungen vollzogen worden, ist der Verwaltungsrechtsweg eröffnet (§ 8 I 3 FreihEntzG)[1203]; wird die Abschiebungshaft in Justizvollzugsanstalten vollzogen (§ 8 II FreihEntzG), ist dagegen der Rechtsweg zur Strafvollstreckungskammer gegeben[1204].

1201 *BVerfG* StV 2002, 609, 610.
1202 *Saage/Göppinger* Freiheitsentziehung und Unterbringung, § 7 FreihEntzG Rn. 2.
1203 *KG* InfAuslR 1985, 9 ff.
1204 *Saage/Göppinger* Freiheitsentziehung und Unterbringung, § 8 FreihEntzG Rn. 3 m.w.N.

Teil 8
Musterschriftsätze

Übersicht[1205]

1205 Weitere Musterschriftsätze siehe: *Beck/Berr* OWi-Sachen im Straßenverkehrsrecht; *Beulke* Die Strafbarkeit des Verteidigers; *Himmelreich/Bücken* Verkehrsunfallflucht; *Jansen* Zeuge und Aussagepsychologie; *Malek* Strafsachen im Internet; *Michalke* Umweltstrafsachen; *Müller* Strafverteidigung im Überblick; *Rückel*, Strafverteidigung und Zeugenbeweis; *Ulsenheimer* Arztstrafrecht.

Muster 1:

584 **Widerspruch gegen Ausweisungsverfügung**

Landeshauptstadt Saarbrücken
Stadtamt III-W-A
– Ausländerbehörde –
Johannisstr. 4

66111 Saarbrücken

Betr.: – Az. ... –
Ausweisungsverfügung vom (...)

Sehr geehrte Damen und Herren,

wir zeigen an, dass wir Herrn (...) vertreten. Eine auf uns lautende Vollmachtsurkunde liegt an.

Namens und im Auftrag unseres Mandanten erheben wir gegen die Ausweisungsverfügung vom (...) hiermit

WIDERSPRUCH

und **beantragen**,

1. die Ausweisungsverfügung vom (...) – Az. ... – aufzuheben,
2. die Kosten des Widerspruchsverfahrens einschließlich der Kosten des Widerspruchsführers der Stadt Saarbrücken aufzuerlegen,
3. die Hinzuziehung eines Rechtsanwaltes für das Widerspruchsverfahren für notwendig zu erklären.

Gründe:

Die Ausweisungsverfügung wird zu Unrecht auf das Urteil des LG Saarbrücken vom (...) – Az. (...) – gestützt. Weder die Höhe der verhängten Freiheitsstrafe – 8 Jahre – noch die Art des begangenen Deliktes – Totschlag – können die Ausweisung rechtfertigen.

I.

Der Widerspruchsführer ist Staatsangehöriger der Türkei. Er ist in Deutschland geboren, aufgewachsen und Inhaber einer Niederlassungserlaubnis.

Der Widerspruchsführer genießt somit besonderen Ausweisungsschutz nach Art. 6 I des Beschlusses Nr. 1/80 des Assoziationsrates EWG-Türkei.

Die früher vertretene Ansicht, Art. 6 I des Beschlusses Nr. 1/80 des Assoziationsrates EWG-Türkei vermittele nur das Recht auf ungehinderten Zugang zum deutschen Arbeitsmarkt, nicht jedoch einen besonderen Ausweisungsschutz, ist zwischenzeitlich überholt; denn das durch Art. 6 I des Beschlusses Nr. 1/80 des Assoziationsrates EWG-Türkei garantierte Recht liefe im Ergebnis leer, wenn dem Betroffenen nicht zugleich auch ein Bleiberecht eingeräumt würde (vgl. EuGH NVwZ 2000, 1029, 1030 m.w.N.).

Staatsangehörige der Türkei genießen somit unter den Voraussetzungen des Art. 6 I des Beschlusses Nr. 1/80 des Assoziationsrates EWG-Türkei besonderen Ausweisungsschutz; folglich könnte unser Mandant als Inhaber einer Niederlassungserlaubnis nur ausgewiesen werden, wenn der ihm zustehende Ausweisungsschutz nicht entgegenstünde.

II.

Ob Art. 6 I des Beschlusses Nr. 1/80 des Assoziationsrates EWG-Türkei eine den §§ 53 ff. AufenthG gegenüber vorrangige Spezialnorm darstellt (vgl. VGH Kassel, InfAuslR 1993, 50, 51/52) oder lediglich im Rahmen der Ermessensausübung zu berücksichtigen ist, bedarf hier keiner Entscheidung, da auch in letzterem Fall eine Ausweisung nicht in Betracht kommt.

Die Ausweisung stellt keine strafrechtliche Sanktion dar; sie ist eine Maßnahme der Gefahrenabwehr, so dass die Ermessensausweisung lediglich auf spezial- oder generalpräventive Erwägungen gestützt werden kann. Rechtfertigen weder spezial- noch generalpräventive Gründe die Ausweisung, hat diese auch im Falle der Verhängung hoher Freiheitsstrafen zu unterbleiben. Dies ist hier der Fall.

1. Nach der Rechtsprechung des EuGH (NVwZ 2000, 1029 ff.) ist die generalpräventiv motivierte Ausweisung türkischer Staatsangehöriger unzulässig, sofern diese besonderen Ausweisungsschutz nach Art. 6 I des Beschlusses Nr. 1/80 des Assoziationsrates EWG-Türkei genießen. Wörtlich heißt es in der vorgenannten Entscheidung:

   „Art. 14 I des Beschlusses ARB 1/80 ist dahin auszulegen, dass er der Ausweisung eines türkischen Staatsangehörigen, der ein unmittelbar durch diesen Beschluss gewährtes Recht innehat, entgegensteht, wenn diese Maßnahme aufgrund einer strafrechtlichen Verurteilung zum Zweck der Abschreckung anderer Ausländer verfügt wird, ohne dass das persönliche Verhalten des Betroffenen konkreten Anlass zu der Annahme gibt, dass er weitere schwere Straftaten begehen wird, die die öffentliche Ordnung im Aufnahmemitgliedstaat stören könnten."

2. Kann die Ausweisung somit nicht auf generalpräventive Gründe gestützt werden, bleibt zu prüfen, ob vom Widerspruchsführer nach seiner Haftentlassung eine Gefahr ausgeht, d.h. die Ausweisung aufgrund vorhandener Wiederholungsgefahr gerechtfertigt ist.

   Dies ist vorliegend ebenfalls nicht der Fall.

   Der Sachverständige Prof. Dr. R. hat in der Hauptverhandlung des Strafverfahrens dargelegt, dass die Tat aufgrund der besonderen Konfliktsituation zwischen den Eheleuten G. als singuläre Verfehlung anzusehen ist; der Widerspruchsführer habe keine generelle Neigung erkennen lassen, die den Schluss einer negativen Prognose zuließe. Wörtlich heißt es in dem Gutachten, das wir als **Anlage** beifügen:

   „Abschließend ist darauf aufmerksam zu machen, dass der Proband bisher strafrechtlich nicht in Erscheinung getreten ist und in seiner gesamten Lebensgestaltung keine generelle Neigung zu einer erhöhten sozialen Konfliktbereitschaft hat erkennen lassen. <u>Die Kriminalprognose ist insofern als uneingeschränkt günstig anzusehen</u>. Der Tatentschluss geht auf eine besonde-

> re Konfliktsituation zurück, was die Annahme einer günstigen Prognose unterstreicht.“ (Unterstreichung nicht im Original)

Aufgrund dieser „uneingeschränkt günstigen Prognose“ kommt eine spezialpräventive Ausweisung im Ergebnis nicht in Betracht; weder die Höhe der verhängten Strafe – 8 Jahre Freiheitsstrafe – noch das begangene Delikt – Totschlag – rechtfertigen eine andere Betrachtungsweise. Liegt eine günstige Prognose vor, kann selbst bei hohen Freiheitsstrafen die Ausweisung nicht auf spezialpräventive Erwägungen gestützt werden. In einer Entscheidung des BayVGH (InfAuslR 1994, 257, 258/259) heißt es hierzu wörtlich:

> „Seine Ausweisung lässt sich zwar nicht mit der sicherheitsrechtlichen Notwendigkeit der Unterbindung einer von ihm ausgehenden konkreten Wiederholungsgefahr in dem für die Berufungsentscheidung maßgeblichen Zeitpunkt des Erlasses des Widerspruchsbescheides der Regierung von Mittelfranken (...) tragfähig begründen. Denn nach dem im Berufungsverfahren vom Senat eingeholten (...) Gutachten (...), dem sich der Senat in vollem Umfang anschließt, ist aus psychiatrischer Sicht in dem in Rede stehenden Zeitpunkt die Gefahr, dass der Kläger nochmals ein Totschlagsverbrechen oder ein anderes vergleichbares Kapitaldelikt begehen würde, als sehr gering einzuschätzen, wenngleich es dem Gutachter zufolge nicht sicher auszuschließen ist, dass es künftig im Rahmen von Belastungssituationen nochmals zu körperlichen Tätlichkeiten kommen kann. Der Gutachter begründet in nachvollziehbarer Weise seine Prognose vor allem damit, dass der Kläger im Zeitpunkt seiner Tat (...) einer schweren chronischen Partnerschaftskonfliktslage mit tiefgreifenden Kränkungserlebnissen ausgesetzt gewesen sei.“

Dem ist nichts hinzuzufügen.

III.

Da die Ausweisung weder auf spezial- noch auf generalpräventive Gründe gestützt werden kann, ist die angefochtene Verfügung antragsgemäß aufzuheben.

Rechtsanwalt

Muster 2:
Antrag auf Wiederherstellung der aufschiebenden Wirkung 585

Verwaltungsgericht
des Saarlandes
Kaiser-Wilhelm-Str. 15

66740 Saarlouis

Antrag auf Wiederherstellung der aufschiebenden Wirkung

des (...)

– Antragsteller –

Prozessbevollmächtigte: Rechtsanwälte ...,

gegen

den Oberbürgermeister der Landeshauptstadt Saarbrücken – Ausländerbehörde, Johannisstr. 4, 66111 Saarbrücken

– Antragsgegner –

wegen Ausweisung und Abschiebungsandrohung.

Wir bestellen uns zu Verfahrensbevollmächtigten des Antragstellers. Auf uns lautende Vollmachtsurkunde ist als Anlage im Original beigefügt.

Namens und im Auftrag des Antragstellers **beantragen** wir,

1. die aufschiebende Wirkung des Widerspruchs gegen die Ausweisungsverfügung des Antragsgegners vom (...) – zugestellt am (...) – wiederherzustellen,
2. die Kosten des Verfahrens dem Antragsgegner aufzuerlegen.

Gründe:

Der Antragsteller ist türkischer Staatsangehöriger. Mit dem angefochtenen Bescheid, der als **Anlage** in Kopie beigefügt ist, hat der Antragsgegner mit Anordnung des Sofortvollzuges die Ausweisung des Antragstellers verfügt. Gegen diesen Bescheid hat der Antragsteller mit Schreiben seiner Prozessbevollmächtigten vom heutigen Tage, das wir ebenfalls in Kopie als **Anlage** beifügen, Widerspruch erhoben und diesen zugleich begründet. Der Inhalt des Widerspruchsschreibens wird hiermit zum Gegenstand des Vorbringens des Antragstellers auch im vorliegenden Verfahren gemacht.

Die aufschiebende Wirkung des Widerspruchs ist wiederherzustellen, wenn eine Abwägung der betroffenen Interessen ergibt, dass das Interesse des Widerspruchsführers an der Wiederherstellung der aufschiebenden Wirkung das öffentliche Interesse am sofortigen Vollzug des Verwaltungsaktes überwiegt.

Da am Vollzug rechtswidriger Verwaltungsakte kein öffentliches Interesse besteht, überwiegt das Interesse des Widerspruchsführers insbesondere dann, wenn der angefochtene Bescheid offensichtlich rechtswidrig ist.

Dies ist vorliegend der Fall; wie der beiliegenden Begründung des Widerspruchs zu entnehmen ist. Daher erweist sich die Ausweisungsverfügung des Antragsgegners als offensichtlich rechtswidrig, weshalb die aufschiebende Wirkung des Widerspruchs antragsgemäß wiederherzustellen ist.

Rechtsanwalt

Muster 3:
Dolmetscherbeiordnung bei Wahlverteidigung 586

Amtsgericht
66104 Saarbrücken

– Az. ... –

Im Ermittlungsverfahren

betr. ...
wegen des Verdachts des Diebstahls

zeige ich an, dass mich der Beschuldigte mit seiner Verteidigung beauftragt hat. Eine mich legitimierende Vollmachtsurkunde liegt an.

Ich **beantrage**,

> dem Beschuldigten für die vorbereitenden Gespräche mit dem Unterzeichner die Dolmetscherin für die russische Sprache, Frau ..., unentgeltlich beizuordnen.

Gründe:

I.

1. Der Beschuldigte ist der deutschen Sprache nicht ausreichend mächtig, um die vorbereitenden Gespräche mit dem Unterzeichner in deutscher Sprache zu führen; da der Unterzeichner die russische Sprache nicht beherrscht, ist die Hinzuziehung eines Dolmetschers erforderlich.
2. Nach der Rechtsprechung des Bundesgerichtshofs (StV 2001, 1 ff.) steht dem Beschuldigten unabhängig davon, ob der Verteidiger das Mandat als Wahl- oder Pflichtverteidiger führt, ein Anspruch auf unentgeltliche Beiordnung eines Dolmetschers zu. In der vorgenannten Entscheidung heißt es u.a. wörtlich:

   > „Art. 6 Abs. 3 lit. e EMRK räumt dem der Gerichtssprache nicht kundigen Angeklagten (Beschuldigten) unabhängig von seiner finanziellen Lage für das gesamte Strafverfahren und damit auch für die vorbereitenden Gespräche mit seinem Verteidiger einen Anspruch auf unentgeltliche Zuziehung eines Dolmetschers ein, auch wenn kein Fall der notwendigen Verteidigung i.S.d. § 140 II StPO oder des Art. 6 III lit. c EMRK gegeben ist."

II.

Für den Fall, dass das erkennende Gericht einen Beiordnungsantrag für nicht erforderlich erachtet, **beantrage** ich **hilfsweise**,

> gemäß § 46 II RVG festzustellen, dass die Hinzuziehung der Dolmetscherin, Frau ..., für die vorbereitenden Gespräche mit dem Unterzeichner notwendig ist.

1. Der Hilfsantrag ist zulässig.
   Der Gesetzgeber hat mit § 46 II RVG dem Bedürfnis Rechnung getragen, schon vor der Entstehung erheblicher Kosten – z.B. Dolmetscherkosten (vgl. AG Celle MDR 1983, 143) – bindend feststellen zu lassen, ob die Kosten von der Staatskasse zu tragen sind.
2. Aufgrund der mangelnden Sprachkenntnisse des Beschuldigten ist der Hilfsantrag auch begründet.

Rechtsanwalt

Muster 4:
Dolmetscherbeiordnung bei Pflichtverteidigung 587

Landgericht
66104 Saarbrücken

– Az. ... –

Im Ermittlungsverfahren

betr. ...

wegen des Verdachts des Mordes

beantrage ich,

gemäß § 46 II RVG festzustellen, dass die Hinzuziehung der Dolmetscherin für die französische Sprache Frau ..., für die vorbereitenden Gespräche mit dem Unterzeichner notwendig ist.

Gründe:

1. Der Antrag ist zulässig.
   Der Gesetzgeber hat mit § 46 II RVG dem Bedürfnis Rechnung getragen, schon vor der Entstehung erheblicher Kosten – z.B. Dolmetscherkosten (vgl. AG Celle MDR 1983, 143) – bindend feststellen zu lassen, ob die Kosten von der Staatskasse zu tragen sind.
2. Der Antrag ist auch begründet.
   Der Angeklagte ist der deutschen Sprache nicht ausreichend mächtig, um die vorbereitenden Gespräche mit dem Unterzeichner in deutscher Sprache zu führen; da der Unterzeichner die französische Sprache nicht beherrscht, ist die Hinzuziehung eines Dolmetschers erforderlich.

Rechtsanwalt

Muster 5:

588 **Antrag auf Beiordnung als Pflichtverteidiger**

Amtsgericht
66104 Saarbrücken

– .../01 –

In der Strafsache

betr. ...

wegen des Verdachts der gefährlichen Körperverletzung

zeige ich an, dass mich der Angeklagte mit seiner Verteidigung beauftragt hat.

Eine mich legitimierende Vollmachtsurkunde liegt an.

Zugleich **beantrage** ich,

den Unterzeichner als Pflichtverteidiger beizuordnen.

Im Fall der Beiordnung wird das Wahlmandat niedergelegt.

Gründe:

I.

Der Beschuldigte ist der deutschen Sprache nicht ausreichend mächtig.

Ob bereits die vorhandenen Sprachschwierigkeiten die Beiordnung eines Pflichtverteidigers erforderlich machen (so z.B. OLG Zweibrücken StV 88, 379), kann letztlich dahinstehen, da hier weitere wesentliche Gesichtspunkte hinzukommen, die die Beiordnung eines Pflichtverteidigers gemäß § 140 II StPO erforderlich machen.

1. Der Angeklagte ist ghanaischer Staatsangehöriger und entstammt somit einem völlig anderen Kultur- und Rechtskreis; er hält sich erst seit wenigen Monaten im Bundesgebiet auf und ist daher weder mit seinen Rechten und Pflichten als Angeklagter noch dem Verfahrensablauf vertraut. Aufgrund des abweichenden Rechtsverständnisses gebietet die faire Verfahrensführung die Beiordnung eines Pflichtverteidigers. Die Beiordnung eines Dolmetschers ist nicht ausreichend, da dieser regelmäßig nicht in der Lage ist, die aus der Normunkenntnis resultierenden Verständigungslücken zu schließen. Zutreffend heißt es in einer Entscheidung des OLG Hamm (AnwBl. 1980, 31; vgl. auch OLG Karlsruhe NStZ 1991, 504; OLG Stuttgart Die Justiz 1994, 245; OLG Brandenburg, StV 2000, 69):

   „Im vorliegenden Sachverhalt ist jedoch ferner zu berücksichtigen, dass die beiden Angeklagten polnische Staatsangehörige sind, die die deutsche Sprache nicht beherrschen, zudem in einem von dem mitteleuropäischen völlig abweichenden Rechtssystem aufgewachsen und deshalb mit der deutschen Strafrechtspflege nicht einmal in groben Zügen vertraut sind, zumal sie sich als Touristen und mithin erst seit relativ kurzer Zeit in der Bundesrepublik Deutschland aufhalten. Die hieraus für die Angeklagten folgenden Verteidigungsschwierigkeiten sind angesichts der an sich auch nicht sonderlich einfachen Sache mit denjenigen vergleichbar, die zur Beiordnung eines Verteidigers gemäß § 140 I Nr. 4 StPO führen."

2. Die Beiordnung ist daneben auch geboten, da der Angeklagte – aufgrund der vorhandenen Sprachschwierigkeiten – nicht in der Lage ist, sich selbst zu verteidigen (§ 140 II 3. Alt. StPO).

   Nach allgemeiner Ansicht (vgl. BVerfGE 64, 135, 150 m.w.N.) dürfen die Anforderungen insoweit nicht überspannt werden; m.a.W. müssen – wie hier – die Beiordnungsvoraussetzungen bei einem sprachunkundigen Ausländer regelmäßig eher als erfüllt angesehen werden, als dies sonst der Fall wäre.

   Dem Angeklagten wird eine gefährliche Körperverletzung zur Last gelegt, wobei als einziger Tatzeuge das vermeintliche Tatopfer benannt ist; der Angeklagte beruft sich dagegen auf Notwehr. Mangels weiterer Beweismittel kommt der Bewertung der Zeugenaussage entscheidende Bedeutung zu, so dass die Beiordnung auch unter diesem Gesichtspunkt geboten ist. Insoweit sei auch auf die Ausführungen des OLG Frankfurt (StV 1997, 573; vgl. auch OLG Stuttgart Die Justiz 1994, 245; OLG Hamm StV 1995, 64) verwiesen, wo es zur Beiordnung bei „Aussage gegen Aussage" u.a. wörtlich heißt:

   > „Ein mittelloser und sprachunkundiger Angeklagter hat dann einen Anspruch auf Beiordnung eines Verteidigers, wenn die auf den sprachlichen Defiziten beruhende Behinderung durch die Hinzuziehung eines Dolmetschers nicht völlig ausgeglichen werden kann, wovon bei der Notwendigkeit von Zeugenvernehmungen auszugehen ist, bei denen es auch auf die Glaubwürdigkeit der Zeugen ankommt. Hier kann der Angeklagte auch mit Hilfe eines Dolmetschers nicht die Zeugenaussage kritisch hinterfragen und etwaige Widersprüche aufzeigen."

3. Schließlich gebietet die „Schwere der Tat" die Beiordnung eines Verteidigers.

   Ob vorliegend eine Freiheitsstrafe oberhalb eines Jahres zu erwarten ist, d.h. die Beiordnung aufgrund der Straferwartung geboten ist (vgl. Kleinknecht/Meyer-Goßner, StPO 44. Auflage 1999, § 140 Rdnr. 23 m.w.N.), kann letztlich dahinstehen, da nach allgemeiner Ansicht auch sonstige schwerwiegende Nachteile die Beiordnung unter dem Gesichtspunkt der Tatschwere erforderlich machen können; insoweit besteht Einigkeit, dass auch die drohende Ausweisung die Mitwirkung eines Verteidigers erforderlich machen kann. Zutreffend führt das BayObLG (StV 1993, 180; vgl. auch OLG Schleswig SchlHA 1996, 93) insoweit aus:

   > „Dazu kommt hier noch, dass für den aus Skopje im ehemals jugoslawischen Mazedonien stammenden Angeklagten, (...), bei einer dritten einschlägigen Verurteilung die Gefahr der Ausweisung (§ 45 I, § 46 Nr. 2 AuslG) besteht, (...)."

   Selbst wenn vorliegend nur die Mindeststrafe verhängt werden sollte, würde dem Angeklagten gemäß § 55 II Nr. 2 AufenthG die Ausweisung drohen. Gemäß der einschlägigen Richtlinien, ist bereits eine Straftat, die zu einer Verurteilung von mehr als 30 Tagessätzen geführt hat, als nicht geringfügig anzusehen (55.2.2.3.1 Anwendungshinweise zum AufenthG), so dass vorliegend von der Gefahr einer Ausweisung auszugehen ist. Da die Beiordnung nicht die hohe Wahrscheinlichkeit ausländerrechtlicher Maßnahmen voraussetzt, sondern bereits eine hinreichende Gefahr genügt, ist somit die Mitwirkung eines Verteidigers auch unter dem Gesichtspunkt der Tatschwere geboten.

Rechtsanwalt

Muster 6:

589 **Antrag auf Pauschvergütung**

Oberlandesgericht
66119 Saarbrücken

über das Amtsgericht/Landgericht ...

– Az. ... –

In der Strafsache

betr. ...

wegen ...

beantrage ich,

gemäß § 51 RVG eine Pauschvergütung von (...) € zzgl. 16 % MwSt zu bewilligen.

Gründe:

Durch Beschluss vom (...) ist der Unterzeichner dem Angeklagten als Pflichtverteidiger beigeordnet worden.

Die Pflichtverteidigergebühren betragen gemäß dem VV (...) €.

Mit diesen Gebühren ist die Tätigkeit des Unterzeichners nicht ausreichend vergütet, weil es sich vorliegend um eine besonders umfangreiche Sache i.S.d. § 51 RVG gehandelt hat.

I.

Zwar erstreckte sich die Hauptverhandlung nur über einen Sitzungstag und hatte mit vier Stunden eine nur durchschnittliche Dauer; zu berücksichtigen ist jedoch, dass sich der Angeklagte in Untersuchungshaft befand, den Tatvorwurf bestritt und aufgrund der Sprachschwierigkeiten die Mitwirkung eines Dolmetschers erforderlich wurde.

Der Unterzeichner suchte den Angeklagten insgesamt viermal – am (...), (...), (...) und (...) – in der Justizvollzugsanstalt Saarbrücken auf, wobei der Besuch am (...) der Mitteilung des Akteninhalts diente und mit einer Dauer von ca. 6 Stunden das Normalmaß bei weitem überschritt; Gleiches gilt für die Besprechung am (...), die einen Zeitrahmen von ca. 2½ Stunden in Anspruch nahm und die Vorbereitung der Hauptverhandlung zum Gegenstand hatte.

II.

Nach alledem steht dem Unterzeichner ein Anspruch auf Bewilligung einer Pauschvergütung zu.

1. Ob bereits die Hinzuziehung des Dolmetschers – für sich genommen – die Erhöhung der Pflichtverteidigergebühren rechtfertigt (so Gerold/Schmidt/v. Eicken/

Madert/Müller-Rabe, RVG, § 51 Rdnr. 33), oder ein aus der Beiordnung resultierender zusätzlicher Zeitaufwand erforderlich ist (vgl. OLG Karlsruhe JurBüro 1987, 391; OLG Bamberg, JurBüro 1988, 1178; OLG Hamm, JurBüro 1995, 531; KG, Rpfleger 1962, 40), kann letztlich dahingestellt bleiben, da die Pauschvergütung vorliegend auch nach der letztgenannten Ansicht zu bewilligen ist.

2. Nach h.M. hat der sprachunkundige Angeklagte keinen Anspruch auf Übersetzung einzelner Aktenteile (vgl. OLG Düsseldorf MDR 1986, 958; Meyer-Goßner, StPO 47. Auflage 2004, Rdnr. 18 zu Art. 6 MRK); anders als bei deutschsprachigen Mandanten ist dem Verteidiger daher die Möglichkeit verwehrt, dem sprachunkundigen Mandanten einen (Teil-)Aktenauszug – zwecks Vorbereitung der Besprechung – zu übersenden. Folglich ist er gehalten, den Dolmetscher zu veranlassen, die wesentlichen Aktenteile im Rahmen der erforderlichen Besprechungen (mündlich) zu übersetzen, wodurch insbesondere bei umfangreichen Akten erheblicher Zeitaufwand entsteht.

   Vorliegend besteht die Akte aus 564 Blatt, wovon allein 134 Seiten auf die im Ermittlungsverfahren vernommenen Zeugen entfallen; die Vernehmungsniederschriften der Hauptbelastungszeugen Ch. A., Si. A. und H. umfassen 20, 28 und 17 Seiten; da der Angeklagte die gegen ihn erhobenen Vorwürfe abstritt und den vorgenannten Zeugenaussagen somit entscheidende Bedeutung zukam, war – vor Durchführung der eigentlichen Besprechung – die mündliche Übersetzung des wesentlichen Akteninhalts erforderlich, welche einen Zeitaufwand von ca. 3 Std. in Anspruch nahm.

   Daneben ist zu berücksichtigen, dass die beigeordnete Dolmetscherin konsekutiv übersetzte; anders als beim Simultandolmetschen wird durch die schrittweise Übersetzung die Gesprächsdauer faktisch verdoppelt, was – wie hier – insbesondere bei langen Besprechungen erheblich ins Gewicht fällt.

   Verglichen mit der Verteidigung eines deutschsprachigen Mandanten ist somit durch Einschaltung der Sprachmittlerin ein zusätzlicher Zeitaufwand von mindestens sechs Stunden entstanden, so dass die beantragte Pauschvergütung auch nach der letztgenannten Ansicht zu bewilligen ist.

III.

Vorschüsse oder Zahlungen habe ich weder vom Angeklagten noch von Dritten erhalten.

Falls der Vertreter der Staatskasse dem eingangs gestellten Antrag entgegentritt, ist dem Unterzeichner – vor einer Entscheidung – die Äußerung zur Stellungnahme zuzuleiten (BVerfGE 18, 49, 51 ff.).

Rechtsanwalt

Muster 7:

590 **Haftbeschwerde**

Amtsgericht
66104 Saarbrücken

– ... Gs ... –

Sehr geehrter Herr Richter am Amtsgericht ...

In dem Ermittlungsverfahren

betr. ...

wegen ...

wird die mit Schriftsatz vom (...) eingelegte Beschwerde wie folgt begründet:

Es besteht weder der Haftgrund der Flucht noch der der Fluchtgefahr.

I.

Flüchtig ist der Beschuldigte, wenn er sich von seinem bisherigen räumlichen Lebensmittelpunkt absetzt, um für Ermittlungsbehörden und Gerichte in dem gegen ihn anhängigen Verfahren unerreichbar zu sein und ihrem Zugriff zu entgehen (vgl. KK-Boujong, StPO 5. Auflage 2003, § 112 Rdnr. 11 m.w.N.). Erforderlich ist demnach das Vorliegen konkreter Anhaltspunkte dafür, dass sich der Beschuldigte dem Verfahren entzogen hat (vgl. Meyer-Goßner, StPO 47. Auflage 2004, § 112 Rdnr. 15 m.w.N.). In einer Entscheidung des OLG Bremen (StV 1997, 533) heißt es hierzu wörtlich:

> „Für den Haftgrund der Flucht müssen Anhaltspunkte dafür ersichtlich sein, dass der Beschuldigte seinen Wohnsitz oder dauernden Aufenthaltsort im Zusammenhang mit dem Ermittlungsverfahren ins Ausland verlegt hat."

Diese Voraussetzungen sind vorliegend nicht erfüllt.

1. Soweit im Haftbefehl (Bl. ... d.A.) u.a. ausgeführt wird,

   > „Vielmehr hat er nach Angaben des Mitbeschuldigten R. seinen Wohnsitz nach Frankreich verlegt.",

   sind diese Feststellungen bereits nicht geeignet, konkrete Anhaltspunkte im vorgenannten Sinne zu begründen. Die Schlussfolgerung, die Wohnsitzverlegung sei zum Zwecke der Flucht erfolgt, stellt nicht mehr als eine bloße Vermutung dar; es fehlen jegliche Feststellungen bzgl. eines konkreten Zusammenhangs zwischen der Wohnsitzverlegung und dem anhängigen Ermittlungsverfahren.

2. Unabhängig davon sind diese Feststellungen auch der Sache nach unzutreffend.

   Die Verlegung des Wohnsitzes erfolgte, nachdem der Beschuldigte seinen Arbeitsplatz in Saarbrücken verloren und im benachbarten Ausland eine neue Beschäftigung gefunden hatte; die Kopie der schriftlichen Kündigungserklärung sowie des neuen Arbeitsvertrages liegt an.

Der berufsbedingte Wechsel ins Ausland steht der Annahme des erforderlichen Fluchtwillens entgegen. Zutreffend heißt es in einer Entscheidung des OLG Stuttgart (StV 1995, 258, so auch OLG München StV 2002, 205) hierzu:

> „Es kann dem Beschuldigten (...) nicht widerlegt werden, dass er ohne Zusammenhang mit dem vorliegenden Verfahren in sein Heimatland zurückkehrte. Er hatte nach seiner Kündigung des Arbeitsverhältnisses mit der Firma A. dort wieder Arbeit gefunden und zog zu seiner Familie nach Straßbourg. Andere Fakten sind nicht ersichtlich. Ein Entziehen ist bei diesen zeitlichen Abläufen nicht nachzuweisen. Der Umstand, dass sich der Beschuldigte seit seinem Umzug nach Straßbourg dort aufhält, nicht wieder in die Bundesrepublik eingereist ist und auch keinen Zustellungsbevollmächtigten bestellte, kann weder allein noch in der Gesamtschau genügen, Flucht oder Fluchtgefahr zu bejahen."

Nach alledem kann die Anordnung der Untersuchungshaft nicht auf den Haftgrund der Flucht gestützt werden.

II.

Ebenso wenig besteht der Haftgrund der Fluchtgefahr.

Ein Ausländer, der – wie hier – in sein Heimatland zurückkehrt, ist nur flüchtig, wenn Anhaltspunkte dafür vorliegen, dass er dort untertauchen oder sich in sonstiger Weise dem Verfahren entziehen will. Das OLG Naumburg (StV 1996, 381; vgl. auch OLG Frankfurt StV 1994, 581 f.; OLG Stuttgart StV 1995, 258; OLG Brandenburg StV 1996, 381; KK-Boujong, StPO 5. Auflage 2003, § 112 Rdnr. 20 m.w.N.) führt insoweit zutreffend aus:

> „In diesem Zusammenhang ist zwar zu berücksichtigen, dass der Beschuldigte seinen Wohnsitz in Österreich hat, (...), so dass eine überwiegende Wahrscheinlichkeit dafür sprechen mag, dass er nach Österreich zurückkehren und damit die Durchführung des gegen ihn gerichteten Strafverfahrens nicht erleichtern wird. Diese Umstände allein rechtfertigen jedoch nicht die Annahme einer Fluchtgefahr, denn diese setzt weitergehend voraus, dass sich der Beschuldigte dem Verfahren entzieht. „Entziehen" ist ein vom Beschuldigten vorgenommenes Verhalten, das den zumindest beabsichtigten Erfolg hat, den Fortgang des Verfahrens dauernd oder vorübergehend durch Aufgeben der Bereitschaft zu verhindern, Ladungen, Vollzugs- oder Vollstreckungsmaßnahmen zur Verfügung zu stehen (...). Der Täter entzieht sich dem Verfahren indessen nicht, wenn er unter einer den Strafverfolgungsbehörden bekannten Adresse im Ausland schlicht verbleibt und sich dort zu Verfügung hält (...). Anhaltspunkte dafür, dass der Beschuldigte sich unter dem Druck der – relativierten – Straferwartung unter Trennung von seiner Ehefrau den Strafverfolgungsbehörden nicht zur Verfügung halten und an einen unbekannten Ort absetzen wird, sind hingegen nicht erkennbar, (...)."

Allein der berufsbedingte Wechsel rechtfertigt somit auch nicht die Annahme von Fluchtgefahr.

Davon, dass die Straferwartung eine andere Betrachtungsweise zuließe, geht selbst die Staatsanwaltschaft nicht aus, so dass insgesamt vom Fehlen etwaiger Haftgründe auszugehen ist.

Ich **beantrage** daher,

den Haftbefehl des Amtsgericht Saarlouis vom (...) aufzuheben,

hilfsweise,

gegen Hinterlegung einer Sicherheit in Höhe von 5.000,– € außer Vollzug zu setzen.

Eine Kopie dieses Schriftsatzes habe ich der Staatsanwaltschaft Saarbrücken direkt zur Stellungnahme zugeleitet.

Rechtsanwalt

Muster 8:

Antrag auf Erteilung einer Telefongenehmigung 591

Amtsgericht
66104 Saarbrücken

– ... Gs .../01 –

In dem Ermittlungsverfahren

betr. ...

wegen des Verdachts des Verstoßes gegen das BtMG

beantrage ich als Verteidiger,

dem Beschuldigten Telefongespräche mit seiner Ehefrau (Telefonnummer: 00 ...) – in seiner Heimatsprache – zu genehmigen.

Gründe:

1. Der Beschuldigte, der der deutschen Sprache nicht mächtig ist, ist zwischenzeitlich mehr als 6 Monate inhaftiert. Aufgrund der vorhandenen Sprachschwierigkeiten verfügt er kaum über anstaltsinterne Kontakte. Da seine Familie – insbesondere die Ehefrau – in der Türkei lebt, hat der Beschuldigte während der gesamten Haftzeit keinen Besuch empfangen, so dass die verschärfte Haftsituation die Genehmigung persönlicher Telefongespräche erfordert.

   Zwar kommt die richterliche Genehmigung von Telefongesprächen nur ausnahmsweise in Betracht. Nach allgemeiner Ansicht ist jedoch ein solcher Ausnahmefall gegeben, wenn die Haftbedingungen aufgrund längerer Untersuchungshaft besonders einschneidend sind. Zutreffend führt das OLG Frankfurt (StV 1992, 281) insoweit aus:

   > „Die richterliche Genehmigung eines Telefongesprächs eines Untersuchungsgefangenen mit einer Person außerhalb der JVA, insbesondere mit nahen Angehörigen im Ausland, darf bei Vorliegen eines besonderen berechtigten Interesses nicht auf seltene oder dringende Ausnahmefälle beschränkt werden. Ein solches berechtigtes Interesse ist zu bejahen, wenn der Gefangene in Deutschland über keinerlei soziale Bindungen verfügt, die Sprachschwierigkeiten die Haftbedingungen verschärfen und sich der Gefangene bereits seit 5 Monaten in Haft befunden hat. Bloße Briefkontakte können jedenfalls nach längerer Haft ein persönliches Gespräch mit einem nahestehenden Angehörigen nicht ersetzen."

   Nach alledem ist antragsgemäß zu entscheiden.

2. Sofern zur Gesprächsüberwachung die Hinzuziehung eines Dolmetschers erforderlich werden sollte, wird vorsorglich darauf hingewiesen, dass die insoweit entstehenden Kosten der Staatskasse zur Last fallen und die Genehmigung daher auch nicht von der vorherigen Zahlung eines Kostenvorschusses abhängig gemacht werden darf (vgl. BVerfG NJW 2004, 1095/1096; OLG Stuttgart StV 1990, 79; OLG Frankfurt aaO.).

Rechtsanwalt

Muster 9:

592 Ablehnung des Dolmetschers wegen Besorgnis der Befangenheit

Landgericht
66119 Saarbrücken

– Az. ... –

In der Strafsache

betr. ...

wegen ...

lehnt der Angeklagte den Dolmetscher Al. M. wegen Besorgnis der Befangenheit ab.

Gründe:

Der Angeklagte hat aufgrund des nachfolgend geschilderten Verhaltens des Dolmetschers die begründete Besorgnis, dieser stehe dem Verfahren nicht (mehr) mit der gebotenen inneren Distanz und der erforderlichen Neutralität gegenüber.

I.

Der abgelehnte Dolmetscher war im Vorverfahren als Übersetzer tätig. Neben den Vernehmungen des Angeklagten und weiterer Zeugen übersetzte er auch die im Rahmen der Telefonüberwachung angefertigten Protokolle (Bl. ... ff. TÜ-Akte).

In der schriftlich niedergelegten Übersetzung des Telefongesprächs vom ... (Bl. ... ff. TÜ-Akte) führte der abgelehnte Dolmetscher insoweit u.a. aus, der Gesprächspartner habe gesagt, der Angeklagte solle „Fisch“ mitbringen. Wörtlich heißt es dort:

> „S.: Wenn Du oben bist, ..., bringe doch Fisch mit.“

Die Übersetzung, die dem Angeklagten im Rahmen der erfolgten Akteneinsicht bekannt geworden ist, endet mit dem Zusatz, dass S. offensichtlich ein Pseudonym verwendet habe und mit dem verwandten Begriff aller Voraussicht nach „Betäubungsmittel“ gemeint seien. Wörtlich heißt es dort:

> „Gemeint sind wohl Betäubungsmittel.“

II.

Allein diese (wertende) Bemerkung rechtfertigt die Besorgnis der Befangenheit.

In einer Entscheidung des LG Darmstadt (StV 1990, 258; vgl. auch LG Darmstadt StV 1995, 239; LG Berlin StV 1994, 180; Meyer-Goßner, StPO 47. Auflage 2004, § 191 GVG Rdnr. 2) heißt es insoweit zutreffend:

> „Die Aufgabe des Dolmetschers besteht allein in der Übertragung von einer Sprache in eine andere. Interpretationen oder Bewertungen des Sprachinhalts hat er nicht vorzunehmen. Zwar kann unter Umständen eine idiomatische Redewendung einer Erläuterung bedürfen, ggf. auch sachverständiger Erklärung. Dies muss dann aber entsprechend gekennzeichnet werden. Es

darf nicht der Eindruck entstehen, der Dolmetscher habe in Art einer Beweiswürdigung (...) den Inhalt einer fremdsprachigen Erklärung wiedergegeben. Diesen Eindruck hat der Dolmetscher aber dadurch erweckt, dass er die von ihm vorgenommene Übersetzung interpretiert, in dem er ausführt, es sei etwas anderes gemeint. Hier kann es sich schon inhaltlich nicht um eine sprachwissenschaftliche Erklärung handeln. Die Qualifizierung verschiedener Formulierungen als „Decknamen" enthält eine Wertung in dem Sinne, dass etwas versteckt werden soll. Auch dies ist – unabhängig davon, dass die entsprechende Anmerkung nicht bezeichnet wird – keine Erklärung eines Idioms der Fremdsprache.

Insgesamt stellen die angeführten Zusätze des Dolmetschers zu der Übersetzung Wertungen dar, die zu treffen erst Sache der tätig werdenden Strafverfolgungsorgane sein kann. Sie können die Befürchtung aufkommen lassen, auch die eigentliche Übersetzungstätigkeit des Dolmetschers sei tendenziös."

Dem ist nichts hinzuzufügen.

III.

Zur Glaubhaftmachung stützt sich der Angeklagte auf das Zeugnis des abgelehnten Dolmetschers sowie dessen – in Kopie anliegende – schriftliche Übersetzung.

Rechtsanwalt

Muster 10:

593 Widerspruch gegen die Vernehmung des abgelehnten Dolmetschers

Landgericht
66119 Saarbrücken

– Az. ... –

In der Strafsache

betr. ...

wegen ...

wird der Vernehmung des Zeugen (...) widersprochen, soweit die Vernehmung die Angaben des Angeklagten in der Vernehmung vom (...) zum Gegenstand hat.

Gründe:

I.

Mit Beschluss vom (...) hat die erkennende Strafkammer dem Befangenheitsgesuch des Angeklagten gegen den Dolmetscher (...) stattgegeben; zugleich hat es dem Angeklagten die Dolmetscherin (...) beigeordnet.

II.

Der nunmehr beabsichtigten Vernehmung des Dolmetschers steht die erfolgreiche Ablehnung entgegen.

Nach zutreffender Ansicht (LG Köln StV 1992, 460; Meyer-Goßner, StPO 47. Auflage 2004, Rdnr. 2 zu § 191 GVG m.w.N.) kommt die Vernehmung des Dolmetschers als Zeuge nicht in Betracht, wenn dieser zuvor erfolgreich abgelehnt worden ist und die Vernehmung die von ihm übersetzte Aussage zum Gegenstand hat. In der zuvor zitierten Entscheidung des LG Köln heißt es insoweit zutreffend:

> „Für einen erfolgreich wegen Besorgnis der Befangenheit (...) abgelehnten Sachverständigen gilt, dass dieser Umstand grundsätzlich nicht daran hindert, ihn als Zeugen oder sachverständigen Zeugen über Tatsachen zu vernehmen, die ihm bei Durchführung des ihm erteilten Auftrags bekannt geworden sind. Er ist allerdings gehindert, sein Gutachten nunmehr als Zeuge zu erstatten und darf deshalb nicht zu den Schlussfolgerungen gehört werden, die er aus jenen Tatsachen auf Grund seiner Sachkunde gezogen hat und auf die das Gericht für die Urteilsfindung angewiesen ist, weil ihm insoweit die eigene Sachkunde fehlt (vgl. BGHSt 20, 222 ff.).
>
> Diese Grundsätze gelten auch für Dolmetscher. Zwar gehören diese begrifflich nicht zu den Sachverständigen; ihre Stellung ist aber der eines Sachverständigen in vielem ähnlich, weil sie kraft ihrer besonderen Fachkenntnisse Gehilfen der Richter sind (vgl. BGHSt 4, 154).
>
> Das hat zur Folge, dass der Zeuge A. nicht dazu gehört werden darf, wie sich der Angeklagte zuvor in der Hauptverhandlung eingelassen hat. Die

Übertragung der Einlassung des Angeklagten von der persischen in die deutsche Sprache sind Schlussfolgerungen des Dolmetschers, die er aus seiner Kenntnis der persischen Sprache gezogen hat und die für die Kammer mangels eigener Sachkunde unverzichtbar sind. Mangels dieser Sachkunde hätte die Kammer keine Möglichkeit, etwaige Angaben des Zeugen A. im Wege der freien Beweiswürdigung abzuwägen und müsste sich auf Angaben eines sachverständigen Zeugen verlassen, deren Qualität angesichts der erfolgreichen Ablehnung als Dolmetscher in diesem Verfahren durchaus zweifelhaft sind."

Rechtsanwalt

Muster 11:

594 **Beweisantrag**[1206]

Landgericht
66119 Saarbrücken

– Az. ... –

In der Strafsache

betr. ...
wegen des Verdachts des Mordes

beantrage ich als Verteidiger,

zum Beweis der Behauptung dass,

1. in der Türkei – insbesondere in ländlichen Gegenden – körperliche Auseinandersetzungen und Tötungen als weit weniger schwerwiegend eingestuft werden, als dies nach den deutschen Wertvorstellungen üblich ist,
2. sich die Ehefrau nach den heute geltenden Wertvorstellungen in der Türkei – trotz fortschreitendem Familienrecht – den Entscheidungen ihres Ehemanns unterzuordnen hat,
3. in der Türkei – insbesondere in ländlichen Gegenden – die Ehre der Familie, insbesondere die des Mannes, höher bewertet wird als ein Menschenleben und es in bestimmten Situationen – z.B. einem Seitensprung der Ehefrau – „gefordert" wird, die Ehefrau, die die Ehre des Ehemannes schwer belastet hat, zu töten,
4. die Tötung von einem anderen Familienmitglied vorgenommen wird und der Ehemann als ehrlos angesehen wird, sofern dieser die Tötung nicht selbst durchführt,
5. der Angeklagte bei den in seinem Geburtsort zuständigen Gerichten für die hier angeklagte Tat allenfalls mit einer milden Bestrafung – Strafaussetzung zur Bewährung – zu rechnen hätte,

die Einholung eines ethnologischen Sachverständigengutachtens.

Gründe:

Dem Angeklagten wird ein Mord zum Nachteil seiner Ehefrau zur Last gelegt; die Anklage wird auf das Mordmerkmal der „niedrigen Beweggründe" gestützt, da der Angeklagte seine Ehefrau nach einem Seitensprung „bestialisch hingerichtet" habe und in der Tat Beweggründe zum Ausdruck gekommen seien, die auf sittlich niedrigster Stufe stünden.

Dabei wird jedoch übersehen, dass nach ständiger Rechtsprechung des BGH bei Prüfung der Frage, ob Beweggründe als niedrig i.S.d. § 211 StGB anzusehen sind, besondere Wertvorstellungen zu berücksichtigen sind, denen der ausländische Beschuldigte wegen seiner fortbestehenden Bindungen an die heimatliche Kultur verhaftet ist.

1206 Vgl. auch *Hamm/Hassemer/Pauly*, Beweisantragsrecht.

In einer Entscheidung des BGH (StV 1997, 565) heißt es insoweit zutreffend:

> „Bei der Prüfung der Frage, ob Tötungsbeweggründe als „niedrig" i.S.d. § 211 II StGB zu bewerten sind, müssen die besonderen Anschauungen und Wertvorstellungen berücksichtigt werden, denen ein in der Bundesrepublik Deutschland lebender ausländischer Täter wegen seiner fortbestehenden Bindung an die heimatliche Kultur verhaftet ist."

Vor diesem Hintergrund wird der Sachverständige bestätigen, dass die von der Verteidigung unter Beweis gestellten Wertvorstellungen in der Herkunftsregion des Angeklagten noch heute vorherrschen.

Rechtsanwalt

Muster 12:

595 **Antrag auf Absehen von der Vollstreckung**

Staatsanwaltschaft Karlsruhe
Akademiestr. 6–8

76113 Karlsruhe

– ... VRs ... –

In der Strafvollstreckungssache

betr. ...

wegen ...

beantrage ich,

gemäß § 456a I StPO von der weiteren Vollstreckung der durch Urteil des Landgerichts Karlsruhe – Az. ... – verhängten Freiheitsstrafe abzusehen.

Gründe:

I.

Mit Urteil vom (...) sprach das Landgericht Karlsruhe den Verurteilten der unerlaubten Einfuhr von Betäubungsmitteln in nicht geringer Menge schuldig; es verhängte eine Gesamtfreiheitsstrafe von 3 Jahren und 6 Monaten, von der zwischenzeitlich 1 Jahr und 5 Monate verbüßt sind.

Mit Bescheid vom (...) verfügte das Ausländeramt die Ausweisung; nachdem der Verurteilte auf die Einlegung von Rechtsmitteln verzichtete, ist die Ausweisungsverfügung seit dem (...) bestandskräftig.

II.

Dem Verurteilten steht ein eigenes Antragsrecht zu; der Antrag ist nicht fristgebunden und somit zulässig.

III.

Der Antrag ist auch begründet.

1. Die gegen den Verurteilten ergangene Ausweisungsverfügung ist bestandskräftig; die Voraussetzungen des § 456a I StPO liegen somit vor (vgl. LR-Wendisch, StPO, § 456a Rdnr. 6).
2. Soweit der Vollstreckungsbehörde somit ein Ermessensspielraum eröffnet ist, ist auf die Allgemeinverfügung vom 17. 10. 1996 (Die Justiz 1996, 500 ff.) zu verweisen; zwar ist danach die Anordnung in der Regel erst zum Halbstrafenzeitpunkt vorgesehen. Gemäß III 1. a) kann jedoch bereits vor dem Halbstrafenzeitpunkt von der weiteren Vollstreckung abgesehen werden, wenn bei Fortsetzung der Vollstreckung mit der bedingten Entlassung zum Halbstrafenzeitpunkt zu rechnen wäre. Dies ist vorliegend der Fall.

- der Verurteilte verbüßt erstmalig Strafhaft; zum Zeitpunkt der Verurteilung war er nicht vorbestraft;
- aufgrund der zum Tatzeitpunkt vorhandenen Drogen- und Spielsucht ging das erkennende Gericht von einer erheblich verminderten Schuldfähigkeit (§ 21 StGB) aus;
- zugleich hat es dem Verurteilten dessen erhebliche Aufklärungshilfe zugute gehalten und den Strafrahmen der Vorschrift des § 31 BtMG entsprechend gemindert;
- in den Fällen 19–31 hat es darüber hinaus die Voraussetzungen eines minder schweren Falles angenommen und insoweit nur kurzzeitige Freiheitsstrafen von jeweils 4 Monaten verhängt;
- über die Aufklärungshilfe hinaus hat die Strafkammer das umfassende rückhaltlose Geständnis strafmildernd berücksichtigt,

so dass Milderungsgründe von solchem Gewicht vorliegen, die bei der gebotenen Gesamtwürdigung „besondere Umstände“ i.S.d. § 57 II Nr. 2 StGB begründen.

3. Unabhängig davon sind auch folgende weitere Gesichtspunkte zu berücksichtigen, die für ein frühzeitiges Absehen von der weiteren Vollstreckung sprechen.

   Der Verurteilte spricht kaum deutsch; da seine Familie nach seiner Inhaftierung und dem damit verbundenen Verlust der sozialen Existenz in seine Heimat zurückkehrte, erhielt er während der gesamten Haftzeit keinen Besuch. Die daraus resultierende Isolation führte zu psychosomatischen Beschwerden, wegen derer sich der Verurteilte in der Zeit von ... bis ... im Anstaltskrankenhaus aufhielt.

   Die vorgenannten Gesichtspunkte sind ebenfalls zu berücksichtigen, da § 456a StPO nicht ausschließlich der Entlastung des deutschen Strafvollzugs, sondern vor allem auch den berechtigten Interessen des inhaftierten Ausländers dient (vgl. Groß, Zum Absehen von der Strafvollstreckung, StV 1987, 36 m.w.N.); besondere Härten, die aufgrund der Haftsituation entstehen, sollen ebenso ausgeglichen werden, wie sonstige Nachteile wie z.B. die erneute Bestrafung im Heimatland oder der Verlust der inländischen Existenzgrundlage.

   Zutreffend heißt es in der Allgemeinen Verfügung des Justizministeriums Brandenburg (JMBl. 1997, 38):

   > „Die anhaltende starke Belegung der Justizvollzugsanstalten des Landes macht es erforderlich, Maßnahmen nach § 456a StPO möglichst frühzeitig zu prüfen, um so zu einer Entlastung des Strafvollzuges und zur Vermeidung von Haftkosten beizutragen. (...) Für die Anwendung des § 456a StPO spricht zudem die Tatsache, dass Ausländer im Strafvollzug wegen ihrer Herkunft aus anderen Kulturkreisen sowie wegen bestehender Sprachbarrieren an vielen Erziehungs- und Freizeitprogrammen nicht teilnehmen können und von Vollzugslockerungen oftmals ausgeschlossen sind.“

Nach alledem ist die Anordnung gemäß § 456a StPO bereits zum jetzigen Zeitpunkt gerechtfertigt.

Rechtsanwalt

Muster 13:

596 **Antrag auf Aussetzung eines Vollstreckungshaftbefehls (§ 456a II StPO)**

Staatsanwaltschaft Saarbrücken
Zähringerstr. 12
66119 Saarbrücken

– ... VRs ... –

In der Strafvollstreckungssache
betr. ...
wegen ...

beantrage ich,

den gemäß § 456a II StPO erlassenen Haftbefehl für die Zeit von ... bis ... außer Vollzug zu setzen.

Gründe:

I.

Zwar wird überwiegend die Ansicht vertreten, dass die befristete Aussetzung eines Haftbefehls nicht statthaft sei (vgl. Meyer-Goßner, StPO 47. Aufl. 2004, § 116 Rdnr. 2 m.w.N.); diese im Rahmen der Untersuchungshaft vorherrschende Betrachtungsweise kann indes nicht auf den nach § 456a II StPO erlassenen Vollstreckungshaftbefehl übertragen werden. Der Vollstreckungshaftbefehl dient nämlich allein dem Zweck, die im Falle der Wiedereinreise gebotene Vollstreckung der Reststrafe sicherzustellen; steht jedoch bereits vor Wiedereinreise fest, dass die Fortsetzung der Vollstreckung ermessensfehlerhaft wäre, d.h. der Anordnung § 456a II 1 StPO entgegensteht, kann der Zweck des Vollstreckungshaftbefehls nicht erreicht werden, weshalb er schon aus Verhältnismäßigkeitsgründen – zeitweise – außer Vollzug zu setzen ist. Jede andere Betrachtungsweise widerspräche der Intention des Gesetzgebers, wonach der Vollstreckungshaftbefehl lediglich die Fortsetzung der erforderlichen Vollstreckung sichern soll.

II.

Der zulässige Antrag ist auch begründet.

Mein Mandant führt nämlich derzeit beim Landgericht Saarbrücken einen Zivilprozess. Er klagt auf Zahlung rückständiger Provisionsansprüche in Höhe von 35.000,– €. Eine Kopie der Klageschrift und der schriftlichen Ladung des LG Saarbrücken füge ich als Anlage bei.

Das Landgericht Saarbrücken hat Termin zur mündlichen Verhandlung bestimmt auf den (Datum) und zu diesem Termin das persönliche Erscheinen meines Mandanten angeordnet.

Wenn mein Mandant den Gerichtstermin nicht wahrnehmen kann, drohen ihm Nachteile in der Prozessführung, die möglicherweise sogar zur Abweisung der Klage führen können. Somit liegen zwingende Gründe vor, die die Anwesenheit im Bundesgebiet erfordern. Die Versagung der Erlaubnis würde angesichts der geschilderten Situation auch eine unbillige Härte bedeuten. Die berechtigten Interessen meines Mandanten rechtfertigen daher die beantragte Entscheidung.

Rechtsanwalt

Muster 14:

597 **Antrag auf Erteilung einer Betretenserlaubnis**

Landeshauptstadt Saarbrücken
Stadtamt III-W-A
– Ausländerbehörde –
Johannisstr. 4
66111 Saarbrücken

Bülent A. (Name und Adresse des Mandanten)

Sehr geehrte Damen und Herren,

in vorbezeichneter Angelegenheit zeige ich an, dass mich Herr Bülent A. mit der Wahrnehmung seiner Interessen beauftragt hat. Eine auf mich lautende Vollmachtsurkunde liegt an.

Namens und im Auftrage meines Mandanten **beantrage** ich,

> meinem Mandanten eine Betretenserlaubnis gemäß § 11 II AufenthG zu erteilen.

Gründe:

Mein Mandant wurde am (...) in die Türkei abgeschoben.

Gemäß § 11 II AufenthG kann einem abgeschobenen Ausländer vor Ablauf der nach § 11 I 3 AufenthG bestimmten Frist erlaubt werden, das Bundesgebiet kurzfristig zu betreten, wenn zwingende Gründe seine Anwesenheit erfordern oder die Versagung der Erlaubnis eine unbillige Härte bedeuten würde.

Diese Voraussetzungen sind gegeben.

Mein Mandant führt nämlich derzeit beim Landgericht Saarbrücken einen Zivilprozess. Er klagt auf Zahlung rückständiger Provisionsansprüche in Höhe von 35.000,– €. Eine Kopie der Klageschrift und der schriftlichen Ladung des LG Saarbrücken füge ich als Anlage bei.

Das Landgericht Saarbrücken hat Termin zur mündlichen Verhandlung bestimmt auf den (Datum) und zu diesem Termin das persönliche Erscheinen meines Mandanten angeordnet.

Wenn mein Mandant den Gerichtstermin nicht wahrnehmen kann, drohen ihm Nachteile in der Prozessführung, die möglicherweise sogar zur Abweisung der Klage führen können. Somit liegen zwingende Gründe vor, die die Anwesenheit im Bundesgebiet erfordern. Die Versagung der Erlaubnis würde angesichts der geschilderten Situation auch eine unbillige Härte bedeuten. Die berechtigten Interessen meines Mandanten rechtfertigen daher die beantragte Entscheidung.

Rechtsanwalt

Muster 15:
„Antrag“ auf Vollstreckung eines deutschen Urteils im Ausland (ÜberstÜbK) 598

Staatsanwaltschaft Saarbrücken
Zähringerstr. 12
66119 Saarbrücken

– ... VRs ... –

In der Strafvollstreckungssache
betr. Mihail K.
wegen ...

rege ich **an**,

1. bei der Bewilligungsbehörde zu beantragen, die weitere Vollstreckung aus dem Urteil des Landgerichts Saarbrücken vom ... im Wege der Vollstreckungshilfe in Griechenland durchzuführen.
2. die richterliche Anhörung des Verurteilten zu beantragen, damit die erforderliche Zustimmung zu Protokoll eines Richters abgegeben werden kann (§ 2 ÜAG).

Gründe:

I.

Der Verurteilte ist wegen Totschlages zu einer Freiheitsstrafe von 10 Jahren und 6 Monaten verurteilt worden, von der er zwischenzeitlich – unter Anrechnung der Untersuchungshaft – 2 Jahre und 3 Monate verbüßt hat. Eine beglaubigte Abschrift des Urteils (**Anlage 1**) und die Kopie der Strafzeitberechnung (**Anlage 2**) liegen an.

II.

Die Voraussetzungen für eine Überstellung in das Heimatland des Verurteilten sind gegeben.

Mihail K. ist Grieche, d.h. Staatsangehöriger des Vollstreckungsstaates; der noch zu verbüßende Strafrest beträgt 8 Jahre und 3 Monate, so dass zum Zeitpunkt des Ersuchens von der verhängten Sanktion noch mindestens 6 Monate zu verbüßen sind (vgl. Art. 3 ÜberstÜbK). Nicht zuletzt stimmt der Verurteilte der Überstellung in sein Heimatland zu.

III.

Eine Kopie dieses „Antrages“ habe ich der Justizvollzugsanstalt Saarbrücken unmittelbar zur Stellungnahme zugeleitet.

Rechtsanwalt

Muster 16:

599 **„Antrag" auf Vollstreckung eines deutschen Urteils im Ausland (IRG)**

Staatsanwaltschaft Saarbrücken
Zähringerstr. 12
66119 Saarbrücken

– ... VRs ... –

In der Strafvollstreckungssache
betr. ...
wegen ...

rege ich **an**,

1. bei der Strafvollstreckungskammer zu beantragen, die weitere Vollstreckung der durch Urteil des LG Saarbrücken vom ... verhängten Freiheitsstrafe in Algerien für zulässig zu erklären.
2. schnellstmöglich die gemäß Nr. 106 II RiVASt erforderliche Anhörung des Verurteilten durchzuführen.

Gründe:

I.

Der Verurteilte ist algerischer Staatsbürger und hatte seinen Lebensmittelpunkt bis zu seiner Inhaftierung in Algerien (vgl. § 71 I Nr. 1 IRG).

Durch Urteil des LG Saarbrücken ist er wegen Verstoßes gegen das Betäubungsmittelgesetz zu einer Freiheitsstrafe von 8 Jahren verurteilt worden, von der zwischenzeitlich – unter Anrechnung der Untersuchungshaft – 3 Jahre verbüßt sind. Eine beglaubigte Abschrift des Urteils (**Anlage 1**) und eine Kopie der Strafzeitberechnung (**Anlage 2**) füge ich in der Anlage bei.

II.

Die Voraussetzungen für eine weitere Vollstreckung der verhängten Strafe im Heimatland des Verurteilten liegen also vor.

III.

Eine Kopie dieses „Antrages" habe ich unmittelbar der Justizvollzugsanstalt Saarbrücken zur Stellungnahme zugeleitet.

Rechtsanwalt

Muster 17:
Anregung der Vollzugsplanung 600

Justizvollzugsanstalt Saarbrücken
Lerchesflurweg 37
66119 Saarbrücken

Sehr geehrte Damen und Herren,

in der Strafvollzugssache G.

bitte ich als Verteidiger bei der bevorstehenden Vollzugsplanung zu berücksichtigen, dass bei dem Gefangenen mit einer Ausweisung nicht zu rechnen ist.

I.

Der Gefangene G. ist Staatsangehöriger der Türkei. Er ist in Deutschland geboren, aufgewachsen und Inhaber einer Niederlassungserlaubnis.

II.

G. genießt somit besonderen Ausweisungsschutz nach Art. 6 I des Beschlusses Nr. 1/80 des Assoziationsrates EWG-Türkei. Art. 6 I lautet:

> „Vorbehaltlich der Bestimmungen in Artikel 7 über den freien Zugang der Familienangehörigen zur Beschäftigung hat der türkische Arbeitnehmer, der dem regulären Arbeitsmarkt eines Mitgliedstaats angehört, in diesem Mitgliedstaat
> – nach einem Jahr ordnungsgemäßer Beschäftigung Anspruch auf Erneuerung seiner Arbeitserlaubnis bei dem gleichen Arbeitgeber, wenn er über einen Arbeitsplatz verfügt;
> – nach drei Jahren ordnungsgemäßer Beschäftigung – vorbehaltlich des den Arbeitnehmer aus den Mitgliedstaaten der Gemeinschaft einzuräumenden Vorrangs – das Recht, sich für den gleichen Beruf bei einem Arbeitgeber seiner Wahl auf ein unter normalen Bedingungen unterbreitetes und bei den Arbeitsämtern dieses Mitgliedstaats eingetragenes anderes Stellenangebot zu bewerben;
> – nach vier Jahren ordnungsgemäßer Beschäftigung freien Zugang zu jeder von ihm gewählten Beschäftigung im Lohn- und Gehaltsverhältnis."

Soweit früher die Ansicht vertreten worden ist, Art. 6 I des Beschlusses Nr. 1/80 des Assoziationsrates EWG-Türkei vermittele nur das Recht auf ungehinderten Zugang zum deutschen Arbeitsmarkt, nicht jedoch einen besonderen Ausweisungsschutz, ist diese Meinung zwischenzeitlich überholt; denn das durch Art. 6 I des Beschlusses Nr. 1/80 des Assoziationsrates EWG-Türkei garantierte Rechte liefe im Ergebnis leer, wenn dem Betroffenen nicht zugleich auch ein Bleiberecht eingeräumt werde (vgl. EuGH NVwZ 2000, 1029, 1030 m.w.N.).

Staatsangehörige der Türkei genießen somit unter den Voraussetzungen des Art. 6 I des Beschlusses Nr. 1/80 des Assoziationsrates EWG-Türkei besonderen Ausweisungsschutz; folglich kann G. als Inhaber einer Niederlassungserlaubnis nur ausgewiesen werden, wenn der ihm zustehende Ausweisungsschutz nicht entgegensteht.

III.

Ob Art. 6 I des Beschlusses Nr. 1/80 des Assoziationsrates EWG-Türkei eine den §§ 53 ff. AufenthG gegenüber vorrangige Spezialnorm darstellt (vgl. VGH Kassel, InfAuslR 1993, 50, 51/52) oder lediglich im Rahmen der Ermessensausübung zu berücksichtigen ist, bedarf hier keiner Entscheidung, da auch in letzterem Fall eine Ausweisung des Gefangenen nicht in Betracht kommt.

Die Ausweisung stellt keine strafrechtliche Sanktion dar; sie ist eine Maßnahme der Gefahrenabwehr, so dass die Ermessensausweisung lediglich auf spezial- oder generalpräventive Erwägungen gestützt werden kann. Rechtfertigen weder spezial- noch generalpräventive Gründe die Ausweisung, hat diese auch im Falle hoher Freiheitsstrafen zu unterbleiben. Dies ist hier der Fall.

1. Nach der neuesten Rechtsprechung des EuGH (NVwZ 2000, 1029 ff.) ist die generalpräventiv motivierte Ausweisung türkischer Staatsangehöriger unzulässig, sofern diese besonderen Ausweisungsschutz nach Art. 6 I des Beschlusses Nr. 1/80 des Assoziationsrates EWG-Türkei genießen. Wörtlich heißt es in der vorgenannten Entscheidung (EuGH NVwZ 2000, 1029):

   > „Art. 14 I des Beschlusses ARB 1/80 ist dahin auszulegen, dass er der Ausweisung eines türkischen Staatsangehörigen, der ein unmittelbar durch diesen Beschluss gewährtes Recht innehat, entgegensteht, wenn diese Maßnahme aufgrund einer strafrechtlichen Verurteilung zum Zweck der Abschreckung anderer Ausländer verfügt wird, ohne dass das persönliche Verhalten des Betroffenen konkreten Anlass zu der Annahme gibt, dass er weitere schwere Straftaten begehen wird, die die öffentliche Ordnung im Aufnahmemitgliedstaat stören könnten."

2. Kann die Ausweisung somit nicht auf generalpräventive Gründe gestützt werden, bleibt zu prüfen, ob von dem Gefangenen nach seiner Haftentlassung eine Gefahr ausgeht, d.h. die Ausweisung aufgrund vorhandener Wiederholungsgefahr gerechtfertigt ist.

   Dies ist vorliegend ebenfalls nicht der Fall.

   Der Sachverständige Prof. Dr. R. hat im Rahmen der Hauptverhandlung dargelegt, dass die Tat aufgrund der besonderen Konfliktsituation zwischen den Eheleute G. als singuläre Verfehlung anzusehen ist; der Gefangene habe keine generelle Neigung erkennen lassen, die den Schluss einer negativen Prognose zuließen. Wörtlich heißt es im Gutachten – vgl. **Anlage** –:

   > „Abschließend ist darauf aufmerksam zu machen, dass der Proband bisher strafrechtlich nicht in Erscheinung getreten ist und in seiner gesamten Lebensgestaltung keine generelle Neigung zur einer erhöhten sozialen Konfliktbereitschaft hat erkennen lassen. Die Kriminalprognose ist insofern als uneingeschränkt günstig anzusehen. Der Tatentschluss geht auf eine besondere Konfliktsituation zurück, was die Annahme einer günstigen Prognose unterstreicht." (Unterstreichung nicht im Original)

Aufgrund dieser „uneingeschränkt günstigen Prognose" kommt eine spezialpräventive Ausweisung im Ergebnis nicht in Betracht; weder die Höhe der verhängten Strafe – 8 Jahre Freiheitsstrafe – noch das begangene Delikt – Totschlag – rechtfertigen eine andere Betrachtungsweise. Liegt eine günstige Prognose vor, kann selbst bei hohen Freiheitsstrafen die Ausweisung nicht auf spezialpräventive Erwägungen gestützt werden. In einer Entscheidung des BayVGH (InfAuslR 1994, 257, 258/259) heißt es hierzu wörtlich:

> „Seine Ausweisung lässt sich zwar nicht mit der sicherheitsrechtlichen Notwendigkeit der Unterbindung einer von ihm ausgehenden konkreten Wiederholungsgefahr in dem für die Berufungsentscheidung maßgeblichen Zeitpunkt des Erlasses des Widerspruchsbescheides der Regierung von Mittelfranken (...) tragfähig begründen. Denn nach dem im Berufungsverfahren vom Senat eingeholten (...) Gutachten (...), dem sich der Senat in vollem Umfang anschließt, ist aus psychiatrischer Sicht in dem in Rede stehenden Zeitpunkt die Gefahr, dass der Kläger nochmals ein Totschlagsverbrechen oder ein anderes vergleichbares Kapitaldelikt begehen würde, als sehr gering einzuschätzen, wenngleich es dem Gutachter zufolge nicht sicher auszuschließen ist, dass es künftig im Rahmen von Belastungssituationen nochmals zu körperlichen Tätlichkeiten kommen kann. Der Gutachter begründet in nachvollziehbarer Weise seine Prognose vor allem damit, dass der Kläger im Zeitpunkt seiner Tat (...) einer schweren chronischen Partnerschaftskonfliktslage mit tiefgreifenden Kränkungserlebnissen ausgesetzt gewesen sei."

IV.

Da somit die Ausweisung des Gefangenen weder auf spezial- noch generalpräventive Gründe gestützt werden kann, ist mit ausländerrechtlichen Maßnahmen nicht zu rechnen, so dass bei der bevorstehenden Vollzugsplanung – insbesondere bei der Planung in- und externer Lockerungen – von keinen ausländerspezifischen Einschränkungen (vgl. z.B. VV Nr. 1 Abs. 1c zu § 10 StVollzG; VV Nr. 3 II. lc zu § 13 StVollzG) auszugehen ist.

Eine Durchschrift dieses Schreibens habe ich unmittelbar der zuständigen Ausländerbehörde zur Stellungnahme zugeleitet.

Mit freundlichen Grüßen

Rechtsanwalt

Muster 18:

601 Antrag auf Vollzugslockerungen

Justizvollzugsanstalt Saarbrücken
Lerchesflurweg 37

66119 Saarbrücken

Sehr geehrte Damen und Herren,

in der Strafvollzugssache

des ...

beantrage ich,

dem Gefangenen Urlaub zu gewähren.

Gründe:

I.

1. Nach ständiger Rechtsprechung ist dem Strafgefangenen Urlaub zu gewähren, sofern eine positive Prognose i.S.d. § 11 II StVollzG gegeben ist und weder Flucht- noch Missbrauchsgefahr vorliegt (vgl. OLG Celle StV 1988, 349 f.; KG ZfStrVo 1989, 375 f.; vgl. auch Callies/Müller-Dietz, StVollzG 10. Auflage 2005, § 13 Rdnr. 9 m.w.N.).

   Der Sachverständige Prof. Dr. L. hat in seinem Gutachten vom (...) ausgeführt, dass der Gefangene nach erfolgreichem Abschluss des begonnenen Studiums in die Freiheit entlassen werden kann, „ohne dass zu befürchten ist, dass die durch die lange zurückliegende Tat in Erscheinung getretene Gefährlichkeit wiederum in einer ähnlichen Straftat ihren Niederschlag findet."

   Die Verteidigung hat bereits mit Schreiben vom (...) dargelegt, dass mit dem erfolgreichen Abschluss des Studiums bis Ende (...) zu rechnen ist, einer Entlassung zu diesem Zeitpunkt nichts im Wege steht und somit im Ergebnis eine positive Kriminalprognose vorliegt.

   Der beantragten Entscheidung steht somit weder Flucht- noch Missbrauchsgefahr entgegen.

2. Ebenso wenig kann die Gewährung von Vollzugslockerungen unter Hinweis auf drohende ausländerrechtliche Maßnahmen abgelehnt werden; entgegen der Ansicht der Justizvollzugsanstalt ist trotz der Verurteilung zu einer mehrjährigen Freiheitsstrafe nicht mit der Ausweisung des Gefangenen zu rechnen.

   a) Der Gefangene ist italienischer Staatsangehöriger; er ist in Deutschland aufgewachsen und hält sich seit dem Kindesalter ununterbrochen rechtmäßig im Bundesgebiet auf.

      Er genießt somit besonderen Ausweisungsschutz nach § 6 III FreizügG/EU.

      Ob § 6 FreizügG/EU eine den §§ 53 ff. AufenthG gegenüber vorrangige Spezialnorm darstellt (vgl. VGH Kassel, InfAuslR 1993, 50, 51/52) oder lediglich im Rahmen der Ermessensausübung zu berücksichtigen ist, bedarf hier keiner Entscheidung, da auch in letzterem Fall eine Ausweisung des Gefangenen nicht in Betracht kommt.

Die Ausweisung stellt keine strafrechtliche Sanktion dar; sie ist eine Maßnahme der Gefahrenabwehr, so dass die Ermessensausweisung lediglich auf spezial- oder generalpräventive Erwägungen gestützt werden kann. Rechtfertigen weder spezial- noch generalpräventive Gründe die Ausweisung, hat diese auch im Falle hoher Freiheitsstrafen zu unterbleiben. Dies ist hier der Fall.

Nach allgemeiner Ansicht können EU-Ausländer, die besonderen Ausweisungsschutz nach dem FreizügG/EU genießen, aus generalpräventiven Gründen nicht ausgewiesen werden (vgl. BVerwG DÖV 1979, 291; BVerwG DVBl. 1979, 592, 593), mit der Folge, dass die Ausweisung eines EU-Ausländers allein auf spezialpräventive Erwägungen gestützt werden kann. Steht der Annahme spezialpräventiver Gründe die fehlende Wiederholungsgefahr entgegen, kommt eine Ausweisung insgesamt nicht in Betracht. So liegt der Fall hier.

Wie bereits ausgeführt geht der Sachverständige Prof. Dr. L. von einer positiven Sozialprognose aus, so dass eine die Ausweisung begründende Wiederholungsgefahr nicht gegeben ist.

Ist nach alledem mit der Ausweisung des Gefangenen nicht zu rechnen, liegen die Voraussetzungen der VV Nr. 3 II, I c zu § 13 StVollzG nicht vor.

b) Nur der Vollständigkeit halber sei darauf hingewiesen, dass der Gewährung von Vollzugslockerungen die negative Stellungnahme der Ausländerbehörde nicht entgegensteht.

Nach allgemeiner Ansicht können Vollzugslockerungen auch gegen das ausdrückliche Votum der Ausländerbehörde gewährt werden. Eine „Zustimmung" ist nicht erforderlich; vielmehr hat die Justizvollzugsanstalt in eigener Zuständigkeit zu prüfen, ob Gründe gegen die Gewährung von Vollzugslockerungen sprechen. Zutreffend heißt es in einer Entscheidung des LG Hamburg (StV 2001, 33, 34):

> „Auch ausländische Gefangene, gegen die eine vollziehbare Ausweisungsverfügung besteht, können in den offenen Vollzug verlegt werden. Für die diesbezügliche Entscheidung braucht verwaltungsintern kein „Einvernehmen" mit der Ausländerbehörde hergestellt werden."

II.

Sollte die Anstaltsleitung den eingangs gestellten Antrag ablehnen, wird hilfsweise **beantragt**,

dem Gefangenen Ausführungen zu genehmigen.

1. Selbst wenn man der Ansicht der Anstaltsleitung folgt, wonach derzeit keine hinreichend günstige Prognose gewährleistet sei, sind bereits zum jetzigen Zeitpunkt Vollzugslockerungen in Form von Ausführungen zu bewilligen.
2. Nach ständiger Rechtsprechung sind Ausführungen geeignete Maßnahmen, um bestehende Zweifel bzgl. der Kriminalprognose zu widerlegen oder zu bestätigen.

In einer Entscheidung des BVerfG (StV 1998, 429, 430) heißt es insoweit zutreffend:

> „Verfassungsrechtlich unhaltbar sind die angegriffenen Entscheidungen ferner deshalb, weil sich die Gerichte mit der Tatsache abgefunden haben, dass die Vollzugsbehörde zu keinem Zeitpunkt dem Beschwerdeführer Gelegenheit gegeben hat, sich in Vollzugslockerungen zu bewähren. (...). Den Vollzugsgerichten hätte es als unvertretbar erscheinen müssen, dass sich die Vollzugsbehörde mit derartigen Erwägungen von vornherein jeglichen Bemühungen entpflichtet, in sorgfältig gestuftem Vorgehen durch Vollzugslockerungen die Resozialisierungsfähigkeit des Beschwerdeführers zu testen und allmählich auf die Freiheit vorzubereiten."

Das OLG Celle (StV 1988, 349/350) führt insoweit aus:

> „Eine ‚Erprobung' kann nur in Betracht kommen, wenn es fortbestehende Zweifel an den tatsächlichen Voraussetzungen für eine Urlaubsgewährung nämlich an der hinreichend günstigen Prognose im Sinne des § 11 Abs. 2 StVollzG zu überwinden gilt (...).
>
> Dieses Vorgehen ist rechtlich zulässig. Angesichts der großen Schwierigkeiten und Ungenauigkeiten aller Kriminalprognosen gehört der von der Vollzugsanstalt eingeschlagene Weg zu den praktisch in Betracht kommenden Vorbereitungen für die Gewährung von Urlaub und weiter gehenden Lockerungen, zumal diese Methode der unvorhersehbaren Variabilität der äußeren Umstände, in denen der Gefangene sich während der Erprobung bewegen wird, stärker Rechnung trägt als alle anderen Prognosemethoden. Die Vollzugsanstalt nimmt damit weiter darauf Rücksicht, dass die Kriminalprognose regelmäßig nicht eindeutig, im Sinne eines ‚entweder oder' gestellt werden kann, sondern dass Abstufungen des Grads der Missbrauchsgefahr auch im Hinblick auf die Art der vorgesehenen Lockerungsmaßnahmen die Regel sind. Es liegt nahe, anzunehmen, dass ein Missbrauch während eines begleitenden Ausgangs wenig wahrscheinlich ist und praktisch ausgeschlossen werden kann, ohne dass man dies für einen Urlaub sagen könnte."

In einer Entscheidung des Kammergerichts (ZfStrVo 1989, 375) heißt es schließlich:

> „Erprobung des Gefangenen durch Ausführung und Ausgang ist ein rechtlich zulässiges Mittel für die Vollzugsbehörde, ihre Entscheidung über eine Missbrauchsgefahr gemäß §§ 13 I 2, 11 II StVollzG zu überprüfen und Missbrauchsbefürchtungen entweder zu überwinden oder bestätigt zu sehen. Dies gilt nicht nur im Hinblick auf zu lebenslanger Freiheitsstrafe verurteilte Gefangene (vgl. OLG Hamburg ZfStrVo 1979, 53), sondern auch bei Gefangenen, die zu zeitigen Freiheitsstrafen verurteilt sind (...). Es handelt sich dabei um eine Entscheidungshilfe, auf die die Vollzugsbehörde zurückgreifen kann, wenn sie ohne weitere Erkenntnisse über die Person des Gefangenen aufgrund der bis dahin bekannten Umstände Missbrauch befürchtet, günstige Veränderungen bei dem Gefangenen aber nicht ausschließen kann. Da der regelmäßige Urlaub eine Resozialisierungsmaßnahme ist, ist die Vollzugsbehörde im Rahmen ihrer Resozialisierungsaufgabe (§ 2 Satz 1 StVollzG) verpflichtet, von sich aus dafür Sorge zu tragen, dass die von ihr für nötig

gehaltenen Erprobungsmaßnahmen vor einem Urlaub durchgeführt werden und zwar grundsätzlich vor Beginn der Urlaubsfähigkeit eines Gefangenen."

Selbst wenn also Zweifel an der Zuverlässigkeit der günstigen Prognose bestehen sollten, sind dem Gefangenen die im Hilfsantrag genannten Lockerungen zu gewähren.

3. Schließlich sei – vorsorglich – darauf hingewiesen, dass Ausführungen selbst dann angeordnet werden können, wenn man der Ansicht der Ausländerbehörde folgt, wonach mit der Ausweisung des Gefangenen zu rechnen sei; anders als die übrigen Lockerungsmaßnahmen unterliegt nämlich die Ausführung als „bewachter Ausgang" keinerlei ausländerspezifischen Einschränkungen, so dass diese selbst dann angeordnet werden kann, wenn die Abschiebung des Gefangenen vorgesehen ist (vgl. OLG Hamm, Beschl. v. 8.11.1984 – 1 Vollz (Ws) 179/84, zitiert bei Feest-Baumann/Feest, StVollzG, Exkurs II vor § 5 Rdnr. 12).

Mit freundlichen Grüßen

Rechtsanwalt

Muster 19:

602 **Antrag auf Ablehnung der Auslieferung**

Oberlandesgericht
66119 Saarbrücken

– Az. ... –

In der Auslieferungssache

betr. ...

wegen ...

beantrage ich,

1. die Auslieferung in die Türkei für unzulässig zu erklären.
2. den vorläufigen Auslieferungshaftbefehl vom (...) aufzuheben.

Gründe:

I.

1. Den Auslieferungsunterlagen ist zu entnehmen, dass der Verfolgte wegen Erwerbs und Besitzes von 0,10 g Heroin zu einer Zuchthausstrafe von 3 Jahren und 6 Monaten verurteilt worden ist.
2. Aufgrund dieser Verurteilung liegt ein Verstoß gegen den verfassungsrechtlichen Mindeststandard vor, so dass der Zulässigkeit der Auslieferung § 73 IRG entgegensteht.

II.

Gem. § 73 IRG ist die Leistung von Rechtshilfe unzulässig, wenn diese wesentlichen Grundsätzen der deutschen Rechtsordnung widersprechen würde.

Dies ist insbesondere der Fall, wenn dem Auslieferungsersuchen – wie hier – die Vollstreckung einer „unerträglich schweren Strafe" zugrunde liegt.

Zwar ist es nach ständiger obergerichtlicher Rechtsprechung nicht ausreichend, wenn die verhängte Strafe als „in hohem Maße hart" anzusehen ist, so dass bei schweren Betäubungsmitteldelikten selbst die Verhängung einer lebenslangen Freiheitsstrafe der Auslieferung nicht entgegensteht (vgl. BVerfG NJW 1994, 2884); vorliegend ist der Verfolgte indes nicht vorbestraft, so dass nach deutschem Recht eine Einstellung des Verfahrens gem. § 31a BtmG bzw. §§ 153, 153 a StPO zu erwarten gewesen wäre.

Zutreffend heißt es insoweit in einer Entscheidung des OLG Stuttgart (NStZ-RR 2002, 180, 181):

> „Der nicht vorbestrafte Verfolgte hat im Rahmen einer Konsumenteneigenschaft 0,05 g Heroin unbekannten Wirkstoffgehalts entgeltlich erworben und unentgeltlich zum Konsum abgegeben; anschließend hat er mit den Behörden kooperiert und durch einen Scheinkauf zur Überführung des Verkäufers

> beigetragen. Eine solche Tat liegt an der Untergrenze des noch Strafwürdigen bzw. -bedürftigen. Nach deutschem Recht wäre an ein Absehen von Strafe gem. § 31 Nr. 1 BtmG zu denken, des Weiteren – wegen der Nähe zu §§ 29 V, 31a BtMG – an ein Absehen von einer Verfolgung gem. § 153 StPO. Eine Freiheitsstrafe von 3 Jahren und 4 Monaten wäre bei Anlegung deutscher Maßstäbe nicht bloß zu hart, sondern schlechterdings unangemessen.
>
> Auch Rechtsordnungen, in denen Betäubungsmittelstraftaten streng verfolgt werden, sehen beim unerlaubten Umgang mit nur geringen Mengen von Betäubungsmitteln abgemilderte Strafdrohungen vor. Auch ist der Konsum von Betäubungsmitteln vielfach privilegiert. Weiter sehen auch und gerade repressive Rechtsordnungen sehr erhebliche Strafmilderungen bei Kooperation des Betäubungsmittelstraftäters mit den Behörden vor. Vorliegend kumulieren all diese international anerkannten Milderungsgründe. In Verbindung mit dem Umstand, dass der Verfolgte Ersttäter war, erscheint auch international gesehen alles andere als eine sehr milde Bestrafung unter keinem denkbaren Gesichtspunkt als angemessen. Dass die türkische Rechtsordnung in Fällen wie dem vorliegenden auch unter Ausschöpfung aller Milderungsmöglichkeiten zu einer Mindeststrafe von 3 Jahren und 4 Monaten Zuchthaus kommt, muss auch im internationalen Kontext als nicht mehr vertretbar gelten."

In einer Entscheidung des OLG Zweibrücken (StV 1996, 105) heißt es weiter:

> „Das sich so ergebene Verhältnis von Tat – Verkauf von 0,05 g Heroin/Kokain/Gemisch – und der drohenden Strafe von regelmäßig nicht unter 10 Jahren, günstigenfalls 5 bis 8 Jahre Zuchthaus, beurteilt der Senat als unerträglich hart i.S.d. Rspr. des BVerfG. Es ist zwar die besondere Gefährlichkeit von Btm allgemein und der hier gehandelten sog. „harten Drogen" im besonderen zu berücksichtigen. Auch stellt der Verkauf schon einer kleinen Menge durchaus einen ernstzunehmenden Beitrag zu dem Gesamtkomplex des Drogenhandels dar und muss deshalb nicht notwendig als völlig geringfügig eine Strafverfolgung nicht rechtfertigende Tat angesehen werden. Es handelt sich allerdings hier mit 0,05 g um eine schon verschwindend geringe Menge um kaum mehr als Anhaftungen; selbst wenn diese Menge – was nicht der Fall ist – aus reinem Heroin bestehen würde, wäre dies die unterste Grenze der üblichen Konsumeinheit (...). Dem gegenüber stellt die hohe Straferwartung keine sachgerechte oder auch nur hinnehmbare Abstimmung von Tat- und Rechtsfolge dar; der Senat erachtet vielmehr ein grobes Missverhältnis für gegeben. Die begehrte Auslieferung kann deshalb nicht für zulässig erklärt werden."

Vor diesem Hintergrund kann eine Auslieferung des Verfolgten zur Vollstreckung der verhängten Zuchthausstrafe nicht erfolgen.

Rechtsanwalt

Muster 20:

603 Antrag auf Ablehnung des Haftantrages

Amtsgericht
66104 Saarbrücken

– Az. ... –

In der Abschiebehaftsache

des ...

zeige ich an, dass mich Herr ... mit der Wahrnehmung seiner rechtlichen Interessen beauftragt hat.

Eine auf mich lautende Vollmachtsurkunde liegt an.

Ich **beantrage**,

den Haftantrag der Stadt Saarbrücken abzulehnen.

Gründe:

1. Entgegen der Ansicht der Ausländerbehörde liegt ein Haftgrund nicht vor. Soweit die Ausländerbehörde in der Begründung des Haftantrages ausführt, dass Herr ... zum bestimmten Abschiebungstermin am ... nicht angetroffenen werden konnte und daher der Haftgrund des § 62 II Nr. 3 AufenthG gegeben sei, reiche ich in der **Anlage 1** die Kopie des Entlassungsberichtes des ... Krankenhauses zur Akte, dem entnommen werden kann, dass sich Herr ... zum vorgenannten Zeitpunkt in stationärer Krankenhausbehandlung befand.

   Da Herrn ... somit an der erfolglosen Durchführung der Abschiebung kein Verschulden trifft, liegt der Haftgrund des § 62 II Nr. 3 AufenthG nicht vor.

2. Ebenso wenig besteht der begründete Verdacht, dass sich Herr ... seiner Abschiebung entziehen will.

   Herr ... hat stets erklärt, freiwillig auszureisen, sofern die Ausreiseverpflichtung bestandskräftig festgestellt worden sei.

   Dass Herr ... alle ihm zustehenden rechtlichen Möglichkeiten ausschöpfen will, um seine Abschiebung zu verhindern, rechtfertigt – nach allgemeiner Ansicht (vgl. 62.3.2. Anwendungshinweise zum AufenthG) – jedoch nicht die Annahme, Herr ... werde sich seiner Abschiebung durch Flucht entziehen.

3. Letztlich wäre die Anordnung der Abschiebungshaft auch unverhältnismäßig.

   Nach allgemeiner Ansicht steht die Anordnung der Haft außer Verhältnis, wenn der betroffene Ausländer – z.B. durch Vorlage von Flugtickets (vgl. 62.2.0.1 Anwendungshinweise zum AufenthG) – glaubhaft macht, dass er das Bundesgebiet freiwillig verlassen will. In der **Anlage 2** übersende ich die Kopie eines Flugtickets Frankfurt/Main – Istanbul, ausgestellt auf Herrn ..., das dessen Bereitschaft, freiwillig auszureisen, dokumentiert.

Nach alledem ist der Haftantrag der Ausländerbehörde abzulehnen.

Rechtsanwalt

Checkliste Revision 604

	Rn.
I. Verfahrenshindernisse	
– Strafklageverbrauch aufgrund ausländischer Verurteilung	332 ff.
II. Formelles Recht	
1. Auslandszeugen	
– Ladung von Auslandszeugen	355 ff.
2. Dolmetscher	
a) Mitwirkung eines wegen Besorgnis der Befangenheit abgelehnten Dolmetschers	354 ff.
b) Nichthinzuziehung des erforderlichen Dolmetschers	206, 340 ff.
c) Vereidigung des Dolmetschers	350 ff.
d) Vereidigung des Dolmetschers als Sachverständiger	205
e) Verfahrensbeteiligter als Dolmetscher (§ 190 GVG)	206, 365 ff.
3. Fremdsprachige Schriftstücke als Beweismittel	363
4. Übersetzung	
a) Anklageschrift	240
b) Wesentliche Verfahrensteile	350 ff.
5. Ununterbrochene Anwesenheit des Verteidigers im Falle notwendiger Verteidigung (§ 338 Nr. 5 StPO)	247 ff., 288
6. Verwertungsverbote	
a) Nach erfolgreicher Ablehnung des Dolmetschers	349
b) Unterlassene Belehrung im Ermittlungsverfahren	367
c) Unterlassene Dolmetschervereidigung	366
d) Verbotene Vernehmungsmethoden	368
e) Verstoß gegen Art. VII Abs. 9b Natotruppenstatut	369
f) Verwertung ausländischer Vernehmungsniederschriften	370
g) Verwertung von Angaben im Asylantragsverfahren	371
h) Unterlassene Belehrung nach dem WÜK	372
III. Materielles Recht	
1. Jugendliche und Heranwachsende	
a) Anwendung von Jugendstrafrecht	377
b) Verantwortungsreife	377
2. Materielles Ausländerstrafrecht	
a) Doppelehe	147
b) Rechtfertigungs-, Entschuldigungs- und Strafaufhebungsgründe (z.B. Art. 4 GG, Art. 31 I GK)	119 f.
c) Pass-, Ausweis- und Urkundsdelikte	127 ff.
d) Straftaten nach dem Ausländer- und Asylverfahrensgesetz	148 ff.
e) Straßenverkehrsdelikte	132 ff.
f) Tötungsdelikte	124 ff.
g) Verbotsirrtum	120 ff.
h) Verletzung der Unterhaltspflicht	146
3. Strafzumessung	
a) Abweichende Wertvorstellungen	193

Literaturverzeichnis

Abramenko, Andrik: Unerlaubter Aufenthalt und rechtfertigender Notstand, in: NStZ 2001, 71 ff.

Adorno, Elke: Die Wünsche einer Gerichtsdolmetscherin, in: DRiZ 1993, 477 ff.

Ahlbrecht, Heiko: Freier Personenverkehr innerhalb der Europäischen Union in Auslieferungssachen – die Umsetzung des Europäischen Haftbefehls in das deutsche Rechtshilferecht, in: StV 2005, 40 ff.

Aksoy, Murat Ugur: Zur Ausweisung straffällig gewordener Türken, in: InfAuslR 1981, 76 ff.

Alsberg, Max/Nüse, Karl-Heinz/Meyer, Karlheinz: Der Beweisantrag im Strafprozeß, 5. Auflage 1983

Bärlein, Michael/Pananis, Panos/Rehmsmeier, Jörg: Spannungsverhältnis zwischen der Aussagefreiheit im Strafverfahren und den Mitwirkungspflichten im Verwaltungsverfahren, in: NJW 2002, 1825 ff.

Baier, Helmut: Die Auslieferung von Bürgern der Europäischen Union an Staaten innerhalb und außerhalb der EU, in: GA 2001, 427 ff.

Bammann, Kai: Die Unterbrechung der Strafvollstreckung bei Auslieferung oder Ausweisung, MschrKrim 2001, 91 ff.

Basdorf, Clemens: Strafverfahren gegen der deutschen Sprache nicht mächtige Beschuldigte, in: Gedächtnisschrift für Karlheinz Meyer 1990, 19 ff.

Beck, Wolf-Dieter/Berr, Wolfgang: OWi-Sachen im Straßenverkehrsrecht, 4. Auflage 2003

Beck'sches Formularbuch für den Strafverteidiger, Hamm/Lohberger (Hrsg.), 4. Aufl. 2002

Beckemper, Katharina: Antrag auf Bestellung eines Pflichtverteidigers im Ermittlungsverfahren, in: NStZ 1999, 220 ff.

Beichel Benedetti, Stephan/Gutmann, Rolf: Die Abschiebungshaft in der gerichtlichen Praxis, in: NJW 2004, 3015 ff.

Berz, Ulrich: Das EU-Übereinkommen über den Entzug der Fahrerlaubnis, in: NZV 2000, 145 ff.

Beulke, Werner: Die notwendige Verteidigung in Jugendstrafverfahren – Land in Sicht?, in: Festschrift für Alexander Böhm 1999, S. 647 ff.

ders.: Die Strafbarkeit des Verteidigers 1989

Bleckmann, Albert: Verbotene Diskriminierung von EG-Ausländern bei der Untersuchungshaft, in: StV 1995, 552 ff.

Böhm, Klaus Michael: Auswirkungen des Zusammenwachsens der Völker in der Europäischen Gemeinschaft auf die Haftgründe des § 112 Abs. 2 StPO, in: NStZ 2001, 633 ff.

Bohnert, Jean-François/Lagodny, Otto: Art. 54 SDÜ im Licht der nationalen Wiederaufnahmegründe, in: NStZ 2000, 636 ff.

Braun, Viktor: Anmerkung zu OLG Brandenburg, StraFo 2001, 136, in: StraFo 2001, 136 f.

Bubnoff, Eckart von: Auslieferung, Verfolgungsübernahme und Vollstreckungshilfe 1989

Bukowski, Annette: Benachteiligung im Jugendstrafvollzug?, ZfStrVo 1996, 225 ff.

Burhoff, Detlef: Die Pauschvergütung des Pflichtverteidigers, in: ZAP 2001, 881 ff.
ders.: RVG 2004
Callies, Rolf-Peter/Müller-Dietz, Heinz: Strafvollzugsgesetz. Kommentar, 10. Auflage 2005
Dahs, Hans/Riedel, Claudia: Ausländereigenschaft als Haftgrund? – Zur Problematik eines Haftbefehls gegen im Ausland lebende ausländische Staatsbürger –, in: StV 2003, 416 ff.
Donk, Ute/Schröer, Norbert: Die Vernehmung nichtdeutscher Beschuldigter, in: Kriminalistik 1995, 401 ff.
Eberth, Alexander/Müller, Eckardt: Verteidigung in Betäubungsmittelsachen, 4. Auflage 2004
Eisenberg, Ulrich: Jugendgerichtsgesetz. Kommentar, 8. Auflage 2000
Erbs, Georg/Kohlhaas, Max: Strafrechtliche Nebengesetze. Loseblattkommentar
Feest, Johannes: Kommentar zum Strafvollzugsgesetz. 4. Auflage 2000
Freyschmidt, Uwe: Verteidigung in Straßenverkehrssachen, 8. Auflage 2005
Geiger, Harald: Anmerkung zu EuGH, DAR 2004, 333 ff., in: DAR 2004, 340 f.
Gemeinschaftskommentar zum Ausländerrecht: Loseblattkommentar
Gercke, Björn: Der Haftgrund der Fluchtgefahr bei EU-Bürgern, in: StV 2004, 675 ff.
Gerold, Wilhelm/Schmidt, Herbert/von Eicken, Kurt/Madert, Wolfgang/Müller-Rabe, Steffen: Rechtsanwaltsvergütungsgesetz, 16. Auflage 2004
Giehring, Heinz: Das Absehen von der Strafvollstreckung bei Ausweisung und Auslieferung ausländischer Strafgefangener nach § 456a StPO, in: StASchlH-FS, S. 469 ff.
Gillmeister, Ferdinand: Auslieferung und Auslieferungshaft mit Berücksichtigung des Betäubungsmittelrechts, in: NJW 1991, 2245 ff.
Göhler, Erich: Gesetz über Ordnungswidrigkeiten. Kommentar, 13. Auflage 2002
Grashoff, Karin/Backhaus, Ralph: Verfassungsrechtliche Gewährleistungen im Auslieferungsverfahren, in: EuGRZ 1996, 445 ff.
Grotz, Michael: Das Schengener Durchführungsübereinkommen und der Grundsatz ne bis in idem, in: StraFo 1995, 102 ff.
Groß, Karl-Heinz: Zum Absehen von der Strafvollstreckung gegenüber Ausländern nach § 456a StPO, in: StV 1987, 36 ff.
Grundmann, Stefan: Nochmals: Zur Berücksichtigung ausländischer Rechtsvorstellungen im Strafrecht, in: NJW 1987, 2129 ff.
Grützner, Heinrich/Pötz, Paul-Günter: Internationaler Rechtshilfeverkehr in Strafsachen. Kommentar, 2. Auflage 1995 (Loseblattsammlung)
Hackner, Thomas/Lagodny, Otto/Schomburg, Wolfgang/Wolf, Norbert: Internationale Rechtshilfe in Strafsachen 2003.
Hamann, Helmut: Neuordnung der Strafaussetzung zur Bewährung, in: Rpfleger 1986, 354 ff.
Hamm, Rainer/Hassemer, Winfried/Pauly, Jürgen: Beweisantragsrecht 2000
Hartmann, Peter: Kostengesetze. Kommentar, 29. Auflage 2000
Hecker, Bernd: Das Prinzip „Ne bis in idem" im Schengener Rechtsraum (Art. 54 SDÜ), in: StV 2001, 306 ff.
Heidig, Stefan/Langner, Olaf: Haftbefehl bei Verstoß gegen das Ausländergesetz, in: StraFo 2002, 156 ff.
Heintschel-Heinegg, Bernd/Rohlff, Daniel: Der Europäische Haftbefehl, in: GA 2003, 44 ff.
Helmken, Dierk: Bedingte Fluchtgefahr – Scheinproblem oder Regelungslücke im Bereich der Haftgründe des § 112 Abs. 2 Nr. 1 u. 2 StPO, in: MDR 1984, 532 ff.

Heldmann, Hans Heinz: Ausländer und Strafjustiz, in: StV 1981, 251 ff.
Hentschel, Peter: Trunkenheit – Fahrerlaubnisentziehung – Fahrverbot im Straf- und Ordnungswidrigkeitenrecht , 9. Auflage 2003
Hilger, Hans: Anmerkung zu KG, NStZ 1990, 402 ff., in: NStZ 1990, 404 f.
Himmelreich, Klaus/Bücken, Michael: Verkehrsunfallflucht, 4. Auflage 2005
Hoffmann, Volker H./Mildeberger, Tobias: Die Vernehmung eines ausländischen Beschuldigten in englischer Sprache, in: StraFo 2004, 412 ff.
Jansen, Gabriele: Zeuge und Aussagepsychologie 2004
Jessnitzer, Kurt: Dolmetscher; Ein Handbuch für die Praxis der Dolmetscher, Übersetzer und ihrer Auftraggeber im Gerichts-, Beurkundungs- und Verwaltungsverfahren 1982
ders.: Dolmetscher und Übersetzer, in: Rpfleger 1982, 365 ff.
Joester, Erich/Quensel, Edelgart/Hoffmann, Erhard/Feest, Johannes: Lockerungen des Vollzuges, ZfStrVo 1977, 93 ff.
Jung, Thomas: Die Regelausweisung nach § 47 Abs. 2 AuslG als bestimmender Strafzumessungsgrund, in: StraFo 1998, 334 ff.
ders.: Ausländerrechtliche Folgen bei der Verurteilung von ausländischen Staatsangehörigen, in: StV 2004, 567 ff.
Kabbani, San: Dolmetscher im Strafprozeß, StV 1987, 410 ff.
Kästener, Karl-Hermann: Das tierschutzrechtliche Verbot des Schächtens aus der Sicht des Bundesverfassungsgerichts, in: JZ 2002, 491 ff.
Karlsruher Kommentar: Ordnungswidrigkeitengesetz. Kommentar, 2. Auflage 2000
Karlsruher Kommentar: Strafprozeßordnung. Kommentar, 5. Auflage 2003
Kiehl, Walter H.: Neues Verwertungsverbot bei unverstandener Beschuldigtenbelehrung – und neue Tücken für die Verteidigung, in: NJW 1994, 1267 f.
Kloesel, Arno/Christ, Rudolf/Häußer, Otto: Deutsches Ausländerrecht. Loseblattkommentar
Köhler, Michael: Anmerkung zu BGH, JZ 1980, 238, in: JZ 1980, 238 ff.
Kropp, Christian: Postbeschränkungen bei fremdsprachigen Untersuchungsgefangenen, in: JR 2003, 53 ff.
Kühne, Hans Heiner: Die Kosten für den Dolmetscher im Strafverfahren, in: Festschrift fur Herbert Schmidt 1989, S. 33 ff.
ders.: Ne bis in idem in den Schengener Vertragsstaaten, in: JZ 1998, 876 ff.
Kunz, Wolfgang: Der BGH zum strafrechtlichen Unterhaltsschutz des § 170b StGB bei Ausländern, in: NJW 1980, 1201 ff.
Lakisch, Birgit: Der Dolmetscher in der Hauptverhandlung 2004.
Larenz, Karl: Methodenlehre der Rechtswissenschaft, 4. Auflage 1979
Laubenthal, Klaus/Baier, Helmut: Durch die Ausländereigenschaft begründete Verbotsirrtümer und die Perspektive europäischer Rechtsvereinheitlichung, GA 2000, 205 ff.
Lauer, Hartmut: Anmerkung zu BGH, NStZ 2000, 657 ff., in: NStZ 2000, 661 ff.
Leipziger Kommentar zum Strafgesetzbuch. 11. Auflage 1992 ff.
Lohmann, Albert: Prüfung von Abschiebungshindernissen bei einer Abschiebung durch die Ausländerbehörde, in: InfAuslR 1998, 327 ff.
Löwe-Rosenberg: Die Strafprozeßordnung und das Gerichtsverfassungsgesetz mit Nebengesetzen. Großkommentar, 25. Auflage 1997 ff.
Lutz, Hans-Joachim: Anmerkung zu BGH, NStZ 1997, 444 f., in: NStZ 1997, 445 f.
MacLean, Percy: Anordnung und Vollzug der Abschiebungshaft, in: InfAuslR 1987, 69 ff.
Madert, Wolfgang: Rechtsanwaltsvergütung in Straf- und Bußgeldsachen, 5. Auflage 2004
Malek, Klaus: Verteidigung in der Hauptverhandlung, 3. Auflage 1999

ders.: Strafsachen im Internet 2005
Malek, Klaus/Wohlers, Wolfgang: Zwangsmaßnahmen und Grundrechtseingriffe im Ermittlungsverfahren, 2. Auflage 2001
Marenbach, Ernst: Aktuelle Probleme des Nato-Truppenstatuts, in: NJW 1974, 1070 ff.
Marx, Reinhard: Terrorismusvorbehalte des Zuwanderungsgesetzes, in: ZAR 2004, 275 ff.
Marxen, Klaus/Tiemann, Frank: Die Wiederaufnahme in Strafsachen 1993
Meyer, K.: Anmerkung zu OLG Hamburg, JR 1986, 167 ff., in: JR 1986, 170 ff.
Meyer, Jürgen: „Die Gerichtssprache ist Deutsch" – auch für Ausländer?, in: ZStW 1981, 507 ff.
Meyer-Goßner, Lutz: Strafprozessordnung. Kommentar, 47. Auflage 2004
Michalke, Regina: Umweltstrafsachen, 2. Auflage 2000
Moltketin, Rüdiger: Zur Auslegung und Anwendung des § 140 Abs. 2 StPO, insbesondere bei nicht der deutschen Sprache kundigen Beschuldigten, in: AnwBl. 1980, 442 ff.
Momsen, Carsten: Der Mordtatbestand im Bewertungswandel?, in: NStZ 2003, 237 ff.
Morten,Antonio: Stellung, Aufgabe und Rolle von Dolmetscherinnen und Dolmetschern im Strafverfahren, in: StraFo 1995, 80 ff.
Müller, Egon: Strafverteidigung, in: NJW 1981, 1901 ff.
Müller, Elmar: Strafverteidigung im Überblick 1989
Müller, Markus: Abschiebungshaft bei einem „Kirchenasyl", in: NVwZ 2001, 879 ff.
Nährich, Wolf-Dieter: Zur Situation ausländischer Strafgefangener in deutschen Vollzugsanstalten, in: ZfStRVo 1975, 145 ff.
Neidhart, Hermann: Die neuen Vollstreckungshilfeabkommen auf dem Prüftstand, in: NZV 2000, 240 ff.
Nestler-Tremel, Cornelius: Auch für Ausländer gilt allein das deutsche Strafrecht, in: NJW 1986, 1408 f.
Nitz, Holger: Ausländerrechtliche Folgen als Strafzumessungsgrund, in: StraFo 2002, 316 ff.
Oebbecke, Janbernd: Islamisches Schlachten und Tierschutz, in: NVwZ 2002, 302 f.
Oehler, Dietrich: Anmerkung zu OLG Saarbrücken, JR 1975, 291 ff., in: JR 1975, 292 ff.
Oetjen, Kerstin/Endriß, Rainer: Leitfaden zur Untersuchungshaft 1999
Ostendorf, Heribert: Jugendgerichtsgesetz. Kommentar, 5. Auflage 2000
Otte, Karsten/Kühner, Daniel: Führerscheintourismus ohne Grenzen?, in: NZV 2004, 321 ff.
Paulus, Andreas L.: Anmerkung zu BGH StV 2003, 57, in: StV 2003, 58 ff.
Pawlik, Norbert: Haftverschonung von Ausländern, in: NJW 1978, 1730 f.
Pfefferer-Wolf, Hans/Lazarides, Konstatinos: Zur Problematik des medizinischen Sachverständigen in Gerichtsverfahren mit Ausländern, in: Recht und Psychiatrie 1984, 174 ff.
Quedenfeld, Dietrich/Füllsack, Markus: Verteidigung in Steuerstrafsachen, 3. Auflage 2005
Radtke, Hennig/Busch, Dirk: Transnationaler Strafklageverbrauch in der Europäischen Union, in: NStZ 2003, 282 ff.
Renner, Günter: Ausländerrecht. Kommentar, 7. Auflage 1999
Rogall, Klaus: Über die Folgen der rechtswidrigen Beschaffung des Zeugenbeweises im Strafprozeß, in: JZ 1996, 944 ff.
Römer, Wolfgang: Anspruch auf Urteilsübersetzung im Strafverfahren, in: NStZ 1997, 424 ff.

Rose, Frank: Auslandszeugen im Strafprozeß: Aktuelle Rechtslage und jüngere Rechtsprechung, wistra 2001, 290 ff.

Rotthaus, Karl-Peter: Pflichtverteidigung im Verfahren zur Strafaussetzung, NStZ 2000, 350 ff.

Rückel, Christoph: Strafverteidigung und Zeugenbeweis 1988

Rüther, Klaus: Strafverteidigung von Ausländern 1999

ders.: Ausländer als Mandanten, in: MschrKrim-Sonderheft 1999, 86 f.

Saage, Erwin/Göppinger, Horst: Freiheitsentziehung und Unterbringung. Kommentar, 3. Auflage 1994

Salditt, Franz: Doppelte Verteidigung im einheitlichen Raum, in: StV 2003, 136 f.

Schaffstein, Friedrich/Beulke, Werner: Jugendstrafrecht, 13. Auflage 1998

Scheffler, Thomas: Dolmetschen als Darstellungsproblem, Zeitschrift für Soziologie 1997, 159 ff.

Schlothauer, Reinhold: Vorbereitung der Hauptverhandlung, 2. Auflage 1998

Schlothauer, Reinhold/Weider, Hans-Joachim: Untersuchungshaft, 3. Auflage 2001

Schmidt, Hans-Wolfgang: Notwendige Verteidigung gemäß § 140 II StPO, in: MDR 1958, 644 ff.

Schmülling, K./Walter, W.: Rechtliche Programme im Konflikt: Resozialisierung junger Straftäter unter den Bedingungen des Ausländerrechts, in: StV 1998, 313 ff.

Schneider, Egon: Deutsch als Gerichtssprache, MDR 1979, 534 ff

Schneider, Jörg: Anmerkung zu LG Aachen NZV 2002, 332 f., in: NZV 2002, 333 f.

Schober: Für eine gerechte und menschliche Behandlung straffälliger junger Ausländer, ZfStrVo 1984, 299 ff.

Schönke, Adolf/Schröder, Horst: Strafgesetzbuch. Kommentar, 26. Auflage 2001

Schomburg, Wolfgang: Anmerkung zu OLG Düsseldorf, StV 1983, 453 f., in: StV 1998, 454

ders.: Anmerkung zu BGH, NStZ 1985, 222 f., in: NStZ 1985, 223 f.

ders.: Internationale vertragliche Rechtshilfe in Strafsachen, in: NJW 1998, 1044 ff.

ders.: Ein neuer Start! Internationale vertragliche Rechtshilfe in Strafsachen – Kurzübersicht zur aktuellen Rechtsentwicklung, NJW 2001, 801 ff.

ders.: Internationales „ne bis in idem“ nach Art. 54 SDÜ, in: StV 1997, 383 ff.

ders.: „Die Rolle des Individuums in der Internationalen Kooperation in Strafsachen“, in: StV 1998, 153 ff.

Schomburg, Wolfgang/Klip, André: „Entlastung der Rechtspflege durch weniger Auslandszeugen?“, in: StV 1993, 208 ff.

Schomburg, Wolfgang/Lagodny, Otto: Richtlinien für den Strafverteidiger in Strafverfahren mit Auslandsbezug – Neuste Entwicklungen im internationalen Rechtshilfeverkehr, in: StV 1992, 239 ff.

dies.: Neuere Entwicklungen der internationalen Rechtshilfe in Strafsachen, NStZ 1992, 353 ff.

dies.: Gesetz über die internationale Rechtshilfe in Strafsachen (IRG). Kommentar, 3. Auflage 1998

Schünemann, Bernd: Die Rechte des Beschuldigten im internationalen Ermittlungsverfahren, in: StraFo 2003, 344 ff.

ders.: Die parlamentarische Gesetzgebung als Lakai von Brüssel? Zum Entwurf des Europäischen Haftbefehlsgesetzes, in: StV 2003, 531 ff.

ders.: Ein Gespenst geht um in Europa – Brüsseler „Strafrechtspflege“ intra muros –, in: GA 2002, 501 ff.

Seitz, Helmut: Das Europäische Haftbefehlsgesetz, in: NStZ 2004, 546 ff.

Siebert, Thomas-M.: Anmerkung zu BayObLG, NStZ 1998, 270, in: StV 2001, 264 f.
Sieg, Hans O.: Urteilsübersetzung für sprachunkundige Ausländer, in: MDR 1981, 281
ders.: Anspruch auf Übersetzung eines angefochtenen Urteils im Strafverfahren – zugleich eine Erwiderung, in: MDR 1983, 636 f.
Sommer, Ulrich: Verteidigung und Dolmetscher, in: StraFo 1995, 45 ff.
Stange, Falk/Rilinger, Nadine: Art. 54 des Schengener Durchführungsübereinkommens (SDÜ) – ne bis in idem?, in: StV 2001, 540 f.
dies.: Überstellung Strafgefangener in Theorie und Praxis, in: StV 2002, 109 f.
Staudinger, Ilka: Dolmetscherzuziehung und/oder Verteidigerbeiordnung bei ausländischen Beschuldigten, in: StV 2001, 327 ff.
Stein, Sibylle: Ein Meilenstein für das europäische „ne bis in idem", in: NJW 2003, 1162 f.
Steinke, Joachim: Ausländer in der Untersuchungshaft sprachlos?!, in: ZfStrVo 1995, 223 ff.
Stern, Steffen: Verteidigung in Mord- und Totschlagsverfahren, 2. Auflage 2005
Strate, Gerhard: Die Dolmetscherkosten im Strafverfahren, in: AnwBl. 1980, 15 ff.
ders.: Anmerkung zu OLG Bremen, InfAuslR 1980, 260 ff., in: InfAuslR 1980, 262 f.
ders.: Pflichtverteidigung bei Ausländern, in: StV 1981, 46 ff.
Stratmann, Ulrich: Des Haftrichters „Reduzierung auf null" in der Rechtsprechung zur Abschiebehaft nach § 16 II 1 AuslG, in: MDR 1979, 184 ff.
Systematischer Kommentar zur Strafprozeßordnung und zum Gerichtsverfassungsgesetz: Loseblattkommentar.
Szcekalla, Peter: Anmerkung zu OLG Celle StV 2002, 323 f., in: StV 2002, 324 ff.
Tag, Brigitte: Anmerkung zu BGH JR 2002, 121 ff., in: JR 2002, 124 f.
Thym, Daniel: Anmerkung zu EuGH NStZ 2003, 332, in: NStZ 2003, 334 ff.
Tondorf, Günter: Psychologische und psychiatrische Sachverständige im Strafverfahren, 2. Auflage 2005
Tormin, Rainer: Reform des Dolmetscherwesens bei Gerichten und Behörden, in: ZRP 1987, 422 ff.
Tröndle, Herbert/Fischer, Thomas: Strafgesetzbuch und Nebengesetze. Kommentar 52. Auflage 2004
Uhle, Arndt: Auslieferung und Grundgesetz, in: NJW 2001, 1889 ff.
Ulsenheimer, Klaus: Arztstrafsachen, 3. Auflage 2003
Van der Beken, Tom/Vermeulen, Gert/Lagodny, Otto: Kriterien für die jeweils „beste" Strafgewalt in Europa, in: NStZ 2002, 624 ff.
Ventzke, Klaus-Ulrich: „Ausweisung von Inländern – eine nicht bedachte Folge strafgerichtlicher Verurteilungen?", in: StV 1994, 337 ff.
ders.: „Strafverfolgung als Konsequenz der Asylantragsbegründung?", in: StV 1990, 279 ff.
Vogel, Joachim: Abschaffung der Auslieferung?, in: JZ 2001, 937 ff.
Vogler, Theo: Das Recht auf unentgeltliche Beiziehung eines Dolmetschers, in: EuGRZ 1979, 640 ff.
Volckart, Bernd: Verteidigung in der Strafvollstreckung und im Vollzug, 3. Auflage 2001
Vordermayer, Helmut/v. Heintschel-Heinegg, Bernd: Handbuch für den Staatsanwalt 2. Auflage 2003
Walter, Michael/Geiter, Helmut/Fischer, Wolfgang: Halbstrafenaussetzung – ein ungenutztes Institut zur Verringerung des Freiheitsentzugs, in: NStZ 1989, 405 ff.
Wegner, Carsten: Vorschlag der Europäischen Kommission für einen Europäischen Haftbefehl, in: StV 2003, 105 ff.

Wehnert, Anne: Europäischer Haftbefehl, in: StraFo 2003, 356 ff.
Weider, Hans-Joachim: Pflichtverteidigerbestellung im Ermittlungsverfahren und Opferschutzgesetz, in: StV 1987, 317 ff.
Weihrauch, Matthias: Verteidigung im Ermittlungsverfahren, 6. Auflage 2002
Westphal, Volker/Stoppa, Edgar: Einreise und Aufenthalt von Drittausländern nach der neuen Visumsverordnung Nr. 539/2001, in: InfAuslR 2001, 309 ff.
Wilkitzki, Peter: „Rechtshilfe durch Vollstreckung“, in: JR 1983, 227 ff.
Wittschier, Johannes: Unentschuldigtes Ausbleiben eines Dolmetschers im Strafprozeß, in: NJW 1985, 2873 ff.
Wolf, Bernhard: Anmerkung zu OLG Frankfurt, StV 1988, 301 ff., in: StV 1988, 303
Wolfslast, Gabriele: Anmerkung zu BGH, NStZ 1982, 112, in: NStZ 1982, 112 f.
Wulff, Erich: Sprachbarrieren als Hindernisse psychiatrischer Forschung, in: Psychiatrie und Klassengesellschaft, 2. Auflage 1977
Wurzel, Petra: Probleme beim Dolmetschen der kurdischen Sprache am Beispiel Kurmanci, in: InfAuslR 1998, 306 ff.
Zelenka, Ursula: EU-Übereinkommen über den Entzug der Fahrerlaubnis, in: DAR 2001, 148 ff.
Zieger, Matthias: Verteidigung in Jugendstrafsachen, 4. Auflage 2002
ders.: Arbeitstätigkeit ausländischer Strafgefangener, in: StV 2002, 341 f.
Zier, Ursula: Lateinamerikanische Drogenkuriere im Konflikt zwischen Bestechungs- und Schuldbekennungskultur, in: StV 1990, 475 ff.

Verzeichnis der Gesetzesstellen*

(Im Volltext auf der Homepage www.verteidigung-von-auslaendern.de)
(👎 = Nein 👍 = Ja)

* In alphabetischer Reihenfolge der Abkürzungen.

(GG) Grundgesetz

(GK) Genfer Flüchtlingskonvention

(GKG) Gerichtskostengesetz

(GVG) Gerichtsverfassungsgesetz

(IntKfzVO) Verordnung über internationalen Kraftfahrzeugverkehr

(IRG) Gesetz über die internationale Rechtshilfe in Strafsachen

(RVG) Rechtsanwaltsvergütungsgesetz

(SDÜ) Schengener Durchführungsübereinkommen

(SexualDelBekG) Gesetz zur Bekämpfung von Sexualdelikten und anderen gefährlichen Straftaten

(SGB III) Sozialgesetzbuch – Arbeitsförderung –

(SGB X) Sozialgesetzbuch – Verwaltungsverfahren –

(StGB) Strafgesetzbuch

(StPO) Strafprozessordnung

(StVG) Straßenverkehrsgesetz

(StVollstrO) Strafvollstreckungsordnung

(StVollzG) Strafvollzugsgesetz

(ZPO) Zivilprozessordnung

Zusatzvertrag zum Europäischen Rechtshilfeübereinkommen zwischen der Bundesrepublik Deutschland und der Schweiz

(ZSEG) Gesetz über die Entschädigung von Zeugen und Sachverständigen

Stichwortverzeichnis

Die mageren Zahlen verweisen auf die Randnummern im Text,
fette Zahlen bezeichnen die Hauptfundstellen.

Übersicht: Texte und Muster

Texte und Muster auf der Homepage www.verteidigung-von-auslaendern.de
(Ein ausführliches Verzeichnis befindet sich dort)

A. Gesetzestexte

1. **AsylVfG**
   (Asylverfahrensgesetz)
2. **AufenthG**
   (Gesetz über den Aufenthalt, die Erwerbstätigkeit und die Integration von Ausländern im Bundesgebiet)
3. **AufenthVO**
   (Aufenthaltsverordnung)
4. **AuslG a.F.**
   (Ausländergesetz)
5. **EU-VisumVO**
   (VO (EG) 539/2001 vom 15.03.2001)
6. **EuRAG**
   (Gesetz über die Tätigkeit europäischer Rechtsanwälte in Deutschland)
7. **FreihEntzG**
   (Gesetz über das gerichtliche Verfahren bei Freiheitsentziehungen)
8. **FreizügG/EU**
   (Gesetz über die allgemeine Freizügigkeit von Unionsbürgern)

6. **IRG**
   (Gesetz über die internationale Rechtshilfe in Strafsachen)

7. **ÜAG**
   (Überstellungsausführungsgesetz)

B. Völkerrechtliche Verträge und Abkommen

1. **Auslieferung (bilaterale Abkommen)**
2. **Beschluss Nr. 1/80 des Assoziationsrates EWG-Türkei**
3. **EG-FinIntÜbK-Betrug**
   (Übereinkommen über den Schutz der finanziellen Interessen der Europäischen Gemeinschaften)
4. **EGVollstrÜbK**
   (Übereinkommen zwischen den Mitgliedsstaaten der Europäischen Gemeinschaft über die Vollstreckung ausländischer strafrechtlicher Verurteilungen)
5. **ENA**
   (Europäisches Niederlassungsabkommen)
6. **EuAlÜbK**
   (Europäisches Auslieferungsübereinkommen)

7. **EU-AuslÜbK**
(Übereinkommen über die Auslieferung zwischen den Mitgliedstaaten der EU)
8. **EU-Fax-ÜbK**
(Abkommen zwischen den Mitgliedstaaten der EG über die Vereinfachung und Modernisierung der Verfahren zur Übermittlung von Auslieferungsersuchen)
9. **EuRHÜbK**
(Europäisches Übereinkommen über die Rechtshilfe in Strafsachen)
10. **EuTerrÜbK**
(Europäisches Übereinkommen zur Bekämpfung des Terrorismus)
11. **EU-Vereinf.AuslÜbK**
(Übereinkommen über das vereinfachte Auslieferungsverfahren zwischen den Mitgliedstaaten der Europäischen Union)
12. **Freundschafts-, Handels-, Schifffahrts- und Niederlassungsverträge**
13. **GK**
(Genfer Flüchtlingskonvention)
14. **MRK**
(Konvention zum Schutze der Menschenrechte und Grundfreiheiten)
15. **NATO-Truppenstatut**
16. **SDÜ**
(Schengener Durchführungsübereinkommen)
17. **ÜberstÜbK**
(Übereinkommen über die Überstellung verurteilter Personen)
18. **Vertrag von Amsterdam**
19. **WÜK**
(Wiener Übereinkommen vom 24.4.1963 über konsularische Beziehungen)
19. **2. ZP EuAlÜbK**
(Zweites Zusatzprotokoll zum Europäischen Auslieferungsübereinkommen)
20. **ZP ÜberstÜbK**
(Zusatzprotokoll zum Übereinkommen über die Überstellung verurteilter Personen)

C. Verwaltungsrichtlinien

1. **AuslG-VwV**
(Allgemeine Verwaltungsvorschrift zum Ausländergesetz)
2. **Anwendungshinweise zum AufenthG**
(vorläufige Anwendungshinweise des Bundesministeriums des Innern zum Aufenthaltsgesetz und zum Freizügigkeitsgesetz/EU)
3. **RiVASt**
(Richtlinien für den Verkehr mit dem Ausland in strafrechtlichen Angelegenheiten)
4. **§§ 154b, 456a StPO**
(Absehen von der Vollstreckung)

D. Musterschriftsätze *(s. Seite 285)*